국가직 소방 공무원 시험대비

박문각 공무원

조문별 문제집

정태화 소방관계법규

정태화 편저

동영상 강의 www.pmg.co.kr

조문별 500제

최신 출제경향을 반영한 조문별 문제집
2025 국가직 소방 공무원 대비 최적화 교재

이 책의 머리말

1958년 소방법이 제정된 이후 몇 차례의 개정을 거쳐 2003년 「소방기본법」, 「화재예방, 소방시설 설치·유지 및 안전관리에 관한 법률」, 「소방시설공사업법」, 「위험물안전관리법」으로 분법되면서 4대 소방관계법규가 되었습니다.

이후 2022년 12월 1일부로 「소방기본법」, 「소방의 화재조사에 관한 법률」, 「화재의 예방 및 안전관리에 관한 법률」, 「소방시설 설치 및 관리에 관한 법률」, 「소방시설공사업법」, 「위험물안전관리법」으로 분법되면서 6대 소방관계법규가 되었습니다. 그리고 2022년 소방공무원시험과목이 개편되면서 공개경쟁채용시험에서 소방관계법규의 문항수는 25문항, 경력경쟁채용시험에서 문항수는 40문항까지 늘어남에 따라 보다 폭넓은 범위에서 문제가 출제될 것으로 예상됩니다.

최근 출제경향은 전통적인 주요 출제 부분을 기반으로 다소 지엽적일 수 있는 시행규칙 세부표에서도 문제가 출제되면서 해당 부분들이 킬러 문항이 되고 있습니다. 또한 개정되거나 신설된 조항들에서 문제가 출제되면서 법규의 내용을 얼마나 잘 숙지하고 있는지 여부와 여러 조문을 폭넓게 이해하고 있는지 여부에 따라 해결이 가능한 문항들이 다양한 형태로 출제되고 있습니다.

조문별 500제는 각 조문별로 문제를 유형화해서 출제하였으므로 기본서로 익혔던 조문별, 항목별, 세부표 등을 문제풀이를 통해 이해하고 암기할 수 있도록 구성하였습니다. 따라서 조문별 500제를 제대로 완벽하게 반복하여 풀고, 필수 암기사항 등을 꼼꼼하게 학습한다면 충분히 만점을 기대할 수 있을 것입니다. 이제는 고득점을 노려야 하는 사정상 조문별 문제를 기반으로 다양한 형식의 문제풀이를 통해 문제에 대한 실전 적응력을 최대치로 향상시키시길 바랍니다.

수험생 여러분 모두가 좋은 성과를 거두기를 기원합니다.

정태화 편저

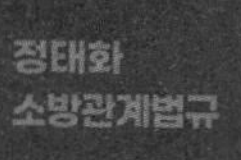

소방직 시험 절차 안내

❶ 1단계 : 필기시험

(1) 시험과목 및 시간

구분	시험시간	시험과목	
공채	10:00~11:15 (75분)	소방학개론(25문항), 소방관계법규(25문항), 행정법총론(25문항)	
경채	10:00~11:05 (65분)	일반	소방학개론(25문항), 소방관계법규(40문항)
		구급	소방학개론(25문항), 응급처치학개론(40문항)
		화학	소방학개론(25문항), 화학개론(40문항)
		정보통신	소방학개론(25문항), 컴퓨터일반(40문항)

(2) 필기시험 절차 : 출제문제 공개 및 이의제기 → 채점 및 이의제기 → 필기시험 합격자 공고

(3) 필기시험 합격자 공고 : 필기시험 매 과목 40% 이상, 전 과목 총점의 60% 이상의 득점자 중 아래의 배수 범위에서 시험성적을 고려하여 높은 점수를 받은 사람부터 차례로 결정한다.

분야	공채		경채	
	선발예정인원	합격자 배수	선발예정인원	합격자 배수
필기시험 합격자 배수	1~10명	3배수	1명	3명
	11~20명	2.5배수	2명	8명
			3명	8명
	21~50명	2배수	4명	9명
			5명	10명
	51명 이상	1.5배수	6~50명	1.8배수
			51명 이상	1.5배수

❷ 2단계 : 체력시험

(1) 시험종목 : 악력, 배근력, 앉아윗몸앞으로굽히기, 제자리멀리뛰기, 윗몸일으키기, 왕복오래달리기

※ 합격자 결정 : 6종목 총점(60점)의 50%(30점) 이상을 득점한 자

(2) 측정방법 : 「소방공무원 채용시험에 관한 예규」 별표 4 적용

※ 2025년 이후 체력시험 종목과 채점 방법 등은 변경 예정

(3) 체력시험 절차 : 도핑테스트 → 체력시험 합격자 공고

❸ 3단계 : 서류전형 / 신체검사

(1) 필기시험 합격자는 응시자격, 근무경력증명서, 운전면허증 등을 119고시 온라인으로 제출한다.

(2) 체력시험 합격자는 소방청장이 지정한 의료기관에서 신체검사를 받은 후 기한 내 '소방공무원 채용 신체검사서'를 제출한다.

❹ 4단계 : 종합적성검사 / 면접시험

(1) 체력시험 합격자는 시 · 도별로 운영되는 종합적성검사를 받는다.

(2) 체력시험 합격자는 소방청 주관 통합시험에 따른 면접시험을 치른다.

구분	평정요소(5개 분야 50점)	S	A	B	C	D
발표면접	① 문제해결능력(10점)	10	8	6	4	2
	② 의사소통능력(10점)	10	8	6	4	2
인성면접	③ 소방공무원으로서의 공직관(10점)	10	8	6	4	2
	④ 팀워크 및 협업능력(10점)	10	8	6	4	2
	⑤ 침착성 및 책임감(10점)	10	8	6	4	2

(3) **합격자 결정** : 평정요소에 대한 시험위원의 점수를 합산하여 총점의 50% 이상을 득점한 사람을 합격자로 결정한다. 다만 시험위원 과반수가 어느 하나의 평정요소에 대해 40% 미만의 점수를 평정한 경우 불합격으로 한다.

❺ 최종합격자

(1) **최종합격자 공고** : 119고시에 공고하며, 시험단계별 성적 반영비율은 다음과 같다.

채용분야	시험방법	반영비율
공채	필기시험 + 체력시험 + 면접시험	50% + 25% + 25%
경채	필기시험 + 체력시험 + 면접시험	50% + 25% + 25%

(2) **최종합격자 결정**

① 「소방공무원임용령」 제46조에 따라 최종합격자의 결정은 면접시험 합격자 중에서 시험단계별 취득성적에 반영비율을 적용한 합산점수(소수점 이하 둘째 자리까지 계산)가 높은 사람부터 차례로 선발예정인원에 달할 때까지 합격으로 한다.

② 선발예정인원을 초과하는 동점자는 모두 합격으로 한다.

(3) **최종합격자 교육**

① 교육장소 : 소방학교 및 교육대

② 교육기간 : 입교일부터 약 6개월(교육기관 입교 시기는 시 · 도마다 다를 수 있다)

③ 입교유예 : 병역의무의 수행, 부상, 질병의 치료, 임신·출산·육아 등의 불가피한 사유로 교육훈련을 시작하거나 계속하기 어려운 경우 교육훈련을 유예하거나 정지할 수 있다.

※ 추후에 발표되는 소방공무원 채용시험 시행계획 공고문을 통해 자세한 시험일정과 개정내용을 반드시 확인하시기 바랍니다.

이 책의 차례

정태화
소방관계법규
조문별 500제

www.pmg.co.kr

PART 01

소방기본법

PART

01 소방기본법

01 「소방기본법」의 목적으로 옳지 않은 것은?

① 화재위험물의 평가
② 공공의 안녕 및 질서 유지
③ 위급한 상황에서의 구조·구급 활동
④ 국민의 생명·신체 및 재산의 보호

해설 **목적(법 제1조)**
이 법은 화재를 예방·경계하거나 진압하고 화재, 재난·재해, 그 밖의 위급한 상황에서의 구조·구급 활동 등을 통하여 국민의 생명·신체 및 재산을 보호함으로써 공공의 안녕 및 질서 유지와 복리증진에 이바지함을 목적으로 한다.

02 「소방기본법」상 목적에 관한 내용이다. (　) 안에 들어갈 내용으로 옳은 것은?

> 이 법은 화재를 예방·경계하거나 진압하고 화재, (ㄱ)·재해, 그 밖의 (ㄴ)한 상황에서의 (ㄷ)·구급 활동 등을 통하여 국민의 생명·신체 및 재산을 보호함으로써 공공의 (ㄹ) 및 질서 유지와 복리증진에 이바지함을 목적으로 한다.

	ㄱ	ㄴ	ㄷ	ㄹ
①	재난	위급	구조	복지
②	재난	위급	구조	안녕
③	재난	위험	구조	안녕
④	재난	위험	구조	복지

해설 **목적(법 제1조)**
이 법은 화재를 예방·경계하거나 진압하고 화재, 재난·재해, 그 밖의 위급한 상황에서의 구조·구급 활동 등을 통하여 국민의 생명·신체 및 재산을 보호함으로써 공공의 안녕 및 질서 유지와 복리증진에 이바지함을 목적으로 한다.

03 **「소방기본법」상 소방의 궁극적인 최종목적으로 옳은 것은?**

① 복리증진
② 화재예방
③ 화재진압
④ 재해 · 재난 방지

해설 소방기본법의 최종적 · 궁극적 목적은 "복리증진"이다(법 제1조 참조).

04 **「소방기본법」상 소방대상물로 보기 어려운 것은?**

① 건축물
② 운항 중인 선박
③ 선박 건조 구조물
④ 인공 구조물

해설 **정의(법 제2조 제1호)**
소방대상물이란 건축물, 차량, 선박(「선박법」 제1조의2 제1항에 따른 선박으로서 항구에 매어둔 선박만 해당한다), 선박 건조 구조물, 산림, 그 밖의 인공 구조물 또는 물건을 말한다.

05 **「소방기본법」상 용어의 정의를 설명한 것이다. (   ) 안에 들어갈 내용으로 옳은 것은?**

- (ㄱ)(이)란 건축물, 차량, 선박(「선박법」 제1조의2 제1항에 따른 선박으로서 항구에 매어둔 선박만 해당한다), 선박 건조 구조물, 산림, 그 밖의 인공 구조물 또는 물건을 말한다.
- (ㄴ)(이)란 소방대상물이 있는 장소 및 그 이웃 지역으로서 화재의 예방 · 경계 · 진압, 구조 · 구급 등의 활동에 필요한 지역을 말한다.
- (ㄷ)(이)란 소방대상물의 소유자 · 관리자 또는 점유자를 말한다.
- (ㄹ)(이)란 특별시 · 광역시 · 특별자치시 · 도 또는 특별자치도에서 화재의 예방 · 경계 · 진압 · 조사 및 구조 · 구급 등의 업무를 담당하는 부서의 장을 말한다.
- (ㅁ)(이)란 화재를 진압하고 화재, 재난 · 재해, 그 밖의 위급한 상황에서 구조 · 구급 활동 등을 하기 위하여 소방공무원, 의무소방원, 의용소방대원으로 구성된 조직체를 말한다.
- (ㅂ)(이)란 소방본부장 또는 소방서장 등 화재, 재난 · 재해, 그 밖의 위급한 상황이 발생한 현장에서 소방대를 지휘하는 사람을 말한다.

정답 | 01 ① | 02 ② | 03 ① | 04 ② | 05 ④ |

	ㄱ	ㄴ	ㄷ	ㄹ	ㅁ	ㅂ
①	소방대상물	관계지역	관계인	소방본부장	소방대	소방조장
②	방호대상물	경계지역	입회인	소방서장	지역대	소방대장
③	방호대상물	경계지역	입회인	소방서장	지역대	소방조장
④	소방대상물	관계지역	관계인	소방본부장	소방대	소방대장

해설 | 법 제2조(정의) 참조

06 「소방기본법」상 소방대상물에 해당하지 않는 것은?

① 산림
② 달리는 자동차
③ 항해 중인 선박
④ 철도 구조물

해설 | **정의(법 제2조 제1호)**
소방대상물이란 건축물, 차량, 선박(「선박법」 제1조의2 제1항에 따른 선박으로서 항구에 매어둔 선박만 해당), 선박 건조 구조물, 산림, 그 밖의 인공 구조물 또는 물건을 말한다.

07 「소방기본법」상 소방대상물이 있는 장소 및 그 이웃 지역을 일컫는 용어로 옳은 것은?

① 인접지역
② 인린지역
③ 근접지역
④ 관계지역

해설 | **정의(법 제2조 제2호)**
관계지역이란 소방대상물이 있는 장소 및 그 이웃 지역으로서 화재의 예방·경계·진압, 구조·구급 등의 활동에 필요한 지역을 말한다.

08 「소방기본법」상 소방대 조직의 구성대원으로 보기 어려운 것은?

① 소방안전교육사
② 소방공무원
③ 의무소방원
④ 의용소방대원

해설 **정의(법 제2조 제5호)**

소방대란 화재를 진압하고 화재, 재난・재해, 그 밖의 위급한 상황에서 구조・구급 활동 등을 하기 위하여 다음 각 목의 사람으로 구성된 조직체를 말한다.

가. 「소방공무원법」에 따른 소방공무원

나. 「의무소방대설치법」 제3조에 따라 임용된(병역법에 의하여 전환복무된 자 중에서 의무소방대설치법에 따라 임용된) 의무소방원

다. 「의용소방대 설치 및 운영에 관한 법률」에 따른 의용소방대원

09 **「소방기본법」상 소방본부장 또는 소방서장 등 화재, 재난・재해, 그 밖의 위급한 상황이 발생한 현장에서 소방대를 지휘하는 사람을 일컫는 용어로 옳은 것은?**

① 소방대원
② 소방대장
③ 지휘팀장
④ 의용소방대장

해설 **정의(법 제2조 제6호)**

소방대장이란 소방본부장 또는 소방서장 등 화재, 재난・재해, 그 밖의 위급한 상황이 발생한 현장에서 소방대를 지휘하는 사람을 말한다.

10 **「소방기본법」상 소방기관의 설치 및 소방공무원의 배치에 관한 내용으로 옳지 않은 것은?**

① 시・도의 화재 예방・경계・진압 및 조사, 소방안전교육・홍보와 화재, 재난・재해, 그 밖의 위급한 상황에서의 구조・구급 등의 업무를 수행하는 소방기관의 설치에 필요한 사항은 대통령령으로 정한다.

② 소방업무를 수행하는 소방본부장 또는 소방서장은 그 소재지를 관할하는 특별시장・광역시장・특별자치시장・도지사 또는 특별자치도지사의 지휘와 감독을 받는다.

③ 시・도지사의 지휘와 감독권에도 불구하고 소방청장은 화재 예방 및 대형 재난 등 필요한 경우 시・도 소방본부장 및 소방서장을 지휘・감독할 수 있다.

④ 소방업무를 수행하는 소방기관 및 시・도지사 직속 소방본부에는 「소방공무원법」에도 불구하고 대통령령으로 정하는 바에 따라 소방공무원을 둘 수 있다.

해설 **소방공무원의 배치(법 제3조의2)**

소방업무를 수행하는 소방기관 및 시・도지사 직속 소방본부에는 「지방자치단체에 두는 국가공무원의 정원에 관한 법률」에도 불구하고 대통령령으로 정하는 바에 따라 소방공무원을 둘 수 있다.

정답 06 ③ 07 ④ 08 ① 09 ② 10 ④

11 「소방기본법」 및 그 하위법령상 119종합상황실의 설치·운영에 관한 내용으로 옳지 않은 것은?

① 119종합상황실의 설치·운영에 필요한 사항은 대통령령으로 정한다.
② 119종합상황실은 24시간 운영체제를 유지하여야 한다.
③ 119종합상황실은 소방청과 특별시·광역시·특별자치시·도 또는 특별자치도의 소방본부 및 소방서에 각각 설치·운영하여야 한다.
④ 119종합상황실은 전산·통신요원을 배치하고, 소방청장이 정하는 유·무선통신시설을 갖추어야 한다.

해설 **119종합상황실의 설치와 운영(법 제4조 제3항)**
제1항에 따른 119종합상황실의 설치·운영에 필요한 사항은 행정안전부령으로 정한다.

12 「소방기본법 시행규칙」상 종합상황실 실장의 기본업무로 보기 어려운 것은?

① 재난상황의 전파 및 보고
② 재난상황의 수습에 필요한 정보수집 및 제공
③ 재난상황이 발생한 현장에 대한 지휘 및 피해현황의 파악
④ 종합상황실 근무자의 근무방법 등 종합상황실의 운영에 관하여 필요한 사항

해설 **종합상황실의 실장의 업무 등(시행규칙 제3조 제3항)**
종합상황실 근무자의 근무방법 등 종합상황실의 운영에 관하여 필요한 사항은 종합상황실을 설치하는 소방청장, 소방본부장 또는 소방서장이 각각 정한다.

더 알아보기 **종합상황실의 실장의 업무 등(시행규칙 제3조 제1항)**
① 종합상황실의 실장[종합상황실에 근무하는 자 중 최고직위에 있는 자(최고직위에 있는 자가 2인 이상인 경우에는 선임자)를 말한다. 이하 같다]은 다음 각 호의 업무를 행하고, 그에 관한 내용을 기록·관리하여야 한다.
1. 화재, 재난·재해 그 밖에 구조·구급이 필요한 상황(이하 "재난상황"이라 한다)의 발생의 신고접수
2. 접수된 재난상황을 검토하여 가까운 소방서에 인력 및 장비의 동원을 요청하는 등의 사고수습
3. 하급소방기관에 대한 출동지령 또는 동급 이상의 소방기관 및 유관기관에 대한 지원요청
4. 재난상황의 전파 및 보고
5. 재난상황이 발생한 현장에 대한 지휘 및 피해현황의 파악
6. 재난상황의 수습에 필요한 정보수집 및 제공

13 **「소방기본법 시행규칙」상 소방본부의 종합상황실의 실장이 소방청의 종합상황실에 보고해야 하는 경우로 옳지 않은 것은?**

① 재산피해액이 50억원 이상 발생한 화재
② 언론에 보도된 재난상황
③ 통제단장의 현장지휘가 필요한 재난상황
④ 사망자가 3인 이상 발생하거나 사상자가 5인 이상 발생한 화재

해설 종합상황실의 실장은 사망자가 5인 이상 발생하거나 사상자가 10인 이상 발생한 화재가 발생하는 때에는 그 사실을 지체 없이 별지 제1호서식에 따라 서면・팩스 또는 컴퓨터통신 등으로 소방서의 종합상황실의 경우는 소방본부의 종합상황실에, 소방본부의 종합상황실의 경우는 소방청의 종합상황실에 각각 보고해야 한다(시행규칙 제3조 제2항 제1호 가목).

14 **「소방기본법 시행규칙」상 종합상황실의 실장이 소방서의 종합상황실의 경우는 소방본부의 종합상황실에, 소방본부의 종합상황실의 경우는 소방청의 종합상황실에 각각 보고하여야 하는 상황이 아닌 것은?**

① 사망자가 5명 이상 발생한 화재
② 재산피해액이 50억원 이상 발생한 화재
③ 이재민이 50명 이상 발생한 화재
④ 연면적 1만5천㎡ 이상인 공장에서 발생한 화재

해설 이재민이 100명 이상 발생한 화재가 해당된다(시행규칙 제3조 제2항 제1호 나목).

정답 11 ① 12 ④ 13 ④ 14 ③

15 「소방기본법」 및 그 하위법령상 소방정보통신망에 관한 내용으로 옳지 않은 것은?

① 소방청장 및 시・도지사는 119종합상황실 등의 효율적 운영을 위하여 소방정보통신망을 구축・운영할 수 있다.
② 소방청장 및 시・도지사는 소방정보통신망의 안정적 운영을 위하여 소방정보통신망의 회선을 이중화할 수 있다. 이 경우 이중화된 각 회선은 서로 다른 사업자로부터 제공받아야 한다.
③ 소방정보통신망은 회선 수, 구간별 용도 및 속도 등을 고려하여 설계・구축해야 한다.
④ 소방청장 및 시・도지사는 소방정보통신망이 안정적으로 운영될 수 있도록 연 2회 이상 소방정보통신망을 주기적으로 점검・관리해야 한다.

해설 **소방정보통신망의 구축 · 운영(시행규칙 제3조의2 제3항)**
소방청장 및 시 · 도지사는 소방정보통신망이 안정적으로 운영될 수 있도록 연 1회 이상 소방정보통신망을 주기적으로 점검 · 관리해야 한다.

16 「소방기본법」 및 같은 법 시행령상 소방기술민원센터에 관한 내용으로 옳지 않은 것은?

① 소방기술민원센터는 센터장을 포함하여 18명 이내로 구성한다.
② 소방기술민원센터는 소방기술민원과 관련된 업무로서 소방청장 또는 소방본부장이 필요하다고 인정하여 지시하는 업무를 수행한다.
③ 소방기술민원센터 장은 소방기술민원센터의 업무수행을 위하여 필요하다고 인정하는 경우에는 관계 기관의 장에게 소속 공무원 또는 직원의 파견을 요청할 수 있다.
④ 소방청장은 소방시설, 소방공사 및 위험물 안전관리 등과 관련된 법령해석 등의 민원을 종합적으로 접수하여 처리할 수 있는 소방기술민원센터를 설치・운영할 수 있다.

해설 **소방기술민원센터의 설치 · 운영(시행령 제1조의2 제4항)**
소방청장 또는 소방본부장은 소방기술민원센터의 업무수행을 위하여 필요하다고 인정하는 경우에는 관계 기관의 장에게 소속 공무원 또는 직원의 파견을 요청할 수 있다.

17 **「소방기본법 시행령」에서 정하는 소방기술민원센터의 업무로 옳지 않은 것은?**

① 소방시설, 소방공사와 위험물 안전관리 등과 관련된 법령해석 등의 소방기술민원의 처리
② 소방기술민원과 관련된 질의회신집 및 해설서 발간
③ 소방기술민원과 관련된 정보시스템의 운영・관리
④ 화재안전기준에 관한 사항의 처리

해설 **소방기술민원센터의 설치・운영(시행령 제1조의2 제3항)**
소방기술민원센터는 다음 각 호의 업무를 수행한다.
1. 소방시설, 소방공사와 위험물 안전관리 등과 관련된 법령해석 등의 민원(이하 "소방기술민원"이라 한다)의 처리
2. 소방기술민원과 관련된 질의회신집 및 해설서 발간
3. 소방기술민원과 관련된 정보시스템의 운영・관리
4. 소방기술민원과 관련된 현장 확인 및 처리
5. 그 밖에 소방기술민원과 관련된 업무로서 소방청장 또는 소방본부장이 필요하다고 인정하여 지시하는 업무

18 **「소방기본법」상 소방박물관 등의 설립과 운영에 관한 내용이다. ( ) 안에 들어갈 내용으로 옳은 것은?**

소방의 역사와 안전문화를 발전시키고 국민의 안전의식을 높이기 위하여 (ㄱ)은/는 소방박물관을, (ㄴ)은/는 소방체험관(화재 현장에서의 피난 등을 체험할 수 있는 체험관을 말한다)을 설립하여 운영할 수 있다.

	ㄱ	ㄴ		ㄱ	ㄴ
①	소방청장	시・도지사	②	소방청장	소방본부장
③	시・도지사	소방본부장	④	시・도지사	소방청장

해설 **소방박물관 등의 설립과 운영(법 제5조 제1항)**
소방의 역사와 안전문화를 발전시키고 국민의 안전의식을 높이기 위하여 소방청장은 소방박물관을, 시・도지사는 소방체험관(화재 현장에서의 피난 등을 체험할 수 있는 체험관을 말한다)을 설립하여 운영할 수 있다.

정답 15 ④ 16 ③ 17 ④ 18 ①

19 **「소방기본법」상 소방박물관의 설립과 운영에 관한 내용으로 옳지 않은 것은?**

① 소방박물관의 설립과 운영에 필요한 사항은 행정안전부령으로 정한다.
② 소방의 역사와 안전문화를 발전시키고 국민의 안전의식을 높이기 위하여 시・도지사는 소방박물관을, 소방청장은 소방체험관을 설립하여 운영할 수 있다.
③ 소방박물관에는 그 운영에 관한 중요한 사항을 심의하기 위하여 7인 이내의 위원으로 구성된 운영위원회를 둔다.
④ 소방박물관의 관광업무・조직・운영위원회의 구성 등에 관하여 필요한 사항은 소방청장이 정한다.

해설 **소방박물관 등의 설립과 운영(법 제5조 제1항)**
소방의 역사와 안전문화를 발전시키고 국민의 안전의식을 높이기 위하여 소방청장은 소방박물관을, 시・도지사는 소방체험관(화재 현장에서의 피난 등을 체험할 수 있는 체험관을 말한다)을 설립하여 운영할 수 있다.

20 **「소방기본법」상 소방본부장 또는 소방서장의 권한이 아닌 것은?**

① 위험시설에 대한 긴급조치
② 피난명령
③ 소방박물관의 설립・운영
④ 소방업무의 응원요청

해설 **소방박물관 등의 설립과 운영(법 제5조 제1항)**
소방의 역사와 안전문화를 발전시키고 국민의 안전의식을 높이기 위하여 소방청장은 소방박물관을, 시・도지사는 소방체험관(화재 현장에서의 피난 등을 체험할 수 있는 체험관을 말한다)을 설립하여 운영할 수 있다.

21 **「소방기본법」상 소방업무에 관한 종합계획의 수립・시행 등에 대한 내용이다. ( ) 안에 들어갈 내용으로 옳은 것은?**

(ㄱ)은 화재, 재난・재해, 그 밖의 위급한 상황으로부터 국민의 생명・신체 및 재산을 보호하기 위하여 소방업무에 관한 종합계획을 (ㄴ)마다 수립・시행하여야 하고, 이에 필요한 재원을 확보하도록 노력하여야 한다.

	ㄱ	ㄴ		ㄱ	ㄴ
①	소방청장	3년	②	소방청장	5년
③	행정안전부장관	3년	④	행정안전부장관	5년

해설 **소방업무에 관한 종합계획의 수립 · 시행 등(법 제6조 제1항)**
소방청장은 화재, 재난 · 재해, 그 밖의 위급한 상황으로부터 국민의 생명 · 신체 및 재산을 보호하기 위하여 소방업무에 관한 종합계획을 5년마다 수립 · 시행하여야 하고, 이에 필요한 재원을 확보하도록 노력하여야 한다.

22 「소방기본법」상 소방업무에 관한 종합계획을 수립 · 시행하는 주기로 옳은 것은?

① 1년
② 3년
③ 5년
④ 10년

해설 **소방업무에 관한 종합계획의 수립 · 시행 등(법 제6조 제1항)**
소방청장은 화재, 재난 · 재해, 그 밖의 위급한 상황으로부터 국민의 생명 · 신체 및 재산을 보호하기 위하여 소방업무에 관한 종합계획을 5년마다 수립 · 시행하여야 하고, 이에 필요한 재원을 확보하도록 노력하여야 한다.

23 「소방기본법」상 매년 11월 9일은 소방의 날이다. 소방의 날을 제정한 이유로 타당한 것은?

① 국민의 안전의식과 화재에 대한 경각심을 높이고 안전문화를 정착시키기 위하여
② 재난 · 재해 및 환경 변화에 따른 소방업무에 필요한 대응 체계를 마련하기 위하여
③ 장애인, 노인, 임산부, 영유아 및 어린이 등 이동이 어려운 사람을 대상으로 한 소방활동에 필요한 조치를 취하기 위하여
④ 업무의 효율적 수행을 위해 필요한 사항을 정하기 위하여

해설 **소방의 날 제정과 운영 등(법 제7조 제1항)**
국민의 안전의식과 화재에 대한 경각심을 높이고 안전문화를 정착시키기 위하여 매년 11월 9일을 소방의 날로 정하여 기념행사를 한다.

정답 19 ② 20 ③ 21 ② 22 ③ 23 ①

24 **다음 중 소방력의 3요소에 해당하지 않는 것은?**

① 대원
② 차량
③ 소방용수
④ 긴급구조

해설 소방기관이 소방업무를 수행하는 데에 필요한 인력과 장비 등을 "소방력(消防力)"이라 하는데, ① 대원(인력), ② 차량(장비), ③ 소방용수를 합하여 소방력의 3요소라 한다.

25 **「소방기본법」상 소방기관이 소방업무를 수행하는 데에 필요한 인력과 장비 등의 기준에 대한 근거 법령으로 옳은 것은?**

① 대통령령
② 총리령
③ 행정안전부령
④ 조례

해설 **소방력의 기준 등(법 제8조 제1항)**
소방기관이 소방업무를 수행하는 데에 필요한 인력과 장비 등(이하 "소방력"이라 한다)에 관한 기준은 행정안전부령(「소방력 기준에 관한 규칙」)으로 정한다.

26 **「소방기본법」 및 그 하위법령상 소방용수시설의 설치기준으로 옳지 않은 것은?**

① 소화전은 상수도와 연결하여 지하식 또는 지상식의 구조로 한다.
② 급수탑의 급수배관의 구경은 100밀리미터 이상으로 한다.
③ 저수조는 지면으로부터 낙차가 4.5미터 이상, 흡수부분의 수심은 0.5미터 이상으로 한다.
④ 소방용수시설 설치기준에 관해서는 소방대의 유효활동 범위와 지역의 건축물 밀집도, 인구 및 기상상황을 고려하여 평상시의 설치기준으로서 「소방기본법 시행규칙」에 정해져 있다.

해설 **소방용수시설의 설치기준(시행규칙 [별표 3] 제2호 다목)**
저수조의 설치기준
(1) 지면으로부터의 낙차가 4.5미터 이하일 것
(2) 흡수부분의 수심이 0.5미터 이상일 것
(3) 소방펌프자동차가 쉽게 접근할 수 있도록 할 것
(4) 흡수에 지장이 없도록 토사 및 쓰레기 등을 제거할 수 있는 설비를 갖출 것
(5) 흡수관의 투입구가 사각형의 경우에는 한 변의 길이가 60센티미터 이상, 원형의 경우에는 지름이 60센티미터 이상일 것
(6) 저수조에 물을 공급하는 방법은 상수도에 연결하여 자동으로 급수되는 구조일 것

27 「소방기본법 시행령」상 소방장비 등에 대한 국고보조금의 대상이 아닌 것은?

① 소방장비의 구입
② 소방자동차의 구입
③ 소화기의 보급
④ 소방관서용 청사의 건축

해설 **국고보조 대상사업의 범위와 기준보조율(시행령 제2조 제1항)**
국고보조 대상사업의 범위는 다음 각 호와 같다.
1. 다음 각 목의 소방활동장비와 설비의 구입 및 설치
   가. 소방자동차
   나. 소방헬리콥터 및 소방정
   다. 소방전용통신설비 및 전산설비
   라. 그 밖에 방화복 등 소방활동에 필요한 소방장비
2. 소방관서용 청사의 건축(「건축법」 제2조 제1항 제8호에 따른 건축을 말한다)
   * 건축이란 건축물을 신축・증축・개축・재축(再築)하거나 건축물을 이전하는 것을 말한다.

28 「소방기본법 시행령」상 국고보조 대상사업의 범위에 해당하지 않는 것은?

① 소방관서용 청사의 대수선
② 소방헬리콥터 및 소방정의 구입
③ 소방전용통신설비 및 전산설비의 설치
④ 방화복 등 소방활동에 필요한 소방장비의 구입

해설 **국고보조 대상사업의 범위와 기준보조율(시행령 제2조 제1항 제2호)**
2. 소방관서용 청사의 건축(「건축법」 제2조 제1항 제8호에 따른 건축을 말한다)
   * 건축이란 건축물을 신축・증축・개축・재축(再築)하거나 건축물을 이전하는 것을 말한다.

29 「소방기본법 시행령」상 국고보조 대상사업 중에서 소방활동장비의 기준이 아닌 것은?

① 소방관서용 청사의 건축(「건축법」 제2조 제1항 제8호에 따른 건축)
② 소방헬리콥터 및 소방정
③ 소방전용통신설비 및 전산설비
④ 방화복 등 소방활동에 필요한 소방장비

해설 소방관서용 청사의 건축(「건축법」 제2조 제1항 제8호에 따른 건축)은 청사 건축의 보조 대상이다(시행령 제2조 제1항 제2호 참조).

정답 | 24 ④ | 25 ③ | 26 ③ | 27 ③ | 28 ① | 29 ① |

30 **「소방기본법 시행령」상 소방장비 등 국고보조 대상사업의 범위에 해당하지 않는 것은?**

① 소방자동차의 구입
② 소방용수시설의 설치
③ 소방헬리콥터 및 소방정의 구입
④ 소방전용통신설비 및 전산설비의 설치

해설 소방용수시설의 설치는 시·도지사의 업무이며 국고보조 대상사업이 아니다(법 제10조 제1항 및 시행령 제2조 제1항 참조).

31 **「소방기본법」 및 그 하위법령상 소방력의 기준 및 소방장비 등의 국고보조에 관한 내용으로 옳은 것은?**

① 소방자동차 등 소방장비의 분류·표준화와 그 관리 등에 필요한 사항은 대통령령으로 정한다.
② 시·도지사는 소방력의 기준에 따라 관할구역의 소방력을 확충하기 위하여 필요한 계획을 수립하여 시행하여야 한다.
③ 국고보조 대상사업의 범위와 기준보조율은 행정안전부령으로 정한다.
④ 소방활동장비 및 설비의 종류와 규격은 대통령령으로 정한다.

해설
① 소방자동차 등 소방장비의 분류·표준화와 그 관리 등에 필요한 사항은 따로 법률에서 정한다(법 제8조 제3항).
③ 국가보조 대상사업의 범위와 기준보조율은 대통령령으로 정한다(법 제9조 제2항).
④ 소방활동장비 및 설비의 종류와 규격은 행정안전부령으로 정한다(시행령 제2조 제2항).

소방력의 기준 등(법 제8조 제2항)
시·도지사는 소방력의 기준에 따라 관할구역의 소방력을 확충하기 위하여 필요한 계획을 수립하여 시행하여야 한다.

32 **「소방기본법」 및 그 하위법령상 소방력의 기준 및 소방장비의 국고보조에 관한 내용으로 옳지 않은 것은?**

① 소방자동차 등 소방장비의 분류·표준화와 그 관리 등에 필요한 사항은 따로 법률로 정한다.
② 시·도지사는 소방력의 기준에 따라 관할구역의 소방력을 확충하기 위하여 필요한 계획을 수립하여 시행하여야 한다.
③ 국고보조 대상사업의 범위와 기준보조율은 대통령령으로 정한다.
④ 국가는 소방장비의 구입 등 시·도의 소방업무에 필요한 경비의 전부 또는 일부를 보조한다.

해설 **소방장비 등에 대한 국고보조(법 제9조 제1항)**
국가는 소방장비의 구입 등 시・도의 소방업무에 필요한 경비의 일부를 보조한다.

33 **「소방기본법 시행규칙」상 국고보조의 대상이 되는 소방활동장비의 종류와 규격으로 옳지 않은 것은?**

① 구조정 : 90마력 이상
② 배연차(중형) : 170마력 이상
③ 구급차(특수) : 90마력 이상
④ 소방헬리콥터 : 5 ~ 17인승

해설 **국고보조의 대상이 되는 소방활동장비 및 설비의 종류와 규격(시행규칙 [별표 1의2] 참조)**

소방정	소방정	100톤 이상급, 50톤급
	구조정	30톤급

34 **「소방기본법」상 옳은 것만을 〈보기〉에서 고른 것은?**

보기

ㄱ. 소방자동차 등 소방장비의 분류・표준화와 그 관리 등에 필요한 사항은 따로 법률에서 정한다.
ㄴ. 일부 국고보조 대상사업의 범위와 기준보조율은 대통령령으로 정한다.
ㄷ. 소방기관이 소방업무를 수행하는 데에 필요한 인력과 장비 등에 관한 기준은 시・도의 조례로 정한다.

① ㄱ
② ㄱ, ㄴ
③ ㄴ, ㄷ
④ ㄱ, ㄴ, ㄷ

해설 ㄷ. 소방력(消防力)이라 함은 소방기관이 소방업무를 수행하는 데에 필요한 인력과 장비 등을 의미하며, 그 기준은 행정안전부령(「소방력 기준에 관한 규칙」)으로 정한다(법 제8조 제1항 참조).

정답 30 ② 31 ② 32 ④ 33 ① 34 ②

35 「소방기본법」 및 같은 법 시행령상 비상소화장치 설치대상 지역만을 〈보기〉에서 고른 것은?

> **보기**
> ㄱ. 위험물의 저장 및 처리 시설이 밀집한 지역
> ㄴ. 석유화학제품을 생산하는 공장이 있는 지역
> ㄷ. 소방시설·소방용수시설 또는 소방출동로가 없는 지역
> ㄹ. 시·도지사가 비상소화장치의 설치가 필요하다고 인정하는 지역

① ㄱ, ㄴ
② ㄷ, ㄹ
③ ㄱ, ㄴ, ㄷ
④ ㄱ, ㄴ, ㄷ, ㄹ

해설 **비상소화장치의 설치대상 지역(시행령 제2조의2 참조)**
소방용수시설의 설치 및 관리 규정에서 "대통령령으로 정하는 지역"이란 다음 각 호의 어느 하나에 해당하는 지역을 말한다.
1. 「화재의 예방 및 안전관리에 관한 법률」 제18조 제1항에 따라 지정된 화재예방강화지구
2. 시·도지사가 소방용수시설의 설치 및 관리 규정에 따른 비상소화장치의 설치가 필요하다고 인정하는 지역

36 「소방기본법 시행규칙」상 급수탑 및 지상에 설치하는 소화전·저수조의 소방용수표지 기준으로 옳은 것은?

	내측 문자	내측 바탕	외측 문자	외측 바탕
①	백색	적색	노란색	청색
②	적색	백색	주황색	청색
③	청색	백색	주황색	청색
④	백색	청색	노란색	적색

해설 지상에 설치하는 소화전, 저수조 및 급수탑의 경우 소방용수표지는 안쪽 문자는 흰색, 바깥쪽 문자는 노란색으로, 안쪽 바탕은 붉은색, 바깥쪽 바탕은 파란색으로 하고, 반사재료를 사용해야 한다(시행규칙 [별표 2] 참조).

37 **「소방기본법 시행규칙」상 소방용수시설 및 지리조사에 관한 내용으로 옳지 않은 것은?**

① 소방본부장 또는 소방서장은 원활한 소방활동을 위하여 소방용수시설 및 지리조사를 월 1회 이상 실시하여야 한다.

② 소방용수시설 및 지리조사 중 지리조사는 소방대상물에 인접한 도로의 폭・교통상황, 도로주변의 토지의 고저・건축물의 개황을 제외한 소방활동에 필요한 지리에 대한 조사를 포함한다.

③ 조사결과는 전자적 처리가 불가능한 특별한 사유가 없으면 전자적 처리가 가능한 방법으로 작성・관리하여야 한다.

④ 소방용수시설 및 지리조사는 소방용수조사부 및 지리조사부 서식에 의하되, 그 조사결과를 2년간 보관하여야 한다.

해설 지리조사는 소방대상물에 인접한 도로의 폭・교통상황, 도로주변의 토지의 고저・건축물의 개황 그 밖의 소방활동에 필요한 지리에 대한 조사를 포함한다(시행규칙 제7조 제1항 제2호 참조).

38 **「소방기본법 시행규칙」에 따른 소방용수시설 및 지리조사 사항으로 옳지 않은 것은?**

① 소방용수시설에 대한 조사는 소방활동을 위하여 설치된 소화전・급수탑・저수조・상수도소화용수설비에 대한 조사이다.

② 지리조사는 소방대상물에 인접한 도로의 폭・교통상황에 대한 조사이다.

③ 지리조사는 소방대상물 도로주변의 토지의 고저에 대한 조사이다.

④ 지리조사는 소방대상물 건축물의 개황에 대한 조사이다.

해설 ① 상수도소화용수설비는 소방용수설비가 아니다.

소방용수시설 및 지리조사(시행규칙 제7조 제1항)
소방본부장 또는 소방서장은 원활한 소방활동을 위하여 다음 각 호의 조사를 월 1회 이상 실시하여야 한다.

1. 법 제10조의 규정에 의하여 설치된 소방용수시설에 대한 조사
2. 소방대상물에 인접한 도로의 폭・교통상황, 도로주변의 토지의 고저・건축물의 개황 그 밖의 소방활동에 필요한 지리에 대한 조사

정답 | 35 ④ | 36 ① | 37 ② | 38 ① |

39 「소방기본법 시행규칙」상 소방업무의 상호응원협정 중 소방활동에 관한 사항이 아닌 것은?

① 화재의 경계・진압활동
② 출동대원의 수당・식사 및 의복의 수선
③ 구조・구급업무의 지원
④ 화재조사활동

해설 **소방업무의 상호응원협정(시행규칙 제8조)**

법 제11조 제4항에 따라 시・도지사는 이웃하는 다른 시・도지사와 소방업무에 관하여 상호응원협정을 체결하고자 하는 때에는 다음 각 호의 사항이 포함되도록 해야 한다.

1. 다음 각 목의 소방활동에 관한 사항
   가. 화재의 경계・진압활동
   나. 구조・구급업무의 지원
   다. 화재조사활동
2. 응원출동대상지역 및 규모
3. 다음 각 목의 소요경비의 부담에 관한 사항
   가. 출동대원의 수당・식사 및 의복의 수선
   나. 소방장비 및 기구의 정비와 연료의 보급
   다. 그 밖의 경비
4. 응원출동의 요청방법
5. 응원출동훈련 및 평가

40 「소방기본법」상 소방력의 동원에 관한 내용으로 옳지 않은 것은?

① 지역을 관할하는 소방본부장 또는 소방서장은 해당 시・도의 소방력만으로는 소방활동을 효율적으로 수행하기 어려운 화재, 재난・재해에 대해 소방력을 동원할 것을 요청할 수 있다.
② 동원 요청을 받은 시・도지사는 정당한 사유 없이 요청을 거절하여서는 아니 된다.
③ 소방청장은 필요한 경우 직접 소방대를 편성하여 화재진압 및 인명구조 등 소방에 필요한 활동을 하게 할 수 있다.
④ 동원된 소방대원이 다른 시・도에 파견・지원되어 소방활동을 수행할 때에는 특별한 사정이 없으면 화재, 재난・재해 등이 발생한 지역을 관할하는 소방본부장 또는 소방서장의 지휘에 따라야 한다.

해설 **소방력의 동원(법 제11조의2 제1항)**

소방청장은 해당 시・도의 소방력만으로는 소방활동을 효율적으로 수행하기 어려운 화재, 재난・재해, 그 밖의 구조・구급이 필요한 상황이 발생하거나 특별히 국가적 차원에서 소방활동을 수행할 필요가 인정될 때에는 각 시・도지사에게 행정안전부령으로 정하는 바에 따라 소방력을 동원할 것을 요청할 수 있다.

41 「소방기본법」 및 그 하위법령상 소방력의 동원 요청에 관한 내용으로 옳지 않은 것은?

① 소방청장은 해당 시・도의 소방력만으로는 소방활동을 효율적으로 수행하기 어려운 경우 등에는 각 시・도지사에게 행정안전부령으로 정하는 바에 따라 소방력을 동원할 것을 요청할 수 있다.

② 소방청장이 각 시・도지사에게 소방력 동원을 요청하는 경우 동원 요청 사실과 동원을 요청하는 인력 및 장비의 규모 등을 통지하여야 한다.

③ 긴급을 요하는 경우에는 시・도 소방본부장 또는 소방서장에게 직접 동원을 요청할 수 있다.

④ 동원 요청은 팩스 또는 전화 등의 방법으로 통지하여야 한다.

해설

소방력의 동원 요청(시행규칙 제8조의2 제1항)

소방청장은 법 제11조의2 제1항에 따라 각 시・도지사에게 소방력 동원을 요청하는 경우 동원 요청 사실과 다음 각 호의 사항을 팩스 또는 전화 등의 방법으로 통지하여야 한다. 다만, 긴급을 요하는 경우에는 시・도 소방본부 또는 소방서의 종합상황실장에게 직접 요청할 수 있다.

1. 동원을 요청하는 인력 및 장비의 규모
2. 소방력 이송 수단 및 집결장소
3. 소방활동을 수행하게 될 재난의 규모, 원인 등 소방활동에 필요한 정보

42 「소방기본법」상 소방활동의 지휘권자가 아닌 자는?

① 시・도지사
② 소방청장
③ 소방본부장
④ 소방서장

해설

소방활동(법 제16조 제1항)

소방청장, 소방본부장 또는 소방서장은 화재, 재난・재해, 그 밖의 위급한 상황이 발생하였을 때에는 소방대를 현장에 신속하게 출동시켜 화재진압과 인명구조・구급 등 소방에 필요한 활동(이하 이 조에서 "소방활동"이라 한다)을 하게 하여야 한다.

정답 39 ② 40 ① 41 ③ 42 ①

43 **「소방기본법」상 5년 이하의 징역 또는 5천만원 이하의 벌금에 처하는 위반행위로 옳지 않은 것은?**

① 위력(威力)을 사용하여 출동한 소방대의 화재진압 · 인명구조 또는 구급활동을 방해하는 행위
② 소방대가 화재진압 · 인명구조 또는 구급활동을 위하여 현장에 출동하거나 현장에 출입하는 것을 고의로 방해하는 행위
③ 출동한 소방대원에게 폭행 또는 협박을 행사하여 화재진압 · 인명구조 또는 구급활동을 방해하는 행위
④ 정당한 사유 없이 소방대의 생활안전활동을 방해하는 행위

해설 **벌칙(법 제50조 제1호)**
다음 각 호의 어느 하나에 해당하는 사람은 5년 이하의 징역 또는 5천만원 이하의 벌금에 처한다.
1. 제16조 제2항을 위반하여 다음 각 목의 어느 하나에 해당하는 행위를 한 사람
  가. 위력(威力)을 사용하여 출동한 소방대의 화재진압 · 인명구조 또는 구급활동을 방해하는 행위
  나. 소방대가 화재진압 · 인명구조 또는 구급활동을 위하여 현장에 출동하거나 현장에 출입하는 것을 고의로 방해하는 행위
  다. 출동한 소방대원에게 폭행 또는 협박을 행사하여 화재진압 · 인명구조 또는 구급활동을 방해하는 행위
  라. 출동한 소방대의 소방장비를 파손하거나 그 효용을 해하여 화재진압 · 인명구조 또는 구급활동을 방해하는 행위

44 **「소방기본법」 및 그 하위법령상 소방지원활동과 거리가 먼 것은?**

① 자연재해에 따른 급수 · 배수 및 제설 등 지원활동
② 집회 · 공연 등 각종 행사 시 사고에 대비한 근접대기 등 지원활동
③ 소방시설 오작동 신고에 따른 조치활동
④ 생활안전 및 위험물 제거활동

해설 **소방지원활동(법 제16조의2 제1항 참조)**
㉮ 산불에 대한 예방 · 진압 등 지원활동
㉯ 자연재해에 따른 급수 · 배수 및 제설 등 지원활동
㉰ 집회 · 공연 등 각종 행사 시 사고에 대비한 근접대기 등 지원활동
㉱ 화재, 재난 · 재해로 인한 피해복구 지원활동
㉲ 그 밖에 행정안전부령으로 정하는 활동[시행규칙 제8조의4(소방지원활동)]
  ㉠ 군 · 경찰 등 유관기관에서 실시하는 훈련지원 활동
  ㉡ 소방시설 오작동 신고에 따른 조치활동
  ㉢ 방송제작 또는 촬영 관련 지원활동

45 **「소방기본법」상 소방활동 중에서 생활안전활동이 아닌 것은?**

① 끼임, 고립 등에 따른 위험제거 및 구출 활동
② 벌집 제거 및 위해동물 제거
③ 자연재해로 인한 단수 시 물 공급
④ 단전사고 시 비상전원 또는 조명의 공급

해설 ③ 자연재해에 따른 급수·배수 및 제설 등은 소방지원활동이다.

생활안전활동(법 제16조의3 제1항 참조)
㉠ 붕괴, 낙하 등이 우려되는 고드름, 나무, 위험 구조물 등의 제거활동
㉡ 위해동물, 벌 등의 포획 및 퇴치 활동
㉢ 끼임, 고립 등에 따른 위험제거 및 구출 활동
㉣ 단전사고 시 비상전원 또는 조명의 공급
㉤ 그 밖에 방치하면 급박해질 우려가 있는 위험을 예방하기 위한 활동

46 **「소방기본법」 및 「화재의 예방 및 안전관리에 관한 법률」과 그 하위법령에 따른 소방에 관한 규정 중 옳은 것은?**

① 소방업무를 수행하는 소방본부장 또는 소방서장은 소방청장의 지휘와 감독을 받는다.
② 소방청장은 화재발생 우려가 크거나 화재가 발생할 경우 피해가 클 것으로 예상되는 지역을 화재예방강화지구로 지정할 수 있다.
③ 소방청장은 화재로부터 국민의 생명과 재산을 보호할 수 있도록 화재의 예방 및 안전관리에 관한 정책을 수립·시행하여야 한다.
④ 소방본부장은 소방지원활동 등의 상황을 종합하여 연 2회 소방청장에게 보고해야 한다.

해설 ① 소방업무를 수행하는 소방본부장 또는 소방서장은 그 소재지를 관할하는 특별시장·광역시장·특별자치시장·도지사 또는 특별자치도지사(이하 "시·도지사"라 한다)의 지휘와 감독을 받는다(법 제3조 제2항).
② "화재예방강화지구"란 특별시장·광역시장·특별자치시장·도지사 또는 특별자치도지사(이하 "시·도지사"라 한다)가 화재발생 우려가 크거나 화재가 발생할 경우 피해가 클 것으로 예상되는 지역에 대하여 화재의 예방 및 안전관리를 강화하기 위해 지정·관리하는 지역을 말한다(「화재의 예방 및 안전관리에 관한 법률」 제2조 제1항 제4호).
③ 국가는 화재로부터 국민의 생명과 재산을 보호할 수 있도록 화재의 예방 및 안전관리에 관한 정책(이하 "화재예방정책"이라 한다)을 수립·시행하여야 한다(「화재의 예방 및 안전관리에 관한 법률」 제3조 제1항).

정답 43 ④ 44 ④ 45 ③ 46 ④

47 **「소방기본법」상 소방활동 등에 관한 내용으로 옳지 않은 것은?**

① 소방청장, 소방본부장 또는 소방서장은 소방자동차의 공무상 운행 중 교통사고가 발생한 경우 그 운전자의 법률상 분쟁에 소요되는 비용을 지원할 수 있는 보험에 가입하여야 한다.
② 국가는 소방자동차의 공무상 운행 중 교통사고 발생에 대비한 보험 가입비용의 일부를 지원할 수 있다.
③ 소방공무원이 소방활동으로 인하여 타인을 사상(死傷)에 이르게 한 경우 그 소방활동이 불가피하고 소방공무원에게 고의 또는 중대한 과실이 없는 때에는 그 정상을 참작하여 사상에 대한 형사책임을 감경하거나 면제할 수 있다.
④ 소방청장, 소방본부장 또는 소방서장은 소방공무원이 소방활동, 소방지원활동, 생활안전활동으로 인하여 민·형사상 책임과 관련된 소송을 수행할 경우 변호인 선임 등 소송수행에 필요한 지원을 할 수 있다.

해설 **소방자동차의 보험 가입 등(법 제16조의4 제1항)**
시·도지사는 소방자동차의 공무상 운행 중 교통사고가 발생한 경우 그 운전자의 법률상 분쟁에 소요되는 비용을 지원할 수 있는 보험에 가입하여야 한다.

48 **「소방기본법 시행규칙」상 소방훈련의 종류에 해당하지 않는 것은?**

① 피난방법훈련
② 화재진압훈련
③ 인명대피훈련
④ 현장지휘훈련

해설 소방훈련의 종류에는 화재진압훈련, 인명구조훈련, 응급처치훈련, 인명대피훈련, 현장지휘훈련이 있다(시행규칙 [별표 3의2] 참조).

49 **「소방기본법 시행규칙」상 현장지휘훈련의 대상자로 옳지 않은 것은?**

① 소방령
② 소방경
③ 소방위
④ 소방장

해설 소방공무원 중 ㉠ 소방정, ㉡ 소방령, ㉢ 소방경, ㉣ 소방위는 현장지휘훈련을 받아야 한다(시행규칙 [별표 3의2] 참조).

50 「소방기본법」상 소방청장, 소방본부장 또는 소방서장은 화재를 예방하고 화재 발생 시 인명과 재산피해를 최소화하기 위하여 행정안전부령으로 정하는 바에 따라 소방안전에 관한 교육과 훈련을 실시할 수 있는데, 그 대상으로 옳지 않은 것은?

① 「장애인복지법」 제2조에 따른 장애인
② 「유아교육법」 제2조에 따른 유치원의 유아
③ 「초・중등교육법」 제2조에 따른 학교의 학생
④ 「영유아보육법」 제2조에 따른 어린이집의 영유아

해설 ① 「장애인복지법」 제2조는 장애인의 범위에 대한 규정이고, 「장애인복지법」 제58조는 장애인복지시설에 대한 규정이다.

집단 시설의 소방교육 및 훈련(법 제17조 제2항)

소방청장, 소방본부장 또는 소방서장은 화재를 예방하고 화재 발생 시 인명과 재산피해를 최소화하기 위하여 다음 각 호에 해당하는 사람을 대상으로 행정안전부령으로 정하는 바에 따라 소방안전에 관한 교육과 훈련을 실시할 수 있다. 이 경우 소방청장, 소방본부장 또는 소방서장은 해당 어린이집・유치원・학교의 장 또는 장애인복지시설의 장과 교육일정 등에 관하여 협의하여야 한다.

1. 「영유아보육법」 제2조에 따른 어린이집의 영유아
2. 「유아교육법」 제2조에 따른 유치원의 유아
3. 「초・중등교육법」 제2조에 따른 학교의 학생
4. 「장애인복지법」 제58조에 따른 장애인복지시설에 거주하거나 해당 시설을 이용하는 장애인

51 「소방기본법」 및 그 하위법령상 인명대피훈련의 대상으로 옳은 것만을 〈보기〉에서 고른 것은?

보기

ㄱ. 화재진압업무를 담당하는 소방공무원
ㄴ. 구조업무를 담당하는 소방공무원
ㄷ. 구급업무를 담당하는 소방공무원
ㄹ. 「의용소방대 설치 및 운영에 관한 법률」 제3조에 따라 임명된 의용소방대원
ㅁ. 「의무소방대설치법 시행령」 제20조 제1항 제1호에 따른 임무를 수행하는 의무소방원

① ㄱ, ㄴ
② ㄱ, ㄴ, ㄷ
③ ㄱ, ㄴ, ㄷ, ㄹ
④ ㄱ, ㄴ, ㄷ, ㄹ, ㅁ

정답 47 ① 48 ① 49 ④ 50 ① 51 ④

해설

ㄱ・ㄴ・ㄷ. 시행규칙 별표 3의2에 의거하여 화재진압업무・구조업무・구급업무를 담당하는 소방공무원은 인명대피훈련을 받아야 한다.

ㄹ. 「의용소방대 설치 및 운영에 관한 법률」 제3조에 따라 임명된 의용소방대원은 병역법에 의해 전환 복무 중인 모든 의무소방원이다.

ㅁ. 「의무소방대설치법 시행령」 제20조 제1항 제1호・제2호・제3호에 따라 의무소방원은 화재 등에 있어서 현장활동의 보조임무를 부여받은 의무소방원(제1호)과 소방행정의 지원임무를 부여받은 의무소방원(제2호), 소방관서의 경비임무를 부여받은 의무소방원(제3호)으로 구분된다. 따라서 「의무소방대설치법 시행령」 제20조 제1항 제1호에 따라 화재 등에 있어서 현장활동의 보조임무를 수행하는 의무소방원도 인명대피훈련을 받아야 하는 대상이 된다.

인명대피훈련의 대상자(시행규칙 [별표 3의2])

1) 소방공무원
2) 「의무소방대설치법」 제3조에 따라 임용된 의무소방원
3) 「의용소방대 설치 및 운영에 관한 법률」 제3조에 따라 임명된 의용소방대원

52 「소방기본법」 및 그 하위법령상 소방훈련에 관한 내용으로 옳지 않은 것은?

① 소방청장, 소방본부장 또는 소방서장은 소방업무를 전문적이고 효과적으로 수행하기 위하여 소방대원에게 필요한 교육・훈련을 실시하여야 한다.

② 소방청장, 소방본부장 또는 소방서장은 국민의 안전의식을 높이기 위하여 화재 발생 시 피난 및 행동 방법 등을 홍보하여야 한다.

③ 소방교육・훈련 횟수는 3년마다 1회 이상 실시해야 한다.

④ 소방교육・훈련 기간은 2주 이상 실시해야 한다.

해설 소방교육・훈련 횟수는 2년마다 1회이다(시행규칙 [별표 3의2] 참조).

53 **「소방기본법 시행규칙」상 소방안전교육훈련의 시설, 장비, 강사자격 및 교육방법 등의 기준에 관한 내용으로 옳지 않은 것은?**

① 소방안전교실은 화재안전 및 생활안전 등을 체험할 수 있는 100제곱미터 이상의 실내시설이어야 한다.
② 소방공무원으로서 3년 이상 근무한 경력이 있는 사람은 소방안전교육훈련의 강사를 할 수 있다.
③ 실습(체험)교육 인원은 특별한 경우가 아니면 강사 1명당 30명을 넘지 않아야 한다.
④ 소방청장, 소방본부장 또는 소방서장은 소방안전교육훈련의 실시결과, 만족도 조사결과 등을 기록하고 이를 3년간 보관하여야 한다.

해설 **소방안전교육훈련의 시설, 장비, 강사자격 및 교육방법 등의 기준(시행규칙 [별표 3의3] 제2호)**

가. 강사는 다음의 어느 하나에 해당하는 사람이어야 한다.
 1) 소방 관련학과의 석사학위 이상을 취득한 사람
 2) 「소방기본법」 제17조의2에 따른 소방안전교육사, 「소방시설 설치 및 관리에 관한 법률」 제25조에 따른 소방시설관리사, 「국가기술자격법」에 따른 소방기술사 또는 소방설비기사자격을 취득한 사람
 3) 응급구조사, 인명구조사, 화재대응능력 등 소방청장이 정하는 소방활동 관련 자격을 취득한 사람
 4) 소방공무원으로서 5년 이상 근무한 경력이 있는 사람

나. 보조강사는 다음의 어느 하나에 해당하는 사람이어야 한다.
 1) 가목에 따른 강사의 자격을 갖춘 사람
 2) 소방공무원으로서 3년 이상 근무한 경력이 있는 사람
 3) 그 밖에 보조강사의 능력이 있다고 소방청장, 소방본부장 또는 소방서장이 인정하는 사람

다. 소방청장, 소방본부장 또는 소방서장은 강사 및 보조강사로 활동하는 사람에 대하여 소방안전교육훈련과 관련된 지식·기술 및 소양 등에 관한 교육 등을 받게 할 수 있다.

54 **「소방기본법」상 소방안전교육사의 업무 범위가 아닌 것은?**

① 소방안전교육의 기획
② 소방안전교육의 진행
③ 소방안전교육의 분석
④ 소방안전교육의 감독

해설 소방안전교육사는 소방안전교육의 기획·진행·분석·평가 및 교수업무를 수행한다(법 제17조의2 제2항).

정답 52 ③ 53 ② 54 ④

55 **「소방기본법 시행령」상 소방안전교육사시험 응시자격에 대한 설명으로 옳은 것만을 〈보기〉에서 고른 것은?**

> **보기**
>
> ㄱ. 「영유아보육법」 제21조에 따라 보육교사 자격을 취득한 후 2년 이상의 보육업무 경력이 있는 사람
>
> ㄴ. 「국가기술자격법」 제2조 제3호에 따른 국가기술자격의 직무분야 중 안전관리 분야의 산업기사 자격을 취득한 후 안전관리 분야에 3년 이상 종사한 사람
>
> ㄷ. 「의료법」 제7조에 따라 간호조무사 자격을 취득한 후 간호업무 분야에 2년 이상 종사한 사람
>
> ㄹ. 「응급의료에 관한 법률」 제36조 제3항에 따라 2급 응급구조사 자격을 취득한 후 응급의료 업무 분야에 3년 이상 종사한 사람
>
> ㅁ. 「소방공무원법」 제2조에 따른 소방공무원으로 2년 이상 근무한 경력이 있는 사람
>
> ㅂ. 「의용소방대 설치 및 운영에 관한 법률」 제3조에 따라 의용소방대원으로 임명된 후 5년 이상 의용소방대 활동을 한 경력이 있는 사람

① ㄱ, ㄷ, ㅁ
② ㄴ, ㄹ, ㅂ
③ ㄷ, ㄹ, ㅁ
④ ㄹ, ㅁ, ㅂ

해설

ㄱ. 「영유아보육법」 제21조에 따라 어린이집의 원장 또는 보육교사의 자격을 취득한 사람(보육교사 자격을 취득한 사람은 <u>보육교사 자격을 취득한 후 3년 이상</u>의 보육업무 경력이 있는 사람만 해당한다)(시행령 [별표 2의2] 제4호)

ㄷ. 「의료법」 제7조에 따라 간호사 면허를 취득한 후 <u>간호업무 분야에 1년 이상</u> 종사한 사람(시행령 [별표 2의2] 제10호)

ㅁ. <u>소방공무원으로 3년 이상</u> 근무한 경력이 있는 사람(시행령 [별표 2의2] 제1호 가목)

56 **「소방기본법」 및 같은 법 시행령상 소방안전교육사에 관한 내용으로 옳지 않은 것은?**

① 소방청장은 소방안전교육사시험을 시행하려는 때에는 응시자격・시험과목・일시・장소 및 응시절차 등에 관하여 필요한 사항을 모든 응시 희망자가 알 수 있도록 소방안전교육사시험의 시행일 90일 전까지 소방청의 인터넷 홈페이지 등에 공고해야 한다.

② 시험위원 중 출제위원은 시험과목별 3명, 채점위원은 5명으로 한다.

③ 소방청장은 소방안전교육사 시험에서 부정행위를 한 사람에 대하여는 해당 시험을 정지시키거나 무효로 처리하고, 그 사람은 그 처분이 있은 날부터 2년간 소방안전교육사 시험에 응시하지 못한다.

④ 1차 시험과목은 소방학개론, 구급・응급처치론, 재난관리론 및 교육학개론 중 응시자가 선택하는 3과목이고, 2차 시험과목은 국민안전교육 실무이며, 제1차 시험은 선택형을, 제2차 시험은 주관식 단답형 또는 기입형을 원칙으로 한다.

해설 **시험방법(시행령 제7조의3)**

① 소방안전교육사시험은 제1차 시험 및 제2차 시험으로 구분하여 시행한다.

② 제1차 시험은 선택형을, <u>제2차 시험은 논술형을 원칙으로 한다</u>. 다만, 제2차 시험에는 주관식 단답형 또는 기입형을 포함할 수 있다.

③ 제1차 시험에 합격한 사람에 대해서는 다음 회의 시험에 한정하여 제1차 시험을 면제한다.

57 **「소방기본법」상 소방안전교육사의 결격사유로 옳지 않은 것은?**

① 피성년후견인

② 금고 이상의 형의 집행유예를 선고받고 그 유예기간 중에 있는 사람

③ 법원의 판결 또는 다른 법률에 따라 자격이 정지되거나 상실된 사람

④ 금고 이상의 실형을 선고받고 그 집행이 끝나거나(집행이 끝난 것으로 보는 경우를 포함한다) 집행이 면제된 날부터 3년이 지나지 아니한 사람

해설 금고 이상의 실형을 선고받고 그 집행이 끝나거나(집행이 끝난 것으로 보는 경우를 포함한다) 집행이 면제된 날부터 <u>2년</u>이 지나지 아니한 사람은 소방안전교육사가 될 수 없다(법 제17조의3 제2호).

정답 | 55 ② 56 ④ 57 ④ |

58 「소방기본법 시행령」상 소방안전교육사의 배치대상과 배치기준으로 옳지 않은 것은?

	배치대상	배치기준
①	소방청	2명 이상
②	소방본부	2명 이상
③	소방서	1명 이상
④	한국소방안전원	본회 : 1명 이상

해설 소방안전교육사의 배치대상별 배치기준(시행령 [별표 2의3] 참조)

배치대상	배치기준(단위 : 명)
소방청	2 이상
소방본부	2 이상
소방서	1 이상
한국소방안전원	본회 : 2 이상 / 시・도지부 : 1 이상
한국소방산업기술원	2 이상

59 「소방기본법」 및 그 하위법령상 소방안전교육사 시험에 관한 내용으로 옳지 않은 것은?

① 소방안전교육사 시험은 2년마다 1회 시행함을 원칙으로 하되, 소방청장이 필요하다고 인정하는 때에는 그 횟수를 증감할 수 있다.
② 소방청장은 소방안전교육사 시험을 시행하려는 때에는 응시자격・시험과목・일시・장소 및 응시절차 등에 관하여 필요한 사항을 모든 응시 희망자가 알 수 있도록 소방안전교육사 시험의 시행일 90일 전까지 소방청의 인터넷 홈페이지 등에 공고해야 한다.
③ 소방청장은 소방안전교육사 시험에서 부정행위를 한 사람에 대하여는 해당 시험을 정지시키거나 무효로 처리한다.
④ 소방안전교육사 시험이 정지되거나 무효로 처리된 사람은 그 처분이 있은 날부터 3년간 소방안전교육사 시험에 응시하지 못한다.

해설 **부정행위자에 대한 조치(법 제17조의4)**
① 소방청장은 제17조의2에 따른 소방안전교육사 시험에서 부정행위를 한 사람에 대하여는 해당 시험을 정지시키거나 무효로 처리한다.
② 제1항에 따라 시험이 정지되거나 무효로 처리된 사람은 그 처분이 있은 날부터 2년간 소방안전교육사 시험에 응시하지 못한다.

60 「소방기본법」 및 그 하위법령상 소방교육 및 훈련에 관한 내용으로 옳지 않은 것은?

① 소방청장, 소방본부장 또는 소방서장은 소방안전교육을 위하여 행정안전부장관이 실시하는 시험에 합격한 사람에게 소방안전교육사 자격을 부여한다.

② 소방청장, 소방본부장 또는 소방서장은 소방업무를 전문적이고 효과적으로 수행하기 위하여 소방대원에게 필요한 교육·훈련을 실시하여야 한다.

③ 소방청장, 소방본부장 또는 소방서장은 국민의 안전의식을 높이기 위하여 화재 발생 시 피난 및 행동 방법 등을 홍보하여야 한다.

④ 소방대원에게 실시하는 소방교육·훈련 횟수는 2년마다 1회이며, 교육·훈련 기간 2주 이상이다.

해설 **소방안전교육사(법 제17조의2 제1항)**
소방청장은 제17조 제2항에 따른 소방안전교육을 위하여 소방청장이 실시하는 시험에 합격한 사람에게 소방안전교육사 자격을 부여한다.

61 「소방기본법」 및 그 하위법령상 한국119청소년단에 관한 내용으로 옳지 않은 것은?

① 청소년에게 소방안전에 관한 올바른 이해와 안전의식을 함양시키기 위하여 한국119청소년단을 설립한다.

② 국가나 지방자치단체는 한국119청소년단에 그 조직 및 활동에 필요한 시설·장비를 지원할 수 있으며, 운영경비와 시설비 및 국내외 행사에 필요한 경비를 보조할 수 있다.

③ 한국119청소년단에 관하여 「소방기본법」에서 규정한 것을 제외하고는 「민법」 중 사단법인에 관한 규정을 준용한다.

④ 한국119청소년단이 아닌 자가 한국119청소년단 또는 이와 유사한 명칭을 사용하는 경우 200만원 이하의 벌금을 부과한다.

해설 제17조의6 제5항을 위반하여 한국119청소년단 또는 이와 유사한 명칭을 사용한 자에게는 200만원 이하의 과태료를 부과한다(법 제56조 제2항 제2호의2).

정답 58 ④ 59 ④ 60 ① 61 ④

62 **「소방기본법 시행규칙」상 한국119청소년단의 사업 범위에 관한 내용으로 옳지 않은 것은?**

① 한국119청소년단 단원의 선발·육성과 활동 지원
② 한국119청소년단의 활동·체험 프로그램 개발 및 운영
③ 한국119청소년단의 활동과 관련된 학문·기술의 연구·교육 및 홍보
④ 한국119청소년단의 소방안전에 관한 국제협력

해설 **한국119청소년단의 사업 범위 등(시행규칙 제9조의6 제1항)**
법 제17조의6에 따른 한국119청소년단의 사업 범위는 다음 각 호와 같다.
1. 한국119청소년단 단원의 선발·육성과 활동 지원
2. 한국119청소년단의 활동·체험 프로그램 개발 및 운영
3. 한국119청소년단의 활동과 관련된 학문·기술의 연구·교육 및 홍보
4. 한국119청소년단 단원의 교육·지도를 위한 전문인력 양성
5. 관련 기관·단체와의 자문 및 협력사업
6. 그 밖에 한국119청소년단의 설립목적에 부합하는 사업

63 **「소방기본법」 및 그 하위법령상 소방신호의 종류에 대한 설명으로 옳은 것은?**

① 경계신호 : 화재예방상 필요하다고 인정되거나 화재위험경보 시 발령
② 발화신호 : 화재 발생 전 필요할 때 발령
③ 해제신호 : 소화활동이 필요하다고 인정되는 때 발령
④ 훈련신호 : 훈련상 필요없다고 인정되는 때 발령

해설 **소방신호의 종류(시행규칙 제10조 제1항)**
법 제18조의 규정에 의한 소방신호의 종류는 다음 각 호와 같다.
1. 경계신호 : 화재예방상 필요하다고 인정되거나 「화재의 예방 및 안전관리에 관한 법률」 제20조의 규정에 의한 화재위험경보 시 발령
2. 발화신호 : 화재가 발생한 때 발령
3. 해제신호 : 소화활동이 필요없다고 인정되는 때 발령
4. 훈련신호 : 훈련상 필요하다고 인정되는 때 발령

64 **「소방기본법 시행규칙」상 소방신호의 종류별 소방신호의 방법으로 옳은 것은?**

	종류	타종신호	싸이렌신호
①	발화신호	난타	1분간 1회
②	경계신호	1타와 연2타를 반복	5초 간격을 두고 30초씩 3회
③	해제신호	연3타 반복	10초 간격을 두고 1분씩 3회
④	훈련신호	상당한 간격을 두고 1타씩 반복	1분간 1회

해설 소방신호의 방법(시행규칙 [별표 4] 참조)

종별 \ 신호방법	타종신호	싸이렌신호
경계신호	1타와 연2타를 반복	5초 간격을 두고 30초씩 3회
발화신호	난타	5초 간격을 두고 5초씩 3회
해제신호	상당한 간격을 두고 1타씩 반복	1분간 1회
훈련신호	연3타 반복	10초 간격을 두고 1분씩 3회

65 「소방기본법」 및 그 하위법령상 소방신호에 관한 내용으로 옳지 않은 것은?

① 화재예방, 소방활동 또는 소방훈련을 위하여 사용되는 소방신호의 종류와 방법은 행정안전부령으로 정한다.

② 소방신호의 방법은 그 전부 또는 일부를 함께 사용할 수 있다.

③ 게시판을 철거하거나 통풍대 또는 기를 내리는 것으로 소방활동이 해제되었음을 알린다.

④ 소방대의 비상소집을 할 경우에는 훈련신호를 사용할 수 없다.

해설 소방신호의 방법(시행규칙 [별표 4] 비고 참조)
㉠ 소방신호의 방법은 그 전부 또는 일부를 함께 사용할 수 있다.
㉡ 게시판을 철거하거나 통풍대 또는 기를 내리는 것으로 소방활동이 해제되었음을 알린다.
㉢ 소방대의 비상소집을 하는 경우에는 훈련신호를 사용할 수 있다.

66 「소방기본법」상 관계인의 소방활동에 관한 내용으로 옳지 않은 것은?

① 관계인은 소방대상물에 화재, 재난・재해, 그 밖의 위급한 상황이 발생한 경우에는 소방대가 현장에 도착할 때까지 경보를 울리거나 대피를 유도하는 등의 방법으로 사람을 구출하는 조치 또는 불을 끄거나 불이 번지지 아니하도록 필요한 조치를 하여야 한다.

② 정당한 사유 없이 소방대가 현장에 도착할 때까지 사람을 구출하는 조치 또는 불을 끄거나 불이 번지지 아니하도록 하는 조치를 하지 아니한 관계인은 100만원 이하의 벌금에 처한다.

③ 관계인은 소방대상물에 화재, 재난・재해, 그 밖의 위급한 상황이 발생한 경우에는 이를 소방본부, 소방서 또는 관계 행정기관에 지체 없이 알려야 한다.

④ 정당한 사유 없이 화재, 재난・재해, 그 밖의 위급한 상황을 소방본부, 소방서 또는 관계 행정기관에 알리지 아니한 관계인에게는 200만원 이하의 과태료를 부과한다.

정답 62 ④ 63 ① 64 ② 65 ④ 66 ④

해설 정당한 사유 없이 제20조 제2항을 위반하여 화재, 재난·재해, 그 밖의 위급한 상황을 소방본부, 소방서 또는 관계 행정기관에 알리지 아니한 관계인에게는 500만원 이하의 과태료를 부과한다(법 제56조 제1항 제2호).

67 「소방기본법」 및 같은 법 시행규칙상 자체소방대에 관한 내용으로 옳지 않은 것은?

① 관계인이 화재를 진압하거나 구조·구급 활동을 하기 위하여 설치하는 조직체를 자체소방대라 한다.

② 관계인이 화재를 진압하거나 구조·구급 활동을 하기 위하여 설치하는 상설 조직체에 「위험물안전관리법」 제19조 및 그 밖의 다른 법령에 따라 설치된 자체소방대는 제외된다.

③ 소방청장, 소방본부장 또는 소방서장은 자체소방대에서 수립하는 교육·훈련 계획의 지도·자문을 지원할 수 있다.

④ 자체소방대의 교육·훈련 등의 지원에 필요한 사항은 행정안전부령으로 정한다.

해설 **자체소방대의 설치·운영 등(법 제20조의2 제1항)**
관계인은 화재를 진압하거나 구조·구급 활동을 하기 위하여 상설 조직체(「위험물안전관리법」 제19조 및 그 밖의 다른 법령에 따라 설치된 자체소방대를 포함하며, 이하 이 조에서 "자체소방대"라 한다)를 설치·운영할 수 있다.

68 「소방기본법」 및 그 하위법령상 자체소방대의 설치·운영 등에 관한 내용으로 옳지 않은 것은?

① 관계인은 화재를 진압하거나 구조·구급 활동을 하기 위하여 자체소방대(「위험물안전관리법」 제19조 및 그 밖의 다른 법령에 따라 설치된 자체소방대를 포함)를 설치·운영할 수 있다.

② 자체소방대는 소방대가 현장에 도착한 경우에도 자체소방대 독자적인 업무를 계속 수행하여야 한다.

③ 소방청장, 소방본부장 또는 소방서장은 자체소방대의 역량 향상을 위하여 필요한 교육·훈련 등을 지원할 수 있다.

④ 소방청장, 소방본부장 또는 소방서장은 「소방공무원임용령」 제2조 제3호에 따른 소방기관과 자체소방대와의 합동 소방훈련을 지원할 수 있다.

해설 **자체소방대의 설치·운영 등(법 제20조의2)**

① 관계인은 화재를 진압하거나 구조·구급 활동을 하기 위하여 상설 조직체(「위험물안전관리법」 제19조 및 그 밖의 다른 법령에 따라 설치된 자체소방대를 포함하며, 이하 이 조에서 "자체소방대"라 한다)를 설치·운영할 수 있다.
② 자체소방대는 소방대가 현장에 도착한 경우 소방대장의 지휘·통제에 따라야 한다.
③ 소방청장, 소방본부장 또는 소방서장은 자체소방대의 역량 향상을 위하여 필요한 교육·훈련 등을 지원할 수 있다.
④ 제3항에 따른 교육·훈련 등의 지원에 필요한 사항은 행정안전부령으로 정한다.

69 **「소방기본법」상 소방자동차의 우선 통행 등에 관한 내용으로 옳지 않은 것은?**

① 소방자동차의 우선 통행에 관하여는 「소방기본법」에서 정하는 바에 따른다.
② 모든 차와 사람은 소방자동차가 화재진압 및 구조·구급 활동을 위하여 출동을 할 때에는 이를 방해하여서는 아니 된다.
③ 소방자동차가 화재진압 및 구조·구급 활동을 위하여 출동하거나 훈련을 위하여 필요할 때에는 사이렌을 사용할 수 있다.
④ 소방대는 화재, 재난·재해, 그 밖의 위급한 상황이 발생한 현장에 신속하게 출동하기 위하여 긴급할 때에는 일반적인 통행에 쓰이지 아니하는 도로·빈터 또는 물 위로 통행할 수 있다.

해설 **소방자동차의 우선 통행 등(법 제21조 제4항)**

제3항의 경우를 제외하고 소방자동차의 우선 통행에 관하여는 「도로교통법」에서 정하는 바에 따른다.

70 **「소방기본법」상 화재로 오인할 만한 우려가 있는 불을 피우거나 연막 소독을 하는 경우에 지정된 지역에서는 신고 후 행하여야 하는데, 그 지역으로 옳지 않은 것은?**

① 주거지역
② 공장·창고가 밀집한 지역
③ 목조건물이 밀집한 지역
④ 위험물의 저장 및 처리시설이 밀집한 지역

정답 | 67 ② | 68 ② | 69 ① | 70 ① |

해설 **화재 등의 통지(법 제19조 제2항)**
다음 각 호의 어느 하나에 해당하는 지역 또는 장소에서 화재로 오인할 만한 우려가 있는 불을 피우거나 연막(煙幕) 소독을 하려는 자는 시·도의 조례로 정하는 바에 따라 관할 소방본부장 또는 소방서장에게 신고하여야 한다.
1. 시장지역
2. 공장·창고가 밀집한 지역
3. 목조건물이 밀집한 지역
4. 위험물의 저장 및 처리시설이 밀집한 지역
5. 석유화학제품을 생산하는 공장이 있는 지역
6. 그 밖에 시·도의 조례로 정하는 지역 또는 장소

71 **「소방기본법」상 소방자동차 전용구역에 관한 내용으로 옳지 않은 것은?**

① 소방본부장이나 소방서장은 소방활동의 원활한 수행을 위하여 「건축법」 제2조 제2항 제2호에 따른 공동주택 중 대통령령으로 정하는 공동주택에 소방자동차 전용구역을 설치하여야 한다.
② 누구든지 전용구역에 차를 주차하거나 전용구역에의 진입을 가로막는 등의 방해행위를 하여서는 아니 된다.
③ 「주차장법」 제19조에 따른 부설주차장의 주차구획 내에 주차하는 경우는 전용구역 방해행위에 해당하지 않는다.
④ 「건축법 시행령」 별표 1 제2호 가목의 아파트 중 세대수가 100세대 이상인 아파트는 전용구역의 설치대상이다.

해설 **소방자동차 전용구역 등(법 제21조의2 제1항)**
「건축법」 제2조 제2항 제2호에 따른 공동주택 중 대통령령으로 정하는 공동주택의 건축주는 제16조 제1항에 따른 소방활동의 원활한 수행을 위하여 공동주택에 소방자동차 전용구역(이하 "전용구역"이라 한다)을 설치하여야 한다.

72 **「소방기본법 시행령」상 운행기록장치 장착 소방자동차로 옳지 않은 것은?**

① 소방펌프차 ② 소방물탱크차
③ 무인방수차 ④ 재난지휘차

해설 재난지휘차는 「소방기본법 시행령」(제7조의15)이 아닌 「소방공무원 현장 소방활동 안전관리에 관한 규정」(제23조)에서 정하는 장착 대상이다.

73 「소방기본법」상 소방대의 긴급통행에 관한 내용으로 옳은 것은?

① 소방대는 화재, 재난・재해, 그 밖의 위급한 상황이 발생한 현장에 신속하게 출동하기 위하여 긴급할 때에는 일반적인 통행에 쓰이지 아니하는 도로・빈터 또는 물 위로 통행할 수 있다.
② 모든 차와 사람은 소방자동차(지휘를 위한 자동차와 구조・구급차 포함)가 화재진압 및 구조・구급 활동을 위하여 출동을 할 때에는 이를 방해하여서는 아니 된다.
③ 소방자동차의 우선 통행에 관하여는 「도로교통법」에서 정하는 바에 따른다.
④ 소방자동차가 화재진압 및 구조・구급 활동을 위하여 출동하거나 훈련을 위하여 필요할 때에는 사이렌을 사용할 수 있다.

해설

소방대의 긴급통행(법 제22조)

소방대는 화재, 재난・재해, 그 밖의 위급한 상황이 발생한 현장에 신속하게 출동하기 위하여 긴급할 때에는 일반적인 통행에 쓰이지 아니하는 도로・빈터 또는 물 위로 통행할 수 있다.

소방자동차의 우선 통행 등(법 제21조 참조)

㉠ 모든 차와 사람은 소방자동차(지휘를 위한 자동차와 구조・구급차 포함)가 화재진압 및 구조・구급 활동을 위하여 출동을 할 때에는 이를 방해하여서는 아니 된다.
㉡ 소방자동차가 화재진압 및 구조・구급 활동을 위하여 출동하거나 훈련을 위하여 필요할 때에는 사이렌을 사용할 수 있다.
㉢ 소방자동차의 우선 통행에 관하여는 「도로교통법」에서 정하는 바에 따른다.

74 「소방기본법 시행령」상 소방활동구역의 출입이 제한되는 경우로 옳은 것은?

① 소방대상물의 인접인
② 보도업무 종사자
③ 수사업무 종사자
④ 의사・간호사

해설

소방활동구역의 출입자(시행령 제8조)

법 제23조 제1항에서 "대통령령으로 정하는 사항"이란 다음 각 호의 사람을 말한다.

1. 소방활동구역 안에 있는 소방대상물의 소유자・관리자 또는 점유자
2. 전기・가스・수도・통신・교통의 업무에 종사하는 사람으로서 원활한 소방활동을 위하여 필요한 사람
3. 의사・간호사 그 밖의 구조・구급업무에 종사하는 사람
4. 취재인력 등 보도업무에 종사하는 사람
5. 수사업무에 종사하는 사람
6. 그 밖에 소방대장이 소방활동을 위하여 출입을 허가한 사람

정답 71 ① 72 ④ 73 ① 74 ①

75 **「소방기본법」상 소방활동구역의 출입을 제한할 수 있는 권한을 가진 사람으로 옳은 것은?**

① 소방대장 ② 소방서장
③ 소방청장 ④ 시・도지사

해설 **소방활동구역의 설정(법 제23조 제1항)**
소방대장은 화재, 재난・재해, 그 밖의 위급한 상황이 발생한 현장에 소방활동구역을 정하여 소방활동에 필요한 사람으로서 대통령령으로 정하는 사람 외에는 그 구역에 출입하는 것을 제한할 수 있다.

76 **「소방기본법」상 소방활동 종사 명령에 관한 내용으로 옳지 않은 것은?**

① 소방본부장 또는 소방서장은 화재 현장에서 소방활동 종사 명령을 할 수 있다.
② 소방활동 종사 명령은 그 관할구역에 사는 사람 또는 그 현장에 있는 사람을 대상으로 할 수 있다.
③ 소방활동에 종사한 사람은 소방본부장 또는 소방서장으로부터 소방활동의 비용을 지급받을 수 있다.
④ 소방본부장 또는 소방서장은 소방활동에 필요한 보호장구를 지급하는 등 안전을 위한 조치를 하여야 한다.

해설 **소방활동 종사 명령(법 제24조 제3항)**
제1항에 따른 명령에 따라 소방활동에 종사한 사람은 시・도지사로부터 소방활동의 비용을 지급받을 수 있다. 다만, 다음 각 호의 어느 하나에 해당하는 사람의 경우에는 그러하지 아니하다.
1. 소방대상물에 화재, 재난・재해, 그 밖의 위급한 상황이 발생한 경우 그 관계인
2. 고의 또는 과실로 화재 또는 구조・구급 활동이 필요한 상황을 발생시킨 사람
3. 화재 또는 구조・구급 현장에서 물건을 가져간 사람

77 **「소방기본법」상 소방활동 종사 명령과 관련하여 소방활동 비용을 지급받을 수 있는 사람으로 옳은 것은?**

① 과실로 화재를 발생시킨 사람
② 화재 현장에서 물건을 가져간 사람
③ 소방대상물에 화재가 발생한 경우 그 관계인
④ 화재 현장에서 불이 번지지 아니하도록 하는 일을 명령받은 사람

해설 **소방활동 종사 명령(법 제24조 제3항)**
제1항에 따른 명령에 따라 소방활동에 종사한 사람은 시·도지사로부터 소방활동의 비용을 지급받을 수 있다. 다만, 다음 각 호의 어느 하나에 해당하는 사람의 경우에는 그러하지 아니하다.
1. 소방대상물에 화재, 재난·재해, 그 밖의 위급한 상황이 발생한 경우 그 관계인
2. 고의 또는 과실로 화재 또는 구조·구급 활동이 필요한 상황을 발생시킨 사람
3. 화재 또는 구조·구급 현장에서 물건을 가져간 사람

78 **「소방기본법」상 강제처분에 관한 내용으로 옳은 것은?**

① 화재로 오인할 만한 우려가 있는 불을 피우거나 연막소독을 하려는 자는 시·도의 조례로 정하는 바에 따라 관할 소방본부장 또는 소방서장에게 신고하여야 한다.
② 소방본부장, 소방서장 또는 소방대장은 화재가 발생하거나 불이 번질 우려가 있는 소방대상물 및 토지를 일시적으로 사용하거나 그 사용의 제한 또는 소방활동에 필요한 처분을 할 수 있다.
③ 소방본부장, 소방서장 또는 소방대장은 화재, 재난·재해, 그 밖의 위급한 상황이 발생하여 사람의 생명을 위험하게 할 것으로 인정할 때에는 일정한 구역을 지정하여 그 구역에 있는 사람에게 그 구역 밖으로 피난할 것을 명할 수 있다.
④ 소방본부장, 소방서장 또는 소방대장은 화재 진압 등 소방활동을 위하여 필요할 때에는 소방용수 외에 댐·저수지 또는 수영장 등의 물을 사용하거나 수도(水道)의 개폐장치 등을 조작할 수 있다.

해설 **강제처분 등(법 제25조 제1항)**
소방본부장, 소방서장 또는 소방대장은 사람을 구출하거나 불이 번지는 것을 막기 위하여 필요할 때에는 화재가 발생하거나 불이 번질 우려가 있는 소방대상물 및 토지를 일시적으로 사용하거나 그 사용의 제한 또는 소방활동에 필요한 처분을 할 수 있다.

79 **「소방기본법」상 강제처분에 관한 내용이다. (　) 안에 들어갈 내용으로 옳지 않은 것은?**

> (　), (　) 또는 (　)은 사람을 구출하거나 불이 번지는 것을 막기 위하여 필요할 때에는 화재가 발생하거나 불이 번질 우려가 있는 소방대상물 및 토지를 일시적으로 사용하거나 그 사용의 제한 또는 소방활동에 필요한 처분을 할 수 있다.

① 소방청장　② 소방본부장
③ 소방서장　④ 소방대장

정답 75 ① 76 ③ 77 ④ 78 ② 79 ①

해설 소방본부장, 소방서장 또는 소방대장은 사람을 구출하거나 불이 번지는 것을 막기 위하여 필요할 때에는 화재가 발생하거나 불이 번질 우려가 있는 소방대상물 및 토지를 일시적으로 사용하거나 그 사용의 제한 또는 소방활동에 필요한 처분을 할 수 있다(법 제25조 제1항).

80 「소방기본법」상 피난명령에 관한 내용으로 옳지 않은 것은?

① 소방본부장, 소방서장 또는 소방대장은 화재, 재난·재해, 그 밖의 위급한 상황이 발생하여 사람의 생명을 위험하게 할 것으로 인정할 때에는 일정한 구역을 지정하여 그 구역에 있는 사람에게 그 구역 밖으로 피난할 것을 명할 수 있다.

② 소방본부장, 소방서장 또는 소방대장은 피난명령을 할 때 필요하면 관할 경찰서장 또는 자치경찰단장에게 협조를 요청할 수 있다.

③ 소방본부장, 소방서장 또는 소방대장은 사람을 구출하거나 불이 번지는 것을 막기 위하여 긴급하다고 인정할 때에는 소방대상물 또는 토지 외의 소방대상물과 토지에 대하여 그 사용의 제한 또는 소방활동에 필요한 처분을 할 수 있다.

④ 소방본부장, 소방서장 또는 소방대장의 피난명령을 위반한 자는 100만원 이하의 벌금에 처한다.

해설 소방본부장, 소방서장 또는 소방대장은 사람을 구출하거나 불이 번지는 것을 막기 위하여 필요할 때에는 화재가 발생하거나 불이 번질 우려가 있는 소방대상물 및 토지를 일시적으로 사용하거나 그 사용의 제한 또는 소방활동에 필요한 처분을 할 수 있다(법 제25조 제1항). 즉, 강제처분에 관한 내용이다.

81 「소방기본법」상 위험시설에 대한 긴급조치에 관한 내용으로 옳지 않은 것은?

① 소방본부장, 소방서장 또는 소방대장은 화재진압 등 소방활동을 위하여 필요할 때에는 소방용수 외에 댐·저수지 또는 수영장 등의 물을 사용하거나 수도(水道)의 개폐장치 등을 조작할 수 있다.

② 정당한 사유 없이 소방활동을 위하여 필요한 물의 사용이나 수도의 개폐장치의 사용 또는 조작을 하지 못하게 하거나 방해한 자는 200만원 이하의 벌금에 처한다.

③ 소방본부장, 소방서장 또는 소방대장은 화재 발생을 막거나 폭발 등으로 화재가 확대되는 것을 막기 위하여 가스·전기 또는 유류 등의 시설에 대하여 위험물질의 공급을 차단하는 등 필요한 조치를 할 수 있다.

④ 정당한 사유 없이 화재 발생을 막기 위한 가스·전기 또는 유류 등의 시설에 대하여 위험물질의 공급을 차단하는 등 필요한 조치를 방해한 자는 100만원 이하의 벌금에 처한다.

해설 제27조 제1항을 위반하여 정당한 사유 없이 물의 사용이나 수도의 개폐장치의 사용 또는 조작을 하지 못하게 하거나 방해한 자는 100만원 이하의 벌금에 처한다(법 제54조 제4호).

82 「소방기본법」상 강제처분과 위험시설 등에 대한 긴급조치에 관한 내용으로 옳지 않은 것은?

① 소방본부장, 소방서장 또는 소방대장은 사람을 구출하거나 불이 번지는 것을 막기 위하여 필요할 때에는 화재가 발생하거나 불이 번질 우려가 있는 소방대상물 및 토지를 일시적으로 사용하거나 그 사용의 제한 또는 소방활동에 필요한 처분을 할 수 있다.

② 소방본부장, 소방서장 또는 소방대장은 화재진압 등 소방활동을 위하여 필요할 때에는 소방용수 외에 댐·저수지 또는 수영장 등의 물을 사용하거나 수도(水道)의 개폐장치 등을 조작할 수 있다.

③ 시·도지사는 소방활동에 방해가 되는 주차 또는 정차된 차량의 제거나 이동을 위하여 견인차량과 인력 등을 지원한 자에게 시·도의 조례로 정하는 바에 따라 비용을 지급할 수 있다.

④ 시·도지사는 화재 발생을 막거나 폭발 등으로 화재가 확대되는 것을 막기 위하여 가스·전기 또는 유류 등의 시설에 대하여 위험물질의 공급을 차단하는 등 필요한 조치를 할 수 있다.

해설 소방본부장, 소방서장 또는 소방대장은 화재 발생을 막거나 폭발 등으로 화재가 확대되는 것을 막기 위하여 가스·전기 또는 유류 등의 시설에 대하여 위험물질의 공급을 차단하는 등 필요한 조치를 할 수 있다(법 제27조 제2항).

정답 80 ③ 81 ② 82 ④

83 「소방기본법」상 방해행위의 제지 대상이 되는 소방대원의 활동으로 옳은 것만을 〈보기〉에서 고른 것은?

보기

ㄱ. 「소방기본법」 제16조 제1항에 따른 소방활동
ㄴ. 「소방기본법」 제16조의2 제1항에 따른 소방지원활동
ㄷ. 「소방기본법」 제16조의3 제1항에 따른 생활안전활동

① ㄱ　　② ㄴ
③ ㄱ, ㄷ　　④ ㄱ, ㄴ, ㄷ

해설 **방해행위의 제지 등(법 제27조의2)**
소방대원은 제16조 제1항에 따른 소방활동 또는 제16조의3 제1항에 따른 생활안전활동을 방해하는 행위를 하는 사람에게 필요한 경고를 하고, 그 행위로 인하여 사람의 생명·신체에 위해를 끼치거나 재산에 중대한 손해를 끼칠 우려가 있는 긴급한 경우에는 그 행위를 제지할 수 있다.

84 「소방기본법」에서 정하는 소방용수시설의 사용이 금지되는 경우가 아닌 것은?

① 소방용수시설을 사용하는 화재진압
② 정당한 사유 없이 소방용수시설 또는 비상소화장치를 사용하는 행위
③ 정당한 사유 없이 손상·파괴, 철거 또는 그 밖의 방법으로 소방용수시설 또는 비상소화장치의 효용(效用)을 해치는 행위
④ 소방용수시설 또는 비상소화장치의 정당한 사용을 방해하는 행위

해설 **소방용수시설 또는 비상소화장치의 사용금지 등(법 제28조)**
누구든지 다음 각 호의 어느 하나에 해당하는 행위를 하여서는 아니 된다.
1. 정당한 사유 없이 소방용수시설 또는 비상소화장치를 사용하는 행위
2. 정당한 사유 없이 손상·파괴, 철거 또는 그 밖의 방법으로 소방용수시설 또는 비상소화장치의 효용(效用)을 해치는 행위
3. 소방용수시설 또는 비상소화장치의 정당한 사용을 방해하는 행위

85 「소방기본법」상 소방산업의 육성·진흥 및 지원 등에 관한 내용으로 옳지 않은 것은?

① 국가는 소방산업의 육성・진흥을 위하여 필요한 계획의 수립 등 행정상・재정상의 지원 시책을 마련하여야 한다.

② 국가는 소방산업과 관련된 소방기술의 개발을 촉진하기 위하여 기술개발을 실시하는 자에게 그 기술개발에 드는 자금의 전부를 출연하거나 보조할 수 있다.

③ 국가는 소방기술 및 소방산업의 국제경쟁력과 국제적 통용성을 높이는 데에 필요한 기반 조성을 촉진하기 위한 시책을 마련하여야 한다.

④ 국가는 국민의 생명과 재산을 보호하기 위하여 기관이나 단체로 하여금 소방기술의 연구・개발사업을 수행하게 할 수 있다.

해설 국가는 소방산업과 관련된 소방기술의 개발을 촉진하기 위하여 기술개발을 실시하는 자에게 그 기술개발에 드는 자금의 전부나 일부를 출연하거나 보조할 수 있다(법 제39조의5 제1항).

86 「소방기본법」상 소방청장이 소방기술 및 소방산업의 국제경쟁력과 국제적 통용성을 높이기 위해 추진하여야 하는 사업이 아닌 것은?

① 소방기술 및 소방산업의 국제 협력을 위한 조사・연구

② 소방기술 및 소방산업에 관한 국제 전시회, 국제 학술회의 개최 등 국제 교류

③ 소방기술 및 소방산업의 국내시장 개척

④ 소방기술 및 소방산업의 국제경쟁력과 국제적 통용성을 높이기 위하여 필요하다고 인정하는 사업

해설 **소방기술 및 소방산업의 국제화사업(법 제39조의7 제2항)**

소방청장은 소방기술 및 소방산업의 국제경쟁력과 국제적 통용성을 높이기 위하여 다음 각 호의 사업을 추진하여야 한다.

1. 소방기술 및 소방산업의 국제 협력을 위한 조사・연구
2. 소방기술 및 소방산업에 관한 국제 전시회, 국제 학술회의 개최 등 국제 교류
3. 소방기술 및 소방산업의 국외시장 개척
4. 그 밖에 소방기술 및 소방산업의 국제경쟁력과 국제적 통용성을 높이기 위하여 필요하다고 인정하는 사업

정답 83 ③ 84 ① 85 ② 86 ③

87 「소방기본법」상 한국소방안전원의 업무로 옳지 않은 것은?

① 소방기술과 안전관리에 관한 교육 및 조사·연구
② 소방기술과 안전관리에 관한 각종 간행물 발간
③ 소방안전에 관한 국제협력
④ 소방안전원의 수익사업

해설 **안전원의 업무(법 제41조)**
안전원은 다음 각 호의 업무를 수행한다.
1. 소방기술과 안전관리에 관한 교육 및 조사·연구
2. 소방기술과 안전관리에 관한 각종 간행물 발간
3. 화재 예방과 안전관리의식 고취를 위한 대국민 홍보
4. 소방업무에 관하여 행정기관이 위탁하는 업무
5. 소방안전에 관한 국제협력
6. 그 밖에 회원에 대한 기술지원 등 정관으로 정하는 사항

88 「소방기본법」상 한국소방안전원에 관한 내용으로 옳지 않은 것은?

① 소방안전원은 법인으로 한다.
② 소방안전관리자 또는 소방기술자로 선임된 사람도 회원이 될 수 있다.
③ 소방안전원의 운영 경비는 국가 보조금으로만 충당한다.
④ 소방안전원 정관을 변경하려면 소방청장의 인가를 받아야 한다.

해설 **안전원의 운영 경비(법 제44조)**
안전원의 운영 및 사업에 소요되는 경비는 다음 각 호의 재원으로 충당한다.
1. 제41조 제1호 및 제4호의 업무 수행에 따른 수입금
2. 제42조에 따른 회원의 회비
3. 자산운영수익금
4. 그 밖의 부대수입

89 「소방기본법」 및 같은 법 시행령상 손실보상에 관한 내용이다. (　) 안에 들어갈 숫자로 옳은 것은?

> 가. 손실보상을 청구할 수 있는 권리는 손실이 있음을 안 날부터 (ㄱ)년, 손실이 발생한 날부터 (ㄴ)년간 행사하지 아니하면 시효의 완성으로 소멸한다.
> 나. 소방청장 등은 손실보상심의위원회의 심사・의결을 거쳐 특별한 사유가 없으면 보상금 지급 청구서를 받은 날부터 (ㄷ)일 이내에 보상금 지급 여부 및 보상금액을 결정하여야 한다.
> 다. 소방청장 등은 결정일부터 (ㄹ)일 이내에 행정안전부령으로 정하는 바에 따라 결정 내용을 청구인에게 통지하고, 보상금을 지급하기로 결정한 경우에는 특별한 사유가 없으면 통지한 날부터 (ㅁ)일 이내에 보상금을 지급하여야 한다.

	ㄱ	ㄴ	ㄷ	ㄹ	ㅁ
①	3	5	60	10	30
②	5	3	60	12	20
③	3	5	50	12	30
④	5	3	50	10	20

해설

가. 손실보상을 청구할 수 있는 권리는 손실이 있음을 안 날부터 3년, 손실이 발생한 날부터 5년간 행사하지 아니하면 시효의 완성으로 소멸한다(법 제49조의2 제2항).

나. 소방청장 등은 손실보상심의위원회의 심사・의결을 거쳐 특별한 사유가 없으면 보상금 지급 청구서를 받은 날부터 60일 이내에 보상금 지급 여부 및 보상금액을 결정하여야 한다(시행령 제12조 제2항).

다. 소방청장 등(소방청장 또는 시・도지사)은 보상금 지급 여부 결정일부터 10일 이내에 행정안전부령으로 정하는 바에 따라 결정 내용을 청구인에게 통지하고, 보상금을 지급하기로 결정한 경우에는 특별한 사유가 없으면 통지한 날부터 30일 이내에 보상금을 지급하여야 한다(시행령 제12조 제4항).

정답 87 ④ 88 ③ 89 ①

90 **「소방기본법 시행령」상 손실보상에 관한 내용으로 옳지 않은 것은?**

① 손실보상심의위원회 위원의 임기는 2년으로 한다.
② 손실보상심의위원회는 위원장 1명을 포함하여 7명 이상 9명 이하의 위원으로 구성한다.
③ 소방청장 등은 보상금을 지급하기로 결정한 경우에는 특별한 사유가 없으면 통지한 날부터 30일 이내에 보상금을 지급하여야 한다.
④ 소방청장 등은 손실보상심의위원회의 심사・의결을 거쳐 특별한 사유가 없으면 보상금 지급 청구서를 받은 날부터 60일 이내에 보상금 지급 여부 및 보상금액을 결정하여야 한다.

해설 **손실보상심의위원회의 설치 및 구성(시행령 제13조 제2항)**
보상위원회는 위원장 1명을 포함하여 5명 이상 7명 이하의 위원으로 구성한다. 다만, 청구금액이 100만원 이하인 사건에 대해서는 제3항 제1호(소속 소방공무원)에 해당하는 위원 3명으로만 구성할 수 있다.

91 **「소방기본법」 및 그 하위법령상 손실보상에 관한 내용으로 옳지 않은 것은?**

① 소방청장 또는 시・도지사는 손실보상청구사건을 심사・의결하기 위하여 필요한 경우 손실보상심의위원회를 구성・운영할 수 있다.
② 소방청장 또는 시・도지사는 손실보상심의위원회의 구성 목적을 달성하였다고 인정하는 경우에는 손실보상심의위원회를 해산할 수 있다.
③ 소방청장 또는 시・도지사는 손실보상 청구가 요건과 절차를 갖추지 못한 경우에는 그 청구를 각하(却下)하는 결정을 하여야 한다(다만, 그 잘못된 부분을 시정할 수 있는 경우는 제외).
④ 손실보상심의위원회는 위원장 1명을 포함하여 5명 이상 7명 이하의 위원으로 구성한다. 다만, 청구금액이 200만원 이하인 사건에 대해서는 소속 소방공무원에 해당하는 위원 3명으로만 구성할 수 있다.

해설 **손실보상심의위원회의 설치 및 구성(시행령 제13조 제2항)**
보상위원회는 위원장 1명을 포함하여 5명 이상 7명 이하의 위원으로 구성한다. 다만, 청구금액이 100만원 이하인 사건에 대해서는 제3항 제1호(소속 소방공무원)에 해당하는 위원 3명으로만 구성할 수 있다.

92 **「소방기본법」 및 같은 법 시행령상 손실보상에 관한 내용에서 소방청장 또는 시・도지사가 손실보상심의위원회의 심사・의결에 따라 정당한 보상을 하여야 하는 대상으로 옳지 않은 것은?**

① 생활안전활동에 따른 조치로 인하여 손실을 입은 자
② 소방활동 종사 명령에 따른 소방활동 종사로 인하여 사망하거나 부상을 입은 자
③ 옮긴 위험물 또는 물건의 보관기간 경과 후 매각이나 폐기로 손실을 입은 자
④ 화재 발생을 막거나 폭발 등으로 화재가 확대되는 것을 막기 위하여 가스・전기 또는 유류 등의 시설에 대하여 위험물질의 공급을 차단하는 등 필요한 조치에 따른 조치로 인하여 손실을 입은 자

해설 옮긴 위험물 또는 물건의 보관기간 경과 후 매각이나 폐기로 손실을 입은 자에 대한 손실보상은 「화재의 예방 및 안전관리에 관한 법률」의 규정에 따른다.

93 **「소방기본법」상 벌칙 중에서 100만원 이하의 벌금에 처하는 경우가 아닌 것은?**

① 사람을 구출하거나 불이 번지는 것을 막기 위하여 필요할 때에 화재가 발생하거나 불이 번질 우려가 있는 소방대상물 및 토지를 일시적으로 사용하거나 그 사용의 제한 또는 소방활동에 필요한 처분에 정당한 사유 없이 따르지 아니한 자
② 생활안전활동 방해 금지 규정을 위반하여 정당한 사유 없이 소방대의 생활안전활동을 방해한 자
③ 위험시설 등에 대한 긴급조치를 정당한 사유 없이 방해한 자
④ 소방본부장, 소방서장 또는 소방대장의 피난명령을 위반한 사람

해설 **벌칙(법 제51조)**
사람을 구출하거나 불이 번지는 것을 막기 위하여 필요할 때에 화재가 발생하거나 불이 번질 우려가 있는 소방대상물 및 토지를 일시적으로 사용하거나 그 사용의 제한 또는 소방활동(제25조 제1항)에 필요한 처분을 방해한 자 또는 정당한 사유 없이 그 처분에 따르지 아니한 자는 3년 이하의 징역 또는 3천만원 이하의 벌금에 처한다.

정답 90 ② 91 ④ 92 ③ 93 ①

94 **「소방기본법」상 5년 이하의 징역 또는 5천만원 이하의 벌금에 처하는 행위가 아닌 것은?**

① 위력(威力)을 사용하여 출동한 소방대의 화재진압 · 인명구조 또는 구급활동을 방해하는 행위
② 소방자동차의 우선 통행 규정을 위반하여 소방자동차의 출동에 지장을 주는 행위
③ 출동한 소방대원에게 폭행 또는 협박을 행사하여 화재진압 · 인명구조 또는 구급활동을 방해하는 행위
④ 출동한 소방대의 소방장비를 파손하거나 그 효용을 해하여 화재진압 · 인명구조 또는 구급활동을 방해하는 행위

해설 소방자동차의 우선 통행 규정(제21조 제3항)을 위반하여 소방자동차의 출동에 지장을 준 자에게는 200만원 이하의 과태료를 부과한다(법 제56조 제2항 제3호의2).

95 **「소방기본법」상 위반행위에 대한 과태료의 부과권자가 다른 것은?**

① 전용구역에 차를 주차하거나 전용구역에의 진입을 가로막는 등의 방해행위를 한 자에게 부과되는 과태료
② 화재 또는 구조 · 구급이 필요한 상황을 거짓으로 알린 사람에게 부과되는 과태료
③ 소방자동차의 우선 통행 규정을 위반하여 소방자동차의 출동에 지장을 준 자에게 부과되는 과태료
④ 시장지역, 공장 · 창고가 밀집한 지역 등에서 화재로 오인할 만한 불을 피우거나 연막(煙幕) 소독을 하며, 신고를 하지 아니하여 소방자동차를 출동하게 한 자에게 부과되는 과태료

해설 ① · ② · ③ 관할 시 · 도지사, 소방본부장 또는 소방서장이 부과 · 징수한다.

과태료(법 제57조 참조)

㉠ 시장지역, 공장 · 창고가 밀집한 지역, 목조건물이 밀집한 지역, 위험물의 저장 및 처리시설이 밀집한 지역, 석유화학제품을 생산하는 공장이 있는 지역, 그 밖에 시 · 도의 조례로 정하는 지역 또는 장소에서 화재로 오인할 만한 우려가 있는 불을 피우거나 연막(煙幕) 소독을 하려는 자는 시 · 도의 조례로 정하는 바에 따라 관할 소방본부장 또는 소방서장에게 신고하여야 한다는 규정(제19조 제2항)에 따른 신고를 하지 아니하여 소방자동차를 출동하게 한 자에게는 20만원 이하의 과태료를 부과한다.

㉡ '㉠'에 따른 과태료는 조례로 정하는 바에 따라 관할 소방본부장 또는 소방서장이 부과 · 징수한다.

96 **「소방기본법」 및 그 하위법령에 따른 과태료 부과기준에 관한 내용으로 옳지 않은 것은?**

① 위반행위의 횟수에 따른 과태료의 가중된 부과기준은 최근 1년간 같은 위반행위로 과태료 부과처분을 받은 경우에 적용한다.

② 가중된 부과처분의 기간의 계산은 위반행위에 대하여 과태료 부과처분을 받은 날과 그 처분 후 다시 같은 위반행위를 하여 적발된 날을 기준으로 한다.

③ 가중된 부과처분을 하는 경우 가중처분의 적용 차수는 그 위반행위 전 부과처분 차수의 다음 차수로 한다.

④ 위반행위자가 과태료를 체납하고 있더라도 법 위반상태를 시정하거나 해소하기 위하여 노력한 사실이 인정되는 경우라면 개별기준에 따른 과태료의 2분의 1 범위에서 그 금액을 줄여 부과할 수 있다.

해설 **과태료의 부과기준(시행령 [별표 3] 제1호)**

가. 위반행위의 횟수에 따른 과태료의 가중된 부과기준은 최근 1년간 같은 위반행위로 과태료 부과처분을 받은 경우에 적용한다. 이 경우 기간의 계산은 위반행위에 대하여 과태료 부과처분을 받은 날과 그 처분 후 다시 같은 위반행위를 하여 적발된 날을 기준으로 한다.

나. 가목에 따라 가중된 부과처분을 하는 경우 가중처분의 적용 차수는 그 위반행위 전 부과처분 차수(가목에 따른 기간 내에 과태료 부과처분이 둘 이상 있었던 경우에는 높은 차수를 말한다)의 다음 차수로 한다.

다. 부과권자는 다음의 어느 하나에 해당하는 경우에는 제2호의 개별기준에 따른 과태료의 2분의 1 범위에서 그 금액을 줄여 부과할 수 있다. 다만, 과태료를 체납하고 있는 위반행위자에 대해서는 그렇지 않다.

1) 위반행위가 사소한 부주의나 오류로 인한 것으로 인정되는 경우
2) 위반행위자가 법 위반상태를 시정하거나 해소하기 위하여 노력한 사실이 인정되는 경우
3) 위반행위자가 화재 등 재난으로 재산에 현저한 손실을 입거나 사업 여건의 악화로 그 사업이 중대한 위기에 처하는 등 사정이 있는 경우
4) 그 밖에 위반행위의 정도, 위반행위의 동기와 그 결과 등을 고려하여 감경할 필요가 있다고 인정되는 경우

97 **「소방기본법 시행령」상 과태료의 부과기준 중에서 개별기준에 따른 과태료의 2분의 1 범위에서 그 금액을 줄여 부과할 수 있는 경우가 아닌 것은?**

① 위반행위가 사소한 부주의나 오류로 인한 것으로 인정되는 경우

② 위반행위자가 법 위반상태를 시정하거나 해소하기 위하여 노력한 사실이 인정되는 경우

③ 위반의 내용·정도가 중대하여 관계인에게 미치는 피해가 크다고 인정되는 경우

④ 위반행위자가 화재 등 재난으로 재산에 현저한 손실을 입거나 사업 여건의 악화로 그 사업이 중대한 위기에 처하는 등 사정이 있는 경우

정답 | 94 ② 95 ④ 96 ④ 97 ③

해설 **과태료의 부과기준(시행령 [별표 3] 제1호 다목)**

부과권자는 다음의 어느 하나에 해당하는 경우에는 제2호의 개별기준에 따른 과태료의 2분의 1 범위에서 그 금액을 줄여 부과할 수 있다. 다만, 과태료를 체납하고 있는 위반행위자에 대해서는 그렇지 않다.

1) 위반행위가 사소한 부주의나 오류로 인한 것으로 인정되는 경우
2) 위반행위자가 법 위반상태를 시정하거나 해소하기 위하여 노력한 사실이 인정되는 경우
3) 위반행위자가 화재 등 재난으로 재산에 현저한 손실을 입거나 사업 여건의 악화로 그 사업이 중대한 위기에 처하는 등 사정이 있는 경우
4) 그 밖에 위반행위의 정도, 위반행위의 동기와 그 결과 등을 고려하여 감경할 필요가 있다고 인정되는 경우

98 **「소방기본법」 및 그 하위법령상 과태료의 기준 중 법률에서 정한 상한 금액과 시행령에서 정하는 개별기준에 관한 내용으로 옳지 않은 것은?**

① 정당한 사유 없이 화재, 재난·재해, 그 밖의 위급한 상황을 소방본부, 소방서 또는 관계 행정기관에 알리지 아니한 관계인에 대한 과태료는 법률의 상한액과 개별부과기준의 상한액이 같다.

② 한국 119청소년단의 유사명칭 사용금지 규정을 위반하여 한국119청소년단 또는 이와 유사한 명칭을 사용한 자에 대한 과태료는 법률의 상한액과 개별부과기준의 상한액이 같다.

③ 소방대장의 소방활동구역 출입 제한 규정을 위반하여 소방활동구역을 출입한 사람에 대한 과태료는 법률의 상한액과 개별부과기준의 상한액이 같다.

④ 소방자동차 전용구역 진입 방해 금지 규정을 위반하여 전용구역에 차를 주차하거나 전용구역에의 진입을 가로막는 등의 방해행위를 한 자에 대한 과태료는 법률의 상한액과 개별부과기준의 상한액이 같다.

해설 **200만원 이하의 과태료(법 제56조 제2항 제4호 참조)**

제23조 제1항을 위반하여 소방활동구역을 출입한 사람

과태료의 부과기준(시행령 [별표3] 제2호 참조)

위반행위	근거 법조문	과태료 금액(만원)		
		1회	2회	3회 이상
바. 법 제23조 제1항을 위반하여 소방활동구역을 출입한 경우	법 제56조 제2항 제4호	100		

정답 98 ③

PART

02

소방의 화재조사에 관한 법률

PART
02 소방의 화재조사에 관한 법률

01 「소방의 화재조사에 관한 법률」의 목적으로 옳지 않은 것은?

① 화재예방 및 소방정책에 활용하기 위해
② 화재원인, 화재성장에 관한 과학적 · 전문적인 조사에 필요한 사항을 규정하기 위해
③ 화재확산, 피해현황 등에 관한 과학적 · 전문적인 조사에 필요한 사항을 규정하기 위해
④ 화재를 예방 · 경계하거나 진압하기 위해

해설 **목적(법 제1조)**
이 법은 화재예방 및 소방정책에 활용하기 위하여 화재원인, 화재성장 및 확산, 피해현황 등에 관한 과학적 · 전문적인 조사에 필요한 사항을 규정함을 목적으로 한다.

02 「소방의 화재조사에 관한 법률」상 용어의 정의로 옳지 않은 것은?

① "화재"란 사람의 의도에 반하거나 고의 또는 과실에 의하여 발생하는 연소 현상으로서 소화할 필요가 있는 현상 또는 사람의 의도에 반하여 발생하거나 확대된 화학적 폭발현상을 말한다.
② "화재조사"란 화재조사관이 화재원인, 피해상황, 대응활동 등을 파악하기 위하여 자료의 수집, 관계인 등에 대한 질문, 현장 확인, 감식, 감정 및 실험 등을 하는 일련의 행위를 말한다.
③ "화재조사관"이란 화재조사에 전문성을 인정받아 화재조사를 수행하는 소방공무원을 말한다.
④ "관계인 등"이란 화재가 발생한 소방대상물의 소유자 · 관리자 또는 점유자 및 화재 현장을 발견하고 신고한 사람 등을 포함한다.

해설 "화재조사"란 소방청장, 소방본부장 또는 소방서장이 화재원인, 피해상황, 대응활동 등을 파악하기 위하여 자료의 수집, 관계인 등에 대한 질문, 현장 확인, 감식, 감정 및 실험 등을 하는 일련의 행위를 말한다(법 제2조 제1항 제2호).

03 「소방의 화재조사에 관한 법률」상 화재의 정의에 관한 내용으로 옳지 않은 것은?

① 사람의 의도에 반하여 발생하거나 확대된 물리적 폭발현상
② 고의에 의하여 발생한 연소 현상으로서 소화할 필요가 있는 현상
③ 과실에 의하여 발생한 연소 현상으로서 소화할 필요가 있는 현상
④ 사람의 의도에 반하여 발생한 연소 현상으로서 소화할 필요가 있는 현상

해설 "화재"란 사람의 의도에 반하거나 고의 또는 과실에 의하여 발생하는 연소 현상으로서 소화할 필요가 있는 현상 또는 사람의 의도에 반하여 발생하거나 확대된 화학적 폭발현상을 말한다(법 제2조 제1항 제1호).

04 「소방의 화재조사에 관한 법률」상 규정된 내용으로 옳지 않은 것은?

① 소방공무원과 경찰공무원은 화재조사에 필요한 증거물의 수집 및 보존에 관한 사항에 대하여 서로 협력하여야 한다.
② 소방관서장은 화재조사 결과의 공표 시 수사가 진행 중이거나 수사의 필요성이 인정되는 경우에는 관계 수사기관의 장과 공표 여부에 관하여 사전에 협의하여야 한다.
③ 화재조사를 하는 화재조사관은 관계인의 정당한 업무를 방해하거나 화재조사를 수행하면서 알게 된 비밀을 다른 용도로 사용하거나 다른 사람들에게 누설하여서는 아니 된다.
④ 소방청장, 소방본부장 또는 소방서장이 화재원인, 피해상황, 대응활동 등을 파악하기 위하여 자료의 수집, 감정 및 실험을 하는 행위는 화재조사에 포함되지 않는다.

해설 "화재조사"란 소방청장, 소방본부장 또는 소방서장이 화재원인, 피해상황, 대응활동 등을 파악하기 위하여 자료의 수집, 관계인 등에 대한 질문, 현장 확인, 감식, 감정 및 실험 등을 하는 일련의 행위를 말한다(법 제2조 제1항 제2호).

05 「소방의 화재조사에 관한 법률」상 화재가 발생했을 때 소방관서장이 화재조사를 실시하는 시기로 옳은 것은?

① 화재조사관이 현장에 도착한 후 화재조사를 하여야 한다.
② 소화활동을 종료한 이후 화재조사를 하여야 한다.
③ 화재발생 사실을 알게 된 때에는 지체 없이 화재조사를 하여야 한다.
④ 소방대가 현장에 도착한 후 화재조사를 하여야 한다.

정답 01 ④ 02 ② 03 ① 04 ④ 05 ③

해설

화재조사의 실시(법 제5조 제1항)

소방청장, 소방본부장 또는 소방서장(이하 "소방관서장"이라 한다)은 화재발생 사실을 알게 된 때에는 지체 없이 화재조사를 하여야 한다. 이 경우 수사기관의 범죄수사에 지장을 주어서는 아니 된다.

06 **「소방의 화재조사에 관한 법률」상 소방관서장이 하는 화재조사 사항에 해당하지 않는 것은?**

① 화재원인에 관한 사항
② 화재로 인한 인명·재산피해상황
③ 대비활동에 관한 사항
④ 소방시설 등의 설치·관리 및 작동 여부에 관한 사항

해설

화재조사의 실시(법 제5조 제2항)

소방관서장은 제1항에 따라 화재조사를 하는 경우 다음 각 호의 사항에 대하여 조사하여야 한다.

1. 화재원인에 관한 사항
2. 화재로 인한 인명·재산피해상황
3. 대응활동에 관한 사항
4. 소방시설 등의 설치·관리 및 작동 여부에 관한 사항
5. 화재발생건축물과 구조물, 화재유형별 화재위험성 등에 관한 사항
6. 그 밖에 대통령령(시행령 제3조*)으로 정하는 사항

*「화재의 예방 및 안전관리에 관한 법률」 제7조에 따른 화재안전조사의 실시 결과에 관한 사항

07 **「소방의 화재조사에 관한 법률」 및 같은 법 시행령상 화재조사 대상으로 옳은 것만을 〈보기〉에서 고른 것은?**

보기
ㄱ. 운행 중인 차량의 화재
ㄴ. 산림화재
ㄷ. 「재난 및 안전관리 기본법」 제3조 제1호에 따른 재난으로 발생한 화재
ㄹ. 공장화재로서 사상자 10인 이상 발생한 화재
ㅁ. 항구에 매어둔 기선에서 발생한 화재
ㅂ. 소방관서장이 화재조사가 필요하다고 인정하는 화재

① ㄱ, ㄴ, ㄷ
② ㄱ, ㄴ, ㄷ, ㄹ
③ ㄱ, ㄴ, ㄹ, ㅁ, ㅂ
④ ㄱ, ㄴ, ㄷ, ㄹ, ㅁ, ㅂ

해설 **화재조사의 대상(시행령 제2조)**
「소방의 화재조사에 관한 법률」 제5조에 따라 소방청장, 소방본부장 또는 소방서장(이하 "소방관서장"이라 한다)이 화재조사를 실시해야 할 대상은 다음 각 호와 같다.
1. 「소방기본법」에 따른 소방대상물에서 발생한 화재
2. 그 밖에 소방관서장이 화재조사가 필요하다고 인정하는 화재

08 **「소방의 화재조사에 관한 법률」 및 같은 법 시행령상 화재조사의 실시에 관한 내용으로 옳지 않은 것은?**

① 소방청장, 소방본부장 또는 소방서장은 화재발생 사실을 알게 된 때에는 지체 없이 화재조사를 하여야 한다.
② 소방관서장이 실시하는 화재조사 사항에는 화재원인에 관한 사항이 포함된다.
③ 「소방기본법」에 따른 소방대상물에서 발생한 화재는 화재조사의 대상이다.
④ 화재현장 조사 시 감식・감정, 화재원인 판정을 한다.

해설 **화재조사의 내용・절차(시행령 제3조 제2항 제2호)**
화재현장 조사 : 화재의 발화(發火)원인, 연소상황 및 피해상황 조사 등

09 **「소방의 화재조사에 관한 법률 시행령」상 화재조사 절차에 관한 내용으로 옳지 않은 것은?**

① 현장출동 중 조사 : 화재발생 접수, 출동 중 화재상황 파악 등
② 화재현장 조사 : 화재의 발화(發火)원인 조사만 실시
③ 정밀조사 : 감식・감정, 화재원인 판정 등
④ 화재조사 결과 보고

해설 **화재조사의 내용・절차(시행령 제3조 제2항)**
화재조사는 다음 각 호의 절차에 따라 실시한다.
1. 현장출동 중 조사 : 화재발생 접수, 출동 중 화재상황 파악 등
2. 화재현장 조사 : 화재의 발화(發火)원인, 연소상황 및 피해상황 조사 등
3. 정밀조사 : 감식・감정, 화재원인 판정 등
4. 화재조사 결과 보고

정답 | 06 ③ 07 ③ 08 ④ 09 ② |

10 **「소방의 화재조사에 관한 법률 시행령」상 화재조사 절차에 관한 내용이다. (　　) 안에 들어갈 내용으로 옳은 것은?**

현장출동 중 조사 → (ㄱ) → (ㄴ) → 화재조사 결과 보고

	ㄱ	ㄴ
①	정밀조사	화재현장 조사
②	화재현장 조사	정밀조사
③	화재의 발화원인 조사	연소상황 및 피해상황 조사
④	화재원인 판정	정밀조사

해설 **화재조사의 내용 · 절차(시행령 제3조 제2항)**

화재조사는 다음 각 호의 절차에 따라 실시한다.

1. 현장출동 중 조사 : 화재발생 접수, 출동 중 화재상황 파악 등
2. 화재현장 조사 : 화재의 발화(發火)원인, 연소상황 및 피해상황 조사 등
3. 정밀조사 : 감식 · 감정, 화재원인 판정 등
4. 화재조사 결과 보고

11 **「소방의 화재조사에 관한 법률」상 규정된 내용으로 옳지 않은 것은?**

① 화재란 사람의 의도에 반하거나 고의 또는 과실에 의하여 발생하는 연소 현상으로서 소화할 필요가 있는 현상 또는 사람의 의도에 반하여 발생하거나 확대된 화학적 폭발현상을 말한다.

② 화재조사란 소방청장, 소방본부장 또는 소방서장이 화재원인, 피해상황, 대응활동 등을 파악하기 위하여 자료의 수집, 관계인 등에 대한 질문, 현장 확인, 감식, 감정 및 실험 등을 하는 일련의 행위를 말한다.

③ 화재조사관은 화재발생 사실을 알게 된 때에는 지체 없이 화재조사를 하여야 한다.

④ 화재조사의 절차는 '현장출동 중 조사 → 화재현장 조사 → 정밀조사 → 화재조사 결과 보고' 순으로 진행된다.

해설 **화재조사의 실시(법 제5조 제1항)**

소방청장, 소방본부장 또는 소방서장은 화재발생 사실을 알게 된 때에는 지체 없이 화재조사를 하여야 한다. 이 경우 수사기관의 범죄수사에 지장을 주어서는 아니 된다.

※ 화재조사의 개시 및 원칙 : 「소방의 화재조사에 관한 법률」 제5조 제1항에 따라 화재조사관은 화재발생 사실을 인지하는 즉시 화재조사를 시작해야 한다(「화재조사 및 보고규정」 제3조 제1항).

12 **「소방의 화재조사에 관한 법률」상 화재조사전담부서를 설치 · 운영할 수 있는 권한권자가 아닌 자는?**

① 소방청장
② 소방본부장
③ 소방서장
④ 화재전담부서장

해설 소방관서장(소방청장, 소방본부장 또는 소방서장)은 전문성에 기반하는 화재조사를 위하여 화재조사전담부서를 설치 · 운영하여야 한다(법 제6조 제1항).

13 **「소방의 화재조사에 관한 법률」상 화재조사전담부서의 업무로 옳지 않은 것은?**

① 화재조사의 실시 및 조사결과 분석 · 관리
② 화재조사 관련 기술개발과 화재조사관의 역량증진
③ 화재조사에 관한 법령 정비
④ 화재조사에 관하여 필요한 업무

해설 **화재조사전담부서의 설치 · 운영 등(법 제6조 제2항)**
전담부서는 다음 각 호의 업무를 담당한다.
1. 화재조사의 실시 및 조사결과 분석 · 관리
2. 화재조사 관련 기술개발과 화재조사관의 역량증진
3. 화재조사에 필요한 시설 · 장비의 관리 · 운영
4. 그 밖의 화재조사에 관하여 필요한 업무

14 **「소방의 화재조사에 관한 법률」 및 그 하위법령상 화재조사에 관한 설명으로 옳지 않은 것은?**

① 소방관서장은 전문성에 기반하는 화재조사를 위하여 화재조사전담부서를 설치 · 운영하여야 한다.
② 소방관서장은 화재조사관으로 하여금 화재조사 업무를 수행하게 하여야 한다.
③ 전담부서에 배치된 화재조사관은 시 · 도지사가 실시하는 의무 보수교육을 2년마다 받아야 한다.
④ 소방관서장은 화재조사전담부서에 화재조사관을 2명 이상 배치해야 한다.

정답 10 ② 11 ③ 12 ④ 13 ③ 14 ③

해설

화재조사에 관한 교육훈련(시행령 제6조 제1항)
소방관서장은 다음 각 호의 구분에 따라 화재조사관에 대한 교육훈련을 실시한다.
1. 화재조사관 양성을 위한 전문교육
2. 화재조사관의 전문능력 향상을 위한 전문교육
3. 전담부서에 배치된 화재조사관을 위한 의무 보수교육

화재조사에 관한 교육훈련(시행규칙 제5조 제2항)
전담부서에 배치된 화재조사관은 영 제6조 제1항 제3호의 의무 보수교육을 2년마다 받아야 한다. 다만, 전담부서에 배치된 후 처음 받는 의무 보수교육은 배치 후 1년 이내에 받아야 한다.

15 **「소방의 화재조사에 관한 법률 시행령」상 화재조사관의 자격기준으로 옳은 것만을 〈보기〉에서 고른 것은?**

보기

ㄱ. 소방청장이 실시하는 화재조사에 관한 시험에 합격한 소방공무원
ㄴ. 소방관서장이 실시하는 화재조사관 양성을 위한 전문교육을 이수한 사람
ㄷ. 「국가기술자격법」에 따른 국가기술자격의 직무분야 중 화재감식평가 분야의 기사 자격을 취득한 소방공무원
ㄹ. 「국가기술자격법」에 따른 국가기술자격의 직무분야 중 화재감식평가 분야의 산업기사 자격을 취득한 소방공무원
ㅁ. 국립과학수사연구원 또는 소방청장이 인정하는 외국의 화재조사 관련 기관에서 8주 이상 화재조사에 관한 전문교육을 이수한 사람

① ㄱ, ㄴ
② ㄱ, ㄷ, ㄹ
③ ㄴ, ㄷ, ㄹ, ㅁ
④ ㄱ, ㄴ, ㄷ, ㄹ, ㅁ

해설

‘ㄴ’과 ‘ㅁ’은 화재조사관 자격시험에 응시할 수 있는 자격요건이다.

화재조사관의 자격기준 등(시행령 제5조 제1항)
법 제6조 제3항에 따라 화재조사 업무를 수행하는 화재조사관은 다음 각 호의 어느 하나에 해당하는 소방공무원으로 한다.
1. 소방청장이 실시하는 화재조사에 관한 시험에 합격한 소방공무원
2. 「국가기술자격법」에 따른 국가기술자격의 직무분야 중 화재감식평가 분야의 기사 또는 산업기사 자격을 취득한 소방공무원

16 「소방의 화재조사에 관한 법률 시행령」상 화재조사전담부서에 배치해야 하는 화재조사관의 최소 기준인원으로 옳은 것은?

① 1명 ② 2명
③ 3명 ④ 4명

해설 소방관서장은 법 제6조 제1항에 따른 화재조사전담부서에 화재조사관을 2명 이상 배치해야 한다(시행령 제4조 제1항).

17 「소방의 화재조사에 관한 법률 시행규칙」상 화재조사에 관한 교육훈련에 관한 내용으로 옳지 않은 것은?

① 화재조사관 양성을 위한 전문교육의 내용으로는 화재조사 이론과 실습이 포함된다.
② 전담부서에 배치된 화재조사관은 의무 보수교육을 2년마다 받아야 한다.
③ 소방관서장은 의무 보수교육을 이수하지 않은 사람에게는 일정 기간을 정하여 화재조사 업무를 수행하게 해서는 안 된다.
④ 법령에서 규정한 사항 외에 화재조사에 관한 교육훈련에 필요한 사항은 소방청장이 정한다.

해설 소방관서장은 제2항에 따라 의무 보수교육을 이수하지 않은 사람에게 보수교육을 이수할 때까지 화재조사 업무를 수행하게 해서는 안 된다(시행규칙 제5조 제3항).

18 「소방의 화재조사에 관한 법률 시행규칙」상 전담부서에 갖추어야 할 장비와 시설의 내용으로 옳지 않은 것은?

① 발굴용구 - 공구세트, 전동 드릴, 전동 그라인더 등
② 감식기기 - 절연저항계, 산업용실체현미경, 휴대용디지털현미경 등
③ 감정용 기기 - 가스크로마토그래피, 고속카메라세트, 주사전자현미경 등
④ 화재조사 분석실 - 화재조사 분석실의 구성장비를 유효하게 보존·사용할 수 있고, 환기 시설 및 수도·배관시설이 있는 100제곱미터(㎡) 이상의 실(室)

해설 **전담부서에 갖추어야 할 장비와 시설(시행규칙 [별표] 참조)**

화재조사 분석실	화재조사 분석실의 구성장비를 유효하게 보존·사용할 수 있고, 환기 시설 및 수도·배관시설이 있는 30제곱미터(㎡) 이상의 실(室)

정답 15 ② 16 ② 17 ③ 18 ④

19 **「소방의 화재조사에 관한 법률」 및 같은 법 시행규칙상 화재조사전담부서에서 갖추어야 할 장비와 시설 중 감식기기(16종)에 해당하지 않는 것은?**

① 금속현미경 ② 절연저항계
③ 내시경현미경 ④ 휴대용디지털현미경

해설 ① 금속현미경은 감정용 기기(21종) 중의 하나이다.

전담부서에 갖추어야 할 장비와 시설(시행규칙 [별표] 참조)

감식기기 (16종)	절연저항계, 멀티테스터기, 클램프미터, 정전기측정장치, 누설전류계, 검전기, 복합가스측정기, 가스(유증)검지기, 확대경, 산업용실체현미경, 적외선열상카메라, 접지저항계, 휴대용디지털현미경, 디지털탄화심도계, 슈미트해머(콘크리트 반발 경도 측정기구), 내시경현미경

20 **「소방의 화재조사에 관한 법률」 및 같은 법 시행령상 화재합동조사단에 관한 내용으로 옳지 않은 것은?**

① 소방관서장은 사상자가 많거나 사회적 이목을 끄는 화재 등 대통령령으로 정하는 대형화재 등이 발생한 경우 종합적이고 정밀한 화재조사를 위하여 유관기관 및 관계 전문가를 포함한 화재합동조사단을 구성·운영할 수 있다.
② 화재합동조사단의 구성과 운영 등에 필요한 사항은 대통령령으로 정한다.
③ 사망자가 5명 이상 발생한 화재이거나 화재로 인한 사회적·경제적 영향이 광범위하다고 소방관서장이 인정하는 화재에는 화재합동조사단을 구성·운영할 수 있다.
④ 화재조사전담부서에서의 근무경력이 2년 이상인 소방공무원은 화재합동조사단의 단원으로 임명할 수 있다.

해설 **화재합동조사단의 구성·운영(시행령 제7조 제2항)**

법 제7조 제1항에 따른 화재합동조사단의 단원은 다음 각 호의 어느 하나에 해당하는 사람 중에서 소방관서장이 임명하거나 위촉한다.

1. 화재조사관
2. 화재조사 업무에 관한 경력이 3년 이상인 소방공무원
3. 「고등교육법」 제2조에 따른 학교 또는 이에 준하는 교육기관에서 화재조사, 소방 또는 안전관리 등 관련 분야 조교수 이상의 직에 3년 이상 재직한 사람
4. 「국가기술자격법」에 따른 국가기술자격의 직무분야 중 안전관리 분야에서 산업기사 이상의 자격을 취득한 사람
5. 그 밖에 건축·안전 분야 또는 화재조사에 관한 학식과 경험이 풍부한 사람

21 **「소방의 화재조사에 관한 법률 시행령」상 화재합동조사단이 구성되는 화재로 옳은 것은?**

① 사망자가 5명 이상 발생한 화재
② 사상자가 5명 이상 발생한 화재
③ 재산피해액이 50억원 이상 발생한 화재
④ 이재민이 100명 이상 발생한 화재

해설 **화재합동조사단의 구성・운영(시행령 제7조 제1항)**
법 제7조 제1항에서 "사상자가 많거나 사회적 이목을 끄는 화재 등 대통령령으로 정하는 대형화재"란 다음 각 호의 화재를 말한다.
1. 사망자가 5명 이상 발생한 화재
2. 화재로 인한 사회적・경제적 영향이 광범위하다고 소방관서장이 인정하는 화재

22 **「소방의 화재조사에 관한 법률 시행령」상 화재합동조사단이 화재조사를 완료하여 소방관서장에게 화재조사 결과를 보고하는 경우 포함되어야 할 사항으로 옳지 않은 것은?**

① 화재안전조사의 개요
② 화재합동조사단 운영 개요
③ 화재로 인한 인명・재산피해상황 등 화재조사에 관한 사항
④ 다수의 인명피해가 발생한 경우 그 원인

해설 **화재합동조사단의 구성・운영(시행령 제7조 제5항)**
화재합동조사단은 화재조사를 완료하면 소방관서장에게 다음 각 호의 사항이 포함된 화재조사 결과를 보고해야 한다.
1. 화재합동조사단 운영 개요
2. 화재조사 개요
3. 화재조사에 관한 법 제5조 제2항 각 호의 사항
4. 다수의 인명피해가 발생한 경우 그 원인
5. 현행 제도의 문제점 및 개선 방안
6. 그 밖에 소방관서장이 필요하다고 인정하는 사항

정답 19 ① 20 ④ 21 ① 22 ①

23 **「소방의 화재조사에 관한 법률」 및 같은 법 시행령상 화재현장 보존에 관한 내용으로 옳지 않은 것은?**

① 소방관서장은 화재조사를 위하여 필요한 범위에서 화재현장 보존조치를 하거나 화재현장과 그 인근 지역을 통제구역으로 설정할 수 있다.
② 화재현장 보존조치를 하거나 통제구역을 설정한 경우 누구든지 소방관서장 또는 경찰서장의 허가 없이 화재현장에 있는 물건 등을 이동시키거나 변경·훼손하여서는 아니 된다.
③ 소방관서장이나 관할 경찰서장 또는 해양경찰서장은 화재현장 보존조치를 하거나 통제구역을 설정하는 경우 화재가 발생한 소방대상물의 관계인에게 통지하여야 한다.
④ 화재현장 보존조치 표지에는 화재현장 보존조치의 이유 및 주체, 범위, 기관과 관계인의 성명을 기재해야 한다.

해설 **화재현장 보존조치 통지 등(시행령 제8조)**
소방관서장이나 관할 경찰서장 또는 해양경찰서장(이하 "경찰서장"이라 한다)은 법 제8조 제1항에 따라 화재현장 보존조치를 하거나 통제구역을 설정하는 경우 다음 각 호의 사항을 화재가 발생한 소방대상물의 소유자·관리자 또는 점유자(이하 "관계인"이라 한다)에게 알리고 해당 사항이 포함된 표지를 설치해야 한다.
1. 화재현장 보존조치나 통제구역 설정의 이유 및 주체
2. 화재현장 보존조치나 통제구역 설정의 범위
3. 화재현장 보존조치나 통제구역 설정의 기간

24 **「소방의 화재조사에 관한 법률 시행령」상 화재현장 보존조치의 해제 사유로 옳지 않은 것만을 〈보기〉에서 고른 것은?**

보기
ㄱ. 화재조사가 완료된 경우
ㄴ. 화재현장 보존조치나 통제구역의 설정이 해당 화재조사와 관련이 없다고 인정되는 경우
ㄷ. 공공의 이익에 중대한 영향을 미친다고 판단되거나 인명구조 등 긴급한 사유가 있는 경우

① ㄱ, ㄴ
② ㄴ, ㄷ
③ ㄷ
④ ㄱ, ㄴ, ㄷ

해설 **화재조사 보존조치 등의 해제(시행령 제9조)**
소방관서장이나 경찰서장은 다음 각 호의 경우에는 법 제8조 제1항에 따른 화재현장 보존조치나 통제구역의 설정을 지체 없이 해제해야 한다.
1. 화재조사가 완료된 경우
2. 화재현장 보존조치나 통제구역의 설정이 해당 화재조사와 관련이 없다고 인정되는 경우

25 **「소방의 화재조사에 관한 법률」 및 같은 법 시행령상 관계인 등의 출석에 관한 내용으로 옳지 않은 것은?**

① 소방관서장은 화재조사가 필요한 경우 관계인 등을 소방관서에 출석하게 하여 질문할 수 있다.
② 소방관서장은 관계인 등의 출석을 요구하려면 출석일 7일 전까지 출석 일시와 장소, 출석 요구 사유와 화재조사와 관련하여 필요한 사항을 관계인 등에게 알려야 한다.
③ 관계인 등은 지정된 출석 일시에 출석하는 경우 업무 또는 생활에 지장이 있을 때에는 소방관서장에게 출석 일시를 변경하여 줄 것을 신청할 수 있다.
④ 소방관서장은 출석한 관계인 등에게 수당과 여비를 지급할 수 있다.

해설 **관계인 등의 대한 출석요구 및 질문 등(시행령 제10조 제1항)**
소방관서장은 법 제10조 제1항에 따라 관계인 등의 출석을 요구하려면 출석일 3일 전까지 다음 각 호의 사항을 관계인 등에게 알려야 한다.
1. 출석 일시와 장소
2. 출석 요구 사유
3. 그 밖에 화재조사와 관련하여 필요한 사항

26 **「소방의 화재조사에 관한 법률」 및 같은 법 시행령상 화재조사 증거물 수집에 관한 내용으로 옳지 않은 것은?**

① 소방관서장은 화재조사를 위하여 필요한 경우 증거물을 수집하여 검사·시험·분석 등을 할 수 있다.
② 소방관서장은 수사기관의 장이 방화 또는 실화의 혐의가 있어서 이미 피의자를 체포하였거나 증거물을 압수하였을 때에 화재조사를 위하여 필요한 경우에는 범죄수사에 지장을 주지 아니하는 범위에서 그 피의자 또는 압수된 증거물에 대한 조사를 할 수 있다.
③ 소방관서장은 화재조사를 위하여 필요한 최소한의 범위에서 화재조사관에게 증거물을 수집하여 검사·시험·분석 등을 하게 할 수 있다.
④ 소방관서장은 수집한 증거물이 화재와 관련이 없다고 인정되는 경우에는 증거물을 즉시 반환해야 한다.

해설 **화재조사 증거물 수집 등(시행령 제11조 제3항)**
소방관서장은 제1항에 따라 수집한 증거물이 다음 각 호의 어느 하나에 해당하는 경우에는 증거물을 지체 없이 반환해야 한다.
1. 화재와 관련이 없다고 인정되는 경우
2. 화재조사가 완료되는 등 증거물을 보관할 필요가 없게 된 경우

정답 23 ④ 24 ③ 25 ② 26 ④

27 **「소방의 화재조사에 관한 법률 시행령」상 수집한 증거물을 반환해야 하는 경우로 옳은 것은?**

① 화재조사가 완료되는 등 증거물을 보관할 필요가 없게 된 경우
② 공공의 이익에 중대한 영향을 미친다고 판단되거나 인명구조 등 긴급한 사유가 있는 경우
③ 화재와 관련이 있다고 인정되는 경우
④ 관계인의 동의가 있는 경우

해설
화재조사 증거물 수집 등(시행령 제11조 제3항)
소방관서장은 제1항에 따라 수집한 증거물이 다음 각 호의 어느 하나에 해당하는 경우에는 증거물을 지체 없이 반환해야 한다.
1. 화재와 관련이 없다고 인정되는 경우
2. 화재조사가 완료되는 등 증거물을 보관할 필요가 없게 된 경우

28 **「소방의 화재조사에 관한 법률 시행규칙」에 따른 화재조사 증거물의 수집·관리에 관한 내용으로 옳지 않은 것은?**

① 화재조사 증거물을 수집하는 경우 증거물의 수집과정을 사진 촬영 또는 영상 녹화의 방법으로 기록해야 한다.
② 사진 촬영 또는 영상 녹화의 방법으로 기록한 사진 또는 영상 파일은 국가화재정보시스템에 전송하여 보관한다.
③ 화재조사 증거물이 범죄수사와 관련된 증거물인 경우에는 관계인과 협의하여 수집할 수 있다.
④ 법령에서 규정한 사항 외에 화재조사 증거물의 수집·관리에 필요한 사항은 소방청장이 정한다.

해설
화재조사 증거물이 범죄수사와 관련된 증거물인 경우에는 수사기관의 장과 협의하여 수집할 수 있다(법 제11조 제1항).

화재조사 증거물의 수집·관리(시행규칙 제7조)
① 영 제11조 제1항에 따라 화재조사 증거물을 수집하는 경우 증거물의 수집과정을 사진 촬영 또는 영상 녹화의 방법으로 기록해야 한다.
② 제1항에 따른 사진 또는 영상 파일은 법 제19조에 따른 국가화재정보시스템에 전송하여 보관한다.
③ 제1항 및 제2항에서 규정한 사항 외에 화재조사 증거물의 수집·관리에 필요한 사항은 소방청장이 정한다.

29 **「소방의 화재조사에 관한 법률」상 소방공무원과 경찰공무원이 협력해야 하는 사항으로 옳지 않은 것은?**

① 화재현장의 출입·보존 및 통제에 관한 사항
② 화재조사에 필요한 증거물의 수집 및 보존에 관한 사항
③ 관계인 등에 대한 진술 확보에 관한 사항
④ 화재보험 가입 여부에 관한 사항

해설 ④ 화재보험 가입 여부에 관한 사항은 소방공무원과 경찰공무원의 협력사항에 해당하지 않는다.

소방공무원과 경찰공무원의 협력 등(법 제12조 제1항)
소방공무원과 경찰공무원(제주특별자치도의 자치경찰공무원을 포함한다)은 다음 각 호의 사항에 대하여 서로 협력하여야 한다.
1. 화재현장의 출입·보존 및 통제에 관한 사항
2. 화재조사에 필요한 증거물의 수집 및 보존에 관한 사항
3. 관계인 등에 대한 진술 확보에 관한 사항
4. 그 밖에 화재조사에 필요한 사항

30 **「소방의 화재조사에 관한 법률」상 소방공무원과 경찰공무원이 협력해야 하는 사항에 해당하지 않는 것은?**

① 화재현장의 출입·보존 및 통제에 관한 사항
② 화재조사에 필요한 증거물의 수집 및 보존에 관한 사항
③ 관계인 등에 대한 진술 확보에 관한 사항
④ 방화 또는 실화의 혐의가 있다고 인정되는 경우에 필요한 증거를 수집·보존하는 등의 사항

해설 소방관서장은 방화 또는 실화의 혐의가 있다고 인정되면 지체 없이 경찰서장에게 그 사실을 알리고 필요한 증거를 수집·보존하는 등 그 범죄수사에 협력하여야 한다(법 제12조 제2항).
→ 법 제12조 제1항은 소방공무원과 경찰공무원의 협력에 관한 사항을, 법 제12조 제2항은 범죄 혐의가 있는 경우 행정청 간의 협력에 관한 사항을 규정하고 있다.

정답 27 ① 28 ③ 29 ④ 30 ④

31 **「소방의 화재조사에 관한 법률」상 화재조사의 실시 등에 관한 내용으로 옳지 않은 것은?**

① 소방공무원과 경찰공무원은 화재조사에 필요한 증거물의 수집 및 보존에 관한 사항에 대하여 서로 협력하여야 한다.

② 소방관서장, 중앙행정기관의 장, 지방자치단체의 장, 보험회사, 그 밖의 관련 기관·단체의 장은 화재조사에 필요한 사항에 대하여 서로 협력하여야 한다.

③ 화재조사관은 화재원인 규명 및 피해액 산출 등을 위하여 필요한 경우에는 금융감독원, 관계 보험회사 등에 「개인정보 보호법」 제2조 제1호에 따른 개인정보를 포함한 보험가입 정보 등을 요청할 수 있다.

④ 화재조사를 하는 화재조사관은 관계인의 정당한 업무를 방해하거나 화재조사를 수행하면서 알게 된 비밀을 다른 용도로 사용하거나 다른 사람들에게 누설하여서는 아니 된다.

해설 **관계 기관 등의 협조(법 제13조 제2항)**
소방관서장은 화재원인 규명 및 피해액 산출 등을 위하여 필요한 경우에는 금융감독원, 관계 보험회사 등에 「개인정보 보호법」 제2조 제1호에 따른 개인정보를 포함한 보험가입 정보 등을 요청할 수 있다. 이 경우 정보 제공을 요청받은 기관은 정당한 사유가 없으면 이를 거부할 수 없다.

32 **「소방의 화재조사에 관한 법률」 및 그 하위법령상 화재조사 결과의 공표에 관한 내용으로 옳지 않은 것은?**

① 소방관서장은 국민이 유사한 화재로부터 피해를 입지 않도록 하기 위한 경우 등 필요한 경우 화재조사 결과를 공표할 수 있다.

② 화재조사 결과의 공표 시 공표의 범위·방법 및 절차 등에 관하여 필요한 사항은 대통령령으로 정한다.

③ 소방관서장은 화재조사 결과의 공표 시 수사가 진행 중이거나 수사의 필요성이 인정되는 경우에는 관계 수사기관의 장과 공표 여부에 관하여 사전에 협의하여야 한다.

④ 화재조사 결과의 공표는 소방관서의 인터넷 홈페이지에 게재하거나, 「신문 등의 진흥에 관한 법률」에 따른 신문 또는 「방송법」에 따른 방송을 이용하는 등 일반인이 쉽게 알 수 있는 방법으로 한다.

해설 제1항에 따른 공표의 범위·방법 및 절차 등에 관하여 필요한 사항은 행정안전부령으로 정한다(법 제14조 제2항).

33 「소방의 화재조사에 관한 법률 시행규칙」상 화재조사 결과의 공표 시 포함되어야 하는 사항으로 옳지 않은 것은?

① 화재원인에 관한 사항
② 화재로 인한 인명·재산피해에 관한 사항
③ 화재발생 건축물과 구조물에 관한 사항
④ 방화 또는 실화의 범죄수사에 관한 사항

해설 **화재조사 결과의 공표(시행규칙 제8조 제2항)**
소방관서장은 제1항에 따라 화재조사의 결과를 공표할 때에는 다음 각 호의 사항을 포함시켜야 한다.
1. 화재원인에 관한 사항
2. 화재로 인한 인명·재산피해에 관한 사항
3. 화재발생 건축물과 구조물에 관한 사항
4. 그 밖에 화재예방을 위해 공표할 필요가 있다고 소방관서장이 인정하는 사항

34 「소방의 화재조사에 관한 법률」상 화재조사 결과의 통보에 관한 내용으로 옳은 것은?

① 소방관서장은 화재조사 결과를 통보하여 유사한 화재가 발생하지 않도록 필요한 조치를 취할 것을 요청할 수 있다.
② 소방관서장은 화재조사 결과를 통보하여 국민의 알 권리 충족 등을 실현할 수 있다.
③ 소방관서장은 화재조사 결과를 통보하여 원활하게 화재증명원 발급을 할 수 있다.
④ 소방관서장은 화재조사 결과를 중앙행정기관의 장, 지방자치단체의 장, 그 밖의 관련 기관·단체의 장 등에게 통보할 수 있으나 관계인은 제외된다.

해설 **화재조사 결과의 통보(법 제15조)**
소방관서장은 화재조사 결과를 중앙행정기관의 장, 지방자치단체의 장, 그 밖의 관련 기관·단체의 장 또는 관계인 등에게 통보하여 유사한 화재가 발생하지 않도록 필요한 조치를 취할 것을 요청할 수 있다.

정답 | 31 ③ | 32 ② | 33 ④ | 34 ① |

35 **「소방의 화재조사에 관한 법률」 및 그 하위법령상 화재증명원 발급에 관한 내용으로 옳지 않은 것은?**

① 화재가 발생한 소방대상물의 관계인만이 화재증명원 발급을 신청할 수 있다.
② 화재증명원의 발급신청 절차・방법・서식 및 기재사항, 온라인 발급 등에 필요한 사항은 행정안전부령으로 정한다.
③ 화재증명원의 발급을 신청하려는 자는 화재증명원 발급신청서를 소방관서장에게 제출해야 한다.
④ 화재증명원을 발급한 소방관서장은 화재증명원 발급대장에 그 사실을 기록하고 이를 보관・관리해야 한다.

해설

화재증명원의 발급(법 제16조 제1항)
소방관서장은 화재와 관련된 이해관계인 또는 화재발생 내용 입증이 필요한 사람이 화재를 증명하는 서류(이하 이 조에서 "화재증명원"이라 한다) 발급을 신청하는 때에는 화재증명원을 발급하여야 한다.

36 **「소방의 화재조사에 관한 법률 시행령」상 화재감정기관의 지정기준에서 전문인력 중 주된 기술인력의 기준으로 옳지 않은 것은?**

① 국가기술자격의 직무분야 중 화재감식평가 분야의 기사 자격 취득 후 화재조사 관련 분야에서 5년 이상 근무한 사람
② 화재조사관 자격 취득 후 화재조사 관련 분야에서 5년 이상 근무한 사람
③ 이공계 분야의 박사학위 취득 후 화재조사 관련 분야에서 2년 이상 근무한 사람
④ 소방청장이 인정하는 화재조사 관련 국제자격증을 소지한 사람

해설

화재감정기관의 지정기준(시행령 제12조 제1항 제2호)
화재조사에 필요한 다음 각 목의 구분에 따른 전문인력을 각각 보유할 것
가. 주된 기술인력 : 다음의 어느 하나에 해당하는 사람을 2명 이상 보유할 것
1) 「국가기술자격법」에 따른 국가기술자격의 직무분야 중 화재감식평가 분야의 기사 자격 취득 후 화재조사 관련 분야에서 5년 이상 근무한 사람
2) 화재조사관 자격 취득 후 화재조사 관련 분야에서 5년 이상 근무한 사람
3) 이공계 분야의 박사학위 취득 후 화재조사 관련 분야에서 2년 이상 근무한 사람
나. 보조 기술인력 : 다음의 어느 하나에 해당하는 사람을 3명 이상 보유할 것
1) 「국가기술자격법」에 따른 국가기술자격의 직무분야 중 화재감식평가 분야의 기사 또는 산업기사 자격을 취득한 사람
2) 화재조사관 자격을 취득한 사람
3) 소방청장이 인정하는 화재조사 관련 국제자격증 소지자
4) 이공계 분야의 석사 이상 학위 취득 후 화재조사 관련 분야에서 1년 이상 근무한 사람

37 「소방의 화재조사에 관한 법률」 및 같은 법 시행령상 화재감정기관의 필요적 지정 취소사유로 옳은 것은?

① 거짓이나 그 밖의 부정한 방법으로 지정을 받은 경우
② 지정기준에 적합하지 아니하게 된 경우
③ 고의 또는 중대한 과실로 감정 결과를 사실과 다르게 작성한 경우
④ 의뢰받은 감정을 정당한 사유 없이 거부하거나 1개월 이상 수행하지 않은 경우

해설 **화재감정기관의 지정 취소사유(법 제17조 제3항 참조)**
소방청장은 감정기관으로 지정받은 자가 다음의 어느 하나에 해당하는 경우에는 지정을 취소할 수 있다. 다만, '㉮'에 해당하는 경우에는 지정을 취소하여야 한다.
㉮ 거짓이나 그 밖의 부정한 방법으로 지정을 받은 경우(필요적 지정 취소사유)
㉯ 지정기준에 적합하지 아니하게 된 경우
㉰ 고의 또는 중대한 과실로 감정 결과를 사실과 다르게 작성한 경우
㉱ 그 밖에 대통령령(시행령 제13조 제3항)으로 정하는 사항을 위반한 경우
　㉠ 의뢰받은 감정을 정당한 사유 없이 거부하거나 1개월 이상 수행하지 않은 경우
　㉡ 거짓이나 그 밖의 부정한 방법으로 감정 비용을 청구한 경우

38 「소방의 화재조사에 관한 법률 시행령」상 국가화재정보시스템을 활용하여 수집·관리해야 하는 화재정보로 옳지 않은 것은?

① 화재원인
② 화재피해상황
③ 관계인의 보험가입 정보 등에 관한 사항
④ 증거물 등을 장기간 보존·보관할 수 있는 시설에 관한 사항

해설 **국가화재정보시스템의 운영(시행령 제14조 제1항)**
소방청장은 법 제19조 제1항에 따른 국가화재정보시스템을 활용하여 다음 각 호의 화재정보를 수집·관리해야 한다.
1. 화재원인
2. 화재피해상황
3. 대응활동에 관한 사항
4. 소방시설 등의 설치·관리 및 작동 여부에 관한 사항
5. 화재발생건축물과 구조물, 화재유형별 화재위험성 등에 관한 사항
6. 화재예방 관계 법령 등의 이행 및 위반 등에 관한 사항
7. 법 제13조 제2항에 따른 관계인의 보험가입 정보 등에 관한 사항
8. 그 밖에 화재예방과 소방활동에 활용할 수 있는 정보

정답 | 35 ① 36 ④ 37 ① 38 ④ |

39 **「소방의 화재조사에 관한 법률」 및 같은 법 시행령상 화재정보를 수집·관리할 때 활용하는 국가화재정보시스템의 운영에 관한 내용으로 옳은 것은?**

① 시·도지사는 화재조사 결과, 화재원인, 피해상황 등에 관한 화재정보를 종합적으로 수집·관리하여 화재예방과 소방활동에 활용할 수 있는 국가화재정보시스템을 구축·운영하여야 한다.

② 국가화재정보시스템을 활용하여 수집·관리해야 하는 화재정보는 화재원인, 화재피해상황, 화재유형별 화재위험성 등에 관한 사항 등이다.

③ 화재정보의 수집·관리 및 활용 등에 필요한 사항은 행정안전부령으로 정한다.

④ 법령에서 규정한 사항 외에 국가화재정보시스템의 운영 및 활용 등에 필요한 사항은 시·도의 조례로 정한다.

해설

국가화재정보시스템의 구축·운영(법 제19조)

① 소방청장은 화재조사 결과, 화재원인, 피해상황 등에 관한 화재정보를 종합적으로 수집·관리하여 화재예방과 소방활동에 활용할 수 있는 국가화재정보시스템을 구축·운영하여야 한다.

② 제1항에 따른 화재정보의 수집·관리 및 활용 등에 필요한 사항은 대통령령으로 정한다.

국가화재정보시스템의 운영(시행령 제14조)

① 소방청장은 법 제19조 제1항에 따른 국가화재정보시스템(이하 "국가화재정보시스템"이라 한다)을 활용하여 다음 각 호의 화재정보를 수집·관리해야 한다.

1. 화재원인
2. 화재피해상황
3. 대응활동에 관한 사항
4. 소방시설 등의 설치·관리 및 작동 여부에 관한 사항
5. 화재발생건축물과 구조물, 화재유형별 화재위험성 등에 관한 사항
6. 화재예방 관계 법령 등의 이행 및 위반 등에 관한 사항
7. 법 제13조 제2항에 따른 관계인의 보험가입 정보 등에 관한 사항
8. 그 밖에 화재예방과 소방활동에 활용할 수 있는 정보

② 소방관서장은 국가화재정보시스템을 활용하여 제1항 각 호의 화재정보를 기록·유지 및 보관해야 한다.

③ 제1항 및 제2항에서 규정한 사항 외에 국가화재정보시스템의 운영 및 활용 등에 필요한 사항은 소방청장이 정한다.

40 **「소방의 화재조사에 관한 법률」상 소방청장은 화재조사 기법에 필요한 연구개발사업을 효율적으로 추진하기 위하여 기관 또는 단체 등에게 연구개발사업을 수행하게 하거나 공동으로 수행할 수 있는데, 해당 기관으로 옳지 않은 것은?**

① 국공립 연구기관
② 「특정연구기관 육성법」 제2조에 따른 특정연구기관
③ 재난관련 주관기관
④ 화재감정기관

해설

연구개발사업의 지원(법 제20조 제2항)
소방청장은 연구개발사업을 효율적으로 추진하기 위하여 다음 각 호의 어느 하나에 해당하는 기관 또는 단체 등에게 연구개발사업을 수행하게 하거나 공동으로 수행할 수 있다.
1. 국공립 연구기관
2. 「특정연구기관 육성법」 제2조에 따른 특정연구기관
3. 「과학기술분야 정부출연연구기관 등의 설립·운영 및 육성에 관한 법률」에 따라 설립된 과학기술분야 정부출연 연구기관
4. 「고등교육법」 제2조에 따른 대학·산업대학·전문대학·기술대학
5. 「민법」이나 다른 법률에 따라 설립된 법인으로서 화재조사 관련 연구기관 또는 법인 부설 연구소
6. 「기초연구진흥 및 기술개발지원에 관한 법률」 제14조의2 제1항에 따라 인정받은 기업부설연구소 또는 기업의 연구개발전담부서
7. 그 밖에 대통령령으로 정하는 화재조사와 관련한 연구·조사·기술개발 등을 수행하는 기관 또는 단체(화재감정기관)

41 **「소방의 화재조사에 관한 법률」상 벌칙에 관한 내용이다. (   ) 안에 들어갈 내용으로 옳은 것은?**

> 소방관서장은 화재조사를 위하여 필요한 경우에 관계인에게 보고 또는 자료 제출을 명하거나 화재조사관으로 하여금 해당 장소에 출입하여 화재조사를 하게 하거나 관계인 등에게 질문하게 할 수 있다. 이에 따른 명령을 위반하여 보고 또는 자료 제출을 하지 아니하거나 거짓으로 보고 또는 자료를 제출한 사람에게는 (ㄱ)만원 이하의 (ㄴ)을/를 부과한다.

	ㄱ	ㄴ		ㄱ	ㄴ
①	200	벌금	②	200	과태료
③	300	벌금	④	300	과태료

정답 39 ② 40 ③ 41 ②

해설 소방관서장은 화재조사를 위하여 필요한 경우에 관계인에게 보고 또는 자료 제출을 명하거나 화재조사관으로 하여금 해당 장소에 출입하여 화재조사를 하게 하거나 관계인 등에게 질문하게 할 수 있다는 규정(제9조 제1항)에 따른 명령을 위반하여 보고 또는 자료 제출을 하지 아니하거나 거짓으로 보고 또는 자료를 제출한 사람에게는 200만원 이하의 과태료를 부과한다(법 제23조 제1항 제2호).

42 「소방의 화재조사에 관한 법률」상 벌칙의 양형이 다른 것은?

① 화재현장 보존조치를 하거나 통제구역을 설정한 경우 누구든지 소방관서장 또는 경찰서장의 허가 없이 화재현장에 있는 물건 등을 이동시키거나 변경・훼손하여서는 아니 된다는 규정을 위반하여 허가 없이 화재현장에 있는 물건 등을 이동시키거나 변경・훼손한 사람

② 정당한 사유 없이 화재조사관의 출입・조사 규정에 따른 화재조사관의 출입 또는 조사를 거부・방해 또는 기피한 사람

③ 해당 장소에 출입하여 화재조사를 하는 화재조사관으로 규정을 위반하여 관계인의 정당한 업무를 방해하거나 화재조사를 수행하면서 알게 된 비밀을 다른 용도로 사용하거나 다른 사람에게 누설하여서는 아니 됨에도 그 비밀을 누설한 사람

④ 화재현장 보존을 위하여 누구든지 소방관서장 또는 경찰서장의 허가 없이 설정된 통제구역에 출입하여서는 아니 된다는 규정을 위반하여 허가 없이 통제구역에 출입한 사람

해설 ①・②・③ 300만원 이하의 벌금
④ 200만원 이하의 과태료

정답 42 ④

PART

03

화재의 예방 및 안전관리에 관한 법률

PART 03

화재의 예방 및 안전관리에 관한 법률

01 「화재의 예방 및 안전관리에 관한 법률」의 목적으로 옳지 않은 것은?

① 화재의 예방과 안전관리에 필요한 사항의 규정을 목적으로 한다.
② 화재로부터 국민의 생명·신체 및 재산의 보호를 목적으로 한다.
③ 화재예방 및 소방정책에 활용을 목적으로 한다.
④ 공공의 안전과 복리증진에 이바지함을 목적으로 한다.

해설 **목적(법 제1조)**
이 법은 화재의 예방과 안전관리에 필요한 사항을 규정함으로써 화재로부터 국민의 생명·신체 및 재산을 보호하고 공공의 안전과 복리증진에 이바지함을 목적으로 한다.

02 「화재의 예방 및 안전관리에 관한 법률」상 용어의 정의로 옳지 않은 것은?

① "예방"이란 화재의 위험으로부터 사람의 생명·신체 및 재산을 보호하기 위하여 화재발생을 사전에 제거하거나 방지하기 위한 모든 활동을 말한다.
② "안전관리"란 화재로 인한 피해를 최소화하기 위한 예방, 대비, 대응 등의 활동을 말한다.
③ "화재안전조사"란 소방청장, 소방본부장 또는 소방서장이 소방대상물, 관계지역 또는 관계인에 대하여 소방시설 등(「소방시설 설치 및 관리에 관한 법률」 제2조 제1항 제2호에 따른 소방시설 등)이 소방 관계 법령에 적합하게 설치·관리되고 있는지, 소방대상물에 화재의 발생 위험이 있는지 등을 확인하기 위하여 실시하는 현장조사·문서열람·보고요구 등을 하는 활동을 말한다.
④ "화재예방안전진단"이란 화재를 예방하고 화재발생 시 피해를 최소화하기 위하여 소방대상물의 재료, 공간 및 설비 등에 요구되는 안전성능을 말한다.

해설 ④ "화재안전성능"이란 화재를 예방하고 화재발생 시 피해를 최소화하기 위하여 소방대상물의 재료, 공간 및 설비 등에 요구되는 안전성능을 말한다(「소방시설 설치 및 관리에 관한 법률」 제2조 제1항 제4호).

정의(법 제2조 제1항 제5호)
"화재예방안전진단"이란 화재가 발생할 경우 사회·경제적으로 피해 규모가 클 것으로 예상되는 소방대상물에 대하여 화재위험요인을 조사하고 그 위험성을 평가하여 개선대책을 수립하는 것을 말한다.

03 「화재의 예방 및 안전관리에 관한 법률」상 (   ) 안에 들어갈 내용으로 옳은 것은?

> 가. (ㄱ)는/은 화재로부터 국민의 생명과 재산을 보호할 수 있도록 화재의 예방 및 안전관리에 관한 화재예방정책을 수립・시행하여야 한다.
> 나. (ㄴ)는/은 화재예방정책을 체계적・효율적으로 추진하고 이에 필요한 기반 확충을 위하여 화재의 예방 및 안전관리에 관한 기본계획을 (ㄷ)마다 수립・시행하여야 한다.

	ㄱ	ㄴ	ㄷ
①	소방청장	국가	매년
②	국가	소방청장	5년
③	소방청장	국가	5년
④	국가	소방청장	매년

해설

가. 국가는 화재로부터 국민의 생명과 재산을 보호할 수 있도록 화재의 예방 및 안전관리에 관한 정책(이하 "화재예방정책"이라 한다)을 수립・시행하여야 한다(법 제3조 제1항).

나. 소방청장은 화재예방정책을 체계적・효율적으로 추진하고 이에 필요한 기반 확충을 위하여 화재의 예방 및 안전관리에 관한 기본계획(이하 "기본계획"이라 한다)을 5년마다 수립・시행하여야 한다(법 제4조 제1항).

04 「화재의 예방 및 안전관리에 관한 법률」상 용어의 뜻에서 규정하는 것을 제외하고 준용되는 법률로 옳지 않은 것은?

① 「소방기본법」
② 「소방의 화재조사에 관한 법률」
③ 「소방시설공사업법」
④ 「건축법」

해설

정의(법 제2조 제2항)

이 법에서 사용하는 용어의 뜻은 제1항에서 규정하는 것을 제외하고는 「소방기본법」, 「소방시설 설치 및 관리에 관한 법률」, 「소방시설공사업법」, 「위험물안전관리법」 및 「건축법」에서 정하는 바에 따른다.

정답 01 ③ 02 ④ 03 ② 04 ②

05 **「화재의 예방 및 안전관리에 관한 법률」상 국가와 지방자치단체 등의 책무에 관한 내용이다. ( ) 안에 들어갈 내용으로 옳은 것은?**

> • (ㄱ)은/는 화재로부터 국민의 생명과 재산을 보호할 수 있도록 화재의 예방 및 안전관리에 관한 정책(이하 “화재예방정책”이라 한다)을 수립·시행하여야 한다.
> • (ㄴ)은/는 국가의 화재예방정책에 맞추어 지역의 실정에 부합하는 화재예방정책을 수립·시행하여야 한다.
> • (ㄷ)은/는 국가와 지방자치단체의 화재예방정책에 적극적으로 협조하여야 한다.

	ㄱ	ㄴ	ㄷ
①	국가	지방자치단체	관계인
②	지방자치단체	공공기관	관계인
③	국가	관계인	지방자치단체
④	지방자치단체	관계인	공공기관

해설 **국가와 지방자치단체 등의 책무(법 제3조)**
① 국가는 화재로부터 국민의 생명과 재산을 보호할 수 있도록 화재의 예방 및 안전관리에 관한 정책(이하 “화재예방정책”이라 한다)을 수립·시행하여야 한다.
② 지방자치단체는 국가의 화재예방정책에 맞추어 지역의 실정에 부합하는 화재예방정책을 수립·시행하여야 한다.
③ 관계인은 국가와 지방자치단체의 화재예방정책에 적극적으로 협조하여야 한다.

06 **「화재의 예방 및 안전관리에 관한 법률」상 화재의 예방 및 안전관리에 관한 정책(이하 “화재예방정책”이라 한다)에 대한 국가 및 지방자치단체의 책무에 관한 내용으로 옳지 않은 것은?**

① 국가는 화재로부터 국민의 생명과 재산을 보호할 수 있도록 종합적인 화재예방정책을 수립·시행하여야 한다.
② 지방자치단체는 국가의 화재예방정책에 맞추어 지역의 실정에 부합하는 화재예방정책을 수립·시행하여야 한다.
③ 관계인은 국가와 지방자치단체의 화재예방정책에 적극적으로 협조하여야 한다.
④ 국가가 화재예방정책을 수립·시행할 때에는 국민의 공공복리를 최우선적으로 고려하여야 한다.

해설 **국가와 지방자치단체 등의 책무(법 제3조)**

① 국가는 화재로부터 국민의 생명과 재산을 보호할 수 있도록 화재의 예방 및 안전관리에 관한 정책(이하 "화재예방정책"이라 한다)을 수립·시행하여야 한다.
② 지방자치단체는 국가의 화재예방정책에 맞추어 지역의 실정에 부합하는 화재예방정책을 수립·시행하여야 한다.
③ 관계인은 국가와 지방자치단체의 화재예방정책에 적극적으로 협조하여야 한다.

07 **「화재의 예방 및 안전관리에 관한 법률」상 화재의 예방 및 안전관리에 관한 기본계획을 수립·시행해야 하는 자로 옳은 것은?**

① 국가
② 소방청장
③ 시·도지사
④ 행정안전부장관

해설 **화재의 예방 및 안전관리 기본계획 등의 수립·시행(법 제4조 제1항)**

소방청장은 화재예방정책을 체계적·효율적으로 추진하고 이에 필요한 기반 확충을 위하여 화재의 예방 및 안전관리에 관한 기본계획(이하 "기본계획"이라 한다)을 5년마다 수립·시행하여야 한다.

08 **「화재의 예방 및 안전관리에 관한 법률」 및 같은 법 시행령상 화재의 예방 및 안전관리에 관한 기본계획 등의 수립·시행 등의 절차에 관한 내용으로 옳지 않은 것은?**

① 소방청장은 화재예방정책을 체계적·효율적으로 추진하고 이에 필요한 기반 확충을 위하여 화재의 예방 및 안전관리에 관한 기본계획을 5년마다 수립·시행하여야 한다.
② 시·도지사는 기본계획을 시행하기 위하여 매년 시행계획을 수립·시행하여야 한다.
③ 소방청장은 화재의 예방 및 안전관리에 관한 기본계획을 계획 시행 전년도 8월 31일까지 관계 중앙행정기관의 장과 협의한 후 계획 시행 전년도 9월 30일까지 수립해야 한다.
④ 관계 중앙행정기관의 장 및 시·도지사는 세부시행계획을 수립하여 계획 시행 전년도 12월 31일까지 소방청장에게 통보해야 한다.

해설 소방청장은 기본계획을 시행하기 위하여 매년 시행계획을 수립·시행하여야 한다(법 제4조 제4항).

정답 | 05 ① | 06 ④ | 07 ② | 08 ② |

09 **「화재의 예방 및 안전관리에 관한 법률」상 화재의 예방 및 안전관리에 관한 기본계획 수립 시 포함되어야 할 사항으로 옳지 않은 것은?**

① 화재예방정책의 기본목표 및 추진방향
② 화재의 예방과 안전관리를 위한 법령・제도의 마련 등 기반 조성
③ 화재의 예방과 안전관리를 위한 대국민 교육・홍보
④ 화재의 예방 및 안전관리에 관한 정책에 관한 시책

해설

화재의 예방 및 안전관리 기본계획 등의 수립・시행(법 제4조 제3항)
기본계획에는 다음 각 호의 사항이 포함되어야 한다.
1. 화재예방정책의 기본목표 및 추진방향
2. 화재의 예방과 안전관리를 위한 법령・제도의 마련 등 기반 조성
3. 화재의 예방과 안전관리를 위한 대국민 교육・홍보
4. 화재의 예방과 안전관리 관련 기술의 개발・보급
5. 화재의 예방과 안전관리 관련 전문인력의 육성・지원 및 관리
6. 화재의 예방과 안전관리 관련 산업의 국제경쟁력 향상
7. 그 밖에 대통령령으로 정하는 화재의 예방과 안전관리에 필요한 사항

10 **「화재의 예방 및 안전관리에 관한 법률」 및 같은 법 시행령상 화재의 예방 및 안전관리에 관한 기본계획 수립 시 포함되어야 할 사항 중 대통령령으로 정하는 사항이 아닌 것은?**

① 화재의 예방과 안전관리 관련 산업의 국제경쟁력 향상
② 계절별・시기별・소방대상물별 화재예방대책의 추진 및 평가 등에 관한 사항
③ 소방시설의 설치・관리 및 화재안전기준의 개선에 관한 사항
④ 화재발생 현황

해설

① 법률에서 정하는 사항, ②・③・④ 대통령령으로 정하는 사항

기본계획의 내용(시행령 제3조)
법 제4조 제3항 제7호에서 "대통령령으로 정하는 화재의 예방과 안전관리에 필요한 사항"이란 다음 각 호의 사항을 말한다.
1. 화재발생 현황
2. 소방대상물의 환경 및 화재위험특성 변화 추세 등 화재예방정책의 여건 변화에 관한 사항
3. 소방시설의 설치・관리 및 화재안전기준의 개선에 관한 사항
4. 계절별・시기별・소방대상물별 화재예방대책의 추진 및 평가 등에 관한 사항
5. 그 밖에 화재의 예방 및 안전관리와 관련하여 소방청장이 필요하다고 인정하는 사항

11 **「화재의 예방 및 안전관리에 관한 법률 시행령」상 세부시행계획의 수립 · 시행 시 포함되어야 할 사항으로 옳지 않은 것은?**

① 기본계획 및 시행계획에 대한 관계 중앙행정기관 또는 특별시 · 광역시 · 특별자치시 · 도 · 특별자치도의 세부 집행계획
② 직전 세부시행계획의 시행 결과
③ 화재안전과 관련하여 관계 중앙행정기관의 장 또는 시 · 도지사가 필요하다고 결정한 사항
④ 화재의 예방과 안전관리를 위한 대국민 교육 · 홍보

해설 ④ 화재의 예방과 안전관리를 위한 대국민 교육 · 홍보는 기본계획의 수립 · 시행 시 포함되어야 할 사항이다.

세부시행계획의 수립 · 시행(시행령 제5조 제3항)
세부시행계획에는 다음 각 호의 사항이 포함되어야 한다.
1. 기본계획 및 시행계획에 대한 관계 중앙행정기관 또는 특별시 · 광역시 · 특별자치시 · 도 · 특별자치도(이하 "시 · 도"라 한다)의 세부 집행계획
2. 직전 세부시행계획의 시행 결과
3. 그 밖에 화재안전과 관련하여 관계 중앙행정기관의 장 또는 시 · 도지사가 필요하다고 결정한 사항

12 **「화재의 예방 및 안전관리에 관한 법률」상 기본계획 및 시행계획의 수립 · 시행에 필요한 기초자료를 확보하기 위한 실태조사 사항으로 옳지 않은 것은?**

① 소방대상물의 용도별 · 규모별 현황
② 소방대상물의 화재의 예방 및 안전관리 현황
③ 소방대상물의 소방시설 등 설치 · 관리 현황
④ 소방시설 등의 설치계획표의 적법성 검토

해설 ④ 소방시설 등의 설치계획표의 적법성 검토는 감리업자의 업무이다.

실태조사(법 제5조 제1항)
소방청장은 기본계획 및 시행계획의 수립 · 시행에 필요한 기초자료를 확보하기 위하여 다음 각 호의 사항에 대하여 실태조사를 할 수 있다. 이 경우 관계 중앙행정기관의 장의 요청이 있는 때에는 합동으로 실태조사를 할 수 있다.
1. 소방대상물의 용도별 · 규모별 현황
2. 소방대상물의 화재의 예방 및 안전관리 현황
3. 소방대상물의 소방시설 등 설치 · 관리 현황
4. 그 밖에 기본계획 및 시행계획의 수립 · 시행을 위하여 필요한 사항

정답 | 09 ④ | 10 ① | 11 ④ | 12 ④ |

13 **「화재의 예방 및 안전관리에 관한 법률 시행규칙」상 실태조사의 방법으로 옳지 않은 것은?**

① 통계조사 ② 문헌조사
③ 현장조사 ④ 시료조사

해설 「화재의 예방 및 안전관리에 관한 법률」 제5조 제1항에 따른 실태조사는 통계조사, 문헌조사 또는 현장조사의 방법으로 하며, 정보통신망 또는 전자적인 방식을 사용할 수 있다(시행규칙 제2조 제1항).

14 **「화재의 예방 및 안전관리에 관한 법률 시행규칙」상 실태조사의 방법 및 절차에 관한 내용으로 옳지 않은 것은?**

① 실태조사는 통계조사, 문헌조사 또는 현장조사의 방법으로 하며, 정보통신망 또는 전자적인 방식을 사용할 수 있다.
② 소방청장은 실태조사를 실시하려는 경우 실태조사 시작 10일 전까지 조사 일시, 조사 사유 및 조사 내용 등을 포함한 조사계획을 조사대상자에게 서면 또는 전자우편 등의 방법으로 미리 알려야 한다.
③ 관계 공무원 및 실태조사를 의뢰받은 관계 전문가 등이 실태조사를 위하여 소방대상물에 출입할 때에는 그 권한 또는 자격을 표시하는 증표를 지니고 이를 관계인에게 내보여야 한다.
④ 소방청장은 실태조사의 결과를 인터넷 홈페이지 등에 공표할 수 있다.

해설 소방청장은 실태조사를 실시하려는 경우 실태조사 시작 7일 전까지 조사 일시, 조사 사유 및 조사 내용 등을 포함한 조사계획을 조사대상자에게 서면 또는 전자우편 등의 방법으로 미리 알려야 한다(시행규칙 제2조 제2항).

15 **「화재의 예방 및 안전관리에 관한 법률」상 화재의 예방 및 안전관리에 관한 통계를 작성·관리하여야 하는 자로 옳은 것은?**

① 시·도지사 ② 소방청장
③ 소방본부장 ④ 소방서장

해설 소방청장은 화재의 예방 및 안전관리에 관한 통계를 매년 작성·관리하여야 한다(법 제6조 제1항).

16 **「화재의 예방 및 안전관리에 관한 법률 시행규칙」상 화재의 예방 및 안전관리에 관한 통계자료의 작성 · 관리 업무의 권한을 위임받을 수 있는 기관으로 옳지 않은 것은?**

① 「소방기본법」에 따라 설립된 한국소방안전원
② 「정부출연연구기관 등의 설립 · 운영 및 육성에 관한 법률」에 따라 설립된 정부출연연구기관
③ 「통계법」에 따라 지정된 통계작성지정기관
④ 「소방산업의 진흥에 관한 법률」에 따른 한국소방산업기술원

해설

통계의 작성 · 관리(시행규칙 제3조)

소방청장은 법 제6조 제3항에 따라 다음 각 호의 기관으로 하여금 통계자료의 작성 · 관리에 관한 업무를 수행하게 할 수 있다.

1. 「소방기본법」 제40조 제1항에 따라 설립된 한국소방안전원(이하 "안전원"이라 한다)
2. 「정부출연연구기관 등의 설립 · 운영 및 육성에 관한 법률」 제8조에 따라 설립된 정부출연연구기관
3. 「통계법」 제15조에 따라 지정된 통계작성지정기관

17 **「화재의 예방 및 안전관리에 관한 법률 시행령」상 화재의 예방 및 안전관리에 관한 통계의 작성 · 관리 항목으로 옳지 않은 것은?**

① 소방대상물의 현황 및 안전관리에 관한 사항
② 소방시설 등의 설치 및 관리에 관한 사항
③ 화재예방강화지구의 현황 및 안전관리에 관한 사항
④ 재난 및 안전관리업무의 조정에 관한 사항

해설

재난 및 안전관리업무의 조정에 관한 사항은 중앙안전관리위원회의 심의사항이다(「재난 및 안전관리 기본법」 제9조 제1항 제3호 참조).

정답 | 13 ④ 14 ② 15 ② 16 ④ 17 ④

18 **「화재의 예방 및 안전관리에 관한 법률」상 화재안전조사 실시 대상으로 옳지 않은 것은?**

① 「소방시설 설치 및 관리에 관한 법률」에 따른 자체점검이 불성실하거나 불완전하다고 인정되는 경우
② 화재예방강화지구 등 법령에서 화재안전조사를 하도록 규정되어 있는 경우
③ 화재예방안전진단이 불성실하거나 불완전하다고 인정되는 경우
④ 국가적 행사 등 주요 행사가 개최되는 인접지역에 대하여 소방안전관리 실태를 조사할 필요가 있는 경우

해설 **화재안전조사(법 제7조 제1항)**
소방관서장은 다음 각 호의 어느 하나에 해당하는 경우 화재안전조사를 실시할 수 있다. 다만, 개인의 주거(실제 주거용도로 사용되는 경우에 한정한다)에 대한 화재안전조사는 관계인의 승낙이 있거나 화재발생의 우려가 뚜렷하여 긴급한 필요가 있는 때에 한정한다.
1. 「소방시설 설치 및 관리에 관한 법률」 제22조에 따른 자체점검이 불성실하거나 불완전하다고 인정되는 경우
2. 화재예방강화지구 등 법령에서 화재안전조사를 하도록 규정되어 있는 경우
3. 화재예방안전진단이 불성실하거나 불완전하다고 인정되는 경우
4. 국가적 행사 등 주요 행사가 개최되는 장소 및 그 주변의 관계지역에 대하여 소방안전관리 실태를 조사할 필요가 있는 경우
5. 화재가 자주 발생하였거나 발생할 우려가 뚜렷한 곳에 대한 조사가 필요한 경우
6. 재난예측정보, 기상예보 등을 분석한 결과 소방대상물에 화재의 발생 위험이 크다고 판단되는 경우
7. 제1호부터 제6호까지에서 규정한 경우 외에 화재, 그 밖의 긴급한 상황이 발생할 경우 인명 또는 재산 피해의 우려가 현저하다고 판단되는 경우

19 **「화재의 예방 및 안전관리에 관한 법률 시행령」상 화재안전조사 항목으로 옳지 않은 것은?**

① 「소방기본법」 제21조의2에 따른 소방자동차 전용구역의 설치에 관한 사항
② 「소방시설공사업법」 제12조에 따른 시공, 같은 법 제16조에 따른 감리 및 같은 법 제18조에 따른 감리원의 배치에 관한 사항
③ 「소방시설 설치 및 관리에 관한 법률」 제20조에 따른 방염(防炎)에 관한 사항
④ 「소방의 화재조사에 관한 법률」 제5조에 따른 화재조사 실시에 관한 사항

해설 화재조사 실시에 관한 사항은 화재안전조사 항목이 아니다.

20 「화재의 예방 및 안전관리에 관한 법률」상 화재안전조사에 관한 내용으로 옳지 않은 것은?

① 소방관서장은 화재, 그 밖의 긴급한 상황이 발생할 경우 인명 또는 재산 피해의 우려가 현저하다고 판단되는 경우 화재안전조사를 실시할 수 있다.

② 실제 주거용도로 사용되는 개인의 주거에 대한 화재안전조사는 관계인의 승낙이 있는 경우에만 실시할 수 있다.

③ 화재안전조사를 정당한 사유 없이 거부·방해 또는 기피한 자는 300만원 이하의 벌금에 처한다.

④ 소방관서장은 화재안전조사를 실시하는 경우 다른 목적을 위하여 조사권을 남용하여서는 아니 된다.

해설 다만, 개인의 주거(실제 주거용도로 사용되는 경우에 한정한다)에 대한 화재안전조사는 관계인의 승낙이 있거나 화재발생의 우려가 뚜렷하여 긴급한 필요가 있는 때에 한정한다(법 제7조 제1항 단서).

21 「화재의 예방 및 안전관리에 관한 법률」상 화재안전조사에서 사전 통지의 예외 대상인 경우로 옳은 것은?

① 태풍, 홍수 등 재난이 발생하여 소방대상물을 관리하기가 매우 어려운 경우

② 화재가 발생할 우려가 뚜렷하여 긴급하게 조사할 필요가 있는 경우

③ 관계인이 질병, 장기출장 등으로 화재안전조사에 참여할 수 없는 경우

④ 권한 있는 기관에 자체점검기록부, 교육·훈련일지 등 화재안전조사에 필요한 장부·서류 등이 압수되거나 영치되어 있는 경우

해설 **화재안전조사의 방법·절차 등(법 제8조 제2항)**

소방관서장은 화재안전조사를 실시하려는 경우 사전에 관계인에게 조사대상, 조사기간 및 조사사유 등을 우편, 전화, 전자메일 또는 문자전송 등을 통하여 통지하고 이를 대통령령으로 정하는 바에 따라 인터넷 홈페이지나 제16조 제3항의 전산시스템 등을 통하여 공개하여야 한다. 다만, 다음 각 호의 어느 하나에 해당하는 경우에는 그러하지 아니하다.

1. 화재가 발생할 우려가 뚜렷하여 긴급하게 조사할 필요가 있는 경우
2. 제1호 외에 화재안전조사의 실시를 사전에 통지하거나 공개하면 조사목적을 달성할 수 없다고 인정되는 경우

정답 18 ④ 19 ④ 20 ② 21 ②

화재안전조사의 방법 · 절차 등(법 제8조 제4항)
제2항에 따른 통지를 받은 관계인은 천재지변이나 그 밖에 대통령령으로 정하는 사유로 화재안전조사를 받기 곤란한 경우에는 화재안전조사를 통지한 소방관서장에게 대통령령으로 정하는 바에 따라 화재안전조사를 연기하여 줄 것을 신청할 수 있다. 이 경우 소방관서장은 연기신청 승인 여부를 결정하고 그 결과를 조사 시작 전까지 관계인에게 알려 주어야 한다.

화재안전조사의 연기(시행령 제9조 제1항)
법 제8조 제4항 전단에서 "대통령령으로 정하는 사유"란 다음 각 호의 어느 하나에 해당하는 사유를 말한다.
1. 「재난 및 안전관리 기본법」 제3조 제1호에 해당하는 재난이 발생한 경우
2. 관계인의 질병, 사고, 장기출장의 경우
3. 권한 있는 기관에 자체점검기록부, 교육 · 훈련일지 등 화재안전조사에 필요한 장부 · 서류 등이 압수되거나 영치(領置)되어 있는 경우
4. 소방대상물의 증축 · 용도변경 또는 대수선 등의 공사로 화재안전조사를 실시하기 어려운 경우

22 **「화재의 예방 및 안전관리에 관한 법률」상 화재안전조사의 방법 · 절차에 관한 내용으로 옳지 않은 것은?**

① 소방관서장은 화재안전조사를 조사의 목적에 따라 화재안전조사의 항목 전체에 대하여 종합적으로 실시하거나 특정 항목에 한정하여 실시할 수 있다.
② 소방관서장은 화재안전조사를 실시하려는 경우 사전에 관계인에게 조사대상, 조사기간 및 조사사유 등을 우편, 전화, 전자메일, 문자전송, 구두 등을 통하여 통지하고 이를 대통령령으로 정하는 바에 따라 인터넷 홈페이지나 전산시스템 등을 통하여 공개하여야 한다.
③ 화재안전조사는 관계인의 승낙 없이 소방대상물의 공개시간 또는 근무시간 이외에는 할 수 없다.
④ 화재안전조사 대상 통지를 받은 관계인은 천재지변이나 그 밖에 대통령령으로 정하는 사유로 화재안전조사를 받기 곤란한 경우에는 화재안전조사를 통지한 소방관서장에게 대통령령으로 정하는 바에 따라 화재안전조사를 연기하여 줄 것을 신청할 수 있다.

해설 소방관서장은 화재안전조사를 실시하려는 경우 사전에 관계인에게 조사대상, 조사기간 및 조사사유 등을 우편, 전화, 전자메일 또는 문자전송 등을 통하여 통지하고 이를 대통령령으로 정하는 바에 따라 인터넷 홈페이지나 제16조 제3항의 전산시스템 등을 통하여 공개하여야 한다(법 제8조 제2항).

23 「화재의 예방 및 안전관리에 관한 법률」상 화재안전조사의 방법・절차 중 사전에 관계인에게 통지를 하지 않아도 되는 사유로 옳은 것만을 〈보기〉에서 고른 것은?

> **보기**
> ㄱ. 화재가 발생할 우려가 뚜렷하여 긴급하게 조사할 필요가 있는 경우
> ㄴ. 화재안전조사의 실시를 사전에 통지하거나 공개하면 조사목적을 달성할 수 없다고 인정되는 경우
> ㄷ. 화재안전조사의 실시를 사전에 통지하거나 공개하면 중대한 공익상의 이익이 침해되는 경우

① ㄱ
② ㄴ
③ ㄱ, ㄴ
④ ㄱ, ㄴ, ㄷ

해설

화재안전조사 실시 시 사전에 관계인에게 통지 및 공개하지 않은 경우(법 제8조 제2항 단서 참조)
㉮ 화재가 발생할 우려가 뚜렷하여 긴급하게 조사할 필요가 있는 경우
㉯ '㉮' 외에 화재안전조사의 실시를 사전에 통지하거나 공개하면 조사목적을 달성할 수 없다고 인정되는 경우

24 「화재의 예방 및 안전관리에 관한 법률 시행령」상 화재안전조사의 연기 사유로 옳지 않은 것은?

① 「재난 및 안전관리 기본법」 제3조 제2호에 해당하는 해외재난이 발생한 경우
② 관계인의 질병, 사고, 장기출장의 경우
③ 권한 있는 기관에 자체점검기록부, 교육・훈련일지 등 화재안전조사에 필요한 장부・서류 등이 압수되거나 영치(領置)되어 있는 경우
④ 소방대상물의 증축・용도변경 또는 대수선 등의 공사로 화재안전조사를 실시하기 어려운 경우

해설

화재안전조사의 연기(시행령 제9조 제1항)
법 제8조 제4항 전단에서 "대통령령으로 정하는 사유"란 다음 각 호의 어느 하나에 해당하는 사유를 말한다.
1. 「재난 및 안전관리 기본법」 제3조 제1호에 해당하는 재난이 발생한 경우
2. 관계인의 질병, 사고, 장기출장의 경우
3. 권한 있는 기관에 자체점검기록부, 교육・훈련일지 등 화재안전조사에 필요한 장부・서류 등이 압수되거나 영치(領置)되어 있는 경우
4. 소방대상물의 증축・용도변경 또는 대수선 등의 공사로 화재안전조사를 실시하기 어려운 경우

정답 22 ② 23 ③ 24 ①

25 **「화재의 예방 및 안전관리에 관한 법률 시행령」상 화재안전조사 방법 중 화재안전조사 항목 전부를 확인하는 조사방법으로 옳은 것은?**

① 종합정밀조사
② 종합조사
③ 부분조사
④ 일부조사

해설 **화재안전조사의 방법 · 절차 등(시행령 제8조 제1항)**
소방관서장은 화재안전조사의 목적에 따라 다음 각 호의 어느 하나에 해당하는 방법으로 화재안전조사를 실시할 수 있다.
1. 종합조사 : 제7조의 화재안전조사 항목 전부를 확인하는 조사
2. 부분조사 : 제7조의 화재안전조사 항목 중 일부를 확인하는 조사

26 **「화재의 예방 및 안전관리에 관한 법률 시행령」상 화재안전조사 방법 · 절차에 관한 내용으로 옳지 않은 것은?**

① 소방관서장은 화재안전조사를 실시하려는 경우 사전에 조사대상, 조사기간 및 조사사유 등 조사계획을 소방청, 소방본부 또는 소방서의 인터넷 홈페이지나 전산시스템을 통해 14일 이상 공개해야 한다.
② 소방관서장은 사전 통지 없이 화재안전조사를 실시하는 경우에는 화재안전조사를 실시하기 전에 관계인에게 조사사유 및 조사범위 등을 현장에서 설명해야 한다.
③ 소방관서장은 화재안전조사를 위하여 소속 공무원으로 하여금 관계인에게 보고 또는 자료의 제출을 요구하거나 소방대상물의 위치 · 구조 · 설비 또는 관리 상황에 대한 조사 · 질문을 하게 할 수 있다.
④ 법령에서 규정한 사항 외에 화재안전조사 계획의 수립 등 화재안전조사에 필요한 사항은 소방청장이 정한다.

해설 소방관서장은 화재안전조사를 실시하려는 경우 사전에 법 제8조 제2항 각 호 외의 부분 본문에 따라 조사대상, 조사기간 및 조사사유 등 조사계획을 소방청, 소방본부 또는 소방서(이하 "소방관서"라 한다)의 인터넷 홈페이지나 법 제16조 제3항에 따른 전산시스템을 통해 <u>7일</u> 이상 공개해야 한다(시행령 제8조 제2항).

27 「화재의 예방 및 안전관리에 관한 법률」 및 같은 법 시행령상 화재안전조사의 연기 사유로 옳지 않은 것은?

① 「재난 및 안전관리 기본법」 제3조 제1호에 해당하는 재난이 발생한 경우
② 관계인이 질병, 장기출장 등으로 화재안전조사에 참여할 수 없는 경우
③ 권한 있는 기관에 화재안전조사에 필요한 서류가 압수되거나 영치되어 있는 경우
④ 화재가 발생할 우려가 뚜렷하여 긴급하게 조사할 필요가 있는 경우

해설 ④ 화재안전조사 사전 통지의 예외 사유이다.

화재안전조사의 연기(시행령 제9조 제1항)
법 제8조 제4항 전단에서 "대통령령으로 정하는 사유"란 다음 각 호의 어느 하나에 해당하는 사유를 말한다.
1. 「재난 및 안전관리 기본법」 제3조 제1호에 해당하는 재난이 발생한 경우
2. 관계인의 질병, 사고, 장기출장의 경우
3. 권한 있는 기관에 자체점검기록부, 교육·훈련일지 등 화재안전조사에 필요한 장부·서류 등이 압수되거나 영치(領置)되어 있는 경우
4. 소방대상물의 증축·용도변경 또는 대수선 등의 공사로 화재안전조사를 실시하기 어려운 경우

28 「화재의 예방 및 안전관리에 관한 법률」상 화재안전조사 결과에 따라 명령할 수 있는 조치사항이 아닌 것은?

① 소방대상물의 사용승인
② 소방대상물의 개수
③ 소방대상물의 이전
④ 소방대상물의 제거

해설 **화재안전조사 결과에 따른 조치명령(법 제14조 제1항)**
소방관서장은 화재안전조사 결과에 따른 소방대상물의 위치·구조·설비 또는 관리의 상황이 화재예방을 위하여 보완될 필요가 있거나 화재가 발생하면 인명 또는 재산의 피해가 클 것으로 예상되는 때에는 행정안전부령으로 정하는 바에 따라 관계인에게 그 소방대상물의 개수(改修)·이전·제거, 사용의 금지 또는 제한, 사용폐쇄, 공사의 정지 또는 중지, 그 밖에 필요한 조치를 명할 수 있다.

정답 25 ② 26 ① 27 ④ 28 ①

29 **「화재의 예방 및 안전관리에 관한 법률」 및 그 하위법령상 화재안전조사에 관한 내용으로 옳지 않은 것은?**

① 소방관서장은 필요한 경우에는 소방기술사, 소방시설관리사, 그 밖에 화재안전 분야에 전문지식을 갖춘 사람을 화재안전조사에 참여하게 할 수 있다.
② 소방관서장은 화재안전조사를 실시하려는 경우 사전에 조사대상, 조사기간 및 조사사유 등 조사계획을 소방청, 소방본부 또는 소방서의 인터넷 홈페이지나 전산시스템을 통해 7일 이상 공개해야 한다.
③ 「화재의 예방 및 안전관리에 관한 법률 시행령」에 따라 화재안전조사의 연기를 신청하려는 관계인은 화재안전조사 시작 5일 전까지 화재안전조사 연기신청서(전자문서를 포함)에 화재안전조사를 받기 곤란함을 증명할 수 있는 서류(전자문서를 포함)를 첨부하여 소방청장, 소방본부장 또는 소방서장에게 제출해야 한다.
④ 관계인의 질병, 사고, 장기출장으로 화재안전조사를 받기 곤란한 경우 소방청장, 소방본부장 또는 소방서장에게 화재안전조사를 연기하여 줄 것을 신청할 수 있다.

해설 「화재의 예방 및 안전관리에 관한 법률 시행령」(이하 "영"이라 한다) 제9조 제2항에 따라 화재안전조사의 연기를 신청하려는 관계인은 화재안전조사 시작 3일 전까지 별지 제1호서식의 화재안전조사 연기신청서(전자문서를 포함한다)에 화재안전조사를 받기 곤란함을 증명할 수 있는 서류(전자문서를 포함한다)를 첨부하여 소방청장, 소방본부장 또는 소방서장(이하 "소방관서장"이라 한다)에게 제출해야 한다(시행규칙 제4조 제1항).

30 **「화재의 예방 및 안전관리에 관한 법률」 및 같은 법 시행령과 시행규칙상 화재조사의 방법·절차 등에 관한 내용으로 옳지 않은 것은?**

① 소방관서장은 화재안전조사를 마친 때에는 그 조사 결과를 관계인에게 서면 또는 구두로 통지할 수 있다. 다만, 화재안전조사의 현장에서 관계인에게 조사의 결과를 설명하고 화재안전조사 결과서의 부본을 교부한 경우에는 그러하지 아니하다.
② 소방관서장은 화재안전조사를 실시하려는 경우 사전에 조사대상, 조사기간 및 조사사유 등 조사계획을 소방청, 소방본부 또는 소방서의 인터넷 홈페이지나 전산시스템을 통해 7일 이상 공개해야 한다.
③ 소방관서장은 화재안전조사의 연기를 승인한 경우라도 연기기간이 끝나기 전에 연기사유가 없어졌거나 긴급히 조사를 해야 할 사유가 발생하였을 때는 관계인에게 미리 알리고 화재안전조사를 할 수 있다.
④ 화재안전조사의 연기를 신청하려는 관계인은 화재안전조사 시작 3일 전까지 화재안전조사 연기신청서에 화재안전조사를 받기 곤란함을 증명할 수 있는 서류를 첨부하여 소방청장, 소방본부장 또는 소방서장에게 제출해야 한다.

해설 **화재안전조사 결과 통보(법 제13조)**
소방관서장은 화재안전조사를 마친 때에는 그 조사 결과를 관계인에게 서면으로 통지하여야 한다. 다만, 화재안전조사의 현장에서 관계인에게 조사의 결과를 설명하고 화재안전조사 결과서의 부본을 교부한 경우에는 그러하지 아니하다.

31 **「화재의 예방 및 안전관리에 관한 법률」 및 같은 법 시행령상 화재안전조사단의 편성·운영에 관한 내용으로 옳지 않은 것은?**

① 소방관서장은 화재안전조사를 효율적으로 수행하기 위하여 대통령령으로 정하는 바에 따라 소방청에는 중앙화재안전조사단을, 소방본부 및 소방서에는 지방화재안전조사단을 상시적으로 편성하여 운영하여야 한다.
② 중앙화재안전조사단 및 지방화재안전조사단은 각각 단장을 포함하여 50명 이내의 단원으로 성별을 고려하여 구성한다.
③ 소방공무원은 중앙화재안전조사단 및 지방화재안전조사단의 단원으로 임명될 수 있다.
④ 소방관서장은 중앙화재안전조사단 및 지방화재안전조사단의 업무 수행을 위하여 필요한 경우에는 관계 기관의 장에게 그 소속 공무원 또는 직원의 파견을 요청할 수 있다.

해설 소방관서장은 화재안전조사를 효율적으로 수행하기 위하여 대통령령으로 정하는 바에 따라 소방청에는 중앙화재안전조사단을, 소방본부 및 소방서에는 지방화재안전조사단을 편성하여 운영할 수 있다(법 제9조 제1항).

32 **「화재의 예방 및 안전관리에 관한 법률」 및 같은 법 시행령상 화재안전조사위원회의 구성·운영에 관한 내용으로 옳지 않은 것은?**

① 소방관서장은 화재안전조사의 대상을 객관적이고 공정하게 선정하기 위하여 상시 화재안전조사위원회를 구성하여 화재안전조사의 대상을 선정하여야 한다.
② 화재안전조사위원회의 구성·운영 등에 필요한 사항은 대통령령으로 정한다.
③ 화재안전조사위원회는 위원장 1명을 포함하여 7명 이내의 위원으로 성별을 고려하여 구성한다.
④ 화재안전조사위원회의 위촉위원의 임기는 2년으로 하며, 한 차례만 연임할 수 있다.

해설 소방관서장은 화재안전조사의 대상을 객관적이고 공정하게 선정하기 위하여 필요한 경우 화재안전조사위원회를 구성하여 화재안전조사의 대상을 선정할 수 있다(법 제10조 제1항).

정답 29 ③ 30 ① 31 ① 32 ①

33 **「화재의 예방 및 안전관리에 관한 법률 시행령」상 화재안전조사위원회의 위원장 및 위원에 관한 내용으로 옳지 않은 것은?**

① 위원회의 위원장은 소방관서장이 임명 또는 위촉한다.
② 소방관서장은 과장급 직위 이상의 소방공무원을 위원회의 위원으로 임명하거나 위촉할 수 있다.
③ 위촉위원의 임기는 2년으로 하며, 한 차례만 연임할 수 있다.
④ 화재안전조사위원회는 위원장 1명을 포함하여 7명 이내의 위원으로 성별을 고려하여 구성한다.

해설 위원회의 위원장은 소방관서장이 된다(시행령 제11조 제2항).

34 **「화재의 예방 및 안전관리에 관한 법률 시행령」상 소방관서장이 화재안전조사위원회의 위원을 해임하거나 해촉(解囑)할 수 있는 경우로 옳지 않은 것은?**

① 심신장애로 직무를 수행할 수 없게 된 경우
② 공무원인 위원이 소관 업무와 직접 관련이 있는 경우
③ 직무태만, 품위손상이나 그 밖의 사유로 위원으로 적합하지 않다고 인정되는 경우
④ 위원회의 심의·의결에서 제척사유에 해당함에도 불구하고 회피하지 않은 경우

해설 **화재안전조사위원회의 구성·운영 등(시행령 제11조 제5항)**
소방관서장은 위원회의 위원이 다음 각 호의 어느 하나에 해당하는 경우에는 해당 위원을 해임하거나 해촉(解囑)할 수 있다.
1. 심신장애로 직무를 수행할 수 없게 된 경우
2. 직무와 관련된 비위사실이 있는 경우
3. 직무태만, 품위손상이나 그 밖의 사유로 위원으로 적합하지 않다고 인정되는 경우
4. 제12조 제1항(제척사유) 각 호의 어느 하나에 해당함에도 불구하고 회피하지 않은 경우
5. 위원 스스로 직무를 수행하기 어렵다는 의사를 밝히는 경우

35 **「화재의 예방 및 안전관리에 관한 법률」 및 같은 법 시행령상 화재안전조사에 관한 내용으로 옳은 것은?**

① 소방관서장은 필요한 경우에는 소방기술사, 소방시설관리사, 그 밖에 화재안전 분야에 전문지식을 갖춘 사람을 화재안전조사에 참여하게 할 수 있다.

② 소방관서장은 화재안전조사를 효율적으로 수행하기 위하여 대통령령으로 정하는 바에 따라 소방본부에는 중앙화재안전조사단을, 소방서에는 지방화재안전조사단을 편성하여 운영할 수 있다.

③ 화재안전조사단장은 화재안전조사를 위하여 소속 공무원으로 하여금 관계인에게 보고 또는 자료의 제출을 요구하거나 소방대상물의 위치・구조・설비 또는 관리 상황에 대한 조사・질문을 하게 할 수 있다.

④ 소방관서장은 화재안전조사를 실시하려는 경우 사전에 조사대상, 조사기간 및 조사사유 등 조사계획을 소방청, 소방본부 또는 소방서의 인터넷 홈페이지나 법 제16조 제3항에 따른 전산시스템을 통해 10일 이상 공개해야 한다.

해설

② 소방관서장은 화재안전조사를 효율적으로 수행하기 위하여 대통령령으로 정하는 바에 따라 소방청에는 중앙화재안전조사단을, 소방본부 및 소방서에는 지방화재안전조사단을 편성하여 운영할 수 있다(법 제9조 제1항).

③ 소방관서장은 화재안전조사를 위하여 소속 공무원으로 하여금 관계인에게 보고 또는 자료의 제출을 요구하거나 소방대상물의 위치・구조・설비 또는 관리 상황에 대한 조사・질문을 하게 할 수 있다(시행령 제8조 제4항).

④ 소방관서장은 화재안전조사를 실시하려는 경우 사전에 조사대상, 조사기간 및 조사사유 등 조사계획을 소방청, 소방본부 또는 소방서의 인터넷 홈페이지나 법 제16조 제3항에 따른 전산시스템을 통해 7일 이상 공개해야 한다(시행령 제8조 제2항).

36 **「화재의 예방 및 안전관리에 관한 법률」상 화재안전조사 시 증표의 제시 및 비밀유지 의무에 관한 내용으로 옳지 않은 것은?**

① 화재안전조사 업무를 수행하는 관계 공무원 및 관계 전문가는 그 권한 또는 자격을 표시하는 증표를 지니고 이를 관계인에게 내보여야 한다.

② 화재안전조사 업무를 수행하는 관계 공무원 및 관계 전문가는 관계인의 정당한 업무를 방해하여서는 아니 된다.

③ 화재안전조사 업무를 수행하는 관계 공무원 및 관계 전문가는 조사업무를 수행하면서 취득한 자료나 알게 된 비밀을 다른 사람 또는 기관에 제공 또는 누설하거나 목적 외의 용도로 사용하여서는 아니 된다.

정답 33 ① 34 ② 35 ① 36 ④

④ 화재안전조사 업무를 수행하는 관계 공무원 및 관계 전문가가 관계인의 정당한 업무를 방해하거나, 조사업무를 수행하면서 취득한 자료나 알게 된 비밀을 다른 사람 또는 기관에게 제공 또는 누설하거나 목적 외의 용도로 사용한 자는 300만원 이하의 벌금에 처한다.

해설 제12조 제2항을 위반하여 관계인의 정당한 업무를 방해하거나, 조사업무를 수행하면서 취득한 자료나 알게 된 비밀을 다른 사람 또는 기관에게 제공 또는 누설하거나 목적 외의 용도로 사용한 자는 1년 이하의 징역 또는 1천만원 이하의 벌금에 처한다(법 제50조 제2항 제1호).

37 **「화재의 예방 및 안전관리에 관한 법률」상 화재안전조사 결과 통보에 관한 내용이다. ( ) 안에 들어갈 내용으로 옳은 것은?**

(ㄱ)은 화재안전조사를 마친 때에는 그 조사 결과를 관계인에게 (ㄴ)으로 통지하여야 한다. 다만, 화재안전조사의 현장에서 관계인에게 조사의 결과를 설명하고 화재안전조사 결과서의 (ㄷ)을 교부한 경우에는 그러하지 아니하다.

	ㄱ	ㄴ	ㄷ
①	소방관서장	서면	정본
②	화재안전조사단장	정본	부본
③	소방관서장	서면	부본
④	화재안전조사단장	서면	부본

해설 **화재안전조사 결과 통보(법 제13조)**
소방관서장은 화재안전조사를 마친 때에는 그 조사 결과를 관계인에게 서면으로 통지하여야 한다. 다만, 화재안전조사의 현장에서 관계인에게 조사의 결과를 설명하고 화재안전조사 결과서의 부본을 교부한 경우에는 그러하지 아니하다.

38 **「화재의 예방 및 안전관리에 관한 법률」상 화재안전조사 결과에 따른 조치명령권자로 옳지 않은 것은?**

① 소방청장　　② 소방본부장
③ 소방서장　　④ 소방대장

해설 소방관서장은 화재안전조사 결과에 따른 소방대상물의 위치·구조·설비 또는 관리의 상황이 화재예방을 위하여 보완될 필요가 있거나 화재가 발생하면 인명 또는 재산의 피해가 클 것으로 예상되는 때에는 행정안전부령으로 정하는 바에 따라 관계인에게 그 소방대상물의 개수(改修)·이전·제거, 사용의 금지 또는 제한, 사용폐쇄, 공사의 정지 또는 중지, 그 밖에 필요한 조치를 명할 수 있다(법 제14조 제1항).

39 **「화재의 예방 및 안전관리에 관한 법률」상 화재안전조사 결과에 따른 소방대상물의 위치·구조·설비 또는 관리의 상황이 화재예방을 위하여 보완될 필요가 있다고 예상되는 경우 소방관서장이 관계인에게 명할 수 있는 조치명령으로 옳지 않은 것은?**

① 소방대상물의 사용 금지
② 소방대상물의 사용 제한
③ 소방대상물의 공사 중지
④ 소방대상물의 공사 폐쇄

해설 소방관서장은 화재안전조사 결과에 따른 소방대상물의 위치·구조·설비 또는 관리의 상황이 화재예방을 위하여 보완될 필요가 있거나 화재가 발생하면 인명 또는 재산의 피해가 클 것으로 예상되는 때에는 행정안전부령으로 정하는 바에 따라 관계인에게 그 소방대상물의 개수(改修)·이전·제거, 사용의 금지 또는 제한, 사용폐쇄, 공사의 정지 또는 중지, 그 밖에 필요한 조치를 명할 수 있다(법 제14조 제1항).

40 **「화재의 예방 및 안전관리에 관한 법률」 및 같은 법 시행령상 화재안전조사 결과에 따른 조치명령 및 손실보상에 관한 내용으로 옳지 않은 것은?**

① 화재안전조사 결과에 따른 소방대상물의 조치명령권자는 소방관서장이다.
② 화재안전조사 결과에 따른 조치명령으로 소방청장 또는 시·도지사가 손실을 보상하는 경우에는 정당 보상해야 한다.
③ 소방청장 또는 시·도지사는 보상금액에 관한 협의가 성립되지 않은 경우에는 그 보상금액을 지급하거나 공탁하고 이를 상대방에게 알려야 한다.
④ 소방관서장은 화재안전조사 결과 소방대상물이 법령을 위반하여 건축 또는 설비된 경우에는 관계인에게 필요한 조치를 명하거나 관계 행정기관의 장에게 필요한 조치를 하여 줄 것을 요청할 수 있다.

정답 | 37 ③ | 38 ④ | 39 ④ | 40 ② |

해설 법 제15조에 따라 소방청장 또는 시·도지사가 손실을 보상하는 경우에는 시가(時價)로 보상해야 한다(시행령 제14조 제1항).

41 「화재의 예방 및 안전관리에 관한 법률」상 화재안전조사 결과에 따른 조치명령으로 인하여 손실이 발생한 경우 보상을 하여야 하는 주체로 옳은 것은?

① 소방서장
② 시·군·구청장
③ 소방청장
④ 소방본부장

해설 소방청장 또는 시·도지사는 제14조 제1항에 따른 명령으로 인하여 손실을 입은 자가 있는 경우에는 대통령령으로 정하는 바에 따라 보상하여야 한다(법 제15조).

42 「화재의 예방 및 안전관리에 관한 법률」 및 같은 법 시행령상 손실보상에 관한 내용으로 옳지 않은 것은?

① 화재안전조사 결과에 따른 조치명령으로 인하여 손실을 입은 자가 있는 경우 소방청장 또는 시·도지사는 시가(時價)로 손실을 보상해야 한다.
② 화재안전조사 결과에 따른 조치명령에 따른 손실보상에 관하여는 소방청장 또는 시·도지사와 손실을 입은 자가 협의해야 한다.
③ 소방청장 또는 시·도지사는 보상금액에 관한 협의가 성립되지 않은 경우에는 그 보상금액을 지급하거나 공탁하고 이를 상대방에게 알려야 한다.
④ 보상금의 지급 또는 공탁의 통지에 불복하는 자는 지급 또는 공탁의 통지를 받은 날부터 60일 이내에 「공익사업을 위한 토지 등의 취득 및 보상에 관한 법률」에 따른 중앙토지수용위원회 또는 관할 지방토지수용위원회에 재결(裁決)을 신청할 수 있다.

해설 제3항에 따른 보상금의 지급 또는 공탁의 통지에 불복하는 자는 지급 또는 공탁의 통지를 받은 날부터 30일 이내에 「공익사업을 위한 토지 등의 취득 및 보상에 관한 법률」 제49조에 따른 중앙토지수용위원회 또는 관할 지방토지수용위원회에 재결(裁決)을 신청할 수 있다(시행령 제14조 제4항).

43 「화재의 예방 및 안전관리에 관한 법률」 및 같은 법 시행령상 화재안전조사 결과에 따른 조치명령으로 인한 손실보상의 내용으로 옳지 않은 것은?

① 소방청장 또는 시·도지사가 손실을 보상하는 경우에는 시가로 보상해야 한다.
② 손실보상에 관하여는 시·도의 조례에 따른다.
③ 소방청장 또는 시·도지사는 보상금액에 관한 협의가 성립되지 아니한 경우에는 그 보상금액을 지급하거나 공탁하고 이를 상대방에게 알려야 한다.
④ 보상금의 지급 또는 공탁의 통지에 불복하는 자는 지급 또는 공탁의 통지를 받은 날부터 30일 이내에 중앙토지수용위원회 또는 관할 지방토지수용위원회에 재결을 신청할 수 있다.

해설

손실보상(법 제15조)
소방청장 또는 시·도지사는 제14조 제1항에 따른 명령으로 인하여 손실을 입은 자가 있는 경우에는 대통령령으로 정하는 바에 따라 보상하여야 한다.

44 「화재의 예방 및 안전관리에 관한 법률」상 화재안전조사 결과 공개사항으로 옳지 않은 것은?

① 소방대상물의 위치, 연면적, 용도 등 현황
② 소방시설 등의 설치 및 관리 현황
③ 화재안전성능진단 실시 결과
④ 피난시설, 방화구획 및 방화시설의 설치 및 관리 현황

해설

화재안전조사 결과 공개(법 제16조 제1항)
소방관서장은 화재안전조사를 실시한 경우 다음 각 호의 전부 또는 일부를 인터넷 홈페이지나 제3항의 전산시스템 등을 통하여 공개할 수 있다.
1. 소방대상물의 위치, 연면적, 용도 등 현황
2. 소방시설 등의 설치 및 관리 현황
3. 피난시설, 방화구획 및 방화시설의 설치 및 관리 현황
4. 그 밖에 대통령령으로 정하는 사항

화재안전조사 결과 공개(시행령 제15조 제1항)
법 제16조 제1항 제4호에서 "대통령령으로 정하는 사항"이란 다음 각 호의 사항을 말한다.
1. 제조소 등 설치 현황
2. 소방안전관리자 선임 현황
3. 화재예방안전진단 실시 결과

정답 | 41 ③ 42 ④ 43 ② 44 ③

45 **「화재의 예방 및 안전관리에 관한 법률 시행령」상 화재안전조사 결과 공개의 방법 및 절차에 관한 내용으로 옳지 않은 것은?**

① 소방관서장은 화재안전조사 결과를 공개하는 경우 30일 이상 해당 소방관서 인터넷 홈페이지나 법 제16조 제3항에 따른 전산시스템을 통해 공개해야 한다.

② 소방관서장은 화재안전조사 결과를 공개하려는 경우 공개 기간, 공개 내용 및 공개 방법을 해당 소방대상물의 관계인에게 미리 알려야 한다.

③ 소방대상물의 관계인은 공개 내용 등을 통보받은 날부터 10일 이내에 소방관서장에게 이의신청을 할 수 있다.

④ 화재안전조사 결과의 공개가 제3자의 법익을 침해하는 경우에는 제3자는 공개 내용 등을 통보받은 날부터 10일 이내에 소방관서장에게 이의신청을 할 수 있다.

해설 화재안전조사 결과의 공개가 제3자의 법익을 침해하는 경우에는 제3자와 관련된 사실을 제외하고 공개해야 한다(시행령 제15조 제6항).

46 **「화재의 예방 및 안전관리에 관한 법률」 및 같은 법 시행령상 화재예방강화지구에서의 금지행위로 옳지 않은 것은?**

① 모닥불, 흡연 등 화기의 취급

② 용접・용단 등 불꽃을 발생시키는 행위

③ 풍등 등 소형열기구 날리기

④ 「고압가스 안전관리법」 제2조 제1항 제1호에 따른 위험물을 방치하는 행위

해설 ④ 법 제17조 제1항 제4호에서 "대통령령으로 정하는 화재 발생 위험이 있는 행위"란 「위험물안전관리법」 제2조 제1항 제1호에 따른 위험물을 방치하는 행위를 말한다(시행령 제16조 제2항).

화재의 예방조치 등(법 제17조 제1항)

누구든지 화재예방강화지구 및 이에 준하는 대통령령으로 정하는 장소에서는 다음 각 호의 어느 하나에 해당하는 행위를 하여서는 아니 된다. 다만, 행정안전부령으로 정하는 바에 따라 안전조치를 한 경우에는 그러하지 아니한다.

1. 모닥불, 흡연 등 화기의 취급
2. 풍등 등 소형열기구 날리기
3. 용접・용단 등 불꽃을 발생시키는 행위
4. 그 밖에 대통령령으로 정하는 화재 발생 위험이 있는 행위

47 「화재의 예방 및 안전관리에 관한 법률 시행령」상 화재예방강화지구에 준하는 장소로 옳지 않은 것은?

① 제조소 등
② 「소방시설 설치 및 관리에 관한 법률」에 따른 특정소방대상물
③ 「액화석유가스의 안전관리 및 사업법」에 따른 액화석유가스의 저장소・판매소
④ 「총포・도검・화약류 등의 안전관리에 관한 법률」에 따른 화약류를 저장하는 장소

해설

화재의 예방조치 등(시행령 제16조 제1항)

법 제17조 제1항 각 호 외의 부분 본문에서 "대통령령으로 정하는 장소"란 다음 각 호의 장소를 말한다.

1. 제조소 등
2. 「고압가스 안전관리법」 제3조 제1호에 따른 저장소
3. 「액화석유가스의 안전관리 및 사업법」 제2조 제1호에 따른 액화석유가스의 저장소・판매소
4. 「수소경제 육성 및 수소 안전관리에 관한 법률」 제2조 제7호에 따른 수소연료공급시설 및 같은 조 제9호에 따른 수소연료사용시설
5. 「총포・도검・화약류 등의 안전관리에 관한 법률」 제2조 제3항에 따른 화약류를 저장하는 장소

48 「화재의 예방 및 안전관리에 관한 법률 시행규칙」상 화재예방 안전조치로 옳지 않은 것은?

① 「국민건강증진법」 제9조 제4항 각 호 외의 부분 후단에 따라 설치한 흡연실 등 법령에 따라 지정된 장소에서 화기 등을 취급하는 경우
② 소화기 등 소방시설을 비치 또는 설치한 장소에서 화기 등을 취급하는 경우
③ 「산업안전보건기준에 관한 규칙」 제241조의2 제1항에 따른 화재감시자 등 안전요원이 배치된 장소에서 화기 등을 취급하는 경우
④ 관계 행정기관과 사전 협의하여 안전조치를 한 경우

해설

화재예방 안전조치 등(시행규칙 제7조 제1항)

화재예방강화지구 및 영 제16조 제1항 각 호의 장소에서는 다음 각 호의 안전조치를 한 경우에 법 제17조 제1항 각 호의 행위를 할 수 있다.

1. 「국민건강증진법」 제9조 제4항 각 호 외의 부분 후단에 따라 설치한 흡연실 등 법령에 따라 지정된 장소에서 화기 등을 취급하는 경우
2. 소화기 등 소방시설을 비치 또는 설치한 장소에서 화기 등을 취급하는 경우
3. 「산업안전보건기준에 관한 규칙」 제241조의2 제1항에 따른 화재감시자 등 안전요원이 배치된 장소에서 화기 등을 취급하는 경우
4. 그 밖에 소방관서장과 사전 협의하여 안전조치를 한 경우

정답 45 ④ 46 ④ 47 ② 48 ④

49 **「화재의 예방 및 안전관리에 관한 법률」상 소방관서장이 화재예방강화지구 및 이에 준하는 대통령령으로 정하는 장소에서 화재의 예방상 위험하다고 인정되는 행위를 하는 사람이나 소화활동에 지장이 있다고 인정되는 물건의 소유자 · 관리자 또는 점유자에게 취할 수 있는 명령으로 옳지 않은 것은?**

① 모닥불, 흡연, 화기취급 등 화재예방상 위험하다고 인정되는 행위의 금지 또는 제한
② 목재, 플라스틱 등 가연성이 큰 물건의 제거, 이격, 적재 금지 등
③ 소방차량의 통행이나 소화 활동에 지장을 줄 수 있는 물건의 이동
④ 연소 가능 물건에 대한 보관행위의 승낙

해설 **화재의 예방조치 등(법 제17조 제2항)**
소방관서장은 화재 발생 위험이 크거나 소화 활동에 지장을 줄 수 있다고 인정되는 행위나 물건에 대하여 행위 당사자나 그 물건의 소유자, 관리자 또는 점유자에게 다음 각 호의 명령을 할 수 있다. 다만, 제2호 및 제3호에 해당하는 물건의 소유자, 관리자 또는 점유자를 알 수 없는 경우 소속 공무원으로 하여금 그 물건을 옮기거나 보관하는 등 필요한 조치를 하게 할 수 있다.
1. 제1항 각 호의 어느 하나에 해당하는 행위의 금지 또는 제한

> 1. 모닥불, 흡연 등 화기의 취급
> 2. 풍등 등 소형열기구 날리기
> 3. 용접 · 용단 등 불꽃을 발생시키는 행위
> 4. 그 밖에 대통령령으로 정하는 화재 발생 위험이 있는 행위

2. 목재, 플라스틱 등 가연성이 큰 물건의 제거, 이격, 적재 금지 등
3. 소방차량의 통행이나 소화 활동에 지장을 줄 수 있는 물건의 이동

50 **「화재의 예방 및 안전관리에 관한 법률」상 화재의 예방조치에 관한 내용으로 옳지 않은 것은?**

① 제조소 등에서 풍등 등 소형열기구 날리기는 금지행위이다.
② 소방관서장은 「고압가스 안전관리법」에 따른 저장소에서 목재, 플라스틱 등 가연성이 큰 물건의 제거, 이격, 적재 금지 등을 명할 수 있다.
③ 소방관서장은 제조소 등에서 옮긴 물건 등을 보관하는 경우에는 그날부터 14일 동안 해당 소방관서의 인터넷 홈페이지에 그 사실을 공고해야 한다.
④ 소방청장 또는 시 · 도지사는 매각되거나 폐기된 옮긴 물건 등의 소유자가 보상을 요구하는 경우에는 보상금액에 대하여 소유자와의 협의를 거쳐 이를 보상해야 한다.

해설 **소방관서장은 제3항에 따라 매각되거나 폐기된 옮긴 물건 등의 소유자가 보상을 요구하는 경우에는 보상금액에 대하여 소유자와의 협의를 거쳐 이를 보상해야 한다(시행령 제17조 제5항).**

51 **「화재의 예방 및 안전관리에 관한 법률」 및 같은 법 시행령상 화재예방조치에 관한 내용으로 옳지 않은 것은?**

① 소방관서장은 화재의 예방상 위험하다고 인정되는 행위를 하는 사람이나 소화활동에 지장이 있다고 인정되는 물건의 소유자·관리자 또는 점유자에게 화기취급의 금지 등의 명령을 할 수 있다.

② 소방관서장은 방치된 위험물 또는 물건 등의 소유자·관리자 또는 점유자의 주소와 성명을 알 수 없어서 필요한 명령을 할 수 없을 때에는 소속 공무원으로 하여금 그 위험물 또는 물건을 옮기거나 치우게 할 수 있다.

③ 소방관서장은 방치된 위험물 또는 물건 등의 소유자·관리자 또는 점유자의 주소와 성명을 알 수 없어 위험물 등을 옮긴 경우 옮긴 위험물 등을 보관하여야 한다.

④ 소방관서장은 옮긴 위험물 등을 보관하는 경우에는 그날부터 7일 동안 해당 소방관서의 인터넷 홈페이지에 그 사실을 공고해야 한다.

해설 소방관서장은 옮긴 위험물 등을 보관하는 경우에는 그날부터 14일 동안 해당 소방관서의 인터넷 홈페이지에 그 사실을 공고해야 한다(시행령 제17조 제1항 참조).

PART·03

52 **「화재의 예방 및 안전관리에 관한 법률 시행령」상 화재의 예방조치 등에 관한 내용으로 옳지 않은 것은?**

① 소방관서장은 옮긴 물건 등을 보관하는 경우에는 그날부터 14일 동안 해당 소방관서의 인터넷 홈페이지에 그 사실을 공고해야 한다.

② 소방관서장은 옮긴 물건 등의 보관기간이 종료된 때에는 보관하고 있는 옮긴 물건 등을 매각해야 한다.

③ 소방관서장은 보관하던 옮긴 물건 등을 매각한 경우에는 그날부터 7일 이내에 「국가재정법」에 따라 세입조치를 해야 한다.

④ 소방관서장은 매각되거나 폐기된 옮긴 물건 등의 소유자가 보상을 요구하는 경우에는 보상금액에 대하여 소유자와의 협의를 거쳐 이를 보상해야 한다.

해설 소방관서장은 보관하던 옮긴 물건 등을 제3항 본문에 따라 매각한 경우에는 지체 없이 「국가재정법」에 따라 세입조치를 해야 한다(시행령 제17조 제4항).

정답 | 49 ④ 50 ④ 51 ④ 52 ③ |

53 **「화재의 예방 및 안전관리에 관한 법률」상 보일러, 난로, 건조설비, 가스·전기시설, 그 밖에 화재 발생 우려가 있는 설비 또는 기구 등의 위치·구조 및 관리와 화재 예방을 위하여 불을 사용할 때 지켜야 하는 사항을 규율하는 근거 법령으로 옳은 것은?**

① 대통령령　② 총리령
③ 행정안전부령　④ 시·도의 조례

해설 보일러, 난로, 건조설비, 가스·전기시설, 그 밖에 화재 발생 우려가 있는 대통령령으로 정하는 설비 또는 기구 등의 위치·구조 및 관리와 화재 예방을 위하여 불을 사용할 때 지켜야 하는 사항은 대통령령으로 정한다(법 제17조 제4항).

54 **「화재의 예방 및 안전관리에 관한 법률 시행령」상 화재 예방을 위하여 불을 사용할 때 지켜야 하는 설비 또는 기구 등으로 옳지 않은 것은?**

① 보일러　② 난로
③ 건조설비　④ 수소가스를 사용하는 열기구

해설 **불을 사용하는 설비의 관리기준 등(시행령 제18조 제1항)**
법 제17조 제4항에서 "대통령령으로 정하는 설비 또는 기구 등"이란 다음 각 호의 설비 또는 기구를 말한다.
1. 보일러
2. 난로
3. 건조설비
4. 가스·전기시설
5. 불꽃을 사용하는 용접·용단 기구
6. 노(爐)·화덕설비
7. 음식조리를 위하여 설치하는 설비

55 **「화재의 예방 및 안전관리에 관한 법률 시행령」상 불을 사용하는 설비의 관리기준 등에 관한 내용으로 옳지 않은 것은?**

① 보일러 : 가연성 벽·바닥 또는 천장과 접촉하는 증기기관 또는 연통의 부분은 규조토 등 난연성 또는 불연성 단열재로 덮어씌워야 한다.
② 난로 : 가연성 벽·바닥 또는 천장과 접촉하는 연통의 부분은 규조토 등 난연성 또는 불연성 단열재로 덮어씌워야 한다.

③ 건조설비 : 실내에 설치하는 경우에 벽·천장 및 바닥은 준불연재료로 해야 한다.
④ 노·화덕설비 : 노 또는 화덕을 설치하는 장소의 벽·천장은 불연재료로 된 것이어야 한다.

해설 **건조설비(시행령 [별표 1] 제3호)**
가. 건조설비와 벽·천장 사이의 거리는 0.5미터 이상이어야 한다.
나. 건조물품이 열원과 직접 접촉하지 않도록 해야 한다.
다. 실내에 설치하는 경우에 벽·천장 및 바닥은 불연재료로 해야 한다.

56 **「화재의 예방 및 안전관리에 관한 법률 시행령」상 보일러의 위치·구조 및 관리와 화재예방을 위하여 불을 사용할 때 지켜야 할 사항에 관한 내용으로 옳지 않은 것은?**

① 가연성 벽·바닥 또는 천장과 접촉하는 증기기관 또는 연통의 부분은 규조토 등 난연성 또는 불연성 단열재로 덮어씌워야 한다.
② 경유·등유 등 액체연료를 사용하는 보일러의 연료탱크에는 화재 등 긴급상황이 발생하는 경우 연료를 차단할 수 있는 개폐밸브를 연료탱크로부터 1미터 이내에 설치해야 한다.
③ 경유·등유 등 액체연료를 사용할 때에는 사용이 허용된 연료 외의 것을 사용하지 않아야 한다.
④ 보일러 본체와 벽·천장 사이의 거리는 0.6미터 이상이어야 한다.

해설 **보일러(시행령 [별표 1] 제1호)**
가. 가연성 벽·바닥 또는 천장과 접촉하는 증기기관 또는 연통의 부분은 규조토 등 난연성 또는 불연성 단열재로 덮어씌워야 한다.
나. 경유·등유 등 액체연료를 사용할 때에는 다음 사항을 지켜야 한다.
  1) 연료탱크는 보일러 본체로부터 수평거리 1미터 이상의 간격을 두어 설치할 것
  2) 연료탱크에는 화재 등 긴급상황이 발생하는 경우 연료를 차단할 수 있는 개폐밸브를 연료탱크로부터 0.5미터 이내에 설치할 것
  3) 연료탱크 또는 보일러 등에 연료를 공급하는 배관에는 여과장치를 설치할 것
  4) 사용이 허용된 연료 외의 것을 사용하지 않을 것
  5) 연료탱크가 넘어지지 않도록 받침대를 설치하고, 연료탱크 및 연료탱크 받침대는 「건축법 시행령」 제2조 제10호에 따른 불연재료(이하 "불연재료"라 한다)로 할 것
마. 보일러 본체와 벽·천장 사이의 거리는 0.6미터 이상이어야 한다.

정답 | 53 ① 54 ④ 55 ③ 56 ②

57 **「화재의 예방 및 안전관리에 관한 법률 시행령」상 보일러에 화목(火木) 등 고체연료를 사용할 때 지켜야 하는 사항으로 옳지 않은 것은?**

① 고체연료는 보일러 본체와 수평거리 1미터 이상 간격을 두어 보관하거나 불연재료로 된 별도의 구획된 공간에 보관해야 한다.
② 연통은 천장으로부터 0.6미터 떨어지고, 연통의 배출구는 건물 밖으로 0.6미터 이상 나오도록 설치해야 한다.
③ 연통재질은 불연재료로 사용하고 연결부에 청소구를 설치해야 한다.
④ 연통이 관통하는 벽면, 지붕 등은 불연재료로 처리해야 한다.

해설 **보일러(시행령 [별표 1] 제1호)**
라. 화목(火木) 등 고체연료를 사용할 때에는 다음 사항을 지켜야 한다.
1) 고체연료는 보일러 본체와 수평거리 2미터 이상 간격을 두어 보관하거나 불연재료로 된 별도의 구획된 공간에 보관할 것
2) 연통은 천장으로부터 0.6미터 떨어지고, 연통의 배출구는 건물 밖으로 0.6미터 이상 나오도록 설치할 것
3) 연통의 배출구는 보일러 본체보다 2미터 이상 높게 설치할 것
4) 연통이 관통하는 벽면, 지붕 등은 불연재료로 처리할 것
5) 연통재질은 불연재료로 사용하고 연결부에 청소구를 설치할 것

58 **「화재의 예방 및 안전관리에 관한 법률 시행령」상 불을 사용하는 설비의 관리기준 등에 관한 내용이다. ( ) 안에 들어갈 숫자로 옳은 것은?**

- 보일러 본체와 벽・천장 사이의 거리는 (ㄱ)미터 이상이어야 한다.
- 난로의 연통은 천장으로부터 (ㄴ)미터 이상 떨어지고, 연통의 배출구는 건물 밖으로 0.6미터 이상 나오게 설치해야 한다.
- 건조설비와 벽・천장 사이의 거리는 (ㄷ)미터 이상이어야 한다.
- 열을 발생하는 조리기구는 반자 또는 선반으로부터 (ㄹ)미터 이상 떨어지게 해야 한다.

	ㄱ	ㄴ	ㄷ	ㄹ
①	0.5	0.6	0.6	0.6
②	0.6	0.6	0.5	0.6
③	0.6	0.5	0.6	0.6
④	0.6	0.6	0.5	0.5

해설 **불을 사용하는 설비의 관리기준 등(시행령 [별표 1] 참조)**

㉠ 보일러 본체와 벽 · 천장 사이의 거리는 0.6미터 이상이어야 한다.
㉡ 난로의 연통은 천장으로부터 0.6미터 이상 떨어지고, 연통의 배출구는 건물 밖으로 0.6미터 이상 나오게 설치해야 한다.
㉢ 건조설비와 벽 · 천장 사이의 거리는 0.5미터 이상이어야 한다.
㉣ 음식조리를 위하여 설치하는 설비 중 열을 발생하는 조리기구는 반자 또는 선반으로부터 0.6미터 이상 떨어지게 해야 한다.

59 **「화재의 예방 및 안전관리에 관한 법률 시행령」상 불꽃을 사용하는 용접 또는 용단 기구 사용 시 기구의 위치 · 구조 및 관리와 화재예방을 위하여 불의 사용에 있어서 지켜야 할 사항에 관한 내용이다. (　　) 안에 들어갈 내용으로 옳은 것은? (단, 「산업안전보건법」 제38조의 적용을 받는 사업장의 경우에는 적용하지 아니한다.)**

> • 용접 또는 용단 작업장 주변 (ㄱ) 이내에 소화기를 갖추어 둘 것
> • 용접 또는 용단 작업장 주변 (ㄴ) 이내에는 가연물을 쌓아두거나 놓아두지 말 것. 다만, 가연물의 제거가 곤란하여 방화포 등으로 방호조치를 한 경우는 제외한다.

	ㄱ	ㄴ
①	반경 5m	반경 10m
②	반경 6m	반경 12m
③	직경 5m	직경 10m
④	직경 6m	직경 12m

해설 **불꽃을 사용하는 용접 · 용단 기구(시행령 [별표 1] 제5호)**

용접 또는 용단 작업장에서는 다음 각 목의 사항을 지켜야 한다. 다만, 「산업안전보건법」 제38조의 적용을 받는 사업장에는 적용하지 않는다.
가. 용접 또는 용단 작업장 주변 반경 5미터 이내에 소화기를 갖추어 둘 것
나. 용접 또는 용단 작업장 주변 반경 10미터 이내에는 가연물을 쌓아두거나 놓아두지 말 것. 다만, 가연물의 제거가 곤란하여 방화포 등으로 방호조치를 한 경우는 제외한다.

정답 57 ① 58 ② 59 ①

60 **「화재의 예방 및 안전관리에 관한 법률 시행령」상 일반음식점 주방에서 조리를 위하여 불을 사용하는 설비를 설치하는 경우에 지켜야 할 사항으로 옳지 않은 것은?**

① 주방시설에는 동물 또는 식물의 기름을 제거할 수 있는 필터 등을 설치할 것
② 열을 발생하는 조리기구는 반자 또는 선반으로부터 0.5미터 이상 떨어지게 할 것
③ 주방설비에 부속된 배출덕트(공기 배출통로)는 0.5밀리미터 이상의 아연도금강판 또는 이와 같거나 그 이상의 내식성 불연재료로 설치할 것
④ 열을 발생하는 조리기구로부터 0.15미터 이내의 거리에 있는 가연성 주요구조부는 단열성이 있는 불연재료로 덮어씌울 것

해설 **음식조리를 위하여 설치하는 설비(시행령 [별표 1] 제7호)**
「식품위생법 시행령」 제21조 제8호에 따른 식품접객업 중 일반음식점 주방에서 조리를 위하여 불을 사용하는 설비를 설치하는 경우에는 다음 각 목의 사항을 지켜야 한다.
가. 주방설비에 부속된 배출덕트(공기 배출통로)는 0.5밀리미터 이상의 아연도금강판 또는 이와 같거나 그 이상의 내식성 불연재료로 설치할 것
나. 주방시설에는 동물 또는 식물의 기름을 제거할 수 있는 필터 등을 설치할 것
다. 열을 발생하는 조리기구는 반자 또는 선반으로부터 0.6미터 이상 떨어지게 할 것
라. 열을 발생하는 조리기구로부터 0.15미터 이내의 거리에 있는 가연성 주요구조부는 단열성이 있는 불연재료로 덮어씌울 것

61 **「화재의 예방 및 안전관리에 관한 법률 시행령」상 노 · 화덕설비의 설치기준으로 옳지 않은 것은?**

① 시간당 열량이 30만킬로칼로리 이상인 노를 설치하는 경우 주요구조부는 불연재료 이상으로 해야 한다.
② 시간당 열량이 30만킬로칼로리 이상인 노를 설치하는 경우 노 주위에는 1미터 이상 공간을 확보해야 한다.
③ 노 또는 화덕의 주위에는 녹는 물질이 확산되지 아니하도록 높이 0.15미터 이상의 턱을 설치해야 한다.
④ 실내에 설치하는 경우에는 흙바닥 또는 금속 외의 불연재료로 된 바닥에 설치해야 한다.

해설 노 또는 화덕의 주위에는 녹는 물질이 확산되지 않도록 높이 0.1미터 이상의 턱을 설치해야 한다(시행령 [별표 1] 참조).

62 **「화재의 예방 및 안전관리에 관한 법률 시행령」상 화재의 확대가 빠른 특수가연물의 품명 및 수량으로 옳은 것은?**

① 넝마 : 500킬로그램 이상
② 사류 : 1,000킬로그램 이상
③ 면화류 : 100킬로그램 이상
④ 가연성 고체류 : 2,000킬로그램 이상

해설 ① 넝마 : 1,000kg 이상, ③ 면화류 : 200kg 이상, ④ 가연성 고체류 : 3,000kg 이상

특수가연물(시행령 [별표 2])

<table>
<tr><th colspan="2">품명</th><th>수량</th></tr>
<tr><td colspan="2">가연성 액체류</td><td>2㎥ 이상</td></tr>
<tr><td colspan="2">목재가공품 및 나무부스러기</td><td>10㎥ 이상</td></tr>
<tr><td colspan="2">면화류</td><td>200kg 이상</td></tr>
<tr><td colspan="2">나무껍질 및 대팻밥</td><td>400kg 이상</td></tr>
<tr><td colspan="2">넝마 및 종이부스러기</td><td rowspan="3">1,000kg 이상</td></tr>
<tr><td colspan="2">사류(絲類)</td></tr>
<tr><td colspan="2">볏짚류</td></tr>
<tr><td colspan="2">가연성 고체류</td><td>3,000kg 이상</td></tr>
<tr><td rowspan="2">고무류 · 플라스틱류</td><td>발포시킨 것(액체)</td><td>20㎥ 이상</td></tr>
<tr><td>그 밖의 것(고체)</td><td>3,000kg 이상</td></tr>
<tr><td colspan="2">석탄 · 목탄류</td><td>10,000kg 이상</td></tr>
</table>

〈암기 Tip〉
가액 : 2, 목 : 1, 면 : 2, 나 : 4, 넝사볏 : 천, 가고 : 3, 고플액 : 2, 고플고 : 3, 석 : 만

63 **「화재의 예방 및 안전관리에 관한 법률 시행령」상 특수가연물의 저장 · 취급 기준으로 옳지 않은 것은? (단, 석탄 · 목탄류를 발전용으로 저장하는 경우는 제외한다.)**

① 품명별로 구분하여 쌓아야 한다.
② 살수설비를 설치하지 않은 경우의 높이는 10미터 이하로 쌓아야 한다.
③ 살수설비를 설치한 경우 쌓는 부분의 바닥면적은 200제곱미터(석탄 · 목탄류의 경우에는 300제곱미터) 이하로 쌓아야 한다.
④ 쌓는 부분 바닥면적의 사이는 실내의 경우 1.2미터 또는 쌓는 높이 중 큰 값 이상으로 간격을 두어야 한다.

정답 60 ② 61 ③ 62 ② 63 ④

해설 쌓는 부분 바닥면적의 사이는 실내의 경우 1.2미터 또는 쌓는 높이의 1/2 중 큰 값 이상으로 간격을 두어야 하며, 실외의 경우 3미터 또는 쌓는 높이 중 큰 값 이상으로 간격을 두어야 한다(시행령 [별표 3] 비고 참조).

64 **「화재의 예방 및 안전관리에 관한 법률 시행령」상 가연성 고체류에 대한 설명으로 옳지 않은 것은?**

① 인화점이 섭씨 40도 이상 100도 미만인 것
② 인화점이 섭씨 100도 이상 200도 미만이고, 연소열량이 1그램당 8킬로칼로리 이상인 것
③ 인화점이 섭씨 200도 이상이고 연소열량이 1그램당 8킬로칼로리 이상인 것으로서 녹는점(융점)이 100도 미만인 것
④ 1기압과 섭씨 20도 초과 40도 이하에서 액상인 것으로서 인화점이 섭씨 100도 이상 섭씨 200도 미만인 것

해설 **가연성 고체류(시행령 [별표 2] 비고 제5호)**
가. 인화점이 섭씨 40도 이상 100도 미만인 것
나. 인화점이 섭씨 100도 이상 200도 미만이고, 연소열량이 1그램당 8킬로칼로리 이상인 것
다. 인화점이 섭씨 200도 이상이고 연소열량이 1그램당 8킬로칼로리 이상인 것으로서 녹는점(융점)이 100도 미만인 것
라. 1기압과 섭씨 20도 초과 40도 이하에서 액상인 것으로서 인화점이 섭씨 70도 이상 섭씨 200도 미만이거나 나목 또는 다목에 해당하는 것

65 **「화재의 예방 및 안전관리에 관한 법률 시행령」상 특수가연물에 대한 설명으로 옳지 않은 것은?**

① “면화류”란 불연성 또는 난연성이 아닌 실(실부스러기와 솜털을 포함)과 누에고치를 말한다.
② “넝마 및 종이부스러기”는 불연성 또는 난연성이 아닌 것(동물 또는 식물의 기름이 깊이 스며들어 있는 옷감·종이 및 이들의 제품을 포함)으로 한정한다.
③ “볏짚류”란 마른 볏짚·북데기와 이들의 제품 및 건초를 말하고, 축산용도로 사용하는 것은 제외한다.
④ 석탄·목탄류에는 코크스, 석탄가루를 물에 갠 것, 마세크탄(조개탄), 연탄, 석유코크스, 활성탄 및 이와 유사한 것을 포함한다.

해설 "면화류"란 불연성 또는 난연성이 아닌 면상(綿狀) 또는 팽이모양의 섬유와 마사(麻絲) 원료를 말하고, "사류"란 불연성 또는 난연성이 아닌 실(실부스러기와 솜털을 포함한다)과 누에고치를 말한다(시행령 [별표 2] 참조).

66 **「화재의 예방 및 안전관리에 관한 법률 시행령」상 가연성 액체류에 대한 설명으로 옳지 않은 것은?**

① 1기압과 섭씨 20도 이하에서 액상인 것으로서 가연성 액체량이 40중량퍼센트 이하이면서 인화점이 섭씨 40도 이상 섭씨 70도 미만이고 연소점이 섭씨 60도 이상인 것
② 1기압과 섭씨 20도에서 액상인 것으로서 가연성 액체량이 40중량퍼센트 이하이고 인화점이 섭씨 70도 이상 섭씨 250도 미만인 것
③ 동물의 기름과 살코기 또는 식물의 씨나 과일의 살에서 추출한 것으로서 1기압과 섭씨 20도에서 액상이고 인화점이 250도 미만인 것으로, 「위험물안전관리법」에 따른 용기기준과 수납·저장기준에 적합하고 용기외부에 물품명·수량 및 "화기엄금" 등의 표시를 한 것은 제외
④ 동물의 기름과 살코기 또는 식물의 씨나 과일의 살에서 추출한 것으로서 1기압과 섭씨 20도에서 액상이고 인화점이 섭씨 250도 이상인 것

해설 **가연성 액체류(시행령 [별표 2] 비고 제7호)**

가. 1기압과 섭씨 20도 이하에서 액상인 것으로서 가연성 액체량이 40중량퍼센트 이하이면서 인화점이 섭씨 40도 이상 섭씨 70도 미만이고 연소점이 섭씨 60도 이상인 것
나. 1기압과 섭씨 20도에서 액상인 것으로서 가연성 액체량이 40중량퍼센트 이하이고 인화점이 섭씨 70도 이상 섭씨 250도 미만인 것
다. 동물의 기름과 살코기 또는 식물의 씨나 과일의 살에서 추출한 것으로서 다음의 어느 하나에 해당하는 것
  1) 1기압과 섭씨 20도에서 액상이고 인화점이 250도 미만인 것으로서 「위험물안전관리법」 제20조 제1항에 따른 용기기준과 수납·저장기준에 적합하고 용기외부에 물품명·수량 및 "화기엄금" 등의 표시를 한 것
  2) 1기압과 섭씨 20도에서 액상이고 인화점이 섭씨 250도 이상인 것

정답 **64 ④ 65 ① 66 ③**

67 **「화재의 예방 및 안전관리에 관한 법률 시행령」상 특수가연물의 저장 및 취급 기준에 관한 내용으로 옳지 않은 것은?**

① 화재가 발생하는 경우 불길이 빠르게 번지는 고무류・플라스틱류・석탄 및 목탄 등 대통령령으로 정하는 특수가연물(特殊可燃物)의 저장 및 취급 기준은 대통령령으로 정한다.

② 석탄・목탄류를 발전용으로 저장하는 경우를 제외하고 품명별로 구분하여 쌓고, 쌓는 부분 바닥면적의 사이는 실내의 경우 1.2미터 또는 쌓는 높이의 1/2 중 큰 값 이상으로 간격을 두어야 하며, 실외의 경우 3미터 또는 쌓는 높이 중 큰 값 이상으로 간격을 두어야 한다.

③ 살수설비를 설치하거나 방사능력 범위에 해당 특수가연물이 포함되도록 대형수동식소화기를 설치하지 않은 경우 석탄・목탄류를 발전용으로 저장하는 경우의 쌓는 부분의 바닥면적은 200㎡ 이하가 되도록 할 것

④ 특수가연물을 저장 또는 취급하는 장소에는 품명, 최대저장수량, 단위부피당 질량 또는 단위체적당 질량, 관리책임자 성명・직책, 연락처 및 화기취급의 금지표시가 포함된 특수가연물 표지를 설치해야 한다.

해설 석탄・목탄류를 저장하는 경우 살수설비를 설치하거나 방사능력 범위에 해당 특수가연물이 포함되도록 대형수동식소화기를 설치하는 경우의 쌓는 부분의 바닥면적은 300㎡ 이하. 그 밖의 경우의 쌓는 부분의 바닥면적은 200㎡ 이하가 되도록 해야 한다. 다만, 발전(發電)용으로 저장하는 경우에는 제외한다(시행령 [별표 3] 참조).

68 **「화재의 예방 및 안전관리에 관한 법률 시행령」상 특수가연물 표지에 대한 설명으로 옳지 않은 것은?**

① 특수가연물 표지는 한 변의 길이가 0.3미터 이상, 다른 한 변의 길이가 0.6미터 이상인 직사각형으로 한다.

② 특수가연물 표지의 바탕은 흰색으로, 문자는 검은색으로 한다. 다만, "화기엄금" 표시 부분은 제외한다.

③ 특수가연물 표지 중 화기엄금 표시 부분의 바탕은 붉은색으로, 문자는 백색으로 한다.

④ 석탄・목탄류를 발전(發電)용으로 저장하는 경우에는 특수가연물 표지를 설치하지 않을 수 있다.

해설 "다만, 석탄・목탄류를 발전용(發電用)으로 저장하는 경우는 제외한다."는 단서는 제1호인 특수가연물의 저장・취급 기준에만 적용되고, 제2호인 특수가연물 표지 규정에는 적용되지 않는다(시행령 [별표 3] 참조).

69 **「화재의 예방 및 안전관리에 관한 법률 시행령」상 특수가연물을 쌓아 저장하는 기준에 관한 내용으로 옳지 않은 것은? (단, 석탄 · 목탄류를 발전용(發電用)으로 저장하는 경우는 제외한다.)**

① 실외에 쌓아 저장하는 경우 쌓는 부분이 대지경계선, 도로 및 인접 건축물과 최소 5미터 이상 간격을 두어야 한다. 다만, 쌓는 높이보다 0.9미터 이상 높은 「건축법 시행령」 제2조 제7호에 따른 내화구조 벽체를 설치한 경우는 그렇지 않다.

② 실내에 쌓아 저장하는 경우 주요구조부는 내화구조이면서 불연재료여야 하고, 다른 종류의 특수가연물과 같은 공간에 보관하지 않아야 한다. 다만, 내화구조의 벽으로 분리하는 경우는 그렇지 않다.

③ 쌓는 부분 바닥면적의 사이는 실내의 경우 1.2미터 또는 쌓는 높이의 1/2 중 큰 값 이상으로 간격을 두어야 한다.

④ 쌓는 부분 바닥면적의 사이는 실외의 경우 3미터 또는 쌓는 높이 중 큰 값 이상으로 간격을 두어야 한다.

해설 실외에 쌓아 저장하는 경우 쌓는 부분이 대지경계선, 도로 및 인접 건축물과 최소 6미터 이상 간격을 두어야 한다. 다만, 쌓는 높이보다 0.9미터 이상 높은 「건축법 시행령」 제2조 제7호에 따른 내화구조 벽체를 설치한 경우는 그렇지 않다(시행령 [별표 3] 참조).

70 **「화재의 예방 및 안전관리에 관한 법률」상 시 · 도지사가 화재예방강화지구로 지정하여 관리할 수 있는 지역으로 옳은 것만을 〈보기〉에서 고른 것은?**

보기
ㄱ. 시장지역
ㄴ. 공장 · 창고가 밀집한 지역
ㄷ. 노후 · 불량건축물이 밀집한 지역
ㄹ. 「물류시설의 개발 및 운영에 관한 법률」 제2조 제6호에 따른 물류단지

① ㄱ, ㄴ
② ㄱ, ㄷ
③ ㄱ, ㄴ, ㄹ
④ ㄱ, ㄴ, ㄷ, ㄹ

정답 67 ③ 68 ④ 69 ① 70 ④

해설 **화재예방강화지구의 지정 등(법 제18조 제1항)**

시 · 도지사는 다음 각 호의 어느 하나에 해당하는 지역을 화재예방강화지구로 지정하여 관리할 수 있다.

1. 시장지역
2. 공장 · 창고가 밀집한 지역
3. 목조건물이 밀집한 지역
4. 노후 · 불량건축물이 밀집한 지역
5. 위험물의 저장 및 처리 시설이 밀집한 지역
6. 석유화학제품을 생산하는 공장이 있는 지역
7. 「산업입지 및 개발에 관한 법률」 제2조 제8호에 따른 산업단지
8. 소방시설 · 소방용수시설 또는 소방출동로가 없는 지역
9. 「물류시설의 개발 및 운영에 관한 법률」 제2조 제6호에 따른 물류단지
10. 그 밖에 제1호부터 제9호까지에 준하는 지역으로 소방관서장이 화재예방강화지구로 지정할 필요가 있다고 인정하는 지역

71 **「화재의 예방 및 안전관리에 관한 법률」상 시 · 도지사에게 화재예방강화지구 지정을 요청할 수 있는 권한이 있는 자로 옳은 것은?**

① 소방청장 ② 소방본부장
③ 소방서장 ④ 소방대장

해설 화재예방강화지구 지정 사유가 있음에도 불구하고 시 · 도지사가 화재예방강화지구로 지정할 필요가 있는 지역을 화재예방강화지구로 지정하지 아니하는 경우 소방청장은 해당 시 · 도지사에게 해당 지역의 화재예방강화지구 지정을 요청할 수 있다(법 제18조 제2항).

72 **「화재의 예방 및 안전관리에 관한 법률」 및 그 하위법령상 화재예방강화지구에 관한 내용으로 옳지 않은 것은?**

① 시 · 도지사는 화재발생 우려가 크거나 화재가 발생할 경우 피해가 클 것으로 예상되는 지역을 화재예방강화지구로 지정할 수 있다.
② 시 · 도지사가 화재예방강화지구로 지정할 필요가 있는 지역을 화재예방강화지구로 지정하지 아니하는 경우 소방청장은 해당 시 · 도지사에게 해당 지역의 화재예방강화지구 지정을 요청할 수 있다.

③ 소방관서장은 화재예방강화지구 안의 소방대상물의 위치·구조 및 설비 등에 대한 화재안전조사를 연 1회 이상 실시해야 한다.

④ 시·도지사는 화재예방강화지구 안의 관계인에 대하여 소방에 필요한 훈련 및 교육을 연 1회 이상 실시할 수 있다.

해설 소방관서장은 법 제18조 제5항에 따라 화재예방강화지구 안의 관계인에 대하여 소방에 필요한 훈련 및 교육을 연 1회 이상 실시할 수 있다(시행령 제20조 제2항).

73 **「화재의 예방 및 안전관리에 관한 법률 시행령」상 소방관서장이 화재예방강화지구 안의 관계인에게 소방훈련 또는 교육을 실시하려는 경우 통보해야 하는 기간으로 옳은 것은?**

① 3일 전
② 7일 전
③ 10일 전
④ 14일 전

해설 소방관서장은 제2항에 따라 훈련 및 교육을 실시하려는 경우에는 화재예방강화지구 안의 관계인에게 훈련 또는 교육 10일 전까지 그 사실을 통보해야 한다(시행령 제20조 제3항).

74 **「화재의 예방 및 안전관리에 관한 법률」 및 그 하위법령상 화재예방강화지구 관리대장을 작성하고 관리해야 하는 사람으로 옳은 것은?**

① 시·도지사
② 소방청장
③ 소방본부장
④ 소방서장

해설 시·도지사는 법 제18조 제6항에 따라 다음 각 호의 사항을 행정안전부령으로 정하는 화재예방강화지구 관리대장에 작성하고 관리해야 한다(시행령 제20조 제4항).

정답	71 ①	72 ④	73 ③	74 ①

75 **「화재의 예방 및 안전관리에 관한 법률 시행령」상 화재예방강화지구 관리대장에 포함되어야 할 사항으로 옳지 않은 것은?**

① 화재예방강화지구의 지정 현황
② 화재안전영향평가의 결과
③ 소방훈련 및 교육의 실시 현황
④ 소화기구, 소방용수시설 또는 그 밖에 소방에 필요한 설비의 설치(보수, 보강을 포함) 명령 현황

해설 **화재예방강화지구의 관리(시행령 제20조 제4항)**
시・도지사는 법 제18조 제6항에 따라 다음 각 호의 사항을 행정안전부령으로 정하는 화재예방강화지구 관리대장에 작성하고 관리해야 한다.
1. 화재예방강화지구의 지정 현황
2. 화재안전조사의 결과
3. 법 제18조 제4항에 따른 소화기구, 소방용수시설 또는 그 밖에 소방에 필요한 설비(이하 "소방설비 등"이라 한다)의 설치(보수, 보강을 포함한다) 명령 현황
4. 법 제18조 제5항에 따른 소방훈련 및 교육의 실시 현황
5. 그 밖에 화재예방 강화를 위하여 필요한 사항

76 **「화재의 예방 및 안전관리에 관한 법률」상 화재의 예방 등에 대한 지원에 관한 내용으로 옳지 않은 것은?**

① 소방청장은 소방설비 등의 설치를 명하는 경우 해당 관계인에게 소방설비 등의 설치에 필요한 지원을 할 수 있다.
② 소방청장은 관계 중앙행정기관의 장 및 시・도지사에게 소방설비 등의 설치 지원에 필요한 협조를 요청할 수 있다.
③ 시・도지사는 소방청장의 요청이 있거나 화재예방강화지구 안의 소방대상물의 화재안전성능 향상을 위하여 필요한 경우 특별시・광역시・특별자치시・도 또는 특별자치도의 조례로 정하는 바에 따라 소방설비 등의 설치에 필요한 비용을 지원할 수 있다.
④ 국가는 시・도의 소방설비 등의 설치업무에 필요한 경비의 일부를 보조한다.

해설 「화재의 예방 및 안전관리에 관한 법률」 제19조에 의거하면 화재의 예방 등에 대한 지원과 관련하여 국가의 경비 보조 관련 규정은 없다.

77 **「화재의 예방 및 안전관리에 관한 법률」상 「기상법」에 따른 기상현상 및 기상영향에 대한 예보·특보·태풍예보에 따라 화재의 발생 위험이 높다고 분석·판단되는 경우 화재에 관한 위험경보를 발령하고 그에 따른 조치를 할 수 있는 자로 옳은 것은?**

① 국무총리 ② 행정안전부장관
③ 시·도지사 ④ 소방본부장

해설

화재 위험경보(법 제20조)

소방관서장은 「기상법」 제13조, 제13조의2 및 제13조의4에 따른 기상현상 및 기상영향에 대한 예보·특보·태풍예보에 따라 화재의 발생 위험이 높다고 분석·판단되는 경우에는 행정안전부령으로 정하는 바에 따라 화재에 관한 위험경보를 발령하고 그에 따른 필요한 조치를 할 수 있다.

78 **「화재의 예방 및 안전관리에 관한 법률」상 다음에서 정의하는 용어로 옳은 것은?**

소방청장은 화재발생 원인 및 연소과정을 조사·분석하는 등의 과정에서 법령이나 정책의 개선이 필요하다고 인정되는 경우 그 법령이나 정책에 대한 화재 위험성의 유발요인 및 완화 방안에 대한 평가를 실시할 수 있다.

① 화재안전조사평가 ② 화재안전영향평가
③ 화재안전기준평가 ④ 성능위주설계평가

해설

소방청장은 화재발생 원인 및 연소과정을 조사·분석하는 등의 과정에서 법령이나 정책의 개선이 필요하다고 인정되는 경우 그 법령이나 정책에 대한 화재 위험성의 유발요인 및 완화 방안에 대한 평가(이하 "화재안전영향평가"라 한다)를 실시할 수 있다(법 제21조 제1항).

정답 75 ② 76 ④ 77 ④ 78 ②

79 **「화재의 예방 및 안전관리에 관한 법률」 및 같은 법 시행령상 화재안전영향평가에 관한 내용으로 옳지 않은 것은?**

① 소방청장은 화재안전영향평가를 실시한 경우 그 결과를 해당 법령이나 정책의 소관 기관의 장에게 통보하여야 한다.

② 화재안전영향평가 결과를 통보받은 소관 기관의 장은 특별한 사정이 없는 한 이를 해당 법령이나 정책에 반영하도록 노력하여야 한다.

③ 소방청장은 화재안전영향평가를 하는 경우 화재현장 및 자료 조사 등을 기초로 화재·피난 모의실험 등 과학적인 예측·분석 방법으로 실시할 수 있다.

④ 법령에서 정한 화재안전영향평가의 기준을 제외하고 소방청장이 정한다.

해설 소방청장은 다음 각 호의 사항이 포함된 화재안전영향평가의 기준을 법 제22조에 따른 화재안전영향평가심의회(이하 "심의회"라 한다)의 심의를 거쳐 정한다(시행령 제21조 제3항).

80 **「화재의 예방 및 안전관리에 관한 법률 시행령」상 소방청장이 화재안전영향평가심의회의 심의를 거쳐 화재안전영향평가의 기준을 정할 때 포함되어야 할 사항으로 옳지 않은 것은?**

① 법령이나 정책의 화재위험 유발요인

② 새로운 소방시설과 소방용품 등의 도입 여부에 관한 사항

③ 화재위험 유발요인을 제어 또는 관리할 수 있는 법령이나 정책의 개선 방안

④ 법령이나 정책이 소방대상물의 재료, 공간, 이용자 특성 및 화재 확산 경로에 미치는 영향

해설 ② 새로운 소방시설과 소방용품 등의 도입 여부에 관한 사항은 중앙소방기술심의위원회의 심의 사항이다(「중앙소방기술심의위원회 운영에 관한 규정」 제15조 참조).

화재안전영향평가의 방법·절차·기준 등(시행령 제21조 제3항)

소방청장은 다음 각 호의 사항이 포함된 화재안전영향평가의 기준을 법 제22조에 따른 화재안전영향평가심의회(이하 "심의회"라 한다)의 심의를 거쳐 정한다.

1. 법령이나 정책의 화재위험 유발요인
2. 법령이나 정책이 소방대상물의 재료, 공간, 이용자 특성 및 화재 확산 경로에 미치는 영향
3. 법령이나 정책이 화재피해에 미치는 영향 등 사회경제적 파급 효과
4. 화재위험 유발요인을 제어 또는 관리할 수 있는 법령이나 정책의 개선 방안

81 「화재의 예방 및 안전관리에 관한 법률」 및 같은 법 시행령상 화재안전영향평가심의회에 관한 내용으로 옳지 않은 것은?

① 소방청장은 화재안전영향평가에 관한 업무를 수행하기 위하여 화재안전영향평가심의회를 구성·운영할 수 있다.
② 화재안전영향평가심의회는 위원장 1명을 포함한 12명 이내의 위원으로 구성한다.
③ 소방청에서 화재안전 관련 업무를 수행하는 소방령 이상의 소방공무원 중에서 소방청장이 지명하는 사람은 화재안전영향평가심의회 위원이 될 수 있다.
④ 소방기술사 또는 안전원에서 화재안전 관련 업무를 수행하는 사람으로서 안전원의 장이 추천하는 사람은 화재안전영향평가심의회 위원이 될 수 있다.

해설 소방청에서 화재안전 관련 업무를 수행하는 소방준감 이상의 소방공무원 중에서 소방청장이 지명하는 사람은 화재안전영향평가심의회 위원이 될 수 있다(시행령 제22조 제1항 제2호).

82 「화재의 예방 및 안전관리에 관한 법률」 및 같은 법 시행령상 화재안전취약자에 대한 지원에 관한 내용으로 옳지 않은 것은?

① 소방관서장은 어린이, 노인, 장애인 등 화재의 예방 및 안전관리에 취약한 자의 안전한 생활환경을 조성하기 위하여 소방용품의 제공 및 소방시설의 개선 등 필요한 사항을 지원하기 위하여 노력하여야 한다.
② 소방관서장은 어린이 보호구역 등 취약지역의 안전 확보를 위한 환경 개선 사항을 지원할 수 있다.
③ 화재안전에 취약하다고 소방관서장이 인정하는 사람은 화재안전취약자 지원 대상이다.
④ 소방관서장은 관계 행정기관의 장에게 화재안전취약자에 대한 지원이 원활히 수행되는데 필요한 협력을 요청할 수 있다.

해설 **화재안전취약자 지원 방법 등(시행령 제24조 제2항)**
소방관서장은 법 제23조 제1항에 따라 제1항 각 호의 사람에게 다음 각 호의 사항을 지원할 수 있다.
1. 소방시설 등의 설치 및 개선
2. 소방시설 등의 안전점검
3. 소방용품의 제공
4. 전기·가스 등 화재위험 설비의 점검 및 개선
5. 그 밖에 화재안전을 위하여 필요하다고 인정되는 사항

정답 79 ④ 80 ② 81 ③ 82 ②

83 **「화재의 예방 및 안전관리에 관한 법률 시행령」상 화재안전취약자 지원 대상으로 옳지 않은 것은?**

① 「국민기초생활 보장법」 제2조 제2호에 따른 수급자
② 「장애인복지법」 제2조에 따른 장애인
③ 「한부모가족지원법」 제5조에 따른 지원대상자
④ 「노인복지법」 제27조의2에 따른 홀로 사는 노인

해설 **화재안전취약자 지원 대상(시행령 제24조 제1항)**
법 제23조 제1항에 따른 어린이, 노인, 장애인 등 화재의 예방 및 안전관리에 취약한 자(이하 "화재안전취약자"라 한다)에 대한 지원의 대상은 다음 각 호와 같다.
1. 「국민기초생활 보장법」 제2조 제2호에 따른 수급자
2. 「장애인복지법」 제6조에 따른 중증장애인
3. 「한부모가족지원법」 제5조에 따른 지원대상자
4. 「노인복지법」 제27조의2에 따른 홀로 사는 노인
5. 「다문화가족지원법」 제2조 제1호에 따른 다문화가족의 구성원
6. 그 밖에 화재안전에 취약하다고 소방관서장이 인정하는 사람

84 **「화재의 예방 및 안전관리에 관한 법률 시행령」상 소방안전관리대상물의 범위에 관한 내용으로 옳지 않은 것은?**

① 지하층을 포함한 30층 이상의 아파트는 특급 소방안전관리대상물에 해당한다.
② 지상으로부터 높이가 200m 이상인 아파트는 특급 소방안전관리대상물에 해당한다.
③ 지하구는 1급 소방안전관리대상물에 해당하지 않는다.
④ 「소방시설 설치 및 관리에 관한 법률 시행령」 별표 4 제2호 다목에 따른 자동화재탐지설비를 설치해야 하는 특정소방대상물은 3급 소방안전관리대상물에 해당한다.

해설 특급 소방안전관리대상물의 범위는 50층 이상(지하층은 제외한다)이거나 지상으로부터 높이가 200미터 이상인 아파트, 30층 이상(지하층을 포함한다)이거나 지상으로부터 높이가 120미터 이상인 특정소방대상물(아파트는 제외한다)을 포함한다(시행령 [별표 4] 참조).

85 「화재의 예방 및 안전관리에 관한 법률」 및 같은 법 시행규칙상 소방안전관리자의 선임신고 등에 관한 내용이다. (　　) 안에 들어갈 내용으로 옳은 것은?

> 가. 소방안전관리대상물의 관계인이 소방안전관리자를 선임한 경우에는 선임한 날부터 (ㄱ)일 이내에 선임사실을 소방본부장 또는 소방서장에게 신고하여야 한다.
> 나. 소방안전관리대상물의 관계인은 소방안전관리자를 선임사유가 발생한 날부터 (ㄴ)일 이내에 선임해야 한다.

	ㄱ	ㄴ
①	14	30
②	14	60
③	30	30
④	30	60

해설 가. 소방안전관리대상물의 관계인이 제24조에 따라 소방안전관리자 또는 소방안전관리보조자를 선임한 경우에는 행정안전부령으로 정하는 바에 따라 선임한 날부터 14일 이내에 소방본부장 또는 소방서장에게 신고하고, 소방안전관리대상물의 출입자가 쉽게 알 수 있도록 소방안전관리자의 성명과 그 밖에 행정안전부령으로 정하는 사항을 게시하여야 한다(법 제26조 제1항).
나. 소방안전관리대상물의 관계인은 법 제24조 및 제35조에 따라 소방안전관리자를 다음 각 호의 구분에 따라 해당 호에서 정하는 날부터 30일 이내에 선임해야 한다(시행규칙 제14조 제1항).

86 「화재의 예방 및 안전관리에 관한 법률 시행령」상 특급 소방안전관리대상물의 범위로 옳지 않은 것은?

① 지상으로부터 높이가 200미터 이상인 아파트
② 아파트는 제외한 지상으로부터 높이가 120미터 이상인 특정소방대상물
③ 지하층을 포함한 30층 이상인 아파트
④ 아파트는 제외한 연면적이 10만제곱미터 이상인 특정소방대상물

해설 **특급 소방안전관리대상물의 범위(시행령 [별표 4] 제1호 가목)**
「소방시설 설치 및 관리에 관한 법률 시행령」 별표 2의 특정소방대상물 중 다음의 어느 하나에 해당하는 것
1) 50층 이상(지하층은 제외한다)이거나 지상으로부터 높이가 200미터 이상인 아파트
2) 30층 이상(지하층을 포함한다)이거나 지상으로부터 높이가 120미터 이상인 특정소방대상물(아파트는 제외한다)
3) 2)에 해당하지 않는 특정소방대상물로서 연면적이 10만제곱미터 이상인 특정소방대상물(아파트는 제외한다)

정답 83 ② 84 ① 85 ① 86 ③

87 **「화재의 예방 및 안전관리에 관한 법률 시행령」상 1급 소방안전관리자를 두어야 하는 특정소방대상물로 옳은 것은?**

① 1만5천m²인 위락시설
② 동·식물원
③ 자동화재탐지설비를 설치해야 하는 특정소방대상물
④ 「문화유산의 보존 및 활용에 관한 법률」 제23조에 따라 보물 또는 국보로 지정된 목조건축물

해설 ② 동·식물원, 철강 등 불연성 물품을 저장·취급하는 창고, 위험물 저장 및 처리시설 중 제조소 등과 지하구는 특급 소방안전관리대상물 및 1급 소방안전관리대상물에서 제외한다(시행령 [별표 4] 비고).

1급 소방안전관리대상물의 범위(시행령 [별표 4] 제2호 가목)
「소방시설 설치 및 관리에 관한 법률 시행령」 별표 2의 특정소방대상물 중 다음의 어느 하나에 해당하는 것(제1호에 따른 특급 소방안전관리대상물은 제외한다)
1) 30층 이상(지하층은 제외한다)이거나 지상으로부터 높이가 120미터 이상인 아파트
2) 연면적 1만5천제곱미터 이상인 특정소방대상물(아파트 및 연립주택은 제외한다)
3) 2)에 해당하지 않는 특정소방대상물로서 지상층의 층수가 11층 이상인 특정소방대상물(아파트는 제외한다)
4) 가연성 가스를 1천톤 이상 저장·취급하는 시설

88 **「화재의 예방 및 안전관리에 관한 법률 시행령」상 소방공무원 8년 경력의 소방안전관리자가 관리할 수 있는 소방안전관리대상물 중 최상위에 해당하는 것은?**

① 1만5천m²인 위락시설
② 동·식물원
③ 자동화재탐지설비를 설치해야 하는 특정소방대상물
④ 「문화유산의 보존 및 활용에 관한 법률」 제23조에 따라 보물 또는 국보로 지정된 목조건축물

해설 ② 동·식물원, 철강 등 불연성 물품을 저장·취급하는 창고, 위험물 저장 및 처리 시설 중 제조소 등과 지하구는 특급 소방안전관리대상물 및 1급 소방안전관리대상물에서 제외한다(시행령 [별표 4] 비고).
* 소방공무원 7년 이상 20년 미만 경력의 경우 1급 소방안전관리자이다.

1급 소방안전관리대상물의 범위(시행령 [별표 4] 제2호 가목)
「소방시설 설치 및 관리에 관한 법률 시행령」 별표 2의 특정소방대상물 중 다음의 어느 하나에 해당하는 것(제1호에 따른 특급 소방안전관리대상물은 제외한다)
1) 30층 이상(지하층은 제외한다)이거나 지상으로부터 높이가 120미터 이상인 아파트
2) 연면적 1만5천제곱미터 이상인 특정소방대상물(아파트 및 연립주택은 제외한다)
3) 2)에 해당하지 않는 특정소방대상물로서 지상층의 층수가 11층 이상인 특정소방대상물(아파트는 제외한다)
4) 가연성 가스를 1천톤 이상 저장·취급하는 시설

89 「화재의 예방 및 안전관리에 관한 법률 시행령」상 특급 소방안전관리대상물의 소방안전관리자로 선임할 수 없는 사람은?

① 소방기술사 또는 소방시설관리사의 자격이 있는 사람
② 소방공무원으로 10년 이상 근무한 경력이 있는 사람
③ 소방설비기사의 자격을 취득한 후 5년 이상 1급 소방안전관리대상물의 소방안전관리자로 근무한 실무경력이 있는 사람
④ 소방설비산업기사의 자격을 취득한 후 7년 이상 1급 소방안전관리대상물의 소방안전관리자로 근무한 실무경력이 있는 사람

해설 **특급 소방안전관리대상물에 선임해야 하는 소방안전관리자의 자격(시행령 [별표 4] 제1호 나목)**
다음의 어느 하나에 해당하는 사람으로 특급 소방안전관리자 자격증을 발급받은 사람
1) 소방기술사 또는 소방시설관리사의 자격이 있는 사람
2) 소방설비기사의 자격을 취득한 후 5년 이상 1급 소방안전관리대상물의 소방안전관리자로 근무한 실무경력(법 제24조 제3항에 따라 소방안전관리자로 선임되어 근무한 경력은 제외한다. 이하 이 표에서 같다)이 있는 사람
3) 소방설비산업기사의 자격을 취득한 후 7년 이상 1급 소방안전관리대상물의 소방안전관리자로 근무한 실무경력이 있는 사람
4) 소방공무원으로 20년 이상 근무한 경력이 있는 사람
5) 소방청장이 실시하는 특급 소방안전관리대상물의 소방안전관리에 관한 시험에 합격한 사람

90 「화재의 예방 및 안전관리에 관한 법률 시행령」상 소방안전관리보조자를 두어야 하는 특정소방대상물이 아닌 것은?

① 연면적 1만m² 미만인 노유자 시설
② 연면적 1만m² 미만인 수련시설
③ 연면적 1만m² 미만인 의료시설
④ 연면적 1만m² 미만인 복합건축물

해설 **소방안전관리보조자를 선임해야 하는 소방안전관리대상물의 범위(시행령 [별표 5] 제1호)**
별표 4에 따라 소방안전관리자를 선임해야 하는 소방안전관리대상물 중 다음 각 목의 어느 하나에 해당하는 소방안전관리대상물
가. 「건축법 시행령」 별표 1 제2호 가목에 따른 아파트 중 300세대 이상인 아파트
나. 연면적이 1만5천제곱미터 이상인 특정소방대상물(아파트 및 연립주택은 제외한다)
다. 가목 및 나목에 따른 특정소방대상물을 제외한 특정소방대상물 중 다음의 어느 하나에 해당하는 특정소방대상물
1) 공동주택 중 기숙사
2) 의료시설
3) 노유자 시설
4) 수련시설
5) 숙박시설(숙박시설로 사용되는 바닥면적의 합계가 1천500제곱미터 미만이고 관계인이 24시간 상시 근무하고 있는 숙박시설은 제외한다)

정답 87 ① 88 ① 89 ② 90 ④

91 **「화재의 예방 및 안전관리에 관한 법률 시행령」상 소방안전관리보조자를 두어야 하는 특정소방대상물에 관한 내용이다. ( ) 안에 들어갈 내용으로 옳은 것은?**

> • 「건축법 시행령」 별표 1 제2호 가목에 따른 아파트 중 (ㄱ)세대 이상인 아파트
> • 연면적이 (ㄴ) 이상인 특정소방대상물(아파트 및 연립주택은 제외)

	ㄱ	ㄴ
①	150	1만제곱미터
②	150	1만5천제곱미터
③	300	1만제곱미터
④	300	1만5천제곱미터

해설 **소방안전관리보조자를 선임해야 하는 소방안전관리대상물의 범위(시행령 [별표 5] 제1호)**
별표 4에 따라 소방안전관리자를 선임해야 하는 소방안전관리대상물 중 다음 각 목의 어느 하나에 해당하는 소방안전관리대상물
가. 「건축법 시행령」 별표 1 제2호 가목에 따른 아파트 중 300세대 이상인 아파트
나. 연면적이 1만5천제곱미터 이상인 특정소방대상물(아파트 및 연립주택은 제외한다)
다. 가목 및 나목에 따른 특정소방대상물을 제외한 특정소방대상물 중 다음의 어느 하나에 해당하는 특정소방대상물
1) 공동주택 중 기숙사
2) 의료시설
3) 노유자 시설
4) 수련시설
5) 숙박시설(숙박시설로 사용되는 바닥면적의 합계가 1천500제곱미터 미만이고 관계인이 24시간 상시 근무하고 있는 숙박시설은 제외한다)

92 **「화재의 예방 및 안전관리에 관한 법률 시행령」상 소방안전관리보조자의 선임인원으로 옳지 않은 것은?**

① 600세대 아파트 – 소방안전관리보조자 2명 선임
② 연면적 3만제곱미터인 복합건축물 – 소방안전관리보조자 2명 선임
③ 연면적 1만제곱미터인 공동주택 중 기숙사 – 소방안전관리보조자 1명 선임
④ 사용되는 바닥면적의 합계가 1천제곱미터인 숙박시설(관계인이 24시간 상시 근무) – 소방안전관리보조자 1명 선임

해설 숙박시설로 사용되는 바닥면적의 합계가 1천500제곱미터 미만이고 관계인이 24시간 상시 근무하고 있는 숙박시설은 제외한다(시행령 [별표 5] 참조).

93 **「화재의 예방 및 안전관리에 관한 법률 시행규칙」상 1급 소방안전관리자가 되려는 사람의 강습과목에 해당하지 않는 것은?**

① 소방 관계 법령　　② 재난관리 일반 및 관련 법령
③ 소방학개론　　④ 구조 및 응급처치 이론·실습·평가

해설 재난관리 일반 및 관련 법령은 특급 소방안전관리자의 강습교육 과목이다(시행규칙 [별표 5] 참조).

94 **「화재의 예방 및 안전관리에 관한 법률」상 특정소방대상물(소방안전관리대상물은 제외)의 관계인의 업무로 옳지 않은 것은?**

① 소방계획서의 작성 및 시행
② 화기(火氣) 취급의 감독
③ 소방시설이나 그 밖의 소방 관련 시설의 관리
④ 피난시설, 방화구획 및 방화시설의 관리

해설 **특정소방대상물의 소방안전관리(법 제24조 제5항)**

특정소방대상물(소방안전관리대상물은 제외한다)의 관계인과 소방안전관리대상물의 소방안전관리자는 다음 각 호의 업무를 수행한다. 다만, 제1호·제2호·제5호 및 제7호의 업무는 소방안전관리대상물의 경우에만 해당한다.

1. 제36조에 따른 피난계획에 관한 사항과 대통령령으로 정하는 사항이 포함된 소방계획서의 작성 및 시행 – 소방안전관리대상물
2. 자위소방대(自衛消防隊) 및 초기대응체계의 구성, 운영 및 교육 – 소방안전관리대상물
3. 「소방시설 설치 및 관리에 관한 법률」 제16조에 따른 피난시설, 방화구획 및 방화시설의 관리
4. 소방시설이나 그 밖의 소방 관련 시설의 관리
5. 제37조에 따른 소방훈련 및 교육 – 소방안전관리대상물
6. 화기(火氣) 취급의 감독
7. 행정안전부령으로 정하는 바에 따른 소방안전관리에 관한 업무수행에 관한 기록·유지(제3호·제4호 및 제6호의 업무를 말한다) – 소방안전관리대상물
8. 화재발생 시 초기대응
9. 그 밖에 소방안전관리에 필요한 업무

정답 | 91 ④ 92 ④ 93 ② 94 ① |

95 **「화재의 예방 및 안전관리에 관한 법률 시행령」상 소방안전관리대상물의 소방안전관리자가 소방계획서 작성 시 포함하지 않는 것은?**

① 소방안전관리대상물의 위치 · 구조 · 연면적(「건축법 시행령」 제119조 제1항 제4호에 따라 산정된 면적) · 용도 및 수용인원 등 일반 현황
② 화재 예방을 위한 자체점검계획 및 대응대책
③ 소방시설 · 피난시설 및 방화시설의 점검 · 정비계획
④ 소방시설공사의 하자를 판단하는 기준에 관한 사항

해설 소방시설공사의 하자를 판단하는 기준에 관한 사항은 중앙소방기술심의위원회의 심의사항이다(「중앙소방기술심의위원회 운영에 관한 규정」 참조).

96 **「화재의 예방 및 안전관리에 관한 법률」상 소방안전관리대상물의 근무자 및 거주자에 대한 소방훈련과 교육 등에 관한 내용으로 옳지 않은 것은?**

① 소방안전관리대상물의 관계인은 소방훈련과 교육을 연 1회 이상 실시해야 한다.
② 소방본부장 또는 소방서장은 특급 및 1급 소방안전관리대상물의 관계인으로 하여금 소방훈련과 교육을 소방기관과 합동으로 실시하게 할 수 있다.
③ 소방안전관리대상물의 관계인은 소방훈련과 교육을 실시했을 때에는 그 실시 결과를 소방훈련 · 교육 실시 결과 기록부에 기록하고, 이를 소방훈련 및 교육을 실시한 날부터 2년간 보관해야 한다.
④ 소방안전관리대상물 근무자 및 근무자 등에 대한 소방훈련과 교육의 횟수 및 방법 등에 관하여 필요한 사항은 시 · 도의 조례로 정한다.

해설 **소방안전관리대상물 근무자 및 거주자 등에 대한 소방훈련 등(법 제37조 제1항)**
소방안전관리대상물의 관계인은 그 장소에 근무하거나 거주하는 사람 등(이하 이 조에서 "근무자 등"이라 한다)에게 소화 · 통보 · 피난 등의 훈련(이하 "소방훈련"이라 한다)과 소방안전관리에 필요한 교육을 하여야 하고, 피난훈련은 그 소방대상물에 출입하는 사람을 안전한 장소로 대피시키고 유도하는 훈련을 포함하여야 한다. 이 경우 소방훈련과 교육의 횟수 및 방법 등에 관하여 필요한 사항은 행정안전부령으로 정한다.

97 **「화재의 예방 및 안전관리에 관한 법률」 및 그 하위법령상 소방안전관리대상물의 관계인이 그 장소의 근무자 및 거주자 등에 대해 실시해야 하는 소방훈련과 교육의 횟수로 옳은 것은? (단, 예외적인 경우는 제외한다.)**

① 연 1회 이상
② 연 2회 이상
③ 연 3회 이상
④ 연 4회 이상

해설 **근무자 및 거주자에 대한 소방훈련과 교육(시행규칙 제36조 제1항)**
소방안전관리대상물의 관계인은 법 제37조 제1항에 따른 소방훈련과 교육을 연 1회 이상 실시해야 한다. 다만, 소방본부장 또는 소방서장이 화재예방을 위하여 필요하다고 인정하여 2회의 범위에서 추가로 실시할 것을 요청하는 경우에는 소방훈련과 교육을 추가로 실시해야 한다.

98 **「화재의 예방 및 안전관리에 관한 법률」상 관리의 권원이 분리된 특정소방대상물의 소방안전관리에 관한 내용이다. ( ) 안에 들어갈 내용으로 옳은 것은?**

> 특정소방대상물로서 그 관리의 권원(權原)이 분리되어 있는 특정소방대상물의 경우 그 관리의 (ㄱ) 관계인은 (ㄴ)으로 정하는 바에 따라 제24조 제1항에 따른 소방안전관리자를 선임하여야 한다.

	ㄱ	ㄴ
①	권원별	소방청장고시
②	권원별	대통령령
③	분원별	행정안전부령
④	분원별	대통령령

해설 특정소방대상물로서 그 관리의 권원(權原)이 분리되어 있는 특정소방대상물의 경우 그 관리의 권원별 관계인은 대통령령으로 정하는 바에 따라 제24조 제1항에 따른 소방안전관리자를 선임하여야 한다(법 제35조 제1항 전단 참고).

99 **「화재의 예방 및 안전관리에 관한 법률」상 관리의 권원이 분리된 경우 그 권원별 소방안전관리자를 선임해야 하는 특정소방대상물로 옳지 않은 것은?**

① 연면적이 3만㎡인 복합건축물
② 「소방시설 설치 및 관리에 관한 법률 시행령」 별표 2에 따른 전통시장
③ 지하가
④ 지하 2층 지상 10층인 복합건축물

정답 95 ④ 96 ④ 97 ① 98 ② 99 ④

해설 **관리의 권원이 분리된 특정소방대상물의 소방안전관리(법 제35조 제1항)**
다음 각 호의 어느 하나에 해당하는 특정소방대상물로서 그 관리의 권원(權原)이 분리되어 있는 특정소방대상물의 경우 그 관리의 권원별 관계인은 대통령령으로 정하는 바에 따라 제24조 제1항에 따른 소방안전관리자를 선임하여야 한다. 다만, 소방본부장 또는 소방서장은 관리의 권원이 많아 효율적인 소방안전관리가 이루어지지 아니한다고 판단되는 경우 대통령령으로 정하는 바에 따라 관리의 권원을 조정하여 소방안전관리자를 선임하도록 할 수 있다.

1. 복합건축물(지하층을 제외한 층수가 11층 이상 또는 연면적 3만제곱미터 이상인 건축물)
2. 지하가(지하의 인공구조물 안에 설치된 상점 및 사무실, 그 밖에 이와 비슷한 시설이 연속하여 지하도에 접하여 설치된 것과 그 지하도를 합한 것을 말한다)
3. 그 밖에 대통령령(시행령 제35조*)으로 정하는 특정소방대상물
   *「소방시설 설치 및 관리에 관한 법률 시행령」 별표 2에 따른 판매시설 중 도매시장, 소매시장 및 전통시장(시행령 제35조)

100 **「화재의 예방 및 안전관리에 관한 법률」 및 그 하위법령상 관리의 권원별 소방안전관리자 선임 및 조정 기준에 관한 내용으로 옳지 않은 것은?**

① 관리의 권원이 분리되어 있는 특정소방대상물이라도 법령 또는 계약 등에 따라 공동으로 관리하는 경우에는 하나의 관리 권원으로 보아 소방안전관리자 1명만 선임할 수 있다.

② 관리의 권원이 분리되어 있는 특정소방대상물이라도 화재 수신기 또는 소화펌프(가압송수장치를 포함)가 별도로 설치되어 있는 경우에는 설치된 화재 수신기 또는 소화펌프가 화재를 감지・소화 또는 경보할 수 있는 부분을 각각 하나의 관리 권원으로 보아 각각 소방안전관리자를 선임할 수 있다.

③ 관리의 권원이 분리되어 있는 특정소방대상물에 하나의 화재 수신기 및 소화펌프가 설치된 경우에도 각각의 관리 권원으로 보아 각각 소방안전관리자를 선임할 수 있다.

④ 소방본부장 또는 소방서장은 관리의 권원이 많아 효율적인 소방안전관리가 이루어지지 않는다고 판단되는 경우에 해당 특정소방대상물의 화재위험성 등을 고려하여 관리의 권원이 분리되어 있는 특정소방대상물의 관리의 권원을 조정하여 소방안전관리자를 선임하도록 할 수 있다.

해설 **관리의 권원별 소방안전관리자 선임 및 조정 기준(시행령 제34조 제2항)**
제1항에도 불구하고 다음 각 호의 어느 하나에 해당하는 경우에는 해당 호에서 정하는 바에 따라 소방안전관리자를 선임할 수 있다.

1. 법령 또는 계약 등에 따라 공동으로 관리하는 경우 : 하나의 관리 권원으로 보아 소방안전관리자 1명 선임
2. 화재 수신기 또는 소화펌프(가압송수장치를 포함한다. 이하 이 항에서 같다)가 별도로 설치되어 있는 경우 : 설치된 화재 수신기 또는 소화펌프가 화재를 감지・소화 또는 경보할 수 있는 부분을 각각 하나의 관리 권원으로 보아 각각 소방안전관리자 선임
3. 하나의 화재 수신기 및 소화펌프가 설치된 경우 : 하나의 관리 권원으로 보아 소방안전관리자 1명 선임

101 「화재의 예방 및 안전관리에 관한 법률」상 건설현장 소방안전관리대상물의 소방안전관리자의 업무에 관한 내용으로 옳지 않은 것은?

① 건설현장의 소방계획서의 작성
② 화기취급의 감독, 화재위험작업의 허가 및 관리
③ 공사진행 단계별 피난안전구역, 피난로 등의 확보와 관리
④ 건설현장 작업자를 제외한 책임자에 대한 소방안전 교육 및 훈련

해설 **건설현장 소방안전관리(법 제29조 제2항)**
제1항에 따른 건설현장 소방안전관리대상물의 소방안전관리자의 업무는 다음 각 호와 같다.
1. 건설현장의 소방계획서의 작성
2. 「소방시설 설치 및 관리에 관한 법률」 제15조 제1항에 따른 임시소방시설의 설치 및 관리에 대한 감독
3. 공사진행 단계별 피난안전구역, 피난로 등의 확보와 관리
4. 건설현장의 작업자에 대한 소방안전 교육 및 훈련
5. 초기대응체계의 구성·운영 및 교육
6. 화기취급의 감독, 화재위험작업의 허가 및 관리
7. 그 밖에 건설현장의 소방안전관리와 관련하여 소방청장이 고시하는 업무

102 「화재의 예방 및 안전관리에 관한 법률 시행규칙」상 소방안전관리대상물의 관계인이 수립·시행하여야 하는 피난계획에 포함되지 않는 것은?

① 화재경보의 수단 및 방식
② 층별, 구역별 피난대상 인원의 연령별·성별 현황
③ 각 거실에서 옥외로 이르는 피난경로
④ 피난 시 소화설비의 작동과 사용계획

해설 **피난계획의 수립·시행(시행규칙 제34조 제1항)**
법 제36조 제1항에 따른 피난계획(이하 "피난계획"이라 한다)에는 다음 각 호의 사항이 포함되어야 한다.
1. 화재경보의 수단 및 방식
2. 층별, 구역별 피난대상 인원의 연령별·성별 현황
3. 피난약자의 현황
4. 각 거실에서 옥외(옥상 또는 피난안전구역을 포함한다)로 이르는 피난경로
5. 피난약자 및 피난약자를 동반한 사람의 피난동선과 피난방법
6. 피난시설, 방화구획, 그 밖에 피난에 영향을 줄 수 있는 제반 사항

정답 | 100 ③ 101 ④ 102 ④ |

103 **「화재의 예방 및 안전관리에 관한 법률」 및 같은 법 시행령상 소방안전관리자를 선임해야 하는 건설현장 소방안전관리대상물에 해당하지 않는 것은?**

① 신축을 하려는 부분의 연면적이 5천제곱미터인 냉동・냉장창고
② 신축을 하려는 부분의 연면적의 합계가 2만제곱미터인 복합건축물
③ 증축을 하려는 부분의 연면적의 합계가 3만제곱미터인 업무시설
④ 증축을 하려는 부분의 연면적이 5천제곱미터이고, 지상층의 층수가 10층인 업무시설

해설 **건설현장 소방안전관리대상물(시행령 제29조)**
법 제29조 제1항에서 "대통령령으로 정하는 특정소방대상물"이란 다음 각 호의 어느 하나에 해당하는 특정소방대상물을 말한다.
1. 신축・증축・개축・재축・이전・용도변경 또는 대수선을 하려는 부분의 연면적의 합계가 1만5천제곱미터 이상인 것
2. 신축・증축・개축・재축・이전・용도변경 또는 대수선을 하려는 부분의 연면적이 5천제곱미터 이상인 것으로서 다음 각 목의 어느 하나에 해당하는 것
   가. 지하층의 층수가 2개 층 이상인 것
   나. 지상층의 층수가 11층 이상인 것
   다. 냉동창고, 냉장창고 또는 냉동・냉장창고

104 **「화재의 예방 및 안전관리에 관한 법률」 및 같은 법 시행령상 관리업자로 하여금 소방안전관리업무를 대행하게 할 수 있는 대상물로 옳지 않은 것은?**

① 가연성 가스를 1천톤 이상 저장・취급하는 시설
② 지상층의 층수가 11층 이상인 1급 소방안전관리대상물(연면적 1만5천제곱미터 이상인 특정소방대상물과 아파트는 제외)
③ 2급 소방안전관리대상물
④ 3급 소방안전관리대상물

해설 **소방안전관리업무의 대행 대상 및 업무(시행령 제28조 제1항)**
법 제25조 제1항 전단에서 "대통령령으로 정하는 소방안전관리대상물"이란 다음 각 호의 소방안전관리대상물을 말한다.
1. 별표 4 제2호 가목 3)에 따른 지상층의 층수가 11층 이상인 1급 소방안전관리대상물(연면적 1만5천제곱미터 이상인 특정소방대상물과 아파트는 제외한다)
2. 별표 4 제3호에 따른 2급 소방안전관리대상물
3. 별표 4 제4호에 따른 3급 소방안전관리대상물

105 **「화재의 예방 및 안전관리에 관한 법률」 및 같은 법 시행령상 다른 안전관리자는 소방안전관리대상물 중 소방안전관리업무의 전담이 필요한 소방안전관리대상물의 소방안전관리자를 겸할 수 없는데, 그 전담 대상물로 옳은 것은?**

① 50층 이상(지하층은 제외)이거나 지상으로부터 높이가 200미터 이상인 아파트
② 간이스프링클러설비(주택전용 간이스프링클러설비는 제외)를 설치해야 하는 특정소방대상물
③ 지하구
④ 「문화유산의 보존 및 활용에 관한 법률」 제23조에 따라 보물 또는 국보로 지정된 목조건축물

해설 **소방안전관리업무의 전담 대상물(시행령 제26조)**
법 제24조 제2항 본문에서 "대통령령으로 정하는 소방안전관리대상물"이란 다음 각 호의 소방안전관리대상물을 말한다.
1. 별표 4 제1호에 따른 특급 소방안전관리대상물
2. 별표 4 제2호에 따른 1급 소방안전관리대상물

106 **「화재의 예방 및 안전관리에 관한 법률 시행규칙」상 소방안전관리업무 대행인력의 배치기준으로 옳지 않은 것은?**

① 1급 소방안전관리대상물에 스프링클러설비, 물분무등소화설비 또는 제연설비가 설치된 경우 중급점검자 이상 1명 이상의 대행인력을 배치해야 한다.
② 1급 소방안전관리대상물에 옥내소화전설비 또는 옥외소화전설비가 설치된 경우 중급점검자 이상 1명 이상의 대행인력을 배치해야 한다.
③ 2급 소방안전관리대상물에 스프링클러설비, 물분무등소화설비 또는 제연설비가 설치된 경우 중급점검자 이상 1명 이상의 대행인력을 배치해야 한다.
④ 3급 소방안전관리대상물에 자동화재탐지설비 또는 간이스프링클러설비가 설치된 경우 초급점검자 이상 1명 이상의 대행인력을 배치해야 한다.

정답 | 103 ④ 104 ① 105 ① 106 ②

해설 소방안전관리등급 및 설치된 소방시설에 따른 대행인력의 배치 등급(시행규칙 [별표 1] 참조)

소방안전관리 대상물의 등급	설치된 소방시설의 종류	대행인력의 기술등급
1급 또는 2급	스프링클러설비, 물분무등소화설비 또는 제연설비	중급점검자 이상 1명 이상
	옥내소화전설비 또는 옥외소화전설비	초급점검자 이상 1명 이상
3급	자동화재탐지설비 또는 간이스프링클러설비	초급점검자 이상 1명 이상

107 **「화재의 예방 및 안전관리에 관한 법률 시행규칙」상 소방안전관리자 자격의 정지 및 취소 기준에서 일반기준에 관한 내용으로 옳지 않은 것은?**

① 위반행위가 둘 이상인 경우로서 그에 해당하는 각각의 처분기준이 다른 경우에는 그중 무거운 처분기준에 따른다.

② 위반행위의 횟수에 따른 행정처분 기준은 최근 1년간 같은 위반행위로 행정처분을 받은 경우에 적용한다. 이 경우 기준 적용일은 위반행위에 대한 행정처분일과 그 처분 후에 한 위반행위가 다시 적발된 날을 기준으로 한다.

③ 가중된 부과처분을 하는 경우 가중처분의 적용 차수는 그 위반행위 전 부과처분 차수의 다음 차수로 한다.

④ 처분권자는 위반행위의 동기·내용·횟수 및 위반 정도 등 감경 사유에 해당하는 경우 그 처분기준의 2분의 1의 범위에서 감경할 수 있다.

해설 위반행위의 횟수에 따른 행정처분 기준은 최근 3년간 같은 위반행위로 행정처분을 받은 경우에 적용한다. 이 경우 기준 적용일은 위반행위에 대한 행정처분일과 그 처분 후에 한 위반행위가 다시 적발된 날을 기준으로 한다(시행규칙 [별표 3] 제1호 나목).

108 **「화재의 예방 및 안전관리에 관한 법률 시행령」상 소방청장이 실시하는 1급 소방안전관리자 자격시험에 응시할 자격이 없는 사람으로 옳은 것은?**

① 대학에서 소방안전관리학과를 전공하고 졸업한 사람으로서 해당 학과를 졸업한 후 2년 이상 2급 소방안전관리대상물 또는 3급 소방안전관리대상물의 소방안전관리자로 근무한 실무경력이 있는 사람
② 대학에서 소방안전 관련 교과목을 12학점 이상 이수하고 졸업한 사람으로서, 졸업 후 3년 이상 2급 소방안전관리대상물 또는 3급 소방안전관리대상물의 소방안전관리자로 근무한 실무경력이 있는 사람
③ 소방행정학(소방학 및 소방방재학을 포함) 분야에서 학사학위 이상을 취득한 사람
④ 소방안전공학(소방방재공학 및 안전공학을 포함) 분야에서 석사학위 이상을 취득한 사람

해설 소방행정학(소방학 및 소방방재학을 포함한다) 또는 소방안전공학(소방방재공학 및 안전공학을 포함한다) 분야에서 석사 이상 학위를 취득한 사람은 1급 소방안전관리자 자격시험에 응시할 수 있다(시행령 [별표 6] 제2호 다목).

109 **「화재의 예방 및 안전관리에 관한 법률 시행규칙」상 소방안전관리대상물의 관계인은 피난시설의 위치, 피난경로 또는 대피요령이 포함된 피난유도 안내정보를 근무자 또는 거주자에게 정기적으로 제공하여야 하는데, 그 제공방법으로 옳지 않은 것은?**

① 연 1회 피난안내 교육을 실시하는 방법
② 분기별 1회 이상 피난안내방송을 실시하는 방법
③ 피난안내도를 층마다 보기 쉬운 위치에 게시하는 방법
④ 엘리베이터, 출입구 등 시청이 용이한 지역에 피난안내영상을 제공하는 방법

해설 **피난유도 안내정보의 제공(시행규칙 제35조 제1항)**

법 제36조 제3항에 따른 피난유도 안내정보는 다음 각 호의 어느 하나의 방법으로 제공한다.

1. 연 2회 피난안내 교육을 실시하는 방법
2. 분기별 1회 이상 피난안내방송을 실시하는 방법
3. 피난안내도를 층마다 보기 쉬운 위치에 게시하는 방법
4. 엘리베이터, 출입구 등 시청이 용이한 지역에 피난안내영상을 제공하는 방법

정답 | 107 ② 108 ③ 109 ① |

110 **「화재의 예방 및 안전관리에 관한 법률」 및 그 하위법령상 불시 소방훈련·교육에 관한 내용으로 옳지 않은 것은?**

① 불시 소방훈련·교육의 평가의 기준으로는 내용의 적절성·참여인력, 시설 및 장비 등의 적정성 등이 있다.

② 불시 소방훈련·교육의 평가는 현장평가를 원칙으로 하되, 필요에 따라 서면평가 등을 병행할 수 있다.

③ 불시 소방훈련·교육을 실시하려는 경우 소방안전관리대상물의 관계인에게 실시 7일 전까지 계획서를 통지해야 한다.

④ 불시 소방훈련·교육의 평가를 실시한 경우 소방안전관리대상물의 관계인에게 불시 소방훈련·교육 종료일부터 10일 이내에 평가 결과서를 통지해야 한다.

해설 **불시 소방훈련 및 교육 사전통지(시행규칙 제38조)**
소방본부장 또는 소방서장은 법 제37조 제4항에 따라 불시 소방훈련과 교육(이하 "불시 소방훈련·교육"이라 한다)을 실시하려는 경우에는 소방안전관리대상물의 관계인에게 불시 소방훈련·교육 실시 10일 전까지 별지 제30호서식의 불시 소방훈련·교육 계획서를 통지해야 한다.

111 **「화재의 예방 및 안전관리에 관한 법률 시행령」상 불시 소방훈련·교육의 대상이 되는 특정소방대상물로 옳지 않은 것은?**

① 「소방시설 설치 및 관리에 관한 법률 시행령」 별표 2 제7호에 따른 의료시설

② 「소방시설 설치 및 관리에 관한 법률 시행령」 별표 2 제8호에 따른 교육연구시설

③ 「소방시설 설치 및 관리에 관한 법률 시행령」 별표 2 제11호에 따른 운동시설

④ 화재 발생 시 불특정 다수의 인명피해가 예상되어 소방본부장 또는 소방서장이 소방훈련·교육이 필요하다고 인정하는 특정소방대상물

해설 **불시 소방훈련·교육의 대상(시행령 제39조)**
법 제37조 제4항에서 "대통령령으로 정하는 특정소방대상물"이란 소방안전관리대상물 중 다음 각 호의 특정소방대상물을 말한다.
1. 「소방시설 설치 및 관리에 관한 법률 시행령」 별표 2 제7호에 따른 의료시설
2. 「소방시설 설치 및 관리에 관한 법률 시행령」 별표 2 제8호에 따른 교육연구시설
3. 「소방시설 설치 및 관리에 관한 법률 시행령」 별표 2 제9호에 따른 노유자 시설
4. 그 밖에 화재 발생 시 불특정 다수의 인명피해가 예상되어 소방본부장 또는 소방서장이 소방훈련·교육이 필요하다고 인정하는 특정소방대상물

112 「화재의 예방 및 안전관리에 관한 법률」상 소방안전 특별관리시설물로 옳지 않은 것은?

① 「위험물안전관리법」 제2조 제1항 제3호의 제조소
② 전력용 및 통신용 지하구
③ 「영화 및 비디오물의 진흥에 관한 법률」 제2조 제10호의 영화상영관 중 수용인원 1,000명 이상인 영화상영관
④ 「문화유산의 보존 및 활용에 관한 법률」 제2조 제3항의 지정문화유산 및 「자연유산의 보존 및 활용에 관한 법률」 제2조 제5호에 따른 천연기념물 등인 시설(시설이 아닌 지정문화유산 및 천연기념물 등을 보호하거나 소장하고 있는 시설을 포함)

해설 ① 「위험물안전관리법」 제2조 제1항 제3호의 제조소의 경우 일정 기준 이상이면 자체소방대 설치 대상이다.

PART · 03

113 「화재의 예방 및 안전관리에 관한 법률」상 화재예방안전진단의 범위에 해당하는 것만을 〈보기〉에서 고른 것은?

보기

ㄱ. 소방계획 및 피난계획 수립에 관한 사항
ㄴ. 소방시설 등의 유지·관리에 관한 사항
ㄷ. 비상대응조직 및 교육훈련에 관한 사항
ㄹ. 화재 위험성 평가에 관한 사항

① ㄱ
② ㄱ, ㄴ
③ ㄱ, ㄴ, ㄷ
④ ㄱ, ㄴ, ㄷ, ㄹ

해설 **화재예방안전진단의 범위(법 제41조 제2항 참조)**
㉮ 화재위험요인의 조사에 관한 사항
㉯ 소방계획 및 피난계획 수립에 관한 사항
㉰ 소방시설 등의 유지·관리에 관한 사항
㉱ 비상대응조직 및 교육훈련에 관한 사항
㉲ 화재 위험성 평가에 관한 사항
㉳ 그 밖에 화재예방진단을 위하여 대통령령으로 정하는 사항(시행령 제45조)
㉠ 화재 등의 재난 발생 후 재발방지 대책의 수립 및 그 이행에 관한 사항
㉡ 지진 등 외부 환경 위험요인 등에 대한 예방·대비·대응에 관한 사항
㉢ 화재예방안전진단 결과 보수·보강 등 개선요구 사항 등에 대한 이행 여부

정답 110 ③ 111 ③ 112 ① 113 ④

114 **「화재의 예방 및 안전관리에 관한 법률 시행령」상 화재예방안전진단 결과에 따른 안전등급 기준에 관한 내용으로 옳지 않은 것은?**

① 우수(A) – 화재예방안전진단 실시 결과 문제점이 발견되지 않은 상태
② 양호(B) – 화재예방안전진단 실시 결과 문제점이 일부 발견되었으나 대상물의 화재안전에는 이상이 없으며 대상물 일부에 대해 보수·보강 등의 조치명령이 필요한 상태
③ 보통(C) – 화재예방안전진단 실시 결과 문제점이 다수 발견되었으나 대상물의 전반적인 화재안전에는 이상이 없으며 대상물에 대한 다수의 조치명령이 필요한 상태
④ 미흡(D) – 화재예방안전진단 실시 결과 중대한 문제점이 발견되어 대상물의 화재안전을 위해 조치명령의 즉각적인 이행이 필요하고 대상물의 사용 중단을 권고할 필요가 있는 상태

해설 **화재예방안전진단 결과에 따른 안전등급 기준(시행령 [별표 7])**

안전등급	화재예방안전진단 대상물의 상태
우수(A)	화재예방안전진단 실시 결과 문제점이 발견되지 않은 상태
양호(B)	화재예방안전진단 실시 결과 문제점이 일부 발견되었으나 대상물의 화재안전에는 이상이 없으며 대상물 일부에 대해 법 제41조 제5항에 따른 보수·보강 등의 조치명령(이하 이 표에서 "조치명령"이라 한다)이 필요한 상태
보통(C)	화재예방안전진단 실시 결과 문제점이 다수 발견되었으나 대상물의 전반적인 화재안전에는 이상이 없으며 대상물에 대한 다수의 조치명령이 필요한 상태
미흡(D)	화재예방안전진단 실시 결과 광범위한 문제점이 발견되어 대상물의 화재안전을 위해 조치명령의 즉각적인 이행이 필요하고 대상물의 사용 제한을 권고할 필요가 있는 상태
불량(E)	화재예방안전진단 실시 결과 중대한 문제점이 발견되어 대상물의 화재안전을 위해 조치명령의 즉각적인 이행이 필요하고 대상물의 사용 중단을 권고할 필요가 있는 상태

115 **「화재의 예방 및 안전관리에 관한 법률」 및 같은 법 시행령상 화재예방안전진단기관의 지정기준 및 취소에 관한 내용으로 옳지 않은 것은?**

① 소방청장으로부터 화재예방안전진단기관으로 지정을 받으려는 자는 대통령령으로 정하는 시설과 전문인력 등 지정기준을 갖추어 소방청장에게 지정을 신청하여야 한다.
② 진단기관의 지정절차, 지정취소 또는 업무정지의 처분 등에 필요한 사항은 행정안전부령으로 정한다.
③ 화재예방안전진단기관이 업무정지기간에 화재예방안전진단 업무를 한 경우 업무정지기간이 연장된다.
④ 소방청장은 화재예방안전진단기관 지정신청서를 접수한 경우에는 지정기준 등에 적합한지를 검토하여 60일 이내에 진단기관 지정 여부를 결정해야 한다.

해설 업무정지기간에 화재예방안전진단 업무를 한 경우에는 그 지정을 취소해야 한다(법 제42조 제2항 제4호).

116 **「화재의 예방 및 안전관리에 관한 법률」상 국민의 화재 예방과 안전에 관한 의식을 높이고 화재의 예방과 안전문화를 진흥시키기 위해 소방관서장이 적극 추진하여야 할 활동으로 옳지 않은 것은?**

① 화재의 예방 및 안전관리에 관한 의식을 높이기 위한 활동 및 홍보
② 소방대상물 특성별 화재의 예방과 안전관리에 필요한 행동요령의 개발・보급
③ 화재의 예방과 안전문화 우수사례의 발굴 및 확산
④ 소방안전에 관한 국제협력

해설 **화재의 예방과 안전문화 진흥을 위한 시책의 추진(법 제43조 제1항)**
소방관서장은 국민의 화재 예방과 안전에 관한 의식을 높이고 화재의 예방과 안전문화를 진흥시키기 위한 다음 각 호의 활동을 적극 추진하여야 한다.
1. 화재의 예방 및 안전관리에 관한 의식을 높이기 위한 활동 및 홍보
2. 소방대상물 특성별 화재의 예방과 안전관리에 필요한 행동요령의 개발・보급
3. 화재의 예방과 안전문화 우수사례의 발굴 및 확산
4. 화재 관련 통계 현황의 관리・활용 및 공개
5. 화재의 예방과 안전관리 취약계층에 대한 화재의 예방 및 안전관리 강화
6. 그 밖에 화재의 예방과 안전문화를 진흥하기 위한 활동

117 **「화재의 예방 및 안전관리에 관한 법률」상 타당성을 검토하여 개선 등의 조치를 해야 하는 규제의 재검토가 이루어져야 하는 기간으로 옳은 것은?**

① 1년마다
② 2년마다
③ 3년마다
④ 5년마다

해설 소방청장은 다음 각 호의 사항에 대하여 해당 호에서 정하는 날을 기준일로 하여 3년마다(매 3년이 되는 해의 기준일과 같은 날 전까지를 말한다) 그 타당성을 검토하여 개선 등의 조치를 해야 한다(시행령 제50조).

정답 114 ④ 115 ③ 116 ④ 117 ③

118 **「화재의 예방 및 안전관리에 관한 법률 시행령」상 과태료 부과기준에서 개별기준에 관한 내용 중 ( ) 안에 들어갈 금액으로 옳은 것은?**

위반행위	과태료 금액(만원)		
	1차 위반	2차 위반	3차 이상 위반
법 제24조 제5항에 따른 소방안전관리업무를 하지 않은 경우	100	( )	300

① 50　　② 100

③ 200　　④ 300

해설 법 제24조 제5항에 따른 소방안전관리업무를 하지 않은 경우 법 제52조 제1항 제3호에 근거하여 2차 위반 시 200만원의 과태료가 부과된다(시행령 [별표 9] 제2호 참조).

위반행위	과태료 금액(만원)		
	1차 위반	2차 위반	3차 이상 위반
법 제24조 제5항에 따른 소방안전관리업무를 하지 않은 경우	100	200	300

정답 118 ③

PART

04

소방시설 설치 및 관리에 관한 법률

PART

04 소방시설 설치 및 관리에 관한 법률

01 **「소방시설 설치 및 관리에 관한 법률」의 목적으로 옳지 않은 것은?**

① 특정소방대상물 등에 설치하여야 하는 소방시설 등의 설치・관리
② 소방시설업의 건전한 발전
③ 국민의 생명・신체 및 재산 보호
④ 공공의 안전과 복리 증진에 이바지

해설 ② 「소방시설공사업법」의 목적 중 하나이다.

목적(법 제1조)
이 법은 특정소방대상물 등에 설치하여야 하는 소방시설 등의 설치・관리와 소방용품 성능관리에 필요한 사항을 규정함으로써 국민의 생명・신체 및 재산을 보호하고 공공의 안전과 복리 증진에 이바지함을 목적으로 한다.

02 **「소방시설 설치 및 관리에 관한 법률」상 용어의 정의로 옳지 않은 것은?**

① "소방시설"이란 소화설비, 경보설비, 피난구조설비, 소화용수설비, 그 밖에 소화활동설비로서 대통령령으로 정하는 것을 말한다.
② "소방시설 등"이란 소방시설과 비상구(非常口), 그 밖에 소방 관련 시설로서 대통령령으로 정하는 것(방화문 및 자동방화셔터)을 말한다.
③ "소방대상물"이란 건축물 등의 규모・용도 및 수용인원 등을 고려하여 소방시설을 설치하여야 하는 소방대상물로서 대통령령으로 정하는 것을 말한다.
④ "소방용품"이란 소방시설 등을 구성하거나 소방용으로 사용되는 제품 또는 기기로서 대통령령으로 정하는 것을 말한다.

해설 "특정소방대상물"이란 건축물 등의 규모・용도 및 수용인원 등을 고려하여 소방시설을 설치하여야 하는 소방대상물로서 대통령령으로 정하는 것을 말한다(법 제2조 제1항 제3호).

03 「소방시설 설치 및 관리에 관한 법률」상 다음에서 설명하는 용어로 옳은 것은?

> 화재를 예방하고 화재발생 시 피해를 최소화하기 위하여 소방대상물의 재료, 공간 및 설비 등에 요구되는 안전성능을 말한다.

① 화재안전성능　　② 화재안전조사
③ 화재예방진단　　④ 성능위주설계

해설 "화재안전성능"이란 화재를 예방하고 화재발생 시 피해를 최소화하기 위하여 소방대상물의 재료, 공간 및 설비 등에 요구되는 안전성능을 말한다(법 제2조 제1항 제4호).

04 「소방시설 설치 및 관리에 관한 법률」상 건축물 등의 재료, 공간, 이용자, 화재 특성 등을 종합적으로 고려하여 공학적 방법으로 화재 위험성을 평가하고 그 결과에 따라 화재안전성능이 확보될 수 있도록 특정소방대상물을 설계하는 것을 무엇이라 하는가?

① 소방시설 전문설계　　② 소방시설 일반설계
③ 화재영향평가설계　　④ 성능위주설계

해설 "성능위주설계"란 건축물 등의 재료, 공간, 이용자, 화재 특성 등을 종합적으로 고려하여 공학적 방법으로 화재 위험성을 평가하고 그 결과에 따라 화재안전성능이 확보될 수 있도록 특정소방대상물을 설계하는 것을 말한다(법 제2조 제1항 제5호).

정답 01 ② 02 ③ 03 ① 04 ④

05 **「소방시설 설치 및 관리에 관한 법률」상 화재안전기준에 대한 정의이다. (   ) 안에 들어갈 내용으로 옳은 것은?**

> 가. (ㄱ) : 화재안전 확보를 위하여 재료, 공간 및 설비 등에 요구되는 안전성능으로서 소방청장이 고시로 정하는 기준
> 나. (ㄴ) : 가목에 따른 성능기준을 충족하는 상세한 규격, 특정한 수치 및 시험방법 등에 관한 기준으로서 행정안전부령으로 정하는 절차에 따라 소방청장의 승인을 받은 기준

	ㄱ	ㄴ		ㄱ	ㄴ
①	기술기준	성능기준	②	성능기준	기술기준
③	성능기준	소방시설기준	④	기술기준	소방시설기준

해설 **정의(법 제2조 제1항 제6호)**
"화재안전기준"이란 소방시설 설치 및 관리를 위한 다음 각 목의 기준을 말한다.
가. 성능기준 : 화재안전 확보를 위하여 재료, 공간 및 설비 등에 요구되는 안전성능으로서 소방청장이 고시로 정하는 기준
나. 기술기준 : 가목에 따른 성능기준을 충족하는 상세한 규격, 특정한 수치 및 시험방법 등에 관한 기준으로서 행정안전부령으로 정하는 절차에 따라 소방청장의 승인을 받은 기준

06 **「소방시설 설치 및 관리에 관한 법률 시행령」상 무창층의 개구부가 아닌 것은?**

① 건축물의 채광창
② 건축물의 방풍실
③ 건축물의 환기구
④ 건축물의 출입구

해설 "무창층"(無窓層)이란 지상층 중 다음 각 목의 요건을 모두 갖춘 개구부(건축물에서 채광・환기・통풍 또는 출입 등을 위하여 만든 창・출입구, 그 밖에 이와 비슷한 것을 말한다. 이하 같다)의 면적의 합계가 해당 층의 바닥면적(「건축법 시행령」 제119조 제1항 제3호에 따라 산정된 면적을 말한다. 이하 같다)의 30분의 1 이하가 되는 층을 의미하며, 방풍문이나 방풍구는 개구부가 될 수 있으나 방풍실은 개구부가 아니다(시행령 제2조 제1호 참조).

07 「소방시설 설치 및 관리에 관한 법률 시행령」상 무창층의 개구부 요건을 설명한 것으로 옳지 않은 것은?

① 도로 또는 차량이 진입할 수 있는 빈터를 향해야 한다.
② 내부 또는 외부에서 쉽게 열리지 않는 구조여야 한다.
③ 크기는 지름 50센티미터 이상의 원이 통과할 수 있어야 한다.
④ 해당 층의 바닥면으로부터 개구부 밑부분까지의 높이가 1.2미터 이내여야 한다.

해설 **정의(시행령 제2조 제1호)**
"무창층"(無窓層)이란 지상층 중 다음 각 목의 요건을 모두 갖춘 개구부(건축물에서 채광·환기·통풍 또는 출입 등을 위하여 만든 창·출입구, 그 밖에 이와 비슷한 것을 말한다. 이하 같다)의 면적의 합계가 해당 층의 바닥면적(「건축법 시행령」 제119조 제1항 제3호에 따라 산정된 면적을 말한다. 이하 같다)의 30분의 1 이하가 되는 층을 말한다.
가. 크기는 지름 50센티미터 이상의 원이 통과할 수 있을 것
나. 해당 층의 바닥면으로부터 개구부 밑부분까지의 높이가 1.2미터 이내일 것
다. 도로 또는 차량이 진입할 수 있는 빈터를 향할 것
라. 화재 시 건축물로부터 쉽게 피난할 수 있도록 창살이나 그 밖의 장애물이 설치되지 않을 것
마. 내부 또는 외부에서 쉽게 부수거나 열 수 있을 것

08 「소방시설 설치 및 관리에 관한 법률 시행령」상 피난층의 정의로 옳은 것은?

① 곧바로 지상으로 갈 수 있는 피난층이 있는 층
② 곧바로 지상으로 갈 수 있는 1층이 있는 층
③ 곧바로 지상으로 갈 수 있는 출입구가 있는 층
④ 곧바로 지상으로 갈 수 있는 비상구가 있는 층

해설 "피난층"이란 곧바로 지상으로 갈 수 있는 출입구가 있는 층을 말한다(시행령 제2조 제2호).

정답 05 ② 06 ② 07 ② 08 ③

09 **「소방시설 설치 및 관리에 관한 법률」 및 그 하위법령상 규정된 내용으로 옳은 것은?**

① 무창층에 설치되는 개구부는 화재 시 건축물로부터 쉽게 피난할 수 있도록 창살이나 그 밖의 장애물이 설치되지 않아야 한다.
② 옥내소화전설비, 포소화설비, 소화기구, 연결송수관설비 등은 소화설비에 해당한다.
③ 화재를 진압하는 데 필요한 물을 공급하거나 저장하는 설비를 소화활동설비라 한다.
④ 방열복, 공기호흡기, 공기안전매트는 피난기구이다.

해설
② 옥내소화전설비, 포소화설비, 소화기구 등은 소화설비에 해당하며, 연결송수관설비는 소화활동설비이다.
③ 화재를 진압하는 데 필요한 물을 공급하거나 저장하는 설비를 소화용수설비라 한다.
④ 방열복, 공기호흡기, 인공소생기는 인명구조기구이며, 공기안전매트는 피난기구이다.

10 **「소방시설 설치 및 관리에 관한 법률」을 제외하고 용어를 정의할 때 준용하는 대상 법률이 아닌 것은?**

① 「소방기본법」 ② 「위험물안전관리법」
③ 「화재의 예방 및 안전관리에 관한 법률」 ④ 「건설산업기본법」

해설
이 법에서 사용하는 용어의 뜻은 「소방시설 설치 및 관리에 관한 법률」에서 사용하는 용어의 규정을 제외하고는 「소방기본법」, 「화재의 예방 및 안전관리에 관한 법률」, 「소방시설공사업법」, 「위험물안전관리법」 및 「건축법」에서 정하는 바에 따른다(법 제2조 제2항).

11 **「소방시설 설치 및 관리에 관한 법률 시행령」상 소방시설에 대한 설명으로 옳지 않은 것은?**

① 소화설비 : 물 또는 그 밖의 소화약제를 사용하여 소화하는 기계·기구 또는 설비
② 경보설비 : 화재발생 사실을 통보하는 기계·기구 또는 설비
③ 피난구조설비 : 화재가 발생할 경우 피난하기 위하여 사용하는 기구 또는 설비
④ 소화활동설비 : 화재를 진압하거나 인명구조활동을 위하여 사용하는 기구 또는 설비

해설
소방시설(시행령 [별표 1] 제5호)
소화활동설비 : 화재를 진압하거나 인명구조활동을 위하여 사용하는 설비

12 「소방시설 설치 및 관리에 관한 법률 시행령」상 소방시설에 대한 설명으로 옳지 않은 것은?

① 소화설비란 물 또는 그 밖의 소화약제를 사용하여 소화하는 기계・기구 또는 설비로서 소화기구, 자동소화장치, 옥내・외소화전설비, 스프링클러설비 등이 있다.

② 경보설비란 화재발생 사실을 통보하는 기계・기구 또는 설비로서 단독경보형 감지기, 비상경보설비, 자동화재탐지설비 등이 있다.

③ 피난구조설비란 화재가 발생할 경우 피난하기 위하여 사용하는 기구 또는 설비로서 피난기구, 인명구조기구, 유도등, 비상조명등 및 휴대용비상조명등이 있다.

④ 소화활동설비란 화재를 진압하거나 인명구조활동을 위하여 사용하는 설비로서 상수도소화용수설비, 소화수조, 저수조 등이 있다.

해설 소방시설(시행령 [별표 1])

4. 소화용수설비 : 화재를 진압하는 데 필요한 물을 공급하거나 저장하는 설비로서 다음 각 목의 것
   가. 상수도소화용수설비
   나. 소화수조・저수조, 그 밖의 소화용수설비
5. 소화활동설비 : 화재를 진압하거나 인명구조활동을 위하여 사용하는 설비로서 다음 각 목의 것
   가. 제연설비
   나. 연결송수관설비
   다. 연결살수설비
   라. 비상콘센트설비
   마. 무선통신보조설비
   바. 연소방지설비

13 「소방시설 설치 및 관리에 관한 법률 시행령」상 물분무등소화설비에 해당하지 않는 것은?

① 스프링클러설비 ② 강화액소화설비
③ 포소화설비 ④ 할로겐화합물 및 불활성기체 소화설비

해설 물분무등소화설비(시행령 [별표 1] 제1호 마목 참조)

㉠ 물분무소화설비 ㉡ 미분무소화설비
㉢ 포소화설비 ㉣ 이산화탄소소화설비
㉤ 할론소화설비 ㉥ 분말소화설비
㉦ 할로겐화합물 및 불활성기체(다른 원소와 화학반응을 일으키기 어려운 기체를 말한다. 이하 같다) 소화설비
㉧ 강화액소화설비 ㉨ 고체에어로졸소화설비

정답 09 ① 10 ④ 11 ④ 12 ④ 13 ①

14 **「소방시설 설치 및 관리에 관한 법률 시행령」상 소방시설의 연결이 옳은 것만을 〈보기〉에서 고른 것은?**

보기

ㄱ. 소화설비 : 자동소화장치, 옥내소화전설비, 물분무등소화설비
ㄴ. 경보설비 : 통합감시시설, 시각경보기, 단독경보형 감지기
ㄷ. 피난구조설비 : 피난기구, 인명구조기구, 제연설비
ㄹ. 소화활동설비 : 연결송수관설비, 비상콘센트설비, 무선통신보조설비

① ㄱ, ㄴ ② ㄷ, ㄹ
③ ㄱ, ㄴ, ㄹ ④ ㄴ, ㄷ, ㄹ

해설 ㄷ. 피난구조설비에는 피난기구, 인명구조기구가 해당되며, 제연설비는 소화활동설비이다(시행령 [별표 1] 참조).

15 **「소방시설 설치 및 관리에 관한 법률 시행령」상 소방시설의 분류로 옳은 것은?**

① 소화설비 – 소화기, 스프링클러설비, 연결살수설비
② 경보설비 – 자동화재탐지설비, 누전경보기, 무선통신보조설비
③ 피난구조시설 – 제연설비, 완강기, 승강식 피난기
④ 소화활동설비 – 비상콘센트설비, 연결송수관설비, 연소방지설비

해설 소화활동설비는 화재를 진압하거나 인명구조활동을 위하여 사용하는 설비로서 제연설비, 연결송수관설비, 연결살수설비, 비상콘센트설비, 무선통신보조설비, 연소방지설비가 있다(시행령 [별표 1] 제5호 참조).

16 **「소방시설 설치 및 관리에 관한 법률 시행령」상 소화용으로 사용되는 제품 또는 기기로 보기 어려운 것은?**

① 누전경보기 ② 방염액
③ 방염도료 ④ 방염성물질

해설 **소방용품(시행령 [별표 3] 제4호)**
소화용으로 사용하는 제품 또는 기기
가. 소화약제[별표 1 제1호 나목 2) 및 3)의 자동소화장치와 같은 호 마목 3)부터 9)까지의 소화설비용만 해당한다]
나. 방염제(방염액・방염도료 및 방염성물질을 말한다)

17 「소방시설 설치 및 관리에 관한 법률 시행령」상 특정소방대상물의 분류로 옳지 않은 것은?

① 운수시설 - 여객자동차터미널
② 의료시설 - 종합병원
③ 동물 및 식물 관련 시설 - 동물원
④ 위락시설 - 무도장 및 무도학원

해설 동물원은 문화 및 집회시설이다(시행령 [별표 2] 제3호 참조).

18 「소방시설 설치 및 관리에 관한 법률 시행령」상 둘 이상의 특정소방대상물이 연결통로로 연결된 경우에 이를 하나의 특정소방대상물로 보는 경우로 옳지 않은 것은?

① 내화구조로 된 연결통로가 벽이 있는 구조로서 그 길이가 6m 이하인 경우
② 내화구조가 아닌 연결통로로 연결된 경우
③ 컨베이어로 연결되거나 플랜트설비의 배관 등으로 연결되어 있는 경우
④ 자동방화셔터 또는 60분+ 방화문이 설치되지 않은 피트로 연결된 경우

해설 **특정소방대상물(시행령 [별표 2] 비고 제2호)**

둘 이상의 특정소방대상물이 다음 각 목의 어느 하나에 해당되는 구조의 복도 또는 통로(이하 이 표에서 "연결통로"라 한다)로 연결된 경우에는 이를 하나의 특정소방대상물로 본다.

가. 내화구조로 된 연결통로가 다음의 어느 하나에 해당되는 경우
1) 벽이 없는 구조로서 그 길이가 6m 이하인 경우
2) 벽이 있는 구조로서 그 길이가 10m 이하인 경우. 다만, 벽 높이가 바닥에서 천장까지의 높이의 2분의 1 이상인 경우에는 벽이 있는 구조로 보고, 벽 높이가 바닥에서 천장까지의 높이의 2분의 1 미만인 경우에는 벽이 없는 구조로 본다.

나. 내화구조가 아닌 연결통로로 연결된 경우
다. 컨베이어로 연결되거나 플랜트설비의 배관 등으로 연결되어 있는 경우
라. 지하보도, 지하상가, 지하가로 연결된 경우
마. 자동방화셔터 또는 60분+ 방화문이 설치되지 않은 피트(전기설비 또는 배관설비 등이 설치되는 공간을 말한다)로 연결된 경우
바. 지하구로 연결된 경우

PART • 04

정답 14 ③ 15 ④ 16 ① 17 ③ 18 ①

19 **「소방시설 설치 및 관리에 관한 법률」상 건축물 등의 신축에 관한 건축허가 시 당해 행정기관이 동의를 받아야 하는 대상으로 옳은 것은?**

① 시공지 또는 소재지를 관할하는 시・도지사
② 시공지 또는 소재지를 관할하는 구청의 건축국장
③ 시공지 또는 소재지를 관할하는 경찰서장
④ 시공지 또는 소재지를 관할하는 소방서장

해설 건축물 등의 신축・증축・개축・재축(再築)・이전・용도변경 또는 대수선(大修繕)의 허가・협의 및 사용승인(「주택법」 제15조에 따른 승인 및 같은 법 제49조에 따른 사용검사, 「학교시설사업 촉진법」 제4조에 따른 승인 및 같은 법 제13조에 따른 사용승인을 포함하며, 이하 "건축허가 등"이라 한다)의 권한이 있는 행정기관은 건축허가 등을 할 때 미리 그 건축물 등의 시공지(施工地) 또는 소재지를 관할하는 소방본부장이나 소방서장의 동의를 받아야 한다(법 제6조 제1항).

20 **「소방시설 설치 및 관리에 관한 법률 시행규칙」상 기술기준의 제정・개정 절차에 관한 내용이다. (   ) 안에 들어갈 권한권자로 옳은 것은?**

(   )은 화재안전기준 중 기술기준을 제정・개정하려는 경우 제정안・개정안을 작성하여 「소방시설 설치 및 관리에 관한 법률」 제18조 제1항에 따른 중앙소방기술심의위원회의 심의・의결을 거쳐야 한다. 이 경우 제정안・개정안의 작성을 위해 소방 관련 기관・단체 및 개인 등의 의견을 수렴할 수 있다.

① 소방청장
② 중앙소방학교장
③ 국립소방연구원장
④ 시・도지사

해설 **기술기준의 제정・개정 절차(시행규칙 제2조 제1항)**
국립소방연구원장은 화재안전기준 중 기술기준(이하 "기술기준"이라 한다)을 제정・개정하려는 경우 제정안・개정안을 작성하여 「소방시설 설치 및 관리에 관한 법률」(이하 "법"이라 한다) 제18조 제1항에 따른 중앙소방기술심의위원회(이하 "중앙위원회"라 한다)의 심의・의결을 거쳐야 한다. 이 경우 제정안・개정안의 작성을 위해 소방 관련 기관・단체 및 개인 등의 의견을 수렴할 수 있다.

21 **「소방시설 설치 및 관리에 관한 법률」상 관계인의 의무로 옳지 않은 것은?**

① 「소방기본법」 제2조 제3호에 따른 관계인은 소방시설 등의 기능과 성능을 보전·향상시키고 이용자의 편의와 안전성을 높이기 위하여 노력하여야 한다.

② 관계인은 매년 소방시설 등의 관리에 필요한 재원을 확보하도록 노력하여야 한다.

③ 관계인은 국가 및 지방자치단체의 소방시설 등의 설치 및 관리 활동에 적극 협조하여야 한다.

④ 관계인 중 소유자는 점유자 및 관리자의 소방시설 등 관리 업무에 적극 협조하여야 한다.

해설 **관계인의 의무(법 제4조)**

① 관계인(「소방기본법」 제2조 제3호에 따른 관계인을 말한다. 이하 같다)은 소방시설 등의 기능과 성능을 보전·향상시키고 이용자의 편의와 안전성을 높이기 위하여 노력하여야 한다.

② 관계인은 매년 소방시설 등의 관리에 필요한 재원을 확보하도록 노력하여야 한다.

③ 관계인은 국가 및 지방자치단체의 소방시설 등의 설치 및 관리 활동에 적극 협조하여야 한다.

④ 관계인 중 점유자는 소유자 및 관리자의 소방시설 등 관리 업무에 적극 협조하여야 한다.

22 **「소방시설 설치 및 관리에 관한 법률 시행규칙」상 건축물 등의 신축·증축·개축·재축·이전·용도변경 또는 대수선의 허가·협의 및 사용승인 등의 권한이 있는 행정기관은 건축허가 등을 할 때 미리 그 건축물 등의 시공지(施工地) 또는 소재지를 관할하는 소방본부장이나 소방서장의 동의를 받아야 하는데, 이때 동의요구서에 첨부해야 하는 서류 중 소방시설 설계도서의 종류로 옳지 않은 것은?**

① 방화구획도(창호도를 포함)

② 소방시설(기계·전기 분야의 시설)의 계통도(시설별 계산서를 포함)

③ 소방시설별 층별 평면도

④ 실내장식물 방염대상물품 설치 계획(「건축법」 제52조에 따른 건축물의 마감재료는 제외)

해설 ① 방화구획도(창호도를 포함한다)는 건축물 설계도서이다.

소방시설 설계도서(시행규칙 제3조 제2항 제2호 나목)

1) 소방시설(기계·전기 분야의 시설을 말한다)의 계통도(시설별 계산서를 포함한다)
2) 소방시설별 층별 평면도
3) 실내장식물 방염대상물품 설치 계획(「건축법」 제52조에 따른 건축물의 마감재료는 제외한다)
4) 소방시설의 내진설계 계통도 및 기준층 평면도(내진 시방서 및 계산서 등 세부 내용이 포함된 상세 설계도면은 제외한다)

정답 | 19 ④ 20 ③ 21 ④ 22 ①

23 **「소방시설 설치 및 관리에 관한 법률 시행규칙」상 건축허가 등을 할 때 미리 소방본부장 또는 소방서장의 동의를 받아야 하는 건축물 등의 범위에 관한 내용으로 옳지 않은 것은?**

① 「학교시설사업 촉진법」에 따라 건축 등을 하려는 학교시설 : 100제곱미터 이상
② 노유자 시설 및 수련시설 : 200제곱미터 이상
③ 「장애인복지법」에 따른 장애인 의료재활시설 : 300제곱미터 이상
④ 「정신건강증진 및 정신질환자 복지서비스 지원에 관한 법률」에 따른 정신의료기관(입원실이 없는 정신건강의학과 의원은 제외) : 400제곱미터 이상

해설 **건축허가 등의 동의대상물의 범위 등(시행령 제7조 제1항 제1호)**
연면적(「건축법 시행령」 제119조 제1항 제4호에 따라 산정된 면적을 말한다. 이하 같다)이 400제곱미터 이상인 건축물이나 시설. 다만, 다음 각 목의 어느 하나에 해당하는 건축물이나 시설은 해당 목에서 정한 기준 이상인 건축물이나 시설로 한다.
가. 「학교시설사업 촉진법」 제5조의2 제1항에 따라 건축 등을 하려는 학교시설 : 100제곱미터
나. 별표 2의 특정소방대상물 중 노유자(老幼者) 시설 및 수련시설 : 200제곱미터
다. 「정신건강증진 및 정신질환자 복지서비스 지원에 관한 법률」 제3조 제5호에 따른 정신의료기관(입원실이 없는 정신건강의학과 의원은 제외하며, 이하 "정신의료기관"이라 한다) : 300제곱미터
라. 「장애인복지법」 제58조 제1항 제4호에 따른 장애인 의료재활시설(이하 "의료재활시설"이라 한다) : 300제곱미터

24 **「소방시설 설치 및 관리에 관한 법률」 및 같은 법 시행령상 내진설계의 대상으로 옳지 않은 것은?**

① 옥내소화전설비
② 옥외소화전설비
③ 스프링클러설비
④ 물분무등소화설비

해설 **소방시설의 내진설계(시행령 제8조)**
① 법 제7조에서 "대통령령으로 정하는 특정소방대상물"이란 「건축법」 제2조 제1항 제2호에 따른 건축물로서 「지진·화산재해대책법 시행령」 제10조 제1항 각 호에 해당하는 시설을 말한다.
② 법 제7조에서 "대통령령으로 정하는 소방시설"이란 소방시설 중 옥내소화전설비, 스프링클러설비 및 물분무등소화설비를 말한다.

25 **「소방시설 설치 및 관리에 관한 법률」 및 같은 법 시행령상 성능위주설계를 해야 하는 특정소방대상물의 범위로 옳지 않은 것은? (단, 신축하는 것만 해당한다.)**

① 연면적 20만제곱미터 이상인 특정소방대상물(다만, 아파트 등은 제외)
② 창고시설 중 연면적 10만제곱미터 이상인 것 또는 지하층의 층수가 2개 층 이상이고 지하층의 바닥면적의 합계가 3만제곱미터 이상인 것
③ 하나의 건축물에 「영화 및 비디오물의 진흥에 관한 법률」에 따른 영화상영관이 10개 이상인 특정소방대상물
④ 터널 중 수저(水底)터널 또는 길이가 1,000미터 이상인 것

해설 터널 중 수저(水底)터널 또는 길이가 5천미터 이상인 것이 해당한다(시행령 제9조 제8호 참조).

26 **「소방시설 설치 및 관리에 관한 법률」 및 그 하위법령상 성능위주설계 신고 시 사전검토를 신청해야 하는 대상으로 옳은 것은?**

① 소방청장 ② 소방본부장
③ 소방서장 ④ 중앙소방기술심의위원회

해설 성능위주설계를 한 자는 법 제8조 제4항에 따라 「건축법」 제4조의2에 따른 건축위원회의 심의를 받아야 하는 건축물인 경우에는 그 심의를 신청하기 전에 별지 제5호서식의 성능위주설계 사전검토 신청서(전자문서로 된 신청서를 포함한다)에 다음 각 호의 서류(전자문서를 포함한다)를 첨부하여 관할 소방서장에게 사전검토를 신청해야 한다(시행규칙 제7조 제1항).

27 **「소방시설 설치 및 관리에 관한 법률」상 성능위주설계에 대한 전문적 · 기술적인 검토 및 평가를 위하여 성능위주설계평가단을 구성할 수 있는데, 이 경우 성능위주설계평가단을 두어야 하는 기관으로 옳은 것은?**

① 소방본부 ② 소방서
③ 국립소방연구원 ④ 지방소방기술심의위원회

해설 성능위주설계에 대한 전문적 · 기술적인 검토 및 평가를 위하여 소방청 또는 소방본부에 성능위주설계평가단(이하 "평가단"이라 한다)을 둔다(법 제9조 제1항).

정답 23 ④ 24 ② 25 ④ 26 ③ 27 ①

28 **「소방시설 설치 및 관리에 관한 법률」 및 같은 법 시행령상 단독주택에 설치해야 하는 주택용소방시설로 옳은 것은?**

① 자동화재탐지설비 ② 단독경보형 감지기
③ 스프링클러설비 ④ 물분무소화설비

해설 **주택용소방시설(시행령 제10조)**
법 제10조 제1항 각 호 외의 부분에서 "소화기 등 대통령령으로 정하는 소방시설"이란 소화기 및 단독경보형 감지기를 말한다.

29 **「소방시설 설치 및 관리에 관한 법률」 및 그 하위법령상 주택에 설치하는 소방시설에 관한 내용으로 옳지 않은 것은?**

① 아파트의 경우 소화기 및 단독경보형 감지기를 설치하여야 한다.
② 단독주택의 소유자는 소화기 및 단독경보형 감지기를 설치하여야 한다.
③ 국가는 주택용소방시설의 설치 및 국민의 자율적인 안전관리를 촉진하기 위하여 필요한 시책을 마련하여야 한다.
④ 주택용소방시설의 설치기준에 관한 사항은 시·도의 조례로 정한다.

해설 **주택에 설치하는 소방시설(법 제10조)**
① 다음 각 호의 주택의 소유자는 소화기 등 대통령령으로 정하는 소방시설(이하 "주택용소방시설"이라 한다)을 설치하여야 한다.
 1. 「건축법」 제2조 제2항 제1호의 단독주택
 2. 「건축법」 제2조 제2항 제2호의 공동주택(아파트 및 기숙사는 제외한다)
② 국가 및 지방자치단체는 주택용소방시설의 설치 및 국민의 자율적인 안전관리를 촉진하기 위하여 필요한 시책을 마련하여야 한다.
③ 주택용소방시설의 설치기준 및 자율적인 안전관리 등에 관한 사항은 특별시·광역시·특별자치시·도 또는 특별자치도(이하 "시·도"라 한다)의 조례로 정한다.

30 **「소방시설 설치 및 관리에 관한 법률 시행령」상 특정소방대상물 중 객석유도등을 설치해야 하는 시설로 옳지 않은 것은?**

① 문화 및 집회시설 ② 무대가 없는 유흥주점영업시설
③ 종교시설 ④ 운동시설

해설 **객석유도등을 설치해야 하는 특정소방대상물(시행령 [별표 4] 제3호 다목)**
객석유도등은 다음의 어느 하나에 해당하는 특정소방대상물에 설치한다.
가) 유흥주점영업시설(「식품위생법 시행령」의 유흥주점영업 중 손님이 춤을 출 수 있는 무대가 설치된 카바레, 나이트클럽 또는 그 밖에 이와 비슷한 영업시설만 해당한다)
나) 문화 및 집회시설
다) 종교시설
라) 운동시설

31 **「소방시설 설치 및 관리에 관한 법률 시행령」상 옥내소화전설비를 설치해야 하는 특정소방대상물로 옳지 않은 것은?**

① 지하가 중 지하상가를 제외하고 연면적 3천㎡ 이상인 것은 모든 층
② 층수가 4층 이상인 것 중 바닥면적이 500㎡ 이상인 층이 있는 것은 모든 층
③ 건축물의 옥상에 설치된 차고・주차장으로서 사용되는 면적이 200㎡ 이상인 경우 해당 부분
④ 지하가 중 터널로서 길이가 1천m 이상인 터널

해설 **옥내소화전설비를 설치해야 하는 특정소방대상물(시행령 [별표 4] 제1호 다목)**
옥내소화전설비를 설치해야 하는 특정소방대상물은 다음의 어느 하나에 해당하는 것으로 한다. 다만, 위험물 저장 및 처리 시설 중 가스시설, 지하구 및 업무시설 중 무인변전소(방재실 등에서 스프링클러설비 또는 물분무등소화설비를 원격으로 조정할 수 있는 무인변전소로 한정한다)는 제외한다.
1) 다음의 어느 하나에 해당하는 경우에는 모든 층
  가) 연면적 3천㎡ 이상인 것(지하가 중 터널은 제외한다)
  나) 지하층・무창층(축사는 제외한다)으로서 바닥면적이 600㎡ 이상인 층이 있는 것
  다) 층수가 4층 이상인 것 중 바닥면적이 600㎡ 이상인 층이 있는 것
2) 1)에 해당하지 않는 근린생활시설, 판매시설, 운수시설, 의료시설, 노유자 시설, 업무시설, 숙박시설, 위락시설, 공장, 창고시설, 항공기 및 자동차 관련 시설, 교정 및 군사시설 중 국방・군사시설, 방송통신시설, 발전시설, 장례시설 또는 복합건축물로서 다음의 어느 하나에 해당하는 경우에는 모든 층
  가) 연면적 1천5백㎡ 이상인 것
  나) 지하층・무창층으로서 바닥면적이 300㎡ 이상인 층이 있는 것
  다) 층수가 4층 이상인 것 중 바닥면적이 300㎡ 이상인 층이 있는 것
3) 건축물의 옥상에 설치된 차고・주차장으로서 사용되는 면적이 200㎡ 이상인 경우 해당 부분
4) 지하가 중 터널로서 다음에 해당하는 터널
  가) 길이가 1천m 이상인 터널
  나) 예상교통량, 경사도 등 터널의 특성을 고려하여 행정안전부령으로 정하는 터널
5) 1) 및 2)에 해당하지 않는 공장 또는 창고시설로서 「화재의 예방 및 안전관리에 관한 법률 시행령」 별표 2에서 정하는 수량의 750배 이상의 특수가연물을 저장・취급하는 것

정답 | 28 ② 29 ① 30 ② 31 ②

32 **「소방시설 설치 및 관리에 관한 법률 시행규칙」상 연소 우려가 있는 건축물의 구조에 대한 기준으로 옳지 않은 것은?**

① 건축물대장의 건축물 현황도에 표시된 대지경계선 안에 둘 이상의 건축물이 있는 경우
② 각각의 건축물이 다른 건축물의 외벽으로부터 수평거리가 1층의 경우에는 5미터 이하인 경우
③ 각각의 건축물이 다른 건축물의 외벽으로부터 수평거리가 2층 이상의 층의 경우에는 10미터 이하인 경우
④ 개구부가 다른 건축물을 향하여 설치되어 있는 경우

해설 **연소 우려가 있는 건축물의 구조(시행규칙 제17조)**
영 별표 4 제1호 사목 1) 후단에서 "행정안전부령으로 정하는 연소(延燒) 우려가 있는 구조"란 다음 각 호의 기준에 모두 해당하는 구조를 말한다.
1. 건축물대장의 건축물 현황도에 표시된 대지경계선 안에 둘 이상의 건축물이 있는 경우
2. 각각의 건축물이 다른 건축물의 외벽으로부터 수평거리가 1층의 경우에는 6미터 이하, 2층 이상의 층의 경우에는 10미터 이하인 경우
3. 개구부(영 제2조 제1호 각 목 외의 부분에 따른 개구부를 말한다)가 다른 건축물을 향하여 설치되어 있는 경우

33 **「소방시설 설치 및 관리에 관한 법률 시행령」상 스프링클러설비를 설치해야 하는 특정소방대상물로 옳지 않은 것은?**

① 기숙사(교육연구시설・수련시설 내에 있는 학생 수용을 위한 것) 또는 복합건축물로서 연면적 5천㎡ 이상인 경우에는 모든 층
② 문화 및 집회시설(동・식물원은 제외)로서 수용인원이 100명 이상인 것에는 모든 층
③ 근린생활시설 중 조산원 및 산후조리원으로 사용되는 시설의 바닥면적의 합계가 600㎡ 이상인 것은 모든 층
④ 건물을 임차하여 「출입국관리법」 제52조 제2항에 따른 보호시설로 사용하는 부분

해설 건물을 임차하여 「출입국관리법」 제52조 제2항에 따른 보호시설로 사용하는 부분은 간이스프링클러설비 설치 대상이다(시행령 [별표 4] 제1호 마목 참조).

34 **「소방시설 설치 및 관리에 관한 법률 시행령」상 자동화재탐지설비를 설치해야 하는 특정 소방대상물로 옳지 않은 것은?**

① 공동주택 중 아파트 등·기숙사 및 숙박시설의 경우에는 모든 층
② 층수가 6층 이상인 건축물의 경우에는 모든 층
③ 판매시설 중 전통시장
④ 지하가 중 터널로서 길이가 5백m 이상인 것

해설 지하가 중 터널로서 길이가 1천m 이상인 것에는 자동화재탐지설비를 설치해야 한다(시행령 [별표 4] 제2호 다목 참조).

35 **「소방시설 설치 및 관리에 관한 법률 시행령」상 피난구조설비 중 인명구조기구 3가지를 모두 설치해야 하는 대상으로 옳은 것은?**

① 지하층을 포함하는 층수가 7층 이상인 것 중 관광호텔 용도로 사용하는 층
② 지하층을 포함하는 층수가 5층 이상인 것 중 병원 용도로 사용하는 층
③ 수용인원 100명 이상인 문화 및 집회시설 중 영화상영관
④ 지하가 중 지하상가

해설 방열복 또는 방화복(안전모, 보호장갑 및 안전화를 포함한다), 인공소생기 및 공기호흡기를 설치해야 하는 특정소방대상물 : 지하층을 포함하는 층수가 7층 이상인 것 중 관광호텔 용도로 사용하는 층(시행령 [별표 4] 제3호 나목 참조)

36 **「소방시설 설치 및 관리에 관한 법률 시행령」상 소방시설정보관리시스템 구축·운영 대상으로 옳지 않은 것은?**

① 근린생활시설 ② 문화 및 집회시설
③ 판매시설 ④ 종교시설

정답 32 ② 33 ④ 34 ④ 35 ① 36 ①

해설 **소방시설정보관리시스템 구축 · 운영 대상 등(시행령 제12조 제1항)**

소방청장, 소방본부장 또는 소방서장이 법 제12조 제4항에 따라 소방시설의 작동정보 등을 실시간으로 수집 · 분석할 수 있는 시스템(이하 "소방시설정보관리시스템"이라 한다)을 구축 · 운영하는 경우 그 구축 · 운영의 대상은 「화재의 예방 및 안전관리에 관한 법률」 제24조 제1항 전단에 따른 소방안전관리대상물 중 다음 각 호의 특정소방대상물로 한다.

1. 문화 및 집회시설
2. 종교시설
3. 판매시설
4. 의료시설
5. 노유자 시설
6. 숙박이 가능한 수련시설
7. 업무시설
8. 숙박시설
9. 공장
10. 창고시설
11. 위험물 저장 및 처리 시설
12. 지하가
13. 지하구
14. 그 밖에 소방청장, 소방본부장 또는 소방서장이 소방안전관리의 취약성과 화재위험성을 고려하여 필요하다고 인정하는 특정소방대상물

37 **「소방시설 설치 및 관리에 관한 법률 시행령」상 화재안전기준이 강화된 경우 그 기준을 적용하지 않아도 되는 것은?**

① 전력 및 통신사업용 지하구에 설치하는 소화기
② 노유자 시설에 설치하는 자동화재속보설비
③ 공동구에 설치하는 소화기
④ 의료시설에 설치하는 스프링클러설비

해설 **강화된 소방시설기준의 적용대상(시행령 제13조)**

법 제13조 제1항 제2호 각 목 외의 부분에서 "대통령령으로 정하는 것"이란 다음 각 호의 소방시설을 말한다.

1. 「국토의 계획 및 이용에 관한 법률」 제2조 제9호에 따른 공동구에 설치하는 소화기, 자동소화장치, 자동화재탐지설비, 통합감시시설, 유도등 및 연소방지설비
2. 전력 및 통신사업용 지하구에 설치하는 소화기, 자동소화장치, 자동화재탐지설비, 통합감시시설, 유도등 및 연소방지설비
3. 노유자 시설에 설치하는 간이스프링클러설비, 자동화재탐지설비 및 단독경보형 감지기
4. 의료시설에 설치하는 스프링클러설비, 간이스프링클러설비, 자동화재탐지설비 및 자동화재속보설비

38 **「소방시설 설치 및 관리에 관한 법률」 및 그 하위법령상 소방본부장 또는 소방서장은 특정소방대상물이 증축되는 경우에는 기존 부분을 포함한 특정소방대상물의 전체에 대하여 증축 당시의 소방시설의 설치에 관한 대통령령 또는 화재안전기준을 적용해야 하는데, 그 예외대상으로 옳지 않은 것은?**

① 기존 부분과 증축 부분이 내화구조(耐火構造)로 된 바닥과 벽으로 구획된 경우
② 기존 부분과 증축 부분이 「건축법 시행령」 제46조 제1항 제2호에 따른 자동방화셔터 또는 같은 영 제64조 제1항 제1호에 따른 60분+ 방화문으로 구획되어 있는 경우
③ 자동차 생산공장 등 화재 위험이 낮은 특정소방대상물 내부에 바닥면적 33제곱미터 이하의 직원 휴게실을 증축하는 경우
④ 자동차 생산공장 등 화재 위험이 낮은 특정소방대상물에 캐노피(기둥으로 받치거나 매달아 놓은 덮개를 말하며, 3면 이상에 벽이 없는 구조의 것)를 설치하는 경우

해설 자동차 생산공장 등 화재 위험이 낮은 특정소방대상물 내부에 연면적 33제곱미터 이하의 직원 휴게실을 증축하는 경우가 예외대상에 해당한다(시행령 제15조 제1항 제3호).

39 **「소방시설 설치 및 관리에 관한 법률 시행령」상 화재안전기준을 적용하기 어려운 특정소방대상물 중 펄프공장의 작업장에 설치하지 않을 수 있는 소방시설로 옳은 것은?**

① 스프링클러설비
② 옥외소화전
③ 자동화재탐지설비
④ 연결송수관설비

해설 화재안전기준을 적용하기 어려운 특정소방대상물(시행령 [별표 6] 참조)

특정소방대상물	설치하지 않을 수 있는 소방시설
펄프공장의 작업장, 음료수 공장의 세정 또는 충전을 하는 작업장, 그 밖에 이와 비슷한 용도로 사용하는 것	스프링클러설비, 상수도소화용수설비 및 연결살수설비
정수장, 수영장, 목욕장, 농예·축산·어류양식용 시설, 그 밖에 이와 비슷한 용도로 사용되는 것	자동화재탐지설비, 상수도소화용수설비 및 연결살수설비

정답 37 ② 38 ③ 39 ①

40 **「소방시설 설치 및 관리에 관한 법률 시행령」상 내용연수를 설정해야 하는 소방용품인 분말형태의 소화약제를 사용하는 소화기의 경우 내용연수로 옳은 것은?**

① 5년　　② 7년
③ 10년　　④ 15년

해설 **내용연수 설정대상 소방용품(시행령 제19조)**
① 법 제17조 제1항 후단에 따라 내용연수를 설정해야 하는 소방용품은 분말형태의 소화약제를 사용하는 소화기로 한다.
② 제1항에 따른 소방용품의 내용연수는 10년으로 한다.

41 **「소방시설 설치 및 관리에 관한 법률」 및 같은 법 시행령상 중앙소방기술심의위원회의 심의사항으로 옳지 않은 것은?**

① 화재안전기준에 관한 사항
② 소방시설의 구조 및 원리 등에서 공법이 특수한 설계 및 시공에 관한 사항
③ 연면적 10만제곱미터 이상의 특정소방대상물에 설치된 소방시설의 설계・시공・감리의 하자 유무에 관한 사항
④ 소방시설에 하자가 있는지의 판단에 관한 사항

해설 소방시설에 하자가 있는지의 판단에 관한 사항은 시・도에 두는 지방소방기술심의위원회의 심의사항에 해당한다(법 제18조 제2항 제1호 참조).

42 **「소방시설 설치 및 관리에 관한 법률 시행령」상 제조 또는 가공 공정에서 방염처리해야 하는 방염대상 물품이라 보기 어려운 것은?**

① 카펫, 블라인드
② 두께가 2밀리미터 미만인 종이벽지
③ 섬유류 또는 합성수지류 등을 원료로 하여 제작된 소파・의자(단란주점영업, 유흥주점영업 및 노래연습장업의 영업장에 설치하는 것으로 한정)
④ 「다중이용업소의 안전관리에 관한 특별법 시행령」 제2조 제7호의4에 따른 가상체험 체육시설업에 설치하는 스크린

해설 **방염대상물품 및 방염성능기준(시행령 제31조 제1항 제1호)**
제조 또는 가공 공정에서 방염처리를 한 다음 각 목의 물품
가. 창문에 설치하는 커튼류(블라인드를 포함한다)
나. 카펫
다. 벽지류(두께가 2밀리미터 미만인 종이벽지는 제외한다)
라. 전시용 합판·목재 또는 섬유판, 무대용 합판·목재 또는 섬유판(합판·목재류의 경우 불가피하게 설치 현장에서 방염처리한 것을 포함한다)
마. 암막·무대막(「영화 및 비디오물의 진흥에 관한 법률」 제2조 제10호에 따른 영화상영관에 설치하는 스크린과 「다중이용업소의 안전관리에 관한 특별법 시행령」 제2조 제7호의4에 따른 가상체험 체육시설업에 설치하는 스크린을 포함한다)
바. 섬유류 또는 합성수지류 등을 원료로 하여 제작된 소파·의자(「다중이용업소의 안전관리에 관한 특별법 시행령」 제2조 제1호 나목 및 같은 조 제6호에 따른 단란주점영업, 유흥주점영업 및 노래연습장업의 영업장에 설치하는 것으로 한정한다)

43 **「소방시설 설치 및 관리에 관한 법률」상 방염성능검사를 실시하는 권한이 있는 자로 옳은 것은?**

① 소방서장
② 소방본부장
③ 소방청장
④ 행정안전부장관

해설 제20조 제1항에 따른 특정소방대상물에 사용하는 방염대상물품은 소방청장이 실시하는 방염성능검사를 받은 것이어야 한다. 다만, 대통령령(시행령 제32조)으로 정하는 방염대상물품의 경우에는 특별시장·광역시장·특별자치시장·도지사 또는 특별자치도지사(이하 "시·도지사"라 한다)가 실시하는 방염성능검사를 받은 것이어야 한다(법 제21조 제1항).

44 **「소방시설 설치 및 관리에 관한 법률」 및 같은 법 시행령상 방염성능검사는 소방청장이 하는 것이 원칙이나 예외적으로 시·도지사가 하는 경우로 옳은 것은?**

① 전시용 합판·목재 또는 섬유판, 무대용 합판·목재 또는 섬유판
② 창문에 설치하는 커튼류
③ 전시용 합판·목재 또는 무대용 합판·목재 중 설치 현장에서 방염처리를 하는 합판·목재류
④ 공간을 구획하기 위하여 설치하는 간이 칸막이

정답 40 ③ 41 ④ 42 ② 43 ③ 44 ③

해설 **시 · 도지사가 실시하는 방염성능검사(시행령 제32조)**
법 제21조 제1항 단서에서 "대통령령으로 정하는 방염대상물품"이란 다음 각 호의 것을 말한다.
1. 제31조 제1항 제1호 라목의 전시용 합판 · 목재 또는 무대용 합판 · 목재 중 설치 현장에서 방염처리를 하는 합판 · 목재류
2. 제31조 제1항 제2호에 따른 방염대상물품 중 설치 현장에서 방염처리를 하는 합판 · 목재류

45 「소방시설 설치 및 관리에 관한 법률」 및 같은 법 시행령상 방염처리에 관한 내용으로 옳지 않은 것은?

① 방염성능기준은 대통령령으로 정한다.
② 소방서장은 방염대상물품이 방염성능기준에 미치지 못하거나 방염성능검사를 받지 아니한 것이면 관계인에게 방염대상물품을 제거하도록 하거나 방염성능검사를 받도록 하는 등 필요한 조치를 명할 수 있다.
③ 특정소방대상물에 사용하는 방염대상물품은 소방청장이 실시하는 방염성능검사를 받은 것이어야 한다.
④ 건축법에 따른 내부마감재료는 방염대상물품이다.

해설 건축물 내부의 천장이나 벽에 부착하거나 설치하는 다음 각 목의 어느 하나에 해당하는 것을 말한다. 다만, 가구류(옷장, 찬장, 식탁, 식탁용 의자, 사무용 책상, 사무용 의자, 계산대, 그 밖에 이와 비슷한 것을 말한다)와 너비 10센티미터 이하인 반자돌림대 등과 「건축법」 제52조에 따른 내부마감재료는 제외한다(시행령 제31조 제1항 제2호 참조).

46 「소방시설 설치 및 관리에 관한 법률 시행령」상 방염성능기준으로 옳지 않은 것은?

① 버너의 불꽃을 제거한 때부터 불꽃을 올리며 연소하는 상태가 그칠 때까지 시간은 20초 이내일 것
② 버너의 불꽃을 제거한 때부터 불꽃을 올리지 않고 연소하는 상태가 그칠 때까지 시간은 30초 이내일 것
③ 탄화(炭化)한 면적은 50제곱센티미터 이내, 탄화한 길이는 30센티미터 이내일 것
④ 불꽃에 의하여 완전히 녹을 때까지 불꽃의 접촉 횟수는 3회 이상일 것

해설 탄화(炭化)한 면적은 50제곱센티미터 이내, 탄화한 길이는 20센티미터 이내일 것(시행령 제31조 제2항 제3호)

47 **「소방시설 설치 및 관리에 관한 법률 시행령」상 침대가 있는 숙박시설의 수용인원 산정 방법으로 옳은 것은?**

① 해당 특정소방대상물의 종사자 수에 침대 수(2인용 침대는 2개로 산정)를 합한 수
② 해당 특정소방대상물의 종사자 수에 숙박시설 바닥면적의 합계를 3㎡로 나누어 얻은 수를 합한 수
③ 해당 용도로 사용하는 바닥면적의 합계를 1.9㎡로 나누어 얻은 수
④ 해당 용도로 사용하는 바닥면적의 합계를 4.6㎡로 나누어 얻은 수

해설 **수용인원의 산정 방법(시행령 [별표 7] 제1호)**
숙박시설이 있는 특정소방대상물
가. 침대가 있는 숙박시설 : 해당 특정소방대상물의 종사자 수에 침대 수(2인용 침대는 2개로 산정한다)를 합한 수
나. 침대가 없는 숙박시설 : 해당 특정소방대상물의 종사자 수에 숙박시설 바닥면적의 합계를 3㎡로 나누어 얻은 수를 합한 수

48 **「소방시설 설치 및 관리에 관한 법률」상 소방시설관리사에 관한 내용으로 옳지 않은 것은?**

① 소방시설관리사가 되려는 사람은 소방청장이 실시하는 관리사시험에 합격하여야 한다.
② 소방시설관리사는 소방시설관리사증을 다른 사람에게 빌려주어서는 아니 된다.
③ 소방시설관리사는 동시에 둘 이상의 업체에 취업하여서는 아니 된다.
④ 기술자격자 및 관리업의 기술인력으로 등록된 소방시설관리사는 성실하게 외부점검 업무를 수행하여야 한다.

해설 제22조 제1항에 따른 기술자격자 및 제29조 제2항에 따라 관리업의 기술인력으로 등록된 관리사는 이 법과 이 법에 따른 명령에 따라 성실하게 자체점검 업무를 수행하여야 한다(법 제25조 제9항).

49 **「소방시설 설치 및 관리에 관한 법률」상 소방시설관리사의 자격 취소사유로 옳은 것은?**

① 소방시설관리사증을 다른 사람에게 빌려준 경우
② 소방안전관리업무를 하지 아니하거나 거짓으로 한 경우
③ 성실하게 자체점검 업무를 수행하지 아니한 경우
④ 자체점검을 하지 아니하거나 거짓으로 한 경우

정답 45 ④ 46 ③ 47 ① 48 ④ 49 ①

해설 **자격의 취소 · 정지(법 제28조)**

소방청장은 관리사가 다음 각 호의 어느 하나에 해당할 때에는 행정안전부령으로 정하는 바에 따라 그 자격을 취소하거나 1년 이내의 기간을 정하여 그 자격의 정지를 명할 수 있다. 다만, 제1호, 제4호, 제5호 또는 제7호에 해당하면 그 자격을 취소하여야 한다.

1. 거짓이나 그 밖의 부정한 방법으로 시험에 합격한 경우 – 취소사유
2. 「화재의 예방 및 안전관리에 관한 법률」 제25조 제2항(소방안전관리업무의 대행)에 따른 대행인력의 배치기준 · 자격 · 방법 등 준수사항을 지키지 아니한 경우
3. 제22조(소방시설 등의 자체점검)에 따른 점검을 하지 아니하거나 거짓으로 한 경우
4. 제25조 제7항(소방시설관리사 규정)을 위반하여 소방시설관리사증을 다른 사람에게 빌려준 경우 – 취소사유
5. 제25조 제8항(소방시설관리사 규정)을 위반하여 동시에 둘 이상의 업체에 취업한 경우 – 취소사유
6. 제25조 제9항(소방시설관리사 규정)을 위반하여 성실하게 자체점검 업무를 수행하지 아니한 경우
7. 제27조(관리사의 결격사유) 각 호의 어느 하나에 따른 결격사유에 해당하게 된 경우 – 취소사유

50 **「소방시설 설치 및 관리에 관한 법률」상 소방시설관리업의 등록을 해야 하는 대상으로 옳은 것은?**

① 소방서장　　② 소방청장

③ 시 · 도지사　　④ 행정안전부장관

해설 소방시설 등의 점검 및 관리를 업으로 하려는 자 또는 「화재의 예방 및 안전관리에 관한 법률」 제25조에 따른 소방안전관리업무의 대행을 하려는 자는 대통령령으로 정하는 업종별로 시 · 도지사에게 소방시설관리업(이하 “관리업”이라 한다) 등록을 하여야 한다(법 제29조 제1항).

51 **「소방시설 설치 및 관리에 관한 법률」상 시 · 도지사가 소방시설관리업의 등록 대상에서 제외해야 하는 사유로 옳지 않은 것은?**

① 소방시설관리업을 등록하려는 자가 피성년후견인인 경우

② 소방시설관리업을 등록하려는 자가 소방관계법률 등의 위반으로 금고 이상의 형의 집행유예를 선고받고 그 유예기간 중에 있는 경우

③ 소방시설관리업을 등록하려는 자가 소방관계법률 등의 위반으로 금고 이상의 실형을 선고받고 집행을 마치고 2년 이상 경과된 경우

④ 소방시설관리업을 등록하려는 자가 소방관계법률 등의 위반으로 금고 이상의 실형을 선고받고 집행이 면제된 날부터 2년 미만인 경우

해설 **등록의 결격사유(법 제30조)**

다음 각 호의 어느 하나에 해당하는 자는 관리업의 등록을 할 수 없다.

1. 피성년후견인
2. 이 법, 「소방기본법」, 「화재의 예방 및 안전관리에 관한 법률」, 「소방시설공사업법」 또는 「위험물안전관리법」을 위반하여 금고 이상의 실형을 선고받고 그 집행이 끝나거나(집행이 끝난 것으로 보는 경우를 포함한다) 집행이 면제된 날부터 2년이 지나지 아니한 사람
3. 이 법, 「소방기본법」, 「화재의 예방 및 안전관리에 관한 법률」, 「소방시설공사업법」 또는 「위험물안전관리법」을 위반하여 금고 이상의 형의 집행유예를 선고받고 그 유예기간 중에 있는 사람
4. 제35조 제1항에 따라 관리업의 등록이 취소(제1호에 해당하여 등록이 취소된 경우는 제외한다)된 날부터 2년이 지나지 아니한 자
5. 임원 중에 제1호부터 제4호까지의 어느 하나에 해당하는 사람이 있는 법인

52 **「소방시설 설치 및 관리에 관한 법률 시행령」상 특정소방대상물의 구분으로 옳은 것은?**

① 운동시설 - 관람석의 바닥면적의 합계가 1,000제곱미터 이상인 체육관
② 관광 휴게시설 - 어린이회관
③ 교육연구시설 - 자동차운전학원
④ 동물 및 식물 관련 시설 - 식물원

해설 ② 관광 휴게시설에는 야외음악당, 야외극장, 어린이회관, 관망탑, 휴게소, 공원・유원지 또는 관광지에 부수되는 건축물이 있다(시행령 [별표 2] 제25호 참조).
① 운동시설 - 체육관으로서 관람석의 바닥면적이 1,000제곱미터 미만인 것
③ 항공기 및 자동차 관련 시설 - 자동차운전학원
④ 문화 및 집회시설 - 식물원

정답 50 ③ 51 ③ 52 ②

53 **「소방시설 설치 및 관리에 관한 법률 시행령」상 특정소방대상물 중 지하구에 관한 내용이다. (　　) 안에 들어갈 내용으로 옳은 것은?**

> • 전력·통신용의 전선이나 가스·냉난방용의 배관 또는 이와 비슷한 것을 집합수용하기 위하여 설치한 지하 인공구조물로서 사람이 점검 또는 보수를 하기 위하여 출입이 가능한 것 중 다음의 어느 하나에 해당하는 것
> 가. 전력 또는 통신사업용 지하 인공구조물로서 전력구(케이블 접속부가 없는 경우는 제외한다) 또는 통신구 방식으로 설치된 것
> 나. '가' 외의 지하 인공구조물로서 폭이 (ㄱ) 이상이고 높이가 (ㄴ) 이상이며 길이가 (ㄷ) 이상인 것
> • 「국토의 계획 및 이용에 관한 법률」 제2조 제9호에 따른 (ㄹ)

	ㄱ	ㄴ	ㄷ	ㄹ
①	1.5m	2m	50m	공동구
②	1.5m	1.8m	30m	지하가
③	1.8m	2m	50m	공동구
④	1.8m	1.8m	50m	지하가

해설 **특정소방대상물(시행령 [별표 2] 제28호)**

지하구

가. 전력·통신용의 전선이나 가스·냉난방용의 배관 또는 이와 비슷한 것을 집합수용하기 위하여 설치한 지하 인공구조물로서 사람이 점검 또는 보수를 하기 위하여 출입이 가능한 것 중 다음의 어느 하나에 해당하는 것

1) 전력 또는 통신사업용 지하 인공구조물로서 전력구(케이블 접속부가 없는 경우는 제외한다) 또는 통신구 방식으로 설치된 것

2) 1)외의 지하 인공구조물로서 폭이 1.8m 이상이고 높이가 2m 이상이며 길이가 50m 이상인 것

나. 「국토의 계획 및 이용에 관한 법률」 제2조 제9호에 따른 공동구

54 「소방시설 설치 및 관리에 관한 법률 시행령」상 의료시설에 해당하는 특정소방대상물을 모두 고른 것은?

ㄱ. 노인의료복지시설	ㄴ. 정신의료기관
ㄷ. 마약진료소	ㄹ. 한방의원

① ㄱ, ㄷ ② ㄱ, ㄹ
③ ㄴ, ㄷ ④ ㄷ, ㄹ

해설 ㄱ. 노인의료복지시설은 노유자 시설에 해당한다.
ㄹ. 한방의원은 근린생활시설에 해당한다.

특정소방대상물(시행령 [별표 2] 제7호)
의료시설
가. 병원 : 종합병원, 병원, 치과병원, 한방병원, 요양병원
나. 격리병원 : 전염병원, 마약진료소, 그 밖에 이와 비슷한 것
다. 정신의료기관
라. 「장애인복지법」 제58조 제1항 제4호에 따른 장애인 의료재활시설

55 「소방시설 설치 및 관리에 관한 법률 시행령」상 특정소방대상물 중 근린생활시설로 옳지 않은 것은?

① 같은 건축물에 금융업소로 쓰는 바닥면적의 합계가 200제곱미터인 것
② 같은 건축물에 단란주점으로 쓰는 바닥면적의 합계가 300제곱미터인 것
③ 같은 건축물에 골프연습장으로 쓰는 바닥면적의 합계가 450제곱미터인 것
④ 같은 건축물에 슈퍼마켓으로 쓰는 바닥면적의 합계가 900제곱미터인 것

해설 휴게음식점, 제과점, 일반음식점, 기원(棋院), 노래연습장 및 단란주점은 근린생활시설에 해당하는데, 다만 단란주점은 같은 건축물에 해당 용도로 쓰는 바닥면적의 합계가 150㎡ 미만인 것만 해당한다(시행령 [별표 2] 제2호 나목 참조).

정답 53 ③ 54 ③ 55 ②

56 **「소방시설 설치 및 관리에 관한 법률 시행령」상 둘 이상의 특정소방대상물이 내화구조로 된 연결통로로 연결된 경우 이를 하나의 특정소방대상물로 보는 기준에 관한 내용이다. ( ) 안에 들어갈 내용으로 옳은 것은?**

> • 벽이 없는 구조로서 그 길이가 (ㄱ) 이하인 경우
> • 벽이 있는 구조로서 그 길이가 (ㄴ) 이하인 경우. 다만, 벽 높이가 바닥에서 천장까지의 높이의 (ㄷ) 이상인 경우에는 벽이 있는 구조로 보고, 벽 높이가 바닥에서 천장까지의 높이의 (ㄷ) 미만인 경우에는 벽이 없는 구조로 본다.

	ㄱ	ㄴ	ㄷ
①	6m	10m	2분의 1
②	7m	12m	3분의 1
③	8m	10m	2분의 1
④	9m	12m	3분의 1

해설 **특정소방대상물(시행령 [별표 2] 비고 제2호)**

둘 이상의 특정소방대상물이 다음 각 목의 어느 하나에 해당되는 구조의 복도 또는 통로(이하 이 표에서 “연결통로”라 한다)로 연결된 경우에는 이를 하나의 특정소방대상물로 본다.

가. 내화구조로 된 연결통로가 다음의 어느 하나에 해당되는 경우

1) 벽이 없는 구조로서 그 길이가 6m 이하인 경우
2) 벽이 있는 구조로서 그 길이가 10m 이하인 경우. 다만, 벽 높이가 바닥에서 천장까지의 높이의 2분의 1 이상인 경우에는 벽이 있는 구조로 보고, 벽 높이가 바닥에서 천장까지의 높이의 2분의 1 미만인 경우에는 벽이 없는 구조로 본다.

57 **「소방시설 설치 및 관리에 관한 법률 시행령」상 건축허가 등의 동의에 관한 내용에서 동의 제외 대상이 아닌 것은?**

① 공동주택에 설치된 한센인이 24시간 생활하는 노유자 시설
② 단독주택에 설치된 장애인 거주시설
③ 공동주택에 설치된 아동복지시설(아동상담소, 아동전용시설 및 지역아동센터는 제외)
④ 단독주택에 설치된 노인의료복지시설

해설 **건축허가 등의 동의대상물의 범위 등(시행령 제7조 제1항 제7호)**

제1호 나목에 해당하지 않는 노유자 시설 중 다음 각 목의 어느 하나에 해당하는 시설. 다만, 가목 2) 및 나목부터 바목까지의 시설 중 「건축법 시행령」 별표 1의 단독주택 또는 공동주택에 설치되는 시설은 제외한다.

가. 별표 2 제9호 가목에 따른 노인 관련 시설 중 다음의 어느 하나에 해당하는 시설
   1) 「노인복지법」 제31조 제1호에 따른 노인주거복지시설, 같은 조 제2호에 따른 노인의료복지시설 및 같은 조 제4호에 따른 재가노인복지시설
   2) 「노인복지법」 제31조 제7호에 따른 학대피해노인 전용쉼터
나. 「아동복지법」 제52조에 따른 아동복지시설(아동상담소, 아동전용시설 및 지역아동센터는 제외한다)
다. 「장애인복지법」 제58조 제1항 제1호에 따른 장애인 거주시설
라. 정신질환자 관련 시설(「정신건강증진 및 정신질환자 복지서비스 지원에 관한 법률」 제27조 제1항 제2호에 따른 공동생활가정을 제외한 재활훈련시설과 같은 법 시행령 제16조 제3호에 따른 종합시설 중 24시간 주거를 제공하지 않는 시설은 제외한다)
마. 별표 2 제9호 마목에 따른 노숙인 관련 시설 중 노숙인자활시설, 노숙인재활시설 및 노숙인요양시설
바. 결핵환자나 한센인이 24시간 생활하는 노유자 시설

58 **「소방시설 설치 및 관리에 관한 법률 시행규칙」상 건축허가 동의 등을 요구할 수 있는 권한이 있는 행정기관으로 옳지 않은 것은?**

① 「건축법」 제11조에 따른 허가 및 같은 법 제29조 제2항에 따른 협의의 권한이 있는 행정기관
② 「학교시설사업 촉진법」 제4조에 따른 승인 및 같은 법 제13조에 따른 사용승인의 권한이 있는 행정기관
③ 「문화유산의 보존 및 활용에 관한 법률」 제2조 제3항에 따른 지정문화유산을 지정할 권한이 있는 행정기관
④ 「국토의 계획 및 이용에 관한 법률」 제88조 제2항에 따른 도시・군계획시설사업 실시계획 인가의 권한이 있는 행정기관

해설 **건축허가 등의 동의 요구(시행규칙 제3조 제1항)**
법 제6조 제1항에 따른 건축물 등의 신축・증축・개축・재축・이전・용도변경 또는 대수선의 허가・협의 및 사용승인(「주택법」 제15조에 따른 승인 및 같은 법 제49조에 따른 사용검사, 「학교시설사업 촉진법」 제4조에 따른 승인 및 같은 법 제13조에 따른 사용승인을 포함하며, 이하 "건축허가 등"이라 한다)의 동의 요구는 다음 각 호의 권한이 있는 행정기관이 「소방시설 설치 및 관리에 관한 법률 시행령」(이하 "영"이라 한다) 제7조 제1항 각 호에 따른 동의대상물의 시공지 또는 소재지를 관할하는 소방본부장 또는 소방서장에게 해야 한다.
1. 「건축법」 제11조에 따른 허가 및 같은 법 제29조 제2항에 따른 협의의 권한이 있는 행정기관
2. 「주택법」 제15조에 따른 승인 및 같은 법 제49조에 따른 사용검사의 권한이 있는 행정기관

정답 | 56 ① 57 ④ 58 ③ |

3. 「학교시설사업 촉진법」 제4조에 따른 승인 및 같은 법 제13조에 따른 사용승인의 권한이 있는 행정기관
4. 「고압가스 안전관리법」 제4조에 따른 허가의 권한이 있는 행정기관
5. 「도시가스사업법」 제3조에 따른 허가의 권한이 있는 행정기관
6. 「액화석유가스의 안전관리 및 사업법」 제5조 및 제6조에 따른 허가의 권한이 있는 행정기관
7. 「전기안전관리법」 제8조에 따른 자가용전기설비의 공사계획의 인가의 권한이 있는 행정기관
8. 「전기사업법」 제61조에 따른 전기사업용전기설비의 공사계획에 대한 인가의 권한이 있는 행정기관
9. 「국토의 계획 및 이용에 관한 법률」 제88조 제2항에 따른 도시·군계획시설사업 실시계획 인가의 권한이 있는 행정기관

59 **「소방시설 설치 및 관리에 관한 법률 시행령」상 건축허가 등의 동의에 있어 화재안전기준에 적합한 소방시설 중 일부를 설치한 경우 해당 특정소방대상물의 건축허가 동의대상에서 제외된다. 이에 해당하는 소방시설로 옳지 않은 것은?**

① 소화기구, 자동소화장치가 화재안전기준에 적합하게 설치된 특정소방대상물
② 가스누설경보기 및 피난구조설비(비상조명등은 제외)가 화재안전기준에 적합하게 설치된 특정소방대상물
③ 누전경보기, 단독경보형 감지기가 화재안전기준에 적합하게 설치된 특정소방대상물
④ 스프링클러설비와 물분무등소화설비가 화재안전기준에 적합하게 설치된 특정소방대상물

해설 **건축허가 등의 동의대상물의 범위 등(시행령 제7조 제2항)**
제1항에도 불구하고 다음 각 호의 어느 하나에 해당하는 특정소방대상물은 소방본부장 또는 소방서장의 건축허가 등의 동의대상에서 제외한다.
1. 별표 4에 따라 특정소방대상물에 설치되는 소화기구, 자동소화장치, 누전경보기, 단독경보형 감지기, 가스누설경보기 및 피난구조설비(비상조명등은 제외한다)가 화재안전기준에 적합한 경우 해당 특정소방대상물
2. 건축물의 증축 또는 용도변경으로 인하여 해당 특정소방대상물에 추가로 소방시설이 설치되지 않는 경우 해당 특정소방대상물
3. 「소방시설공사업법 시행령」 제4조에 따른 소방시설공사의 착공신고 대상에 해당하지 않는 경우 해당 특정소방대상물

60 **「소방시설 설치 및 관리에 관한 법률 시행령」상 성능위주설계를 하여야 하는 특정소방대상물로 옳은 것은? (단, 신축하는 것만 해당한다.)**

① 지상으로부터 높이 120미터인 아파트 등
② 연면적 2만제곱미터인 철도역사
③ 연면적 10만제곱미터인 특정소방대상물(단, 아파트 등은 제외)
④ 하나의 건축물에 「영화 및 비디오물의 진흥에 관한 법률」 제2조 제10호에 따른 영화상영관이 10개인 특정소방대상물

해설 ④ 하나의 건축물에 「영화 및 비디오물의 진흥에 관한 법률」 제2조 제10호에 따른 영화상영관이 10개 이상인 특정소방대상물은 성능위주설계를 해야 하는 특정소방대상물에 해당한다(시행령 제9조 제6호).
① 지상으로부터 높이가 120미터 이상인 특정소방대상물(아파트 등은 제외한다)
② 연면적 3만제곱미터 이상인 철도역사
③ 연면적 20만제곱미터 이상인 특정소방대상물(단, 아파트 등은 제외한다)

61 **「소방시설 설치 및 관리에 관한 법률 시행령」상 옥내소화전설비를 설치해야 하는 특정소방대상물에 해당하지 않는 것은?**

① 연면적 1,000㎡ 이상인 판매시설
② 연면적 1,500㎡ 이상인 복합건축물
③ 지하가 중 길이가 1,000m 이상인 터널
④ 지하층·무창층 또는 4층 이상 층의 바닥면적이 300㎡ 이상인 숙박시설

해설 근린생활시설, 판매시설, 운수시설, 의료시설, 노유자 시설, 업무시설, 숙박시설, 위락시설, 공장, 창고시설, 항공기 및 자동차 관련 시설, 교정 및 군사시설 중 국방·군사시설, 방송통신시설, 발전시설, 장례시설 또는 복합건축물로서 연면적 1천5백㎡ 이상인 것은 옥내소화전설비를 설치해야 하는 특정소방대상물에 해당한다(시행령 [별표 4] 제1호 다목 참조).

정답 | 59 ④ 60 ④ 61 ①

62 **「소방시설 설치 및 관리에 관한 법률 시행령」상 스프링클러설비를 설치해야 하는 특정소방대상물에 해당하는 것만을 〈보기〉에서 고른 것은?**

보기

ㄱ. 수련시설 내에 있는 학생 수용을 위한 기숙사로서 연면적 5천㎡인 경우
ㄴ. 교육연구시설 내에 합숙소로서 연면적 100㎡인 경우
ㄷ. 숙박시설로 사용되는 바닥면적의 합계가 500㎡인 경우
ㄹ. 영화상영관의 용도로 쓰는 4층의 바닥면적이 1천㎡인 경우
ㅁ. 근린생활시설 중 조산원 및 산후조리원으로서 연면적 600㎡ 미만인 경우

① ㄱ, ㄴ
② ㄱ, ㄹ
③ ㄴ, ㄷ
④ ㄷ, ㅁ

해설 교육연구시설 내에 합숙소로서 연면적 100㎡ 이상인 경우에는 모든 층(ㄴ), 숙박시설로 사용되는 바닥면적의 합계가 300㎡ 이상 600㎡ 미만인 시설(ㄷ), 근린생활시설 중 조산원 및 산후조리원으로서 연면적 600㎡ 미만인 시설(ㅁ)은 모두 간이스프링클러설비를 설치해야 하는 특정소방대상물이다(시행령 [별표 4] 제1호 마목 참조).

63 **「소방시설 설치 및 관리에 관한 법률」 및 같은 법 시행령상 단독주택이나 공동주택(아파트 및 기숙사는 제외)의 소유자가 의무적으로 설치하여야 하는 소방시설로 옳은 것만을 〈보기〉에서 고른 것은?**

보기

ㄱ. 소화기
ㄴ. 주거용 주방자동소화장치
ㄷ. 가스자동소화장치
ㄹ. 단독경보형 감지기
ㅁ. 가스누설경보기

① ㄱ, ㄹ
② ㄴ, ㅁ
③ ㄱ, ㄴ, ㄹ
④ ㄴ, ㄷ, ㅁ

해설 **주택용소방시설(시행령 제10조)**

법 제10조 제1항 각 호 외의 부분에서 "소화기 등 대통령령으로 정하는 소방시설"이란 소화기 및 단독경보형 감지기를 말한다.

64 「소방시설 설치 및 관리에 관한 법률 시행령」상 특정소방대상물에 설치하는 소방시설 중 단독경보형 감지기에 관한 설치기준으로 옳지 않은 것은?

① 교육연구시설 내에 있는 기숙사 또는 합숙소로서 연면적 2천㎡ 미만인 것
② 연면적 400㎡ 미만의 어린이회관
③ 수련시설 내에 있는 기숙사 또는 합숙소로서 연면적 2천㎡ 미만인 것
④ 숙박시설이 있는 수련시설로서 수용인원 100명 미만인 것

해설 **단독경보형 감지기를 설치해야 하는 특정소방대상물(시행령 [별표 4] 제2호 가목)**
단독경보형 감지기를 설치해야 하는 특정소방대상물은 다음의 어느 하나에 해당하는 것으로 한다. 이 경우 5)의 연립주택 및 다세대주택에 설치하는 단독경보형 감지기는 연동형으로 설치해야 한다.
1) 교육연구시설 내에 있는 기숙사 또는 합숙소로서 연면적 2천㎡ 미만인 것
2) 수련시설 내에 있는 기숙사 또는 합숙소로서 연면적 2천㎡ 미만인 것
3) 수련시설(숙박시설이 있는 것만 해당) + 수용인원 100명 미만인 것
4) 연면적 400㎡ 미만의 유치원
5) 공동주택 중 연립주택 및 다세대주택

65 「소방시설 설치 및 관리에 관한 법률 시행령」상 특정소방대상물에 설치하는 소방시설에 관한 내용으로 옳은 것만을 〈보기〉에서 고른 것은?

보기
ㄱ. 주택용소방시설이란 소화기 및 단독경보형 감지기를 말한다. ㄴ. 비상콘센트설비, 제연설비는 소방시설 중 소화활동설비에 포함된다. ㄷ. 스프링클러설비, 연결송수관설비는 소방시설 중 소화설비에 포함된다. ㄹ. 분말형태의 소화약제를 사용하는 소화기의 내용연수는 10년으로 한다. ㅁ. 옥내소화전설비, 자동화재탐지설비, 스프링클러설비 및 물분무등소화설비는 내진설계 대상 소방시설이다.

① ㄱ, ㄴ, ㄷ
② ㄱ, ㄴ, ㄹ
③ ㄱ, ㄹ, ㅁ
④ ㄴ, ㄷ, ㄹ

해설 ㄷ. 스프링클러설비는 소방시설 중 소화설비에 포함되고, 연결송수관설비는 소화활동설비에 포함된다(시행령 [별표 1] 참조).
ㅁ. 내진설계 대상 소방시설은 옥내소화전설비, 스프링클러설비 및 물분무등소화설비를 말한다(시행령 제8조 제2항 참조).

정답 62 ② 63 ① 64 ② 65 ②

66 **「소방시설 설치 및 관리에 관한 법률」 및 같은 법 시행령상 소방본부장이나 소방서장이 화재안전기준의 변경으로 강화된 기준을 적용하여야 하는 소방시설로 옳은 것만을 〈보기〉에서 고른 것은?**

> **보기**
>
> ㄱ. 소화기구
> ㄴ. 피난구조설비
> ㄷ. 자동화재탐지설비
> ㄹ. 노유자 시설에 설치하는 스프링클러설비, 자동화재탐지설비
> ㅁ. 의료시설에 설치하는 간이스프링클러설비, 자동화재속보설비

① ㄱ, ㄴ
② ㄴ, ㄹ
③ ㄱ, ㄴ, ㄷ, ㅁ
④ ㄱ, ㄷ, ㄹ, ㅁ

해설

소방시설기준 적용의 특례(법 제13조 제1항 단서)

다만, 다음 각 호의 어느 하나에 해당하는 소방시설의 경우에는 대통령령 또는 화재안전기준의 변경으로 강화된 기준을 적용할 수 있다.

1. 다음 각 목의 소방시설 중 대통령령 또는 화재안전기준으로 정하는 것
   가. 소화기구
   나. 비상경보설비
   다. 자동화재탐지설비
   라. 자동화재속보설비
   마. 피난구조설비

강화된 소방시설기준의 적용대상(시행령 제13조)

법 제13조 제1항 제2호 각 목 외의 부분에서 "대통령령으로 정하는 것"이란 다음 각 호의 소방시설을 말한다.

1. 「국토의 계획 및 이용에 관한 법률」 제2조 제9호에 따른 공동구에 설치하는 소화기, 자동소화장치, 자동화재탐지설비, 통합감시시설, 유도등 및 연소방지설비
2. 전력 및 통신사업용 지하구에 설치하는 소화기, 자동소화장치, 자동화재탐지설비, 통합감시시설, 유도등 및 연소방지설비
3. 노유자 시설에 설치하는 간이스프링클러설비, 자동화재탐지설비 및 단독경보형 감지기
4. 의료시설에 설치하는 스프링클러설비, 간이스프링클러설비, 자동화재탐지설비 및 자동화재속보설비

67 「소방시설 설치 및 관리에 관한 법률 시행령」상 밑줄 친 경우에 해당되지 않는 것은?

> 소방본부장 또는 소방서장은 특정소방대상물이 증축되는 경우에는 기존 부분을 포함한 특정소방대상물의 전체에 대하여 증축 당시의 소방시설의 설치에 관한 대통령령 또는 화재안전기준을 적용해야 한다. 다만, 다음 각 호의 어느 하나에 해당하는 경우에는 기존 부분에 대해서는 증축 당시의 소방시설의 설치에 관한 대통령령 또는 화재안전기준을 적용하지 않는다.

① 기존 부분과 증축 부분이 내화구조로 된 바닥과 벽으로 구획된 경우
② 기존 부분과 증축 부분이 「건축법 시행령」에 따른 60분+ 방화문으로 구획되어 있는 경우
③ 자동차 생산공장 등 화재 위험이 낮은 특정소방대상물 내부에 연면적 100제곱미터 이하의 직원 휴게실을 증축하는 경우
④ 자동차 생산공장 등 화재 위험이 낮은 특정소방대상물에 캐노피를 설치하는 경우

해설 **특정소방대상물의 증축 또는 용도변경 시의 소방시설기준 적용의 특례(시행령 제15조 제1항)**
법 제13조 제3항에 따라 소방본부장 또는 소방서장은 특정소방대상물이 증축되는 경우에는 기존 부분을 포함한 특정소방대상물의 전체에 대하여 증축 당시의 소방시설의 설치에 관한 대통령령 또는 화재안전기준을 적용해야 한다. 다만, 다음 각 호의 어느 하나에 해당하는 경우에는 기존 부분에 대해서는 증축 당시의 소방시설의 설치에 관한 대통령령 또는 화재안전기준을 적용하지 않는다.

1. 기존 부분과 증축 부분이 내화구조(耐火構造)로 된 바닥과 벽으로 구획된 경우
2. 기존 부분과 증축 부분이 「건축법 시행령」 제46조 제1항 제2호에 따른 자동방화셔터(이하 “자동방화셔터”라 한다) 또는 같은 영 제64조 제1항 제1호에 따른 60분+ 방화문(이하 “60분+ 방화문”이라 한다)으로 구획되어 있는 경우
3. 자동차 생산공장 등 화재 위험이 낮은 특정소방대상물 내부에 연면적 33제곱미터 이하의 직원 휴게실을 증축하는 경우
4. 자동차 생산공장 등 화재 위험이 낮은 특정소방대상물에 캐노피(기둥으로 받치거나 매달아 놓은 덮개를 말하며, 3면 이상에 벽이 없는 구조의 것을 말한다)를 설치하는 경우

정답 66 ③ 67 ③

68 **「소방시설 설치 및 관리에 관한 법률 시행령」상 '유사한 소방시설의 설치 면제의 기준'에 관한 내용이다. (　) 안에 들어갈 내용으로 옳은 것은?**

> 간이스프링클러를 설치해야 하는 특정소방대상물에 (ㄱ), (ㄴ) 또는 미분무소화설비를 화재안전기준에 적합하게 설치한 경우에는 그 설비의 유효범위에서 설치가 면제된다.

	ㄱ	ㄴ		ㄱ	ㄴ
①	스프링클러설비	옥내소화전설비	②	포소화설비	물분무소화설비
③	스프링클러설비	물분무소화설비	④	포소화설비	옥내소화전설비

해설 간이스프링클러설비를 설치해야 하는 특정소방대상물에 스프링클러설비, 물분무소화설비 또는 미분무소화설비를 화재안전기준에 적합하게 설치한 경우에는 그 설비의 유효범위에서 설치가 면제된다(시행령 [별표 5] 참조).

69 **「소방시설 설치 및 관리에 관한 법률 시행령」상 수용인원 산정 방법에 따라 수용인원을 산정하는 경우 수용인원이 가장 적은 것은?**

① 종사자 3명, 침대 수 110개(2인용 90개, 1인용 20개)
② 휴게실로서 바닥면적이 500만제곱미터
③ 강의실 바닥면적이 600만제곱미터
④ 운동시설 중 관람의자 등이 없고 바닥면적이 900제곱미터

해설
① 종사자 수(3) + 2인용 침대 수(90 × 2 = 180) + 1인용 침대 수(20) = 203명
② 휴게실로서 바닥면적이 500만제곱미터 ÷ 1.9 = $\frac{500}{1.9}$ = 약 263명
③ 강의실 바닥면적이 600만제곱미터 ÷ 1.9 = $\frac{600}{1.9}$ = 약 316명
④ 운동시설 중 관람의자 등이 없고 바닥면적이 900제곱미터 ÷ 4.6 = $\frac{900}{4.6}$ = 약 196명

70 **「소방시설 설치 및 관리에 관한 법률 시행령」상 건설현장 임시소방시설의 종류가 아닌 것은?**

① 소화기
② 스프링클러설비
③ 비상경보장치
④ 간이피난유도선

해설 스프링클러설비는 해당 사항이 없다(시행령 [별표 8] 참조).

71 **「소방시설 설치 및 관리에 관한 법률」 및 같은 법 시행령상 중앙소방기술심의위원회의 심의사항으로 옳지 않은 것은?**

① 화재안전기준에 관한 사항
② 소방시설의 설계 및 공사감리의 방법에 관한 사항
③ 소방시설의 구조 및 원리 등에서 공법이 특수한 설계 및 시공에 관한 사항
④ 연면적 10만제곱미터 미만의 특정소방대상물에 설치된 소방시설의 설계・시공・감리의 하자 유무에 관한 사항

해설 연면적 10만제곱미터 미만의 특정소방대상물에 설치된 소방시설의 설계・시공・감리의 하자 유무에 관한 사항은 지방소방기술심의위원회의 심의사항이다(법 제18조 제2항, 시행령 제20조 제2항 제1호).

72 **「소방시설 설치 및 관리에 관한 법률 시행령」상 특정소방대상물의 방염에 관한 내용으로 옳지 않은 것은?**

① 방염성능기준은 탄화한 면적은 50㎠ 이내, 탄화한 길이는 20cm 이내로 한다.
② 11층 이상인 아파트는 방염성능기준 이상의 방염대상물품을 실내장식물로 하여야 한다.
③ 노래연습장은 방염성능기준에 의한 방염대상물품을 실내장식물로 하여야 한다.
④ 소방본부장 또는 소방서장은 숙박시설 또는 장례식장에서 사용하는 침구류・소파 및 의자는 방염처리된 제품을 사용하도록 권장할 수 있다.

정답 68 ③ 69 ④ 70 ② 71 ④ 72 ②

해설 **방염성능기준 이상의 실내장식물 등을 설치해야 하는 특정소방대상물(시행령 제30조)**

법 제20조 제1항에서 "대통령령으로 정하는 특정소방대상물"이란 다음 각 호의 것을 말한다.

1. 근린생활시설 중 의원, 조산원, 산후조리원, 체력단련장, 공연장 및 종교집회장
2. 건축물의 옥내에 있는 다음 각 목의 시설
   가. 문화 및 집회시설
   나. 종교시설
   다. 운동시설(수영장은 제외한다)
3. 의료시설
4. 교육연구시설 중 합숙소
5. 노유자 시설
6. 숙박이 가능한 수련시설
7. 숙박시설
8. 방송통신시설 중 방송국 및 촬영소
9. 「다중이용업소의 안전관리에 관한 특별법」 제2조 제1항 제1호에 따른 다중이용업의 영업소(이하 "다중이용업소"라 한다)
10. 제1호부터 제9호까지의 시설에 해당하지 않는 것으로서 층수가 11층 이상인 것(아파트 등은 제외한다)

73 **「소방시설 설치 및 관리에 관한 법률 시행령」상 방염성능기준으로 옳은 것만을 〈보기〉에서 고른 것은?**

보기

ㄱ. 버너의 불꽃을 제거한 때부터 불꽃을 올리며 연소하는 상태가 그칠 때까지 시간은 30초 이내일 것
ㄴ. 버너의 불꽃을 제거한 때부터 불꽃을 올리지 않고 연소하는 상태가 그칠 때까지 시간은 20초 이내일 것
ㄷ. 탄화(炭化)한 면적은 50제곱센티미터 이내, 탄화한 길이는 20센티미터 이내일 것
ㄹ. 불꽃에 의하여 완전히 녹을 때까지 불꽃의 접촉 횟수는 3회 이상일 것
ㅁ. 소방청장이 정하여 고시한 방법으로 발연량(發煙量)을 측정하는 경우 최대연기밀도는 400 이하일 것

① ㄱ, ㄴ
② ㄴ, ㄷ, ㄹ
③ ㄷ, ㄹ, ㅁ
④ ㄱ, ㄴ, ㄷ, ㄹ, ㅁ

해설 **방염대상물품 및 방염성능기준(시행령 제31조 제2항)**

법 제20조 제3항에 따른 방염성능기준은 다음 각 호의 기준에 따르되, 제1항에 따른 방염대상물품의 종류에 따른 구체적인 방염성능기준은 다음 각 호의 기준의 범위에서 소방청장이 정하여 고시하는 바에 따른다.

1. 버너의 불꽃을 제거한 때부터 불꽃을 올리며 연소하는 상태가 그칠 때까지 시간은 20초 이내일 것
2. 버너의 불꽃을 제거한 때부터 불꽃을 올리지 않고 연소하는 상태가 그칠 때까지 시간은 30초 이내일 것
3. 탄화(炭化)한 면적은 50제곱센티미터 이내, 탄화한 길이는 20센티미터 이내일 것
4. 불꽃에 의하여 완전히 녹을 때까지 불꽃의 접촉 횟수는 3회 이상일 것
5. 소방청장이 정하여 고시한 방법으로 발연량(發煙量)을 측정하는 경우 최대연기밀도는 400 이하일 것

74 **「소방시설 설치 및 관리에 관한 법률」 및 같은 법 시행규칙상 자체점검 중에서 종합점검의 대상에 해당하는 것은?**

① 물분무등소화설비가 설치된 연면적 4,000㎡인 특정소방대상물
② 다중이용업의 영업장이 설치된 특정소방대상물로서 연면적이 1,000㎡인 것
③ 제연설비가 설치된 터널
④ 공공기관 중 연면적 600㎡인 것으로서 자동화재탐지설비가 설치된 것

해설 **자체점검 중 종합점검의 대상(시행규칙 [별표 3] 제3호 가목)**

종합점검은 다음의 어느 하나에 해당하는 특정소방대상물을 대상으로 한다.

1) 법 제22조 제1항 제1호(신설된 경우)에 해당하는 특정소방대상물
2) 스프링클러설비가 설치된 특정소방대상물
3) 물분무등소화설비[호스릴(hose reel) 방식의 물분무등소화설비만을 설치한 경우는 제외한다]가 설치된 연면적 5,000㎡ 이상인 특정소방대상물(제조소 등은 제외한다)
4) 「다중이용업소의 안전관리에 관한 특별법 시행령」 제2조 제1호 나목, 같은 조 제2호(비디오물소극장업은 제외한다) · 제6호 · 제7호 · 제7호의2 및 제7호의5의 다중이용업의 영업장이 설치된 특정소방대상물로서 연면적이 2,000㎡ 이상인 것
5) 제연설비가 설치된 터널
6) 「공공기관의 소방안전관리에 관한 규정」 제2조에 따른 공공기관 중 연면적(터널 · 지하구의 경우 그 길이와 평균 폭을 곱하여 계산된 값을 말한다)이 1,000㎡ 이상인 것으로서 옥내소화전설비 또는 자동화재탐지설비가 설치된 것. 다만, 「소방기본법」 제2조 제5호에 따른 소방대가 근무하는 공공기관은 제외한다.

정답 73 ③ 74 ③

75 **「소방시설 설치 및 관리에 관한 법률 시행령」상 성능위주설계를 해야 하는 특정소방대상물로 옳은 것만을 〈보기〉에서 고른 것은? (단, 신축하는 것만 해당한다.)**

보기

ㄱ. 50층 이상(지하층 포함)이거나 지상으로부터 높이가 200미터 이상인 아파트 등
ㄴ. 연면적 3만제곱미터 이상인 철도 및 도시철도 시설
ㄷ. 하나의 건축물에 「영화 및 비디오물의 진흥에 관한 법률」 제2조 제10호에 따른 영화상영관으로 수용인원이 1,000명 이상인 특정소방대상물
ㄹ. 터널 중 수저(水底)터널 또는 길이가 1천미터 이상인 것

① ㄱ　　② ㄴ
③ ㄱ, ㄷ　　④ ㄴ, ㄷ, ㄹ

해설 **성능위주설계를 해야 하는 특정소방대상물의 범위(시행령 제9조)**

법 제8조 제1항에서 "대통령령으로 정하는 특정소방대상물"이란 다음 각 호의 어느 하나에 해당하는 특정소방대상물(신축하는 것만 해당한다)을 말한다.

1. 연면적 20만제곱미터 이상인 특정소방대상물. 다만, 별표 2 제1호 가목에 따른 아파트 등(이하 "아파트 등"이라 한다)은 제외한다.
2. 50층 이상(지하층은 제외한다)이거나 지상으로부터 높이가 200미터 이상인 아파트 등
3. 30층 이상(지하층을 포함한다)이거나 지상으로부터 높이가 120미터 이상인 특정소방대상물(아파트 등은 제외한다)
4. 연면적 3만제곱미터 이상인 특정소방대상물로서 다음 각 목의 어느 하나에 해당하는 특정소방대상물
   가. 별표 2 제6호 나목의 철도 및 도시철도 시설
   나. 별표 2 제6호 다목의 공항시설
5. 별표 2 제16호의 창고시설 중 연면적 10만제곱미터 이상인 것 또는 지하층의 층수가 2개 층 이상이고 지하층의 바닥면적의 합계가 3만제곱미터 이상인 것
6. 하나의 건축물에 「영화 및 비디오물의 진흥에 관한 법률」 제2조 제10호에 따른 영화상영관이 10개 이상인 특정소방대상물
7. 「초고층 및 지하연계 복합건축물 재난관리에 관한 특별법」 제2조 제2호에 따른 지하연계 복합건축물에 해당하는 특정소방대상물
8. 별표 2 제27호의 터널 중 수저(水底)터널 또는 길이가 5천미터 이상인 것

76 **「소방시설 설치 및 관리에 관한 법률 시행령」상 지하가 중 길이가 1,000미터 이상의 터널에만 설치하는 소방시설로 옳은 것은?**

① 자동화재탐지설비
② 비상경보설비
③ 비상콘센트설비
④ 유도등

해설 자동화재탐지설비, 연결송수관설비 : 지하가 중 터널로서 길이가 1천m 이상인 터널에 설치한다(시행령 [별표 4] 참조).

77 **「소방시설 설치 및 관리에 관한 법률 시행령」상 강화된 소방시설기준의 적용대상에 관한 내용으로 옳지 않은 것은?**

① 「국토의 계획 및 이용에 관한 법률」에 따른 공동구에 설치하는 소화기, 자동소화장치, 자동화재탐지설비, 통합감시시설, 유도등 및 연소방지설비
② 전력 및 통신사업용 지하구에 설치하는 소화기, 자동소화장치, 자동화재탐지설비, 통합감시시설, 유도등 및 연소방지설
③ 노유자 시설에 설치하는 간이스프링클러설비, 자동화재탐지설비 및 자동화재속보설비
④ 의료시설에 설치하는 스프링클러설비, 간이스프링클러설비, 자동화재탐지설비 및 자동화재속보설비

해설 **강화된 소방시설기준의 적용대상(시행령 제13조)**
법 제13조 제1항 제2호 각 목 외의 부분에서 "대통령령으로 정하는 것"이란 다음 각 호의 소방시설을 말한다.
1. 「국토의 계획 및 이용에 관한 법률」 제2조 제9호에 따른 공동구에 설치하는 소화기, 자동소화장치, 자동화재탐지설비, 통합감시시설, 유도등 및 연소방지설비
2. 전력 및 통신사업용 지하구에 설치하는 소화기, 자동소화장치, 자동화재탐지설비, 통합감시시설, 유도등 및 연소방지설비
3. 노유자 시설에 설치하는 간이스프링클러설비, 자동화재탐지설비 및 단독경보형 감지기
4. 의료시설에 설치하는 스프링클러설비, 간이스프링클러설비, 자동화재탐지설비 및 자동화재속보설비

정답 75 ② 76 ① 77 ③

78 **다음 〈보기〉에서 「소방시설 설치 및 관리에 관한 법률 시행령」상 수용인원 산정 방법에 따라 특정소방대상물의 수용인원을 산정하였을 때 옳은 것을 바르게 나열한 것은?**

보기

ㄱ. 숙박시설로서 종업원 수는 10명, 1인용 침대가 50개, 2인용 침대가 100개 있는 특정소방대상물

ㄴ. 숙박시설로서 종업원수는 20명, 침대는 없음, 숙박시설로 사용되는 바닥면적의 합계가 600m^{2}인 특정소방대상물

ㄷ. 실습실 용도로 쓰는 특정소방대상물로서 사용하는 바닥면적의 합계가 570m^{2}인 특정소방대상물

ㄹ. 운동시설 용도로 쓰는 특정소방대상물로서 사용하는 바닥면적의 합계가 920m^{2}인 특정소방대상물(관람석 없음)

	ㄱ	ㄴ	ㄷ	ㄹ
①	250	200	350	220
②	260	200	300	220
③	200	220	350	200
④	260	220	300	200

해설

ㄱ. 종원업 수(10) + 1인용 침대(50) + {2인용 침대(100 × 2 = 200)} = 260명

ㄴ. 종원업 수(20) + $\frac{\text{사용되는 바닥면적의 합계}}{3}$ = 20 + $\frac{600}{3}$ = 220명

ㄷ. $\frac{\text{실습실 용도로 쓰는 바닥면적의 합계}}{1.9}$ = $\frac{570}{1.9}$ = 300명

ㄹ. $\frac{\text{운동시설 용도로 쓰는 바닥면적의 합계}}{4.6}$ = $\frac{920}{4.6}$ = 200명

※ 시행령 [별표 7]에 의거하여 산정

79 「소방시설 설치 및 관리에 관한 법률」 및 같은 법 시행령상 중앙소방기술심의위원회의 심의사항 중 대통령령으로 정하는 사항으로 옳지 않은 것은?

① 연면적 10만제곱미터 미만의 특정소방대상물에 설치된 소방시설의 설계·시공·감리의 하자 유무에 관한 사항
② 새로운 소방용품의 도입 여부에 관한 사항
③ 새로운 소방시설의 도입 여부에 관한 사항
④ 소방기술과 관련하여 소방청장이 소방기술심의위원회의 심의에 부치는 사항

해설 **중앙소방기술심의위원회의 심의사항(시행령 제20조 제1항)**
법 제18조 제1항 제6호에서 "대통령령으로 정하는 사항"이란 다음 각 호의 사항을 말한다.
1. 연면적 10만제곱미터 이상의 특정소방대상물에 설치된 소방시설의 설계·시공·감리의 하자 유무에 관한 사항
2. 새로운 소방시설과 소방용품 등의 도입 여부에 관한 사항
3. 그 밖에 소방기술과 관련하여 소방청장이 소방기술심의위원회의 심의에 부치는 사항

80 「소방시설 설치 및 관리에 관한 법률 시행규칙」상 성능위주설계의 기준으로 옳지 않은 것은?

① 소방자동차 진입(통로) 동선 및 소방관 진입 경로 확보
② 화재·피난 모의실험을 통한 화재위험성 및 피난안전성 검증
③ 특별피난계단을 제외한 피난경로의 안전성 확보
④ 침수 등 재난상황을 포함한 지하층 안전확보 방안 마련

해설 **성능위주설계 기준(시행규칙 제9조 제1항)**
법 제8조 제7항에 따른 성능위주설계의 기준은 다음 각 호와 같다.
1. 소방자동차 진입(통로) 동선 및 소방관 진입 경로 확보
2. 화재·피난 모의실험을 통한 화재위험성 및 피난안전성 검증
3. 건축물의 규모와 특성을 고려한 최적의 소방시설 설치
4. 소화수 공급시스템 최적화를 통한 화재피해 최소화 방안 마련
5. 특별피난계단을 포함한 피난경로의 안전성 확보
6. 건축물의 용도별 방화구획의 적정성
7. 침수 등 재난상황을 포함한 지하층 안전확보 방안 마련

정답 78 ④ 79 ① 80 ③

81 **「소방시설 설치 및 관리에 관한 법률 시행령」상 건축허가 등의 동의대상물의 범위에 해당하는 것만을 〈보기〉에서 고른 것은?**

> **보기**
>
> ㄱ. 단독주택에 설치된 「노인복지법」 제31조 제1호에 따른 노인주거복지시설
>
> ㄴ. 「학교시설사업 촉진법」 제5조의2 제1항에 따라 건축 등을 하려는 학교시설은 연면적 100제곱미터 이상인 건축물
>
> ㄷ. 차고・주차장으로 사용되는 바닥면적이 200제곱미터 이상인 층이 있는 건축물이나 주차시설
>
> ㄹ. 노유자 시설 및 수련시설은 연면적 300제곱미터 이상인 건축물

① ㄱ, ㄴ, ㄷ
② ㄱ, ㄴ, ㄹ
③ ㄱ, ㄷ, ㄹ
④ ㄴ, ㄷ, ㄹ

해설 특정소방대상물 중 노유자(老幼者) 시설 및 수련시설은 연면적 200제곱미터 이상이어야 한다(시행령 제7조 제1항 제1호 나목).

82 **「소방시설 설치 및 관리에 관한 법률 시행령」상 스프링클러를 설치해야 하는 기준으로 옳은 것은?**

① 판매시설, 운수시설 및 창고시설(물류터미널에 한정)로서 바닥면적이 5천㎡ 이상인 경우에는 모든 층

② 판매시설, 운수시설 및 창고시설(물류터미널에 한정)로서 수용인원이 100명 이상인 경우에는 모든 층

③ 문화 및 집회시설 중 영화상영관의 용도로 쓰는 층의 바닥면적이 지하층 또는 무창층인 경우에는 1천㎡ 이상인 것인 경우에는 모든 층

④ 문화 및 집회시설 중 무대부가 지하층・무창층 또는 4층 이상의 층에 있는 경우 무대부의 면적이 300㎡ 이상인 것인 경우에는 모든 층

해설

① 판매시설, 운수시설 및 창고시설(물류터미널에 한정한다)로서 <u>바닥면적의 합계</u>가 5천㎡ 이상인 경우에는 모든 층(시행령 [별표 4] 참조)

② 판매시설, 운수시설 및 창고시설(물류터미널에 한정한다)로서 수용인원이 <u>500명</u> 이상인 경우에는 모든 층(시행령 [별표 4] 참조)

③ 문화 및 집회시설 중 영화상영관의 용도로 쓰는 층의 바닥면적이 지하층 또는 무창층인에는 <u>500㎡</u> 이상인 것인 경우에는 모든 층(시행령 [별표 4] 참조)

83 「소방시설 설치 및 관리에 관한 법률」 및 같은 법 시행령상 노유자 시설의 경우 강화된 소방시설기준의 적용대상으로 옳지 않은 것은?

① 자동화재탐지설비
② 간이스프링클러설비
③ 스프링클러설비
④ 단독경보형 감지기

해설 노유자 시설의 경우 강화된 소방시설기준의 적용대상에는 간이스프링클러설비, 자동화재탐지설비 및 단독경보형 감지기가 있다(시행령 제13조 제3호 참조).

84 「소방시설 설치 및 관리에 관한 시행령」상 (   ) 안에 공통으로 들어갈 내용으로 옳은 것은?

소방본부장 또는 소방서장은 특정소방대상물이 (   )되는 경우에는 (   )되는 부분에 대해서만 (   ) 당시의 소방시설의 설치에 관한 대통령령 또는 화재안전기준을 적용한다.

① 용도변경
② 신축
③ 개축
④ 증축

해설 법 제13조 제3항에 따라 소방본부장 또는 소방서장은 특정소방대상물이 용도변경되는 경우에는 용도변경되는 부분에 대해서만 용도변경 당시의 소방시설의 설치에 관한 대통령령 또는 화재안전기준을 적용한다(시행령 제15조 제2항).

85 「소방시설 설치 및 관리에 관한 법률 시행령」상 소방시설관리사시험의 응시자격으로 옳지 않은 것은?

① 소방기술사·건축사·건축기계설비기술사·건축전기설비기술사 또는 공조냉동기계기술사
② 소방설비산업기사 또는 소방공무원 등 소방청장이 정하여 고시하는 사람 중 소방에 관한 실무경력(자격 취득 후의 실무경력으로 한정)이 2년 이상인 사람
③ 위험물기능장
④ 소방설비기사

정답 81 ① 82 ④ 83 ③ 84 ① 85 ②

해설 **소방시설관리사시험의 응시자격(시행령 제37조)**

법 제25조 제1항에 따른 소방시설관리사시험(이하 "관리사시험"이라 한다)에 응시할 수 있는 사람은 다음 각 호와 같다.

1. 소방기술사 · 건축사 · 건축기계설비기술사 · 건축전기설비기술사 또는 공조냉동기계기술사
2. 위험물기능장
3. 소방설비기사
4. 「국가과학기술 경쟁력 강화를 위한 이공계지원 특별법」 제2조 제1호에 따른 이공계 분야의 박사학위를 취득한 사람
5. 소방청장이 정하여 고시하는 소방안전 관련 분야의 석사 이상의 학위를 취득한 사람
6. 소방설비산업기사 또는 소방공무원 등 소방청장이 정하여 고시하는 사람 중 소방에 관한 실무경력(자격 취득 후의 실무경력으로 한정한다)이 3년 이상인 사람

86 「소방시설 설치 및 관리에 관한 법률 시행령」상 둘 이상의 특정소방대상물이 복도 또는 통로로 연결된 경우 하나의 특정소방대상물로 보지 않는 것은?

① 자동방화셔터 또는 60분+ 방화문이 설치되지 않은 피트로 연결된 경우
② 연결통로 또는 지하구와 특정소방대상물의 양쪽에 화재 시 자동으로 방수되는 방식의 드렌처설비 또는 개방형 스프링클러헤드가 설치된 경우
③ 컨베이어로 연결되거나 플랜트설비의 배관 등으로 연결되어 있는 경우
④ 지하보도, 지하상가, 지하가로 연결된 경우

해설 연결통로 또는 지하구와 특정소방대상물의 양쪽에 화재 시 자동으로 방수되는 방식의 드렌처설비 또는 개방형 스프링클러헤드가 설치된 경우에는 각각 별개의 특정소방대상물로 본다(시행령 [별표 2] 비고 참조).

87 「소방시설 설치 및 관리에 관한 법률 시행령」상 문화 및 집회시설에 포함되는 특정소방대상물이 아닌 것은?

① 학원 ② 동물원
③ 박물관 ④ 예식장

해설 ① 학원은 바닥면적의 합계가 500제곱미터 미만은 근린생활시설에, 500제곱미터 이상은 교육연구시설에 해당되며, 운전학원·정비학원은 항공기 및 자동차 관련 시설로, 무도학원은 위락시설로 분류한다.

문화 및 집회시설(시행령 [별표 2] 제3호)

가. 공연장으로서 근린생활시설에 해당하지 않는 것

나. 집회장 : 예식장, 공회당, 회의장, 마권(馬券) 장외 발매소, 마권 전화투표소, 그 밖에 이와 비슷한 것으로서 근린생활시설에 해당하지 않는 것

다. 관람장 : 경마장, 경륜장, 경정장, 자동차 경기장, 그 밖에 이와 비슷한 것과 체육관 및 운동장으로서 관람석의 바닥면적의 합계가 1천㎡ 이상인 것

라. 전시장 : 박물관, 미술관, 과학관, 문화관, 체험관, 기념관, 산업전시장, 박람회장, 견본주택, 그 밖에 이와 비슷한 것

마. 동·식물원 : 동물원, 식물원, 수족관, 그 밖에 이와 비슷한 것

88 **「소방시설 설치 및 관리에 관한 법률 시행령」상 건축허가 등의 동의대상물의 범위로 옳지 않은 것은?**

① 승강기 등 기계장치에 의한 주차시설로서 자동차 10대 이상을 주차할 수 있는 시설

② 연면적 400㎡ 이상(학교시설은 100㎡ 이상, 노유자 시설은 200㎡ 이상)인 건축물이나 시설

③ 지하층 또는 무창층이 있는 건축물로서 바닥면적이 150㎡(공연장의 경우 100㎡) 이상인 층이 있는 것

④ 항공기 격납고, 방송용 송수신탑, 항공관제탑, 관망탑

해설 차고·주차장 또는 주차용도로 사용되는 시설로서 ㉠ 차고·주차장으로 사용되는 바닥면적이 200㎡ 이상인 층이 있는 건축물이나 주차시설, ㉡ 승강기 등 기계장치에 의한 주차시설로서 자동차 20대 이상을 주차할 수 있는 시설에 해당하는 것(시행령 제7조 제1항 제3호)

정답 | 86 ② 87 ① 88 ① |

89 **「소방시설 설치 및 관리에 관한 법률 시행령」상 소방본부장 또는 소방서장의 건축허가 등의 동의대상에서 제외되는 특정소방대상물로 옳지 않은 것은?**

① 특정소방대상물에 설치되는 소화기구, 자동소화장치, 누전경보기, 단독경보형 감지기, 가스누설경보기 및 피난구조설비(비상조명등은 제외)가 화재안전기준에 적합한 경우 해당 특정소방대상물

② 건축물의 증축 또는 용도변경으로 인하여 해당 특정소방대상물에 추가로 소방시설이 설치되지 않는 경우 해당 특정소방대상물

③ 「소방시설공사업법 시행령」 제4조에 따른 소방시설공사의 착공신고 대상에 해당하지 않는 경우 해당 특정소방대상물

④ 연면적·높이·층수 등이 일정 규모 이상인 대통령령으로 정하는 특정소방대상물로서 성능위주설계를 한 특정소방대상물

해설 **건축허가 등의 동의대상물의 범위 등(시행령 제7조 제2항)**

제1항에도 불구하고 다음 각 호의 어느 하나에 해당하는 특정소방대상물은 소방본부장 또는 소방서장의 건축허가 등의 동의대상에서 제외한다.

1. 별표 4에 따라 특정소방대상물에 설치되는 소화기구, 자동소화장치, 누전경보기, 단독경보형 감지기, 가스누설경보기 및 피난구조설비(비상조명등은 제외한다)가 화재안전기준에 적합한 경우 해당 특정소방대상물
2. 건축물의 증축 또는 용도변경으로 인하여 해당 특정소방대상물에 추가로 소방시설이 설치되지 않는 경우 해당 특정소방대상물
3. 「소방시설공사업법 시행령」 제4조에 따른 소방시설공사의 착공신고 대상에 해당하지 않는 경우 해당 특정소방대상물

90 **「소방시설 설치 및 관리에 관한 법률」 및 같은 법 시행령상 중앙소방기술심의위원회의 심의사항으로 옳지 않은 것은?**

① 소방시설의 구조 및 원리 등에서 공법이 특수한 설계 및 시공에 관한 사항

② 소방서장의 성능위주설계의 평가 시 신기술·신공법 등 검토·평가에 고도의 기술이 필요한 경우로서 중앙위원회에 심의를 요청한 사항

③ 연면적 10만제곱미터 이상의 특정소방대상물에 설치된 소방시설의 설계·시공·감리의 하자 유무에 관한 사항

④ 소방본부장 또는 소방서장이 「위험물안전관리법」에 따른 제조소 등의 시설기준 또는 화재안전기준의 적용에 관하여 기술검토를 요청하는 사항

해설 소방본부장 또는 소방서장이 「위험물안전관리법」 제2조 제1항 제6호에 따른 제조소 등의 시설기준 또는 화재안전기준의 적용에 관하여 기술검토를 요청하는 사항은 시·도에 두는 지방소방기술심의위원회의 심의사항이다(시행령 제20조 제2항 제2호 참조).

91 「소방시설 설치 및 관리에 관한 법률 시행령」상 방염성능기준 이상의 실내장식물 등을 설치해야 하는 특정소방대상물로 옳지 않은 것은?

① 숙박이 가능한 수련시설
② 종합병원
③ 근린생활시설 중 치과의원
④ 건축물의 옥내에 있는 수영장

해설 **방염성능기준 이상의 실내장식물 등을 설치해야 하는 특정소방대상물(시행령 제30조)**
법 제20조 제1항에서 "대통령령으로 정하는 특정소방대상물"이란 다음 각 호의 것을 말한다.
1. 근린생활시설 중 의원(의원, 치과의원 및 한의원을 말한다), 조산원, 산후조리원, 체력단련장, 공연장 및 종교집회장
2. 건축물의 옥내에 있는 다음 각 목의 시설
   가. 문화 및 집회시설
   나. 종교시설
   다. 운동시설(수영장은 제외한다)
3. 의료시설
4. 교육연구시설 중 합숙소
5. 노유자 시설
6. 숙박이 가능한 수련시설
7. 숙박시설
8. 방송통신시설 중 방송국 및 촬영소
9. 「다중이용업소의 안전관리에 관한 특별법」 제2조 제1항 제1호에 따른 다중이용업의 영업소
10. 제1호부터 제9호까지의 시설에 해당하지 않는 것으로서 층수가 11층 이상인 것(아파트 등은 제외한다)

정답 89 ④ 90 ④ 91 ④

92 「소방시설 설치 및 관리에 관한 법률 시행령」상 소방시설을 설치하지 않을 수 있는 특정소방대상물 및 소방시설의 범위에 관한 규정으로 옳지 않은 것은?

① 석재의 가공공장은 옥외소화전 및 연결살수설비를 설치하지 않을 수 있다.
② 펄프공장의 작업장은 화재안전기준을 적용하기 어려운 특정소방대상물에 해당된다.
③ 정수장은 스프링클러설비를 설치하지 않을 수 있다.
④ 원자력발전소는 연결송수관설비 및 연결살수설비를 설치하지 않을 수 있다.

해설 화재안전기준을 적용하기 어려운 특정소방대상물(시행령 [별표 6] 참조)

특정소방대상물	설치하지 않을 수 있는 소방시설
펄프공장의 작업장, 음료수 공장의 세정 또는 충전을 하는 작업장, 그 밖에 이와 비슷한 용도로 사용하는 것	스프링클러설비, 상수도소화용수설비 및 연결살수설비
정수장, 수영장, 목욕장, 농예·축산·어류양식용 시설, 그 밖에 이와 비슷한 용도로 사용되는 것	자동화재탐지설비, 상수도소화용수설비 및 연결살수설비

93 「소방시설 설치 및 관리에 관한 법률 시행령」상 소방시설 중 자동화재탐지설비를 설치해야 하는 특정소방대상물에 관한 내용이다. (　) 안에 들어갈 숫자로 옳은 것은?

- 층수가 (ㄱ)층 이상인 건축물의 경우에는 모든 층
- 지하가 중 터널로서 길이가 (ㄴ)m 이상인 것
- 노유자 생활시설에 해당하지 않는 노유자 시설로서 연면적 (ㄷ)㎡ 이상인 노유자 시설 및 숙박시설이 있는 수련시설로서 수용인원 (ㄹ)명 이상인 경우에는 모든 층

	ㄱ	ㄴ	ㄷ	ㄹ
①	6	1,000	400	100
②	6	1,000	400	200
③	11	1,000	1,000	200
④	11	1,000	400	100

해설 자동화재탐지설비를 설치해야 하는 특정소방대상물(시행령 [별표 4] 제2호 다목 참조)

㉠ 층수가 6층 이상인 건축물의 경우에는 모든 층
㉡ 지하가 중 터널로서 길이가 1천m 이상인 것
㉢ 노유자 생활시설에 해당하지 않는 노유자 시설로서 연면적 400㎡ 이상인 노유자 시설 및 숙박시설이 있는 수련시설로서 수용인원 100명 이상인 경우에는 모든 층

94 **「소방시설 설치 및 관리에 관한 법률 시행령」상 특정소방대상물의 분류로 옳지 않은 것은?**

① 교육연구시설 – 학교의 교사 중 병설유치원으로 사용되는 부분
② 치과의원 – 근린생활시설
③ 자동차 검사장 – 항공기 및 자동차 관련 시설
④ 장례식장 – 장례시설

해설 학교의 교사 중 병설유치원으로 사용되는 부분은 노유자 시설에 해당한다(시행령 [별표 2] 참조).

95 **「소방시설 설치 및 관리에 관한 법률 시행령」상 소방시설관리사시험에 응시할 수 있는 사람으로 옳지 않은 것은?**

① 소방기술사·건축사·건축기계설비기술사·건축전기설비기술사 또는 공조냉동기계기술사
② 위험물기능장
③ 소방설비산업기사 또는 소방공무원 등 소방청장이 정하여 고시하는 사람 중 소방에 관한 실무경력(자격 취득 후의 실무경력으로 한정)이 2년 이상인 사람
④ 「국가과학기술 경쟁력 강화를 위한 이공계지원 특별법」 제2조 제1호에 따른 이공계 분야의 박사학위를 취득한 사람

해설 소방설비산업기사 또는 소방공무원 등 소방청장이 정하여 고시하는 사람 중 소방에 관한 실무경력(자격 취득 후의 실무경력으로 한정한다)이 3년 이상인 사람이 소방시설관리사시험에 응시할 수 있다(시행령 제37조 제6호).

96 **「소방시설 설치 및 관리에 관한 법률 시행규칙」상 화재안전기준 중 기술기준의 제정·개정 절차에 관한 내용으로 옳지 않은 것은?**

① 국립소방연구원장은 화재안전기준 중 기술기준을 제정·개정하려는 경우 제정안·개정안을 작성하여 「소방시설 설치 및 관리에 관한 법률」 제18조 제1항에 따른 중앙소방기술심의위원회의 심의·의결을 거쳐야 한다.
② 국립소방연구원장은 중앙위원회의 심의·의결을 거쳐 기술기준의 제정안 또는 개정안, 제정 또는 개정 이유, 심의 경과 및 결과 사항이 포함된 승인신청서를 소방청장에게 제출해야 한다.

정답 92 ③ 93 ① 94 ① 95 ③ 96 ④

③ 승인신청서를 제출받은 소방청장은 제정안 또는 개정안이 화재안전기준 중 성능기준 등을 충족하는지를 검토하여 승인 여부를 결정하고 국립소방연구원장에게 통보해야 한다.
④ 소방청장은 승인한 기술기준을 관보에 게재하고, 소방청 인터넷 홈페이지를 통해 공개해야 한다.

해설 승인을 통보받은 국립소방연구원장은 승인받은 기술기준을 관보에 게재하고, 국립소방연구원 인터넷 홈페이지를 통해 공개해야 한다(시행규칙 제2조 제4항).

97 **「소방시설 설치 및 관리에 관한 법률 시행령」상 특정소방대상물에 갖추어야 하는 소방시설 중 옳지 않은 것은 몇 개인가?**

ㄱ. 비상방송설비는 위험물 저장 및 처리 시설 중 가스시설의 연면적 2,500㎡ 이상인 경우 모든 층에 설치한다.
ㄴ. 인명구조기구는 지하층을 포함한 층수가 7층 이상인 관광호텔에 설치한다.
ㄷ. 휴대용비상조명등은 수용인원 100명 이상 영화상영관, 판매시설 중 대규모점포에 설치한다.
ㄹ. 누전경보기는 계약전류용량이 100암페어를 초과하는 지하가 중 터널 및 지하구에 설치해야 한다.

① 0개
② 1개
③ 2개
④ 3개

해설 **비상방송설비를 설치해야 하는 특정소방대상물(시행령 [별표 4] 제2호 바목)**
비상방송설비를 설치해야 하는 특정소방대상물(위험물 저장 및 처리 시설 중 가스시설, 사람이 거주하지 않거나 벽이 없는 축사 등 동물 및 식물 관련 시설, 지하가 중 터널 및 지하구는 제외한다)은 다음의 어느 하나에 해당하는 것으로 한다.
1) 연면적 3천5백㎡ 이상인 것은 모든 층
2) 층수가 11층 이상인 것은 모든 층
3) 지하층의 층수가 3층 이상인 것은 모든 층

누전경보기를 설치해야 하는 특정소방대상물(시행령 [별표 4] 제2호 자목)
누전경보기는 계약전류용량(같은 건축물에 계약 종류가 다른 전기가 공급되는 경우에는 그중 최대계약전류용량을 말한다)이 100암페어를 초과하는 특정소방대상물(내화구조가 아닌 건축물로서 벽·바닥 또는 반자의 전부나 일부를 불연재료 또는 준불연재료가 아닌 재료에 철망을 넣어 만든 것만 해당한다)에 설치해야 한다. 다만, 위험물 저장 및 처리 시설 중 가스시설, 지하가 중 터널 및 지하구의 경우에는 그렇지 않다.

98 **「소방시설 설치 및 관리에 관한 법률 시행규칙」상 건축허가 등의 동의 요구 시 동의요구서에 첨부해야 하는 서류 중에서 소방시설 설계도서에 해당하는 서류가 아닌 것은?**

① 소방시설(기계 · 전기 분야의 시설)의 계통도(시설별 계산서를 포함)
② 소방시설별 층별 평면도
③ 소방시설 설치 계획표
④ 실내장식물 방염대상물품 설치 계획(「건축법」 제52조에 따른 건축물의 마감재료는 제외)

해설 **소방시설 설계도서(시행규칙 제3조 제2항 제2호 나목)**
1) 소방시설(기계 · 전기 분야의 시설을 말한다)의 계통도(시설별 계산서를 포함한다)
2) 소방시설별 층별 평면도
3) 실내장식물 방염대상물품 설치 계획(「건축법」 제52조에 따른 건축물의 마감재료는 제외한다)
4) 소방시설의 내진설계 계통도 및 기준층 평면도(내진 시방서 및 계산서 등 세부 내용이 포함된 상세 설계도면은 제외한다)

99 **「소방시설 설치 및 관리에 관한 법률 시행령」상 건축허가 동의대상물 중에서 면적과 상관없이 건축허가 동의대상이 되는 특정소방대상물로 옳지 않은 것은?**

① 항공기 격납고
② 주차시설
③ 관망탑
④ 항공관제탑

해설 차고 · 주차장으로 사용되는 바닥면적이 200제곱미터 이상인 층이 있는 건축물이나 주차시설은 건축허가 동의대상에 해당된다(시행령 제7조 제1항 제3호 가목).

100 **「소방시설 설치 및 관리에 관한 법률 시행령」상 성능위주설계를 해야 하는 대상으로 옳지 않은 것은? (단, 신축하는 것만 해당한다)**

① 지상으로부터 높이가 200미터 이상인 아파트 등
② 지하 5층 지상 25층의 복합건축물
③ 연면적 3만제곱미터 이상인 도시철도 시설
④ 지하층의 층수가 2개 층 이상이고 지하층의 바닥면적의 합계가 2만제곱미터 이상인 창고시설

정답 97 ③ 98 ③ 99 ② 100 ④

해설 **성능위주설계를 해야 하는 특정소방대상물의 범위(시행령 제9조)**

법 제8조 제1항에서 "대통령령으로 정하는 특정소방대상물"이란 다음 각 호의 어느 하나에 해당하는 특정소방대상물(신축하는 것만 해당한다)을 말한다.

1. 연면적 20만제곱미터 이상인 특정소방대상물. 다만, 별표 2 제1호 가목에 따른 아파트 등(이하 "아파트 등"이라 한다)은 제외한다.
2. 50층 이상(지하층은 제외한다)이거나 지상으로부터 높이가 200미터 이상인 아파트 등
3. 30층 이상(지하층을 포함한다)이거나 지상으로부터 높이가 120미터 이상인 특정소방대상물(아파트 등은 제외한다)
4. 연면적 3만제곱미터 이상인 특정소방대상물로서 다음 각 목의 어느 하나에 해당하는 특정소방대상물
   가. 별표 2 제6호 나목의 철도 및 도시철도 시설
   나. 별표 2 제6호 다목의 공항시설
5. 별표 2 제16호의 창고시설 중 연면적 10만제곱미터 이상인 것 또는 지하층의 층수가 2개 층 이상이고 지하층의 바닥면적의 합계가 3만제곱미터 이상인 것
6. 하나의 건축물에 「영화 및 비디오물의 진흥에 관한 법률」 제2조 제10호에 따른 영화상영관이 10개 이상인 특정소방대상물
7. 「초고층 및 지하연계 복합건축물 재난관리에 관한 특별법」 제2조 제2호에 따른 지하연계 복합건축물에 해당하는 특정소방대상물
8. 별표 2 제27호의 터널 중 수저(水底)터널 또는 길이가 5천미터 이상인 것

101 **「소방시설 설치 및 관리에 관한 법률 시행령」상 제조 또는 가공 공정에서 방염처리를 해야 하는 물품이 아닌 것은?**

① 영화상영관에 설치된 섬유류 또는 합성수지류 등을 원료로 하여 제작된 소파 · 의자
② 전시용 합판 · 목재 또는 섬유판, 무대용 합판 · 목재 또는 섬유판
③ 가상체험 체육시설업에 설치하는 스크린
④ 카펫, 벽지류(두께가 2밀리미터 미만인 종이벽지는 제외)

해설 **방염대상물품 및 방염성능기준(시행령 제31조 제1항 제1호)**

제조 또는 가공 공정에서 방염처리를 한 다음 각 목의 물품

가. 창문에 설치하는 커튼류(블라인드를 포함한다)
나. 카펫
다. 벽지류(두께가 2밀리미터 미만인 종이벽지는 제외한다)
라. 전시용 합판 · 목재 또는 섬유판, 무대용 합판 · 목재 또는 섬유판(합판 · 목재류의 경우 불가피하게 설치 현장에서 방염처리한 것을 포함한다)
마. 암막 · 무대막(「영화 및 비디오물의 진흥에 관한 법률」 제2조 제10호에 따른 영화상영관에 설치하는 스크린과 「다중이용업소의 안전관리에 관한 특별법 시행령」 제2조 제7호의4에 따른 가상체험 체육시설업에 설치하는 스크린을 포함한다)
바. <u>섬유류 또는 합성수지류 등을 원료로 하여 제작된 소파 · 의자</u>(「다중이용업소의 안전관리에 관한 특별법 시행령」 제2조 제1호 나목 및 같은 조 제6호에 따른 <u>단란주점영업, 유흥주점영업 및 노래연습장업의 영업장에 설치하는 것으로 한정</u>한다)

102 **「소방시설 설치 및 관리에 관한 법률 시행규칙」상 종합점검 기준에 관한 내용으로 옳지 않은 것은?**

① 스프링클러설비가 설치된 특정소방대상물은 종합점검 대상에 해당된다.
② 「다중이용업소의 안전관리에 관한 특별법 시행령」 제2조 제1호 나목의 단란주점영업과 유흥주점영업으로 바닥면적 2,000㎡ 이상인 경우 종합점검 대상에 해당된다.
③ 제연설비가 설치된 터널은 종합점검 대상에 해당된다.
④ 물분무등소화설비(호스릴 방식의 물분무등소화설비만 설치된 경우는 제외)가 설치된 연면적 5천㎡ 이상 특정소방대상물(제조소 등은 제외)은 종합점검 대상에 해당된다.

해설 **자체점검 중 종합점검의 대상(시행규칙 [별표 3] 제3호 가목)**
종합점검은 다음의 어느 하나에 해당하는 특정소방대상물을 대상으로 한다.
1) 법 제22조 제1항 제1호(신설된 경우)에 해당하는 특정소방대상물
2) 스프링클러설비가 설치된 특정소방대상물
3) 물분무등소화설비[호스릴(hose reel) 방식의 물분무등소화설비만을 설치한 경우는 제외한다]가 설치된 연면적 5,000㎡ 이상인 특정소방대상물(제조소 등은 제외한다)
4) 「다중이용업소의 안전관리에 관한 특별법 시행령」 제2조 제1호 나목(단란주점영업과 유흥주점영업), 같은 조 제2호(비디오물소극장업은 제외한다)·제6호·제7호·제7호의2 및 제7호의5의 다중이용업의 영업장이 설치된 특정소방대상물로서 연면적이 2,000㎡ 이상인 것
5) 제연설비가 설치된 터널
6) 「공공기관의 소방안전관리에 관한 규정」 제2조에 따른 공공기관 중 연면적(터널·지하구의 경우 그 길이와 평균 폭을 곱하여 계산된 값을 말한다)이 1,000㎡ 이상인 것으로서 옥내소화전설비 또는 자동화재탐지설비가 설치된 것. 다만, 「소방기본법」 제2조 제5호에 따른 소방대가 근무하는 공공기관은 제외한다.

103 **「소방시설 설치 및 관리에 관한 법률 시행규칙」상 소방시설 등의 자체점검 시 점검인력의 배치기준에 관한 내용으로 옳지 않은 것은?**

① 관리업자가 점검하는 경우에는 소방시설관리사 또는 특급점검자 1명과 보조 기술인력 2명을 점검인력 1단위로 하되, 점검인력 1단위에 2명(같은 건축물을 점검할 때는 4명) 이내의 보조 기술인력을 추가할 수 있다.
② 관리업자가 점검하는 경우 50층 이상 또는 성능위주설계를 한 특정소방대상물의 주된 기술인력은 소방시설관리사 경력 5년 이상 1명 이상이다.
③ 점검인력 1단위에 보조 기술인력을 1명씩 추가할 때마다 종합점검의 경우에는 2,000㎡, 작동점검의 경우에는 2,500㎡씩을 점검한도 면적에 더한다.
④ 점검인력은 하루에 7개의 특정소방대상물에 한하여 배치할 수 있다.

정답 101 ① 102 ② 103 ④

해설 점검인력은 하루에 5개의 특정소방대상물에 한하여 배치할 수 있다. 다만 2개 이상의 특정소방대상물을 2일 이상 연속하여 점검하는 경우에는 배치기한을 초과해서는 안 된다(시행규칙 [별표 4] 제5호).

104 **「소방시설 설치 및 관리에 관한 법률」 및 같은 법 시행령상 화재알림설비에 대한 설명으로 옳지 않은 것은?**

① 화재알림설비를 화재안전기준에 적합하게 설치한 경우에는 비상경보설비 또는 단독경보형 감지기의 유효범위에서 설치가 면제된다.
② 화재알림설비를 화재안전기준에 적합하게 설치한 경우에는 자동화재속보설비와 비상방송설비의 유효범위에서 설치가 면제된다.
③ 자동화재탐지설비를 화재안전기준에 적합하게 설치한 경우에는 화재알림설비의 유효범위에서 설치가 면제된다.
④ 화재알림설비는 판매시설 중 전통시장에 설치해야 한다.

해설 화재알림설비가 적합하게 설치된 경우에는 비상경보설비 또는 단독경보형 감지기, 자동화재탐지설비, 자동화재속보설비의 유효범위에서 설치가 면제되고, 자동화재탐지설비가 적합하게 설치된 경우에는 화재알림설비의 유효범위에서 설치가 면제된다(시행령 [별표 5] 참조).

105 **「소방시설 설치 및 관리에 관한 법률 시행규칙」상 차량용 소화기의 설치 또는 비치 기준으로 옳지 않은 것은? (단, 능력단위는 법 제37조 제5항 기준)**

① 경형승합자동차 : 능력단위 1 이상의 소화기 1개 이상을 사용하기 쉬운 곳에 설치 또는 비치한다.
② 승차정원 15인 이하 승합자동차 : 능력단위 2 이상인 소화기 1개 이상 또는 능력단위 1 이상인 소화기 2개 이상을 설치한다. 이 경우 승차정원 11인 이상 승합자동차는 운전석 또는 운전석과 옆으로 나란한 좌석 주위에 1개 이상을 설치한다.
③ 승차정원 16인 이상 35인 이하 승합자동차 : 능력단위 2 이상인 소화기 2개 이상을 설치한다. 이 경우 승차정원 23인을 초과하는 승합자동차로서 너비 2.3미터를 초과하는 경우에는 운전자 좌석 부근에 가로 600밀리미터, 세로 200밀리미터 이상의 공간을 확보하고 1개 이상의 소화기를 설치한다.
④ 승차정원 36인 이상 승합자동차 : 능력단위 3 이상인 소화기 1개 이상 및 능력단위 2 이상인 소화기 2개 이상을 설치한다. 다만, 2층 대형승합자동차의 경우에는 위층 차실에 능력단위 3 이상인 소화기를 설치해야 한다.

해설 승차정원 36인 이상은 능력단위 3 이상인 소화기 1개 이상 및 능력단위 2 이상인 소화기 1개 이상을 설치한다. 다만, 2층 대형승합자동차의 경우에는 위층 차실에 능력단위 3 이상인 소화기 1개 이상을 추가 설치한다(시행규칙 [별표 2] 제2호 참조).

106 **「소방시설 설치 및 관리에 관한 법률 시행령」상 둘 이상의 특정소방대상물이 연결통로로 연결된 경우 이를 하나의 특정소방대상물로 보는 기준과 별개의 특정소방대상물로 보는 기준에 관한 내용이다. (　　) 안에 들어갈 내용으로 옳은 것은?**

> 가. (ㄱ)가 아닌 연결통로로 연결된 경우 하나의 특정소방대상물로 본다.
> 나. (ㄴ) 또는 (ㄷ) 방화문이 설치되지 않은 피트(전기설비 또는 배관설비 등이 설치되는 공간)로 연결된 경우 하나의 특정소방대상물로 본다.
> 다. 연결통로 또는 지하구와 특정소방대상물의 양쪽에 화재 시 경보설비 또는 자동소화설비의 작동과 연동하여 자동으로 닫히는 (ㄴ) 또는 (ㄷ) 방화문이 설치된 경우에는 각각 별개의 특정소방대상물로 본다.

	ㄱ	ㄴ	ㄷ
①	내화구조	자동방화셔터	60분+
②	내화구조	자동방화셔터	60분
③	방화구조	드렌처설비	60분+
④	방화구조	드렌처설비	30분

해설 가. 내화구조가 아닌 연결통로로 연결된 경우 하나의 특정소방대상물로 본다(시행령 [별표 2] 비고 참조).
나. 자동방화셔터 또는 60분+ 방화문이 설치되지 않은 피트(전기설비 또는 배관설비 등이 설치되는 공간을 말한다)로 연결된 경우 하나의 특정소방대상물로 본다(시행령 [별표 2] 비고 참조).
다. 연결통로 또는 지하구와 특정소방대상물의 양쪽에 화재 시 경보설비 또는 자동소화설비의 작동과 연동하여 자동으로 닫히는 자동방화셔터 또는 60분+ 방화문이 설치된 경우에는 각각 별개의 특정소방대상물로 본다(시행령 [별표 2] 비고 참조).

정답 104 ② 105 ④ 106 ①

107 **「소방시설 설치 및 관리에 관한 법률 시행규칙」상 건축허가 등의 동의 요구 시 동의요구서에 첨부해야 하는 서류 중 건축물 설계도서에 해당하는 것은?**

① 소방시설(기계 · 전기 분야의 시설)의 계통도(시설별 계산서를 포함)
② 소방시설별 층별 평면도
③ 소방자동차 진입 동선도 및 부서 공간 위치도(조경계획을 포함)
④ 실내장식물 방염대상물품 설치 계획(「건축법」 제52조에 따른 건축물의 마감재료는 제외)

해설 **건축허가 등의 동의 요구 시 동의요구서에 첨부해야 하는 설계도서(시행규칙 제3조 제2항 제2호 참조)**

다음 각 목의 설계도서. 다만, 가목 및 나목 2) · 4)의 설계도서는 「소방시설공사업법 시행령」 제4조에 따른 소방시설공사 착공신고 대상에 해당되는 경우에만 제출한다.

가. 건축물 설계도서
  1) 건축물 개요 및 배치도
  2) 주단면도 및 입면도(立面圖 : 물체를 정면에서 본 대로 그린 그림을 말한다. 이하 같다)
  3) 층별 평면도(용도별 기준층 평면도를 포함한다. 이하 같다)
  4) 방화구획도(창호도를 포함한다)
  5) 실내 · 실외 마감재료표
  6) 소방자동차 진입 동선도 및 부서 공간 위치도(조경계획을 포함한다)
나. 소방시설 설계도서
  1) 소방시설(기계 · 전기 분야의 시설을 말한다)의 계통도(시설별 계산서를 포함한다)
  2) 소방시설별 층별 평면도
  3) 실내장식물 방염대상물품 설치 계획(「건축법」 제52조에 따른 건축물의 마감재료는 제외한다)
  4) 소방시설의 내진설계 계통도 및 기준층 평면도(내진 시방서 및 계산서 등 세부 내용이 포함된 상세 설계도면은 제외한다)

108 **「소방시설 설치 및 관리에 관한 법률 시행령」상 성능위주설계를 해야 하는 대상물로 옳은 것은? (단, 신축하는 것만 해당한다.)**

① 아파트를 포함한 건축물의 높이가 지상으로부터 120미터 이상인 특정소방대상물
② 지하 5층 지상 20층의 복합건축물
③ 창고시설 중 지하층의 층수가 2개 층 이상이고 지하층의 바닥면적의 합계가 3만제곱미터 이상인 것
④ 터널 중 길이가 4천미터 이상인 것

해설 **성능위주설계를 해야 하는 특정소방대상물의 범위(시행령 제9조)**

법 제8조 제1항에서 "대통령령으로 정하는 특정소방대상물"이란 다음 각 호의 어느 하나에 해당하는 특정소방대상물(신축하는 것만 해당한다)을 말한다.

1. 연면적 20만제곱미터 이상인 특정소방대상물. 다만, 별표 2 제1호 가목에 따른 아파트 등(이하 "아파트 등"이라 한다)은 제외한다.
2. 50층 이상(지하층은 제외한다)이거나 지상으로부터 높이가 200미터 이상인 아파트 등
3. 30층 이상(지하층을 포함한다)이거나 지상으로부터 높이가 120미터 이상인 특정소방대상물(아파트 등은 제외한다)
4. 연면적 3만제곱미터 이상인 특정소방대상물로서 다음 각 목의 어느 하나에 해당하는 특정소방대상물
   가. 별표 2 제6호 나목의 철도 및 도시철도 시설
   나. 별표 2 제6호 다목의 공항시설
5. 별표 2 제16호의 창고시설 중 연면적 10만제곱미터 이상인 것 또는 지하층의 층수가 2개 층 이상이고 지하층의 바닥면적의 합계가 3만제곱미터 이상인 것
6. 하나의 건축물에 「영화 및 비디오물의 진흥에 관한 법률」 제2조 제10호에 따른 영화상영관이 10개 이상인 특정소방대상물
7. 「초고층 및 지하연계 복합건축물 재난관리에 관한 특별법」 제2조 제2호에 따른 지하연계 복합건축물에 해당하는 특정소방대상물
8. 별표 2 제27호의 터널 중 수저(水底)터널 또는 길이가 5천미터 이상인 것

109 **「소방시설 설치 및 관리에 관한 법률」상 소화기를 설치하거나 비치해야 하는 자동차로 옳은 것만을 〈보기〉에서 고른 것은? (단, 자동차의 범위는 「자동차관리법」 제3조 제1항에 따른 자동차이다.)**

보기	
ㄱ. 2인승 이상의 승용자동차	ㄴ. 승합자동차
ㄷ. 화물자동차	ㄹ. 특수자동차

① ㄱ, ㄴ, ㄷ　　② ㄱ, ㄴ, ㄹ
③ ㄱ, ㄹ　　④ ㄴ, ㄷ, ㄹ

해설 **자동차에 설치 또는 비치하는 소화기(법 제11조 제1항)**

「자동차관리법」 제3조 제1항에 따른 자동차 중 다음 각 호의 어느 하나에 해당하는 자동차를 제작·조립·수입·판매하려는 자 또는 해당 자동차의 소유자는 차량용 소화기를 설치하거나 비치하여야 한다.

1. 5인승 이상의 승용자동차
2. 승합자동차
3. 화물자동차
4. 특수자동차

정답 107 ③　108 ③　109 ④

110 **「소방시설 설치 및 관리에 관한 법률 시행규칙」상 종합점검에 관한 내용으로 옳은 것은?**

① 소방시설관리업자만 할 수 있다.
② 소방시설 등의 작동점검은 포함하지 않는다.
③ 소방시설 등이 새로 설치되는 경우를 제외하고는 건축물의 사용승인일이 속하는 다음 달에 실시한다.
④ 스프링클러설비가 설치된 특정소방대상물은 종합점검을 받아야 한다.

해설
① 종합점검은 관리업에 등록된 소방시설관리사 또는 소방안전관리자로 선임된 소방시설관리사 및 소방기술사가 할 수 있다.
② 종합점검이란 소방시설 등의 작동점검을 포함하여 소방시설 등의 설비별 주요 구성 부품의 구조기준이 화재안전기준과 「건축법」 등 관련 법령에서 정하는 기준에 적합한지 여부를 소방청장이 정하여 고시하는 소방시설 등 종합점검표에 따라 점검하는 것을 말한다.
③ 소방시설 등이 새로 설치되는 경우를 제외하고는 건축물의 사용승인일이 속하는 달에 실시한다.

111 **「소방시설 설치 및 관리에 관한 법률 시행규칙」상 소방시설 등의 자체점검에 관한 내용으로 옳지 않은 것은?**

① 작동점검은 소방안전관리자로 선임된 소방시설관리사 및 소방기술사, 소방시설공사업자가 점검할 수 있다.
② 소방시설 등의 자체점검은 작동점검과 종합점검으로 구분한다.
③ 작동점검 및 종합점검(최초점검은 제외)은 건축물 사용승인 후 그 다음 해부터 실시한다.
④ 소방시설 등의 자체점검은 신축·증축·개축·재축·이전·용도변경 또는 대수선 등으로 소방시설이 새로 설치된 경우에는 해당 특정소방대상물의 소방시설 전체에 대하여 실시한다.

해설
① 작동점검은 소방안전관리자로 선임된 소방시설관리사 및 소방기술사는 점검자가 될 수 있으나 소방시설공사업자는 해당 사항이 없다.

작동점검 및 종합점검을 할 수 있는 기술인력(시행규칙 [별표 3] 참조)
㉠ 작동점검을 할 수 있는 기술인력 : 관계인, 관리업에 등록된 기술인력 중 소방시설관리사, 「소방시설공사업법 시행규칙」 별표 4의2에 따른 특급점검자, 소방안전관리자로 선임된 소방시설관리사 및 소방기술사, 관리업에 등록된 소방시설관리사
㉡ 종합점검을 할 수 있는 기술인력 : 관리업에 등록된 소방시설관리사, 소방안전관리자로 선임된 소방시설관리사 및 소방기술사

112 **「소방시설 설치 및 관리에 관한 법률 시행령」상 전문 소방시설관리업의 보조 기술인력 등록기준으로 옳은 것은?**

① 특급점검자 이상의 기술인력 : 2명 이상
② 중급・고급점검자 이상의 기술인력 : 각 1명 이상
③ 초급・중급점검자 이상의 기술인력 : 각 1명 이상
④ 초급・중급・고급점검자 이상의 기술인력 : 각 2명 이상

해설 **전문 소방시설관리업의 기술인력 등록기준(시행령 [별표 9] 참조)**
㉮ 주된 기술인력
㉠ 소방시설관리사 자격을 취득한 후 소방 관련 실무경력이 5년 이상인 사람 1명 이상
㉡ 소방시설관리사 자격을 취득한 후 소방 관련 실무경력이 3년 이상인 사람 1명 이상
㉯ 보조 기술인력
㉠ 고급점검자 이상의 기술인력 : 2명 이상
㉡ 중급점검자 이상의 기술인력 : 2명 이상
㉢ 초급점검자 이상의 기술인력 : 2명 이상

113 **「소방시설 설치 및 관리에 관한 법률」 및 그 하위법령상 소방시설 등의 작동점검 및 종합점검에 관한 내용으로 옳지 않은 것은?**

① 종합점검은 특급 소방안전관리대상물을 포함하여 연 1회 이상 실시한다.
② 종합점검은 소방시설 등의 작동점검을 포함하여 실시한다.
③ 작동점검은 연 1회 이상 실시한다.
④ 작동점검은 소방시설 등을 인위적으로 조작하여 소방시설이 정상적으로 작동하는지를 점검하는 것을 말한다.

해설 종합점검은 연 1회 이상(「화재의 예방 및 안전에 관한 법률 시행령」 별표 4 제1호 가목의 특급 소방안전관리대상물은 반기에 1회 이상) 실시한다(시행규칙 [별표 3] 참조).

정답 | 110 ④ 111 ① 112 ④ 113 ① |

114 **「소방시설 설치 및 관리에 관한 법률 시행령」상 무선통신보조설비를 설치해야 하는 특정소방대상물로 옳지 않은 것은? (단, 위험물 저장 및 처리 시설 중 가스시설은 제외한다.)**

① 지하가(터널은 제외)로서 연면적 1천㎡ 이상인 것
② 지하층의 바닥면적의 합계가 3천㎡ 이상인 것 또는 지하층의 층수가 3층 이상이고 지하층의 바닥면적의 합계가 1천㎡ 이상인 것은 지하층의 모든 층
③ 지하가 중 터널로서 길이가 500m 이상인 것
④ 층수가 30층 이상인 것으로서 11층 이상 부분의 모든 층

해설 **무선통신보조설비를 설치해야 하는 특정소방대상물(시행령 [별표 4] 마목)**

무선통신보조설비를 설치해야 하는 특정소방대상물(위험물 저장 및 처리 시설 중 가스시설은 제외한다)은 다음의 어느 하나에 해당하는 것으로 한다.

1) 지하가(터널은 제외한다)로서 연면적 1천㎡ 이상인 것
2) 지하층의 바닥면적의 합계가 3천㎡ 이상인 것 또는 지하층의 층수가 3층 이상이고 지하층의 바닥면적의 합계가 1천㎡ 이상인 것은 지하층의 모든 층
3) 지하가 중 터널로서 길이가 500m 이상인 것
4) 지하구 중 공동구
5) 층수가 30층 이상인 것으로서 16층 이상 부분의 모든 층

115 **「소방시설 설치 및 관리에 관한 법률 시행규칙」상 소방시설 등의 자체점검에 관한 내용이다. ( ) 안에 들어갈 숫자로 옳은 것은?**

- 소방시설관리업을 등록한 자는 자체점검을 실시하는 경우 점검 대상과 점검 인력 배치 상황을 점검인력을 배치한 날 이후 자체점검이 끝난 날부터 (ㄱ)일 이내에 관리업자에 대한 점검능력 평가 등에 관한 업무를 위탁받은 법인 또는 단체에 통보해야 한다.
- 자체점검의 면제 또는 연기 신청서를 제출받은 소방본부장 또는 소방서장은 면제 또는 연기의 신청을 받은 날부터 (ㄴ)일 이내에 자체점검의 면제 또는 연기 여부를 결정하여 별지 제8호서식의 자체점검 면제 또는 연기 신청 결과 통지서를 면제 또는 연기 신청을 한 자에게 통보해야 한다.
- 자체점검 실시결과 보고서를 제출받거나 스스로 자체점검을 실시한 관계인은 자체점검이 끝난 날부터 (ㄷ)일 이내에 별지 제9호서식의 소방시설 등 자체점검 실시결과 보고서(전자문서로 된 보고서를 포함)에 필요한 서류를 첨부하여 소방본부장 또는 소방서장에게 서면이나 소방청장이 지정하는 전산망을 통하여 보고해야 한다.

	ㄱ	ㄴ	ㄷ
①	5	3	10
②	5	3	15
③	7	5	14
④	3	5	15

해설 **소방시설 등 자체점검의 구분 및 대상 등(시행규칙 제20조 제2항)**
법 제29조에 따라 소방시설관리업을 등록한 자(이하 "관리업자"라 한다)는 제1항에 따라 자체점검을 실시하는 경우 점검 대상과 점검 인력 배치상황을 점검인력을 배치한 날 이후 자체점검이 끝난 날부터 5일 이내에 법 제50조 제5항에 따라 관리업자에 대한 점검능력 평가 등에 관한 업무를 위탁받은 법인 또는 단체(이하 "평가기관"이라 한다)에 통보해야 한다.

소방시설 등의 자체점검 면제 또는 연기 등(시행규칙 제22조 제2항)
제1항에 따른 자체점검의 면제 또는 연기 신청서를 제출받은 소방본부장 또는 소방서장은 면제 또는 연기의 신청을 받은 날부터 3일 이내에 자체점검의 면제 또는 연기 여부를 결정하여 별지 제8호서식의 자체점검 면제 또는 연기 신청 결과 통지서를 면제 또는 연기 신청을 한 자에게 통보해야 한다.

소방시설 등의 자체점검 결과의 조치 등(시행규칙 제23조 제2항)
제1항에 따른 자체점검 실시결과 보고서를 제출받거나 스스로 자체점검을 실시한 관계인은 법 제23조 제3항에 따라 자체점검이 끝난 날부터 15일 이내에 별지 제9호서식의 소방시설 등 자체점검 실시결과 보고서(전자문서로 된 보고서를 포함한다)에 다음 각 호의 서류를 첨부하여 소방본부장 또는 소방서장에게 서면이나 소방청장이 지정하는 전산망을 통하여 보고해야 한다.
1. 점검인력 배치확인서(관리업자가 점검한 경우만 해당한다)
2. 별지 제10호서식의 소방시설 등의 자체점검 결과 이행계획서

116 「소방시설 설치 및 관리에 관한 법률 시행규칙」상 작동점검에 대한 사항 중 점검인력 1단위가 하루 동안 점검할 수 있는 특정소방대상물의 연면적의 기준으로 옳은 것은?

① 6,000㎡
② 10,000㎡
③ 12,000㎡
④ 15,000㎡

해설 점검인력 1단위가 하루 동안 점검할 수 있는 특정소방대상물의 연면적(이하 "점검한도 면적"이라 한다)은 종합점검은 8,000㎡, 작동점검은 10,000㎡이다(시행규칙 [별표 4] 제3호 참조).

정답 114 ④ 115 ② 116 ②

117 **「소방시설 설치 및 관리에 관한 법률」상 소방시설관리업의 등록을 반드시 취소하여야 하는 사유로 옳지 않은 것은?**

① 소방시설관리업가 자체점검 등을 하지 아니한 경우
② 소방시설관리업자가 피성년후견인인 경우
③ 거짓이나 그 밖의 부정한 방법으로 소방시설관리업을 등록한 경우
④ 다른 자에게 소방시설관리업의 등록증이나 등록수첩을 빌려준 경우

해설

등록의 취소와 영업정지 등(법 제35조 제1항)

시・도지사는 관리업자가 다음 각 호의 어느 하나에 해당하는 경우에는 행정안전부령으로 정하는 바에 따라 그 등록을 취소하거나 6개월 이내의 기간을 정하여 이의 시정이나 그 영업의 정지를 명할 수 있다. 다만, 제1호・제4호 또는 제5호에 해당할 때에는 등록을 취소하여야 한다.

1. 거짓이나 그 밖의 부정한 방법으로 등록을 한 경우 – 취소사유
2. 제22조에 따른 점검을 하지 아니하거나 거짓으로 한 경우
3. 제29조 제2항에 따른 등록기준에 미달하게 된 경우
4. 제30조 각 호의 어느 하나에 해당하게 된 경우. 다만, 제30조 제5호에 해당하는 법인으로서 결격사유에 해당하게 된 날부터 2개월 이내에 그 임원을 결격사유가 없는 임원으로 바꾸어 선임한 경우는 제외한다 – 취소사유
5. 제33조 제2항을 위반하여 등록증 또는 등록수첩을 빌려준 경우 – 취소사유
6. 제34조 제1항에 따른 점검능력 평가를 받지 아니하고 자체점검을 한 경우

118 **「소방시설 설치 및 관리에 관한 법률」상 소방시설관리사의 자격의 취소・정지사유로 옳지 않은 것은?**

① 동시에 둘 이상의 업체에 취업한 경우
② 등록사항의 변경신고를 하지 아니한 경우
③ 소방시설관리사증을 다른 사람에게 빌려준 경우
④ 자체점검을 하지 아니하거나 거짓으로 한 경우

해설

소방시설관리사의 자격의 취소・정지(법 제28조 참조)

구분	내용
정지사유	㉠ 「화재의 예방 및 안전관리에 관한 법률」 소방안전관리업무의 대행에 따른 대행인력의 배치기준・자격・방법 등 준수사항을 지키지 아니한 경우 ㉡ 소방시설 등의 자체점검 규정에 따른 점검을 하지 아니하거나 거짓으로 한 경우 ㉢ 소방시설관리사 규정을 위반하여 성실하게 자체점검 업무를 수행하지 아니한 경우
취소사유	㉠ 거짓이나 그 밖의 부정한 방법으로 시험에 합격한 경우 ㉡ 소방시설관리사 규정을 위반하여 소방시설관리사증을 다른 사람에게 빌려준 경우 ㉢ 소방시설관리사 규정을 위반하여 동시에 둘 이상의 업체에 취업한 경우 ㉣ 관리사의 결격사유 각 호의 어느 하나에 따른 결격사유에 해당하게 된 경우

119 **「소방시설 설치 및 관리에 관한 법률 시행규칙」상 소방시설업의 행정처분에 관한 내용이 다. (　) 안에 들어갈 내용으로 옳은 것은?**

> 위반행위의 횟수에 따른 행정처분의 기준은 최근 (ㄱ)간 같은 위반행위로 행정처분을 받은 경우에 적용한다. 이 경우 적용일은 위반행위에 대한 (ㄴ)과 그 처분 후에 한 위반행위가 다시 적발된 날을 기준으로 한다.

	ㄱ	ㄴ		ㄱ	ㄴ
①	6개월	행위일	②	6개월	행정처분일
③	1년	행정처분일	④	1년	행위일

해설 위반행위의 횟수에 따른 행정처분의 기준은 최근 1년간 같은 위반행위로 행정처분을 받은 경우에 적용한다. 이 경우 적용일은 위반행위에 대한 행정처분일과 그 처분 후에 한 위반행위가 다시 적발된 날을 기준으로 한다(시행규칙 [별표 8] 제1호 다목).

120 **「소방시설 설치 및 관리에 관한 법률 시행규칙」상 행정처분 시 감경 사유로 옳지 않은 것은?**

① 경미한 위반사항으로, 유도등이 일시적으로 점등되지 않는 경우
② 경미한 위반사항으로, 스프링클러설비 헤드가 살수반경에 미치지 못하는 경우
③ 위반행위가 사소한 부주의나 오류가 아닌 고의에 의한 것으로 인정되는 경우
④ 위반 행위자가 처음 해당 위반행위를 한 경우로서 5년 이상 소방시설관리사의 업무, 소방시설관리업 등을 모범적으로 해 온 사실이 인정되는 경우

해설 **행정처분 시 감경 사유(시행규칙 [별표 8] 제1호 마목 2) 참조)**

가) 위반행위가 사소한 부주의나 오류 등 과실로 인한 것으로 인정되는 경우
나) 위반의 내용·정도가 경미하여 관계인에게 미치는 피해가 적다고 인정되는 경우
다) 위반 행위자가 처음 해당 위반행위를 한 경우로서 5년 이상 소방시설관리사의 업무, 소방시설관리업 등을 모범적으로 해 온 사실이 인정되는 경우
라) 그 밖에 다음의 경미한 위반사항에 해당되는 경우
　(1) 스프링클러설비 헤드가 살수반경에 미치지 못하는 경우
　(2) 자동화재탐지설비 감지기 2개 이하가 설치되지 않은 경우
　(3) 유도등이 일시적으로 점등되지 않는 경우
　(4) 유도표지가 정해진 위치에 붙어 있지 않은 경우

정답 117 ①　118 ②　119 ③　120 ③

121 **「소방시설 설치 및 관리에 관한 법률」상 영업정지처분에 갈음하여 부과할 수 있는 과징금의 금액으로 옳은 것은?**

① 1천만원 이하
② 2천만원 이하
③ 3천만원 이하
④ 4천만원 이하

해설 시·도지사는 제35조 제1항에 따라 소방시설관리업자에게 영업정지를 명하는 경우로서 그 영업정지가 국민에게 심한 불편을 주거나 그 밖에 공익을 해칠 우려가 있을 때에는 영업정지처분을 갈음하여 3천만원 이하의 과징금을 부과할 수 있다(법 제36조 제1항).

122 **「소방시설 설치 및 관리에 관한 법률」상 소방용품의 형식승인 등에 관한 내용으로 옳지 않은 것은?**

① 소방용품의 형상·구조·재질·성분·성능·부품 등의 형식승인 및 제품검사의 기술기준 등에 필요한 사항은 시·도지사가 정하여 고시한다.
② 대통령령으로 정하는 소방용품을 제조하거나 수입하려는 자는 소방청장의 형식승인을 받아야 한다.
③ 형식승인을 받으려는 자는 행정안전부령으로 정하는 기준에 따라 형식승인을 위한 시험시설을 갖추고 소방청장의 심사를 받아야 한다.
④ 형식승인을 받은 자는 그 소방용품에 대하여 소방청장이 실시하는 제품검사를 받아야 한다.

해설 소방용품의 형상·구조·재질·성분·성능 등(이하 "형상 등"이라 한다)의 형식승인 및 제품검사의 기술기준 등에 필요한 사항은 소방청장이 정하여 고시한다(법 제37조 제5항).

123 「소방시설 설치 및 관리에 관한 법률」상 소방용품의 형식승인에 관한 내용이다. ( ) 안에 들어갈 내용으로 옳은 것은?

> 누구든지 형식승인을 받지 아니한 소방용품을 (ㄱ) 하거나 (ㄴ)으로 (ㄷ)하거나 소방시설공사에 사용할 수 없다.

	ㄱ	ㄴ	ㄷ
①	제조	제조 목적	수입
②	판매	판매 목적	진열
③	사용	사용 목적	수입
④	판매	진열 목적	수입

해설 **소방용품의 형식승인 등(법 제37조 제6항)**

누구든지 다음 각 호의 어느 하나에 해당하는 소방용품을 판매하거나 판매 목적으로 진열하거나 소방시설공사에 사용할 수 없다.

1. 형식승인을 받지 아니한 것
2. 형상 등을 임의로 변경한 것
3. 제품검사를 받지 아니하거나 합격표시를 하지 아니한 것

124 「소방시설 설치 및 관리에 관한 법률」상 소방청장 또는 시ㆍ도지사가 청문을 하여야 하는 경우가 아닌 것은?

① 소방시설관리사 자격의 취소
② 우수품질인증의 정지
③ 소방용품의 형식승인 취소
④ 제품검사 전문기관의 지정취소 및 업무정지

해설 **청문(법 제49조)**

소방청장 또는 시ㆍ도지사는 다음 각 호의 어느 하나에 해당하는 처분을 하려면 청문을 하여야 한다.

1. 제28조에 따른 관리사 자격의 취소 및 정지
2. 제35조 제1항에 따른 관리업의 등록취소 및 영업정지
3. 제39조에 따른 소방용품의 형식승인 취소 및 제품검사 중지
4. 제42조에 따른 성능인증의 취소
5. 제43조 제5항에 따른 우수품질인증의 취소
6. 제47조에 따른 전문기관의 지정취소 및 업무정지

정답 121 ③ 122 ① 123 ② 124 ②

정태화
소방관계법규
조문별 500제

www.pmg.co.kr

PART

05

소방시설공사업법

PART

05 소방시설공사업법

01 「소방시설공사업법」상 목적에 관한 내용에서 (　　) 안에 들어갈 내용으로 옳은 것은?

> 이 법은 소방시설공사 및 소방기술의 관리에 필요한 사항을 규정함으로써 소방시설업을 건전하게 발전시키고 (ㄱ)시켜 화재로부터 (ㄴ)하고 국민경제에 이바지함을 목적으로 한다.

	ㄱ	ㄴ
①	소방기술을 혁신	공공의 안전을 확보
②	소방기술을 혁신	국민의 생명·신체를 보호
③	소방기술을 진흥	공공의 안전을 확보
④	소방기술을 진흥	국민의 생명·신체를 보호

해설 **목적(법 제1조)**
이 법은 소방시설공사 및 소방기술의 관리에 필요한 사항을 규정함으로써 소방시설업을 건전하게 발전시키고 소방기술을 진흥시켜 화재로부터 공공의 안전을 확보하고 국민경제에 이바지함을 목적으로 한다.

02 「소방시설공사업법」상 목적으로 보기 어려운 것은?

① 소방시설업의 건전한 발전
② 소방기술을 진흥시켜 화재로부터 공공의 안전을 확보
③ 국민경제에 이바지함
④ 국민의 생명과 재산의 보호

해설 **목적(법 제1조)**
이 법은 소방시설공사 및 소방기술의 관리에 필요한 사항을 규정함으로써 소방시설업을 건전하게 발전시키고 소방기술을 진흥시켜 화재로부터 공공의 안전을 확보하고 국민경제에 이바지함을 목적으로 한다.

03 「소방시설공사업법」상 소방시설업에서 사용하는 용어의 정의로 옳지 않은 것은?

① 소방시설설계업 : 소방시설공사에 기본이 되는 공사계획, 설계도면, 설계 설명서, 기술계산서 및 이와 관련된 서류(이하 "설계도서"라 한다)를 작성(이하 "설계"라 한다)하는 영업
② 소방시설공사업 : 설계도서에 따라 소방시설을 신설, 증설, 개설, 이전 및 정비(이하 "시공"이라 한다)하는 영업
③ 소방공사감리업 : 소방시설공사에 관한 발주자의 권한을 대행하여 소방시설공사가 설계도서와 관계 법령에 따라 적법하게 시공되는지를 확인하고, 품질·시공 관리에 대한 기술지도를 하는(이하 "감리"라 한다) 영업
④ 방염처리업 : 「소방시설업법」에 따른 방염대상물품에 대하여 방염처리(이하 "방염"이라 한다)하는 영업

해설 **정의(법 제2조 제1항 제1호)**

"소방시설업"이란 다음 각 목의 영업을 말한다.

가. 소방시설설계업 : 소방시설공사에 기본이 되는 공사계획, 설계도면, 설계 설명서, 기술계산서 및 이와 관련된 서류(이하 "설계도서"라 한다)를 작성(이하 "설계"라 한다)하는 영업
나. 소방시설공사업 : 설계도서에 따라 소방시설을 신설, 증설, 개설, 이전 및 정비(이하 "시공"이라 한다)하는 영업
다. 소방공사감리업 : 소방시설공사에 관한 발주자의 권한을 대행하여 소방시설공사가 설계도서와 관계 법령에 따라 적법하게 시공되는지를 확인하고, 품질·시공 관리에 대한 기술지도를 하는(이하 "감리"라 한다) 영업
라. 방염처리업 : 「소방시설 설치 및 관리에 관한 법률」 제20조 제1항에 따른 방염대상물품에 대하여 방염처리(이하 "방염"이라 한다)하는 영업

04 「소방시설공사업법」상 '소방시설업'의 영업에 해당하지 않는 것은?

① 소방시설공사에 기본이 되는 공사계획, 설계도면, 설계 설명서, 기술계산서 및 이와 관련된 서류를 작성하는 영업
② 설계도서에 따라 소방시설을 신설, 증설, 개설, 이전 및 정비하는 영업
③ 소방안전관리업무의 대행 또는 소방시설 등 점검 및 관리하는 영업
④ 방염대상물품에 대하여 방염처리하는 영업

해설 소방안전관리업무의 대행 또는 소방시설 등을 점검 및 관리하는 영업은 「소방시설 설치 및 관리에 관한 법률」에 따른 소방시설관리업에 해당한다.

정답 01 ③ 02 ④ 03 ④ 04 ③

05 **「소방시설공사업법」상 용어에 관한 내용으로 옳지 않은 것은?**

① 소방시설업자란 소방시설업을 경영하기 위하여 소방시설업을 등록한 자를 말한다.
② 감리원이란 소방공사감리업자에 소속된 소방기술자로서 해당 소방시설공사를 감리하는 사람을 말한다.
③ 발주자란 소방시설의 설계, 시공, 감리 및 방염을 소방시설업자에게 도급하는 자를 말한다.
④ 소방시설설계업이란 소방시설공사가 설계도서와 관계 법령에 따라 적법하게 시공되는지를 확인하고, 품질 및 시공 관리에 대한 기술지도를 하는 영업을 말한다.

해설 소방시설설계업은 소방시설공사에 기본이 되는 공사계획, 설계도면, 설계 설명서, 기술계산서 및 이와 관련된 서류(이하 "설계도서"라 한다)를 작성(이하 "설계"라 한다)하는 영업이고, 소방공사감리업은 소방시설공사에 관한 발주자의 권한을 대행하여 소방시설공사가 설계도서와 관계 법령에 따라 적법하게 시공되는지를 확인하고, 품질·시공 관리에 대한 기술지도를 하는(이하 "감리"라 한다) 영업이다(법 제2조 제1항 제1호 참조).

06 **「소방시설공사업법」상 소방시설설계업에서 작성하는 서류에 해당하지 않는 것은?**

① 공사계획
② 설계도면
③ 기술계산서
④ 보안설비

해설 소방시설설계업은 소방시설공사에 기본이 되는 공사계획, 설계도면, 설계 설명서, 기술계산서 및 이와 관련된 서류(이하 "설계도서"라 한다)를 작성(이하 "설계"라 한다)하는 영업이다(법 제2조 제1항 제1호 가목).

07 **「소방시설공사업법」상 소방시설공사에 관한 발주자의 권한을 대행하여 소방시설공사가 설계도서와 관계 법령에 따라 적법하게 시공되는지를 확인하고, 품질·시공 관리에 대한 기술지도를 하는 영업으로 옳은 것은?**

① 소방공사감리업
② 소방시설공사업
③ 소방시설설계업
④ 방염처리업

해설 소방공사감리업은 소방시설공사에 관한 발주자의 권한을 대행하여 소방시설공사가 설계도서와 관계 법령에 따라 적법하게 시공되는지를 확인하고, 품질·시공 관리에 대한 기술지도를 하는 (이하 "감리"라 한다) 영업이다(법 제2조 제1항 제1호 다목).

08 **「소방시설공사업법」상 정의하는 용어의 뜻을 제외하고 준용하는 법률로 옳지 않은 것은?**

① 「소방시설 설치 및 관리에 관한 법률」 ② 「건축법」
③ 「화재의 예방 및 안전관리에 관한 법률」 ④ 「건설산업기본법」

해설 소방시설공사업법에서 사용하는 용어의 뜻은 제1항에서 규정하는 것을 제외하고는 「소방기본법」, 「화재의 예방 및 안전관리에 관한 법률」, 「소방시설 설치 및 관리에 관한 법률」, 「위험물안전관리법」 및 「건설산업기본법」에서 정하는 바에 따른다(법 제2조 제2항).

09 **「소방시설공사업법」상 다른 법률과의 관계에 의할 때 이 법에서 규정하지 아니한 사항에 대한 소방시설공사 및 소방기술의 관리에 관한 규정의 준용과 거리가 먼 것은?**

① 「화재의 예방 및 안전관리에 관한 법률」 ② 「위험물안전관리법」
③ 「소방시설 설치 및 관리에 관한 법률」 ④ 「건설산업기본법」

해설 **다른 법률과의 관계(법 제3조)**
소방시설공사 및 소방기술의 관리에 관하여 이 법에서 규정하지 아니한 사항에 대하여는 「화재의 예방 및 안전관리에 관한 법률」, 「소방시설 설치 및 관리에 관한 법률」과 「위험물안전관리법」을 적용한다.

10 **「소방시설공사업법」상 소방시설공사 등 관련 주체의 책무에 관한 내용으로 옳지 않은 것은?**

① 소방청장은 소방시설공사 등의 품질과 안전이 확보되도록 소방시설공사 등에 관한 기준 등을 정하여 보급하여야 한다.
② 발주자는 소방시설이 공공의 안전과 복리에 적합하게 시공되도록 공정한 기준과 절차에 따라 능력 있는 소방시설업자를 선정하여야 하고, 소방시설공사 등이 적정하게 수행되도록 노력하여야 한다.
③ 소방시설업자는 소방시설공사 등의 품질과 안전이 확보되도록 소방시설공사 등에 관한 법령을 준수하고, 설계도서・시방서(示方書) 및 도급계약의 내용 등에 따라 성실하게 소방시설공사 등을 수행하여야 한다.
④ 소방시설업자는 소방시설 등의 기능과 성능을 보전・향상시키고 이용자의 편의와 안전성을 높이기 위하여 노력하여야 한다.

정답 | 05 ④ 06 ④ 07 ① 08 ② 09 ④ 10 ④

해설 ④ '소방시설 등의 기능과 성능을 보전·향상시키고 이용자의 편의와 안전성을 높이기 위하여 노력하여야 한다.'는 「소방시설 설치 및 관리에 관한 법률」 제4조 제1항에 따른 관계인의 의무이다.

소방시설공사 등 관련 주체의 책무(법 제2조의2)

① 소방청장은 소방시설공사 등의 품질과 안전이 확보되도록 소방시설공사 등에 관한 기준 등을 정하여 보급하여야 한다.

② 발주자는 소방시설이 공공의 안전과 복리에 적합하게 시공되도록 공정한 기준과 절차에 따라 능력 있는 소방시설업자를 선정하여야 하고, 소방시설공사 등이 적정하게 수행되도록 노력하여야 한다.

③ 소방시설업자는 소방시설공사 등의 품질과 안전이 확보되도록 소방시설공사 등에 관한 법령을 준수하고, 설계도서·시방서(示方書) 및 도급계약의 내용 등에 따라 성실하게 소방시설공사 등을 수행하여야 한다.

11 「소방시설공사업법」상 등록기준으로 옳은 것은?

① 기술인력, 업종별 자본금
② 기술인력, 소방시설공사 실적
③ 소방시설공사 실적, 업종별 자산평가액
④ 소방시설공사 실적, 업종별 자본금

해설 특정소방대상물의 소방시설공사 등을 하려는 자는 업종별로 자본금(개인인 경우에는 자산평가액을 말한다), 기술인력 등 대통령령으로 정하는 요건을 갖추어 특별시장·광역시장·특별자치시장·도지사 또는 특별자치도지사(이하 "시·도지사"라 한다)에게 소방시설업을 등록하여야 한다(법 제4조 제1항).

12 「소방시설공사업법 시행령」상 소방시설공사업의 등록을 하려는 자가 제출해야 하는 서류에 관한 내용이다. ( ) 안에 들어갈 내용으로 옳은 것은?

> 소방시설공사업의 등록을 하려는 자는 별표 1의 기준을 갖추어 소방청장이 지정하는 금융회사 또는 「소방산업의 진흥에 관한 법률」 제23조에 따른 소방산업공제조합이 별표 1에 따른 (ㄱ) 기준금액의 (ㄴ) 이상에 해당하는 금액의 담보를 제공받거나 현금의 예치 또는 출자를 받은 사실을 증명하여 발행하는 확인서를 특별시장·광역시장·특별자치시장·도지사 또는 특별자치도지사에게 제출하여야 한다.

	ㄱ	ㄴ
①	자본금	100분의 80
②	자본금	100분의 20
③	예치금	100분의 80
④	예치금	100분의 20

해설 소방시설공사업의 등록을 하려는 자는 별표 1의 기준을 갖추어 소방청장이 지정하는 금융회사 또는 「소방산업의 진흥에 관한 법률」 제23조에 따른 소방산업공제조합이 별표 1에 따른 자본금 기준금액의 100분의 20 이상에 해당하는 금액의 담보를 제공받거나 현금의 예치 또는 출자를 받은 사실을 증명하여 발행하는 확인서를 특별시장 · 광역시장 · 특별자치시장 · 도지사 또는 특별자치도지사(이하 "시 · 도지사"라 한다)에게 제출하여야 한다(시행령 제2조 제2항).

13 **「소방시설공사업법」 및 같은 법 시행령상 시 · 도지사는 소방시설업의 등록신청이 있는 경우 등록요건이 안 되는 경우를 제외하고는 등록을 해주어야 하는데, 소방시설업의 등록요건에 따른 등록 제외 대상으로 옳지 않은 것은?**

① 소방시설업의 등록기준을 갖춘 경우
② 소방시설업의 등록 시 제출해야 하는 확인서를 제출하지 아니한 경우
③ 소방시설업의 등록을 신청한 자가 등록의 결격사유에 해당하는 경우
④ 「소방시설공사업법」과 시행령 또는 다른 법령에 따른 제한에 위반되는 경우

해설 **소방시설업의 등록기준 및 영업범위(시행령 제2조 제3항 참조)**
시 · 도지사는 법 제4조 제1항에 따른 등록신청이 다음 각 호의 어느 하나에 해당되는 경우를 제외하고는 등록을 해주어야 한다.
1. 등록기준을 갖추지 못한 경우
2. 확인서를 제출하지 아니한 경우
3. 등록을 신청한 자가 등록의 결격사유에 해당하는 경우
4. 그 밖에 법, 이 영 또는 다른 법령에 따른 제한에 위반되는 경우

14 **「소방시설공사업법」상 전문 소방시설설계업에서 필요한 보조기술인력의 인원으로 옳은 것은?**

① 1인 이상
② 2인 이상
③ 3인 이상
④ 4인 이상

해설 **전문 소방시설설계업(시행령 [별표 1] 제1호 참조)**

기술인력	영업범위
가. 주된 기술인력 : 소방기술사 1명 이상 나. 보조기술인력 : 1명 이상	모든 특정소방대상물에 설치되는 소방시설의 설계

정답 11 ① 12 ② 13 ① 14 ①

15 **「소방시설공사업법」상 일반 소방시설설계업 중 기계분야의 영업범위로 옳지 않은 것은?**

① 아파트에 설치되는 기계분야 소방시설(제연설비는 제외)의 설계
② 연면적 3만제곱미터 미만의 판매시설(제연설비가 설치되는 특정소방대상물 제외)에 설치되는 기계분야 소방시설의 설계
③ 연면적 1만제곱미터 미만의 공장(제연설비가 설치되는 특정소방대상물 포함)에 설치되는 기계분야 소방시설의 설계
④ 위험물제조소 등에 설치되는 기계분야 소방시설의 설계

해설 **일반 소방시설설계업 중 기계분야(시행령 [별표 1] 제1호 참조)**

기술인력	영업범위
가. 주된 기술인력 : 소방기술사 또는 기계분야 소방설비기사 1명 이상 나. 보조기술인력 : 1명 이상	가. 아파트에 설치되는 기계분야 소방시설(제연설비는 제외한다)의 설계 나. 연면적 3만제곱미터(공장의 경우에는 1만제곱미터) 미만의 특정소방대상물(제연설비가 설치되는 특정소방대상물은 제외한다)에 설치되는 기계분야 소방시설의 설계 다. 위험물제조소 등에 설치되는 기계분야 소방시설의 설계

16 **「소방시설공사업법」상 일반 소방시설설계업 중 전기분야의 영업범위로 옳지 않은 것은?**

① 아파트에 설치되는 전기분야 소방시설의 설계
② 연면적 3만제곱미터 미만의 복합건축물에 설치되는 전기분야 소방시설의 설계
③ 연면적 1만 5천제곱미터 미만의 공장에 설치되는 전기분야 소방시설의 설계
④ 위험물제조소 등에 설치되는 전기분야 소방시설의 설계

해설 **일반 소방시설설계업 중 전기분야(시행령 [별표 1] 제1호 참조)**

기술인력	영업범위
가. 주된 기술인력 : 소방기술사 또는 전기분야 소방설비기사 1명 이상 나. 보조기술인력 : 1명 이상	가. 아파트에 설치되는 전기분야 소방시설의 설계 나. 연면적 3만제곱미터(공장의 경우에는 1만제곱미터) 미만의 특정소방대상물에 설치되는 전기분야 소방시설의 설계 다. 위험물제조소 등에 설치되는 전기분야 소방시설의 설계

17 **「소방시설공사업법 시행령」상 일반 소방시설설계업에서 기계분야에서 제외되지만 전기분야에 해당되는 소방시설로 옳은 것은?**

① 제연설비, 자동화재탐지설비
② 연결송수관설비, 무선통신보조설비
③ 화재알림설비, 유도등
④ 연소방지설비, 피난기구

해설 **일반 소방시설설계업 중 전기분야의 소방시설 범위(시행령 [별표 1] 제1호 참조)**
㉠ 단독경보형 감지기, 비상경보설비, 비상방송설비, 누전경보기, 자동화재탐지설비, 시각경보기, 화재알림설비, 자동화재속보설비, 가스누설경보기, 통합감시시설, 유도등, 비상조명등, 휴대용비상조명등, 비상콘센트설비 및 무선통신보조설비
㉡ 기계분야 소방시설에 부설되는 전기시설 중 비상전원, 동력회로, 제어회로, 기계분야 소방시설을 작동하기 위하여 설치하는 화재감지기에 의한 화재감지장치 및 전기신호에 의한 소방시설의 작동장치

18 **「소방시설공사업법 시행령」상 일반 소방시설설계업에서 기계분야의 대상에서 제외되는 소방시설의 범위가 아닌 것은?**

① 기계분야 소방시설에 부설되는 전기전선
② 기계분야 소방시설에 부설되는 동력회로
③ 기계분야 소방시설에 부설되는 비상전원
④ 기계분야 소방시설을 작동하기 위하여 설치하는 화재감지기에 의한 화재감지장치

해설 **일반 소방시설설계업 중 기계분야의 소방시설 범위(시행령 [별표 1] 제1호 참조)**
㉠ 소화기구, 자동소화장치, 옥내소화전설비, 스프링클러설비등, 물분무등소화설비, 옥외소화전설비, 피난기구, 인명구조기구, 상수도소화용수설비, 소화수조・저수조, 그 밖의 소화용수설비, 제연설비, 연결송수관설비, 연결살수설비 및 연소방지설비
㉡ 기계분야 소방시설에 부설되는 전기시설. 다만, 비상전원, 동력회로, 제어회로, 기계분야 소방시설을 작동하기 위하여 설치하는 화재감지기에 의한 화재감지장치 및 전기신호에 의한 소방시설의 작동장치는 제외한다.

정답 | 15 ③ | 16 ③ | 17 ③ | 18 ① |

19 **「소방시설공사업법 시행령」상 일반 소방시설설계업에서 기계분야의 대상이 되는 소방시설의 범위가 아닌 것은?**

① 기계분야 소방시설에 부설되는 전기시설
② 피난기구, 자동화재탐지설비, 통합감시시설
③ 연결송수관설비, 연결살수설비 및 연소방지설비
④ 상수도소화용수설비, 소화수조, 저수조

해설 | 자동화재탐지설비, 통합감시시설은 전기분야의 대상이 되는 소방시설이다.

20 **「소방시설공사업법」 및 같은 법 시행령상 소방시설설계업의 기술인력에 관한 내용으로 옳지 않은 것은?**

① 전문 소방시설설계업의 주된 기술인력은 소방기술사 1명 이상이다.
② 일반 소방시설설계업의 기계분야 및 전기분야를 함께 하는 경우 주된 기술인력은 소방기술사 1명 또는 기계분야 소방설비산업기사와 전기분야 소방설비산업기사 자격을 함께 취득한 사람 1명 이상으로 할 수 있다.
③ 소방공무원으로 재직한 경력이 3년 이상인 사람으로서 자격수첩을 발급받은 사람은 소방시설설계업의 보조기술인력이 될 수 있다.
④ 소방기술사, 소방설비기사 또는 소방설비산업기사 자격을 취득한 사람은 소방시설설계업의 보조기술인력이 될 수 있다.

해설 | 일반 소방시설설계업의 기계분야 및 전기분야를 함께 하는 경우 주된 기술인력은 소방기술사 1명 또는 기계분야 소방설비기사와 전기분야 소방설비기사 자격을 함께 취득한 사람 1명 이상으로 할 수 있다(시행령 [별표 1] 제1호 참조).

21 「소방시설공사업법」 및 같은 법 시행령상 일반 소방시설설계업 중 기계분야의 기술인력 기준으로 옳은 것은?

① 주된 기술인력으로 소방기술사 1명 이상과 보조기술인력 1명 이상
② 주된 기술인력으로 소방기술사 1명 이상과 기계분야 소방설비기사 1명 이상, 보조기술인력 1명 이상
③ 주된 기술인력으로 소방기술사 1명 이상과 보조기술인력 2명 이상
④ 주된 기술인력으로 소방기술사 1명 이상과 전기분야 소방설비기사 1명 이상, 보조기술인력 1명 이상

해설 일반 소방시설설계업 중 기계분야에서 주된 기술인력은 소방기술사 또는 기계분야 소방설비기사 1명 이상이고, 보조기술인력은 1명 이상이다(시행령 [별표 1] 제1호 참조).

22 「소방시설공사업법 시행령」상 소방시설설계업을 하려는 자가 소방시설공사업, 소방시설관리업, 화재위험평가 대행업 중 어느 하나를 함께 하려는 경우 적합하게 해당 자격을 가진 기술인력으로 볼 수 있는 경우로 옳지 않은 것은?

① 전문 소방시설설계업과 소방시설관리업을 함께 하는 경우 : 소방기술사 자격과 소방시설관리사 자격을 함께 취득한 사람
② 전문 소방시설설계업과 전문 소방시설공사업을 함께 하는 경우 : 소방기술사 자격을 취득한 사람
③ 일반 소방시설설계업과 일반 소방시설공사업을 함께 하는 경우 : 소방기술사 자격을 취득하거나 기계분야 또는 전기분야 소방설비기사 자격을 취득한 사람
④ 일반 소방시설설계업과 전문 소방시설공사업을 함께 하는 경우 : 소방기술사 자격과 소방시설관리사 자격을 함께 취득한 사람

해설 일반 소방시설설계업과 전문 소방시설공사업을 함께 하는 경우에는 소방기술사 자격을 취득하거나 기계분야 및 전기분야 소방설비기사 자격을 함께 취득한 사람을 기술인력으로 볼 수 있다(시행령 [별표 1] 제1호 참조).

정답 19 ② 20 ② 21 ① 22 ④

23 **「소방시설공사업법 시행령」상 소방시설공사업의 기술인력에 관한 내용으로 옳지 않은 것은?**

① 전문 소방시설공사업의 주된 기술인력은 소방기술사 또는 기계분야와 전기분야의 소방설비기사 각 1명(기계분야 및 전기분야의 자격을 함께 취득한 사람 1명) 이상

② 전문 소방시설공사업의 보조기술인력은 2명 이상

③ 일반 소방시설공사업 중 기계분야의 주된 기술인력은 소방기술사 또는 기계분야 소방설비기사 1명 이상

④ 일반 소방시설공사업 중 전기분야의 보조기술인력은 2명 이상

해설 일반 소방시설공사업 중 전기분야(시행령 [별표 1] 제2호 참조)

기술인력	영업범위
가. 주된 기술인력 : 소방기술사 또는 전기분야 소방설비기사 1명 이상 나. 보조기술인력 : 1명 이상	가. 연면적 1만제곱미터 미만의 특정소방대상물에 설치되는 전기분야 소방시설의 공사·개설·이전·정비 나. 위험물제조소 등에 설치되는 전기분야 소방시설의 공사·개설·이전·정비

24 **「소방시설공사업법 시행령」상 소방시설공사업의 자본금 및 영업범위에 관한 내용으로 옳지 않은 것은?**

① 전문 소방시설공사업의 영업범위는 특정소방대상물에 설치되는 기계분야 및 전기분야 소방시설의 공사·개설·이전 및 정비이다.

② 일반 소방시설공사업 중 기계분야의 영업범위는 연면적 3만제곱미터 미만의 특정소방대상물에 설치되는 기계분야 소방시설의 공사·개설·이전 및 정비이다.

③ 일반 소방시설공사업 중 전기분야의 영업범위는 위험물제조소 등에 설치되는 전기분야 소방시설의 공사·개설·이전·정비이다.

④ 전문 소방시설공사업의 자본금(자산평가액) 기준액은 법인은 1억원 이상, 개인은 자산평가액 1억원 이상이다.

해설 일반 소방시설공사업 중 기계분야의 영업범위는 연면적 1만제곱미터 미만의 특정소방대상물에 설치되는 기계분야 소방시설의 공사·개설·이전 및 정비이다(시행령 [별표 1] 제2호 참조).

25 **「소방시설공사업법」 및 같은 법 시행령상 소방시설공사업에서 이미 특정소방대상물에 설치된 소방시설 등의 전부 또는 일부를 철거하고 새로 설치하는 것을 의미하는 용어로 옳은 것은?**

① 공사 ② 개설
③ 이전 ④ 철거

해설
- "개설"이란 이미 특정소방대상물에 설치된 소방시설 등의 전부 또는 일부를 철거하고 새로 설치하는 것을 말한다(시행령 [별표 1] 제2호 참조).
- "이전"이란 이미 설치된 소방시설 등을 현재 설치된 장소에서 다른 장소로 옮겨 설치하는 것을 말한다(시행령 [별표 1] 제2호 참조).
- "정비"란 이미 설치된 소방시설 등을 구성하고 있는 기계・기구를 교체하거나 보수하는 것을 말한다(시행령 [별표 1] 제2호 참조).

26 **「소방시설공사업법」 및 같은 법 시행령상 소방공사감리업의 영업범위로 옳지 않은 것은?**

① 전문 소방공사감리업의 경우 모든 특정소방대상물에 설치되는 소방시설공사의 감리
② 일반 소방공사감리업 중 기계분야의 경우 연면적 3만제곱미터(공장의 경우에는 1만제곱미터) 미만의 특정소방대상물(제연설비가 설치되는 특정소방대상물은 제외)에 설치되는 기계분야 소방시설의 감리
③ 일반 소방공사감리업 중 기계분야의 경우 아파트에 설치되는 기계분야 소방시설(제연설비를 포함)의 감리
④ 일반 소방공사감리업 중 전기분야의 경우 위험물제조소 등에 설치되는 전기분야 소방시설의 감리

해설 일반 소방공사감리업 중 기계분야의 경우 아파트에 설치되는 기계분야 소방시설(제연설비는 제외한다)의 감리가 영업범위에 해당한다(시행령 [별표 1] 제3호 참조).

정답 23 ④ 24 ② 25 ② 26 ③

27 「소방시설공사업법」상 방염처리업의 종류가 아닌 것은?

① 섬유류 방염업
② 종이류 방염업
③ 합성수지류 방염업
④ 합판・목재류 방염업

해설 방염처리업의 종류에는 섬유류 방염업, 합성수지류 방염업, 합판・목재류 방염업이 있다(시행령 [별표 1] 제4호 참조).

28 「소방시설공사업법 시행령」상 합성수지류의 방염업을 하기 위하여 갖추어야 하는 설비로 보기 어려운 것은?

① 제조설비
② 가공설비
③ 성형설비
④ 감압설비

해설 합성수지류 방염업은 제조설비, 가공설비, 성형설비 중 하나 이상의 설비를 갖추어야 한다(시행령 [별표 1] 참조).

29 「소방시설공사업법」 및 그 하위법령상 소방시설업을 등록하려는 자가 등록신청서 및 첨부서류를 제출해야 하는 곳으로 옳은 것은?

① 시・도
② 소방청
③ 소방산업기술원
④ 소방시설업자협회

해설 「소방시설공사업법」(이하 "법"이라 한다) 제4조 제1항에 따라 소방시설업을 등록하려는 자는 별지 제1호서식의 소방시설업 등록신청서(전자문서로 된 소방시설업 등록신청서를 포함한다)에 다음 각 호의 서류(전자문서를 포함한다)를 첨부하여 「소방시설공사업법 시행령」(이하 "영"이라 한다) 제20조 제3항에 따라 법 제30조의2에 따른 소방시설업자협회에 제출해야 한다(시행규칙 제2조 제1항 전단).

30 **「소방시설공사업법」 및 같은 법 시행규칙상 소방시설업을 등록하려는 자가 소방시설업 등록신청서 외에 제출해야 하는 첨부서류로 옳지 않은 것은?**

① 신청인의 성명, 주민등록번호 및 주소지 등의 인적사항이 적힌 서류
② 등록기준 중 기술인력에 관한 사항을 확인할 수 있는 서류
③ 신청일 전 최근 90일 이내에 작성한 자산평가액 또는 소방청장이 정하여 고시하는 바에 따라 작성된 기업진단 보고서(소방시설설계업만 해당한다)
④ 소방청장이 지정하는 금융회사 또는 소방산업공제조합에 출자·예치·담보한 금액 확인서

해설 신청일 전 최근 90일 이내에 작성한 자산평가액 또는 소방청장이 정하여 고시하는 바에 따라 작성된 기업진단 보고서(소방시설공사업만 해당한다)(시행규칙 제2조 제1항 제4호)

31 **「소방시설공사업법 시행규칙」상 소방시설공사업을 하려는 자가 제출해야 하는 기업진단 보고서의 작성권자로 옳지 않은 것은?**

① 변리사
② 공인회계사
③ 세무사
④ 전문경영진단기관

해설 **소방시설업의 등록신청(시행규칙 제2조 제1항 제4호)**
다음 각 목의 어느 하나에 해당하는 자가 신청일 전 최근 90일 이내에 작성한 자산평가액 또는 소방청장이 정하여 고시하는 바에 따라 작성된 기업진단 보고서(소방시설공사업만 해당한다)
가. 「공인회계사법」 제7조에 따라 금융위원회에 등록한 공인회계사
나. 「세무사법」 제6조에 따라 기획재정부에 등록한 세무사
다. 「건설산업기본법」 제49조 제2항에 따른 전문경영진단기관

32 **「소방시설공사업법 시행규칙」상 협회가 받은 소방시설업의 등록신청 서류의 보완이 필요한 경우 보완하게 할 수 있는 기간으로 옳은 것은?**

① 3일
② 5일
③ 7일
④ 10일

해설 협회는 제2조에 따라 받은 소방시설업의 등록신청 서류가 다음 각 호의 어느 하나에 해당되는 경우에는 10일 이내의 기간을 정하여 이를 보완하게 할 수 있다(시행규칙 제2조의2 참조).

정답 | 27 ② 28 ④ 29 ④ 30 ③ 31 ① 32 ④

33 **「소방시설공사업법 시행규칙」상 소방시설업 등록과 관련된 기간에 관한 내용이다. ( ) 안에 들어갈 내용으로 옳은 것은?**

> 가. 시·도지사는 소방시설업 등록신청 접수일부터 (ㄱ) 이내에 협회를 경유하여 별지 제3호서식에 따른 소방시설업 등록증 및 별지 제4호서식에 따른 소방시설업 등록수첩을 신청인에게 발급해 주어야 한다.
> 나. 협회는 소방시설업 등록신청 서류의 검토·확인을 마쳤을 때에는 제출받은 소방시설업 등록신청 서류에 그 결과를 기재한 별지 제1호의2서식에 따른 소방시설업 등록신청서 서면심사 및 확인 결과를 첨부하여 접수일부터 (ㄴ) 이내에 신청인의 주된 영업소 소재지를 관할하는 특별시장·광역시장·특별자치시장·도지사 또는 특별자치도지사에게 보내야 한다.
> 다. 시·도지사는 소방시설업자로부터 재발급신청서를 제출받은 경우에는 (ㄷ) 이내에 협회를 경유하여 소방시설업 등록증 또는 등록수첩을 재발급하여야 한다.

	ㄱ	ㄴ	ㄷ
①	15일	7일	3일
②	10일	7일	3일
③	7일	15일	3일
④	3일	15일	7일

해설

가. 시·도지사는 제2조에 따른 접수일부터 15일 이내에 협회를 경유하여 별지 제3호서식에 따른 소방시설업 등록증 및 별지 제4호서식에 따른 소방시설업 등록수첩을 신청인에게 발급해 주어야 한다(시행규칙 제3조).

나. 협회는 제1항에 따른 검토·확인을 마쳤을 때에는 제2조에 따라 받은 소방시설업 등록신청 서류에 그 결과를 기재한 별지 제1호의2서식에 따른 소방시설업 등록신청서 서면심사 및 확인 결과를 첨부하여 접수일(제2조의2에 따라 신청서류의 보완을 요구한 경우에는 그 보완이 완료된 날을 말한다. 이하 같다)부터 7일 이내에 신청인의 주된 영업소 소재지(법인의 경우에는 등기사항전부증명서상 본점소재지, 개인사업자의 경우에는 사업자 등록상의 사업장 소재지를 말한다)를 관할하는 특별시장·광역시장·특별자치시장·도지사 또는 특별자치도지사(이하 "시·도지사"라 한다)에게 보내야 한다(시행규칙 제2조의3 제2항).

다. 시·도지사는 제2항에 따른 재발급신청서[전자문서로 된 소방시설업 등록증(등록수첩) 재발급신청서를 포함한다]를 제출받은 경우에는 3일 이내에 협회를 경유하여 소방시설업 등록증 또는 등록수첩을 재발급하여야 한다(시행규칙 제4조 제3항).

34 **「소방시설공사업법 시행규칙」상 소방시설업자협회는 소방시설업 등록증이 발급된 경우 등록 대장에 등록사항을 작성하고 협회 인터넷 홈페이지를 통하여 공시하여야 하는데, 그 공시사항으로 옳지 않은 것은?**

① 등록업종 및 등록번호
② 자본금(자산평가액)
③ 상호(명칭) 및 성명(법인의 경우에는 대표자의 성명을 말한다)
④ 영업소 소재지

해설 **등록관리(시행규칙 제4조의2 제2항)**
협회는 제1항에 따라 발급한 사항에 대하여 별지 제5호서식에 따른 소방시설업 등록대장에 등록사항을 작성하여 관리(전자문서를 포함한다)하여야 한다. 이 경우 협회는 다음 각 호의 사항을 협회 인터넷 홈페이지를 통하여 공시하여야 한다.
1. 등록업종 및 등록번호
2. 등록 연월일
3. 상호(명칭) 및 성명(법인의 경우에는 대표자의 성명을 말한다)
4. 영업소 소재지

35 **「소방시설공사업법」상 「공공기관의 운영에 관한 법률」에 따른 공기업·준정부기관 및 「지방공기업법」에 따라 설립된 지방공사나 지방공단은 일정한 요건이 되는 경우 시·도지사에게 등록을 하지 아니하고 자체 기술인력을 활용하여 설계·감리를 할 수 있는데, 그 요건으로 옳은 것은?**

① 도시정비의 목적으로 설립되고, 설계·감리 업무를 주요 업무로 규정하고 있는 경우
② 주택의 건설·공급을 목적으로 설립되고, 시공·감리 업무를 주요 업무로 규정하고 있는 경우
③ 주택의 건설·공급을 목적으로 설립되고, 설계·감리 업무를 주요 업무로 규정하고 있는 경우
④ 도시정비의 목적으로 설립되고, 시공·감리 업무를 주요 업무로 규정하고 있는 경우

해설 **소방시설업의 등록(법 제4조 제4항)**
제1항에도 불구하고 「공공기관의 운영에 관한 법률」 제5조에 따른 공기업·준정부기관 및 「지방공기업법」 제49조에 따라 설립된 지방공사나 같은 법 제76조에 따라 설립된 지방공단이 다음의 요건을 모두 갖춘 경우에는 시·도지사에게 등록을 하지 아니하고 자체 기술인력을 활용하여 설계·감리를 할 수 있다. 이 경우 대통령령으로 정하는 기술인력을 보유하여야 한다.
1. 주택의 건설·공급을 목적으로 설립되었을 것
2. 설계·감리 업무를 주요 업무로 규정하고 있을 것

정답 | 33 ① 34 ② 35 ③ |

36 **「소방시설공사업법」 및 같은 법 시행령과 시행규칙상 소방시설업의 등록에 관한 내용으로 옳지 않은 것은?**

① 소방시설업의 업종별 영업범위는 대통령령으로 정한다.
② 소방시설업의 등록신청과 등록증·등록수첩의 발급·재발급 신청, 그 밖에 소방시설업 등록에 필요한 사항은 행정안전부령으로 정한다.
③ 시·도지사는 등록기준을 갖추지 못한 경우를 제외하고 「소방시설공사업법」에 따른 등록을 해주어야 한다.
④ 설계·감리 업무를 주요 업무로 규정하고 있는 경우 시·도지사에게 등록을 하지 아니하고 자체 기술인력을 활용하여 설계·감리를 할 수 있다.

해설

소방시설업의 등록(법 제4조 제4항)

제1항에도 불구하고 「공공기관의 운영에 관한 법률」 제5조에 따른 공기업·준정부기관 및 「지방공기업법」 제49조에 따라 설립된 지방공사나 같은 법 제76조에 따라 설립된 지방공단이 다음의 요건을 모두 갖춘 경우에는 시·도지사에게 등록을 하지 아니하고 자체 기술인력을 활용하여 설계·감리를 할 수 있다. 이 경우 대통령령으로 정하는 기술인력을 보유하여야 한다.

1. 주택의 건설·공급을 목적으로 설립되었을 것
2. 설계·감리 업무를 주요 업무로 규정하고 있을 것

37 **「소방시설공사업법」상 소방시설업의 등록 및 휴·폐업과 소방시설업자의 지위승계에 관한 내용으로 옳지 않은 것은?**

① 특정소방대상물의 소방시설공사 등을 하려는 자는 업종별로 자본금, 기술인력 등 행정안전부령으로 정하는 요건을 갖추어 시·도지사에게 소방시설업을 등록하여야 한다.
② 소방시설업자가 사망하여 그 상속인이 종전의 소방시설업자의 지위를 승계하려는 경우에는 그 상속일부터 30일 이내에 행정안전부령으로 정하는 바에 따라 그 사실을 시·도지사에게 신고하여야 한다.
③ 소방시설업자는 소방시설업을 폐업하는 때에는 행정안전부령으로 정하는 바에 따라 시·도지사에게 신고하여야 하고, 폐업신고를 받은 시·도지사는 소방시설업 등록을 말소하고 그 사실을 행정안전부령으로정하는 바에 따라 공고하여야 한다.
④ 「민사집행법」에 따른 경매에 따라 소방시설업자의 소방시설의 전부를 인수한 자가 종전의 소방시설업자의 지위를 승계하려는 경우에는 그 인수일부터 30일 이내에 행정안전부령으로 정하는 바에 따라 그 사실을 시·도지사에게 신고하여야 한다.

해설 특정소방대상물의 소방시설공사 등을 하려는 자는 업종별로 자본금(개인인 경우에는 자산평가액을 말한다), 기술인력 등 대통령령으로 정하는 요건을 갖추어 특별시장・광역시장・특별자치시장・도지사 또는 특별자치도지사(이하 "시・도지사"라 한다)에게 소방시설업을 등록하여야 한다(법 제4조 제1항).

38 「소방시설공사업법」상 소방시설업 등록의 결격사유가 아닌 것은?

① 피성년후견인
② 등록하려는 소방시설업 등록이 취소된 날부터 3년이 지난 사람
③ 「소방기본법」에 따른 금고 이상의 형의 집행유예를 선고받고 그 유예기간 중에 있는 사람
④ 「위험물안전관리법」에 따른 금고 이상의 실형을 선고받고 그 집행이 끝나거나(집행이 끝난 것으로 보는 경우를 포함) 면제된 날부터 1년이 지난 사람

해설 **등록의 결격사유(법 제5조)**

다음 각 호의 어느 하나에 해당하는 자는 소방시설업을 등록할 수 없다.

1. 피성년후견인
2. 삭제
3. 이 법, 「소방기본법」, 「화재의 예방 및 안전관리에 관한 법률」, 「소방시설 설치 및 관리에 관한 법률」 또는 「위험물안전관리법」에 따른 금고 이상의 실형을 선고받고 그 집행이 끝나거나(집행이 끝난 것으로 보는 경우를 포함한다) 면제된 날부터 2년이 지나지 아니한 사람
4. 이 법, 「소방기본법」, 「화재의 예방 및 안전관리에 관한 법률」, 「소방시설 설치 및 관리에 관한 법률」 또는 「위험물안전관리법」에 따른 금고 이상의 형의 집행유예를 선고받고 그 유예기간 중에 있는 사람
5. 등록하려는 소방시설업 등록이 취소(제1호에 해당하여 등록이 취소된 경우는 제외한다)된 날부터 2년이 지나지 아니한 자
6. 법인의 대표자가 제1호 또는 제3호부터 제5호까지에 해당하는 경우 그 법인
7. 법인의 임원이 제3호부터 제5호까지의 규정에 해당하는 경우 그 법인

39 「소방시설공사업법」상 소방시설업자가 행정안전부령으로 정하는 중요 등록사항을 변경할 때 신고해야 하는 대상으로 옳은 것은?

① 시・도지사
② 행정안전부장관
③ 소방청장
④ 소방본부장

해설 **등록사항의 변경신고(법 제6조)**

소방시설업자는 제4조에 따라 등록한 사항 중 행정안전부령으로 정하는 중요 사항을 변경할 때에는 행정안전부령으로 정하는 바에 따라 시・도지사에게 신고하여야 한다.

정답 36 ④ 37 ① 38 ② 39 ①

40 **「소방시설공사업법 시행규칙」상 소방시설업의 중요 사항 변경신고에 해당하지 않은 것은?**

① 상호(명칭) 및 영업소 소재지 ② 대표자
③ 기술인력 ④ 자본금

해설 **등록사항의 변경신고사항(시행규칙 제5조)**
법 제6조에서 "행정안전부령으로 정하는 중요 사항"이란 다음 각 호의 어느 하나에 해당하는 사항을 말한다.
1. 상호(명칭) 또는 영업소 소재지
2. 대표자
3. 기술인력

41 **「소방시설공사업법 시행규칙」상 등록사항의 변경신고 등에 관한 내용이다. ( ) 안에 들어갈 내용으로 옳은 것은?**

가. 소방시설업자는 중요 사항에 해당하는 등록사항이 변경된 경우에는 변경일부터 (ㄱ) 이내에 별지 제7호서식의 소방시설업 등록사항 변경신고서(전자문서로 된 소방시설업 등록사항 변경신고서를 포함)에 변경사항별로 다음 각 호의 구분에 따른 서류(전자문서를 포함)를 첨부하여 협회에 제출하여야 한다.
나. 소방시설업자의 중요 사항 변경신고 서류를 제출받은 협회는 등록사항의 변경신고 내용을 확인하고 (ㄴ) 이내에 제1항에 따라 제출된 소방시설업 등록증·등록수첩 및 기술인력 증빙서류에 그 변경된 사항을 기재하여 발급하여야 한다.
다. 소방시설업자의 중요 사항 변경신고 시 영업소 소재지가 등록된 특별시·광역시·특별자치시·도 및 특별자치도(이하 "시·도"라 한다)에서 다른 시·도로 변경된 경우에는 제출받은 변경신고 서류를 접수일로부터 (ㄷ) 이내에 해당 시·도지사에게 보내야 한다. 이 경우 해당 시·도지사는 소방시설업 등록증 및 등록수첩을 협회를 경유하여 신고인에게 새로 발급하여야 한다.

	ㄱ	ㄴ	ㄷ
①	30일	5일	7일
②	10일	5일	7일
③	30일	7일	5일
④	10일	7일	5일

해설 가. 법 제6조에 따라 소방시설업자는 제5조 각 호의 어느 하나에 해당하는 등록사항이 변경된 경우에는 변경일부터 30일 이내에 별지 제7호서식의 소방시설업 등록사항 변경신고서(전자문서로 된 소방시설업 등록사항 변경신고서를 포함한다)에 변경사항별로 다음 각 호의 구분에 따른 서류(전자문서를 포함한다)를 첨부하여 협회에 제출하여야 한다. 다만, 「전자정부법」 제36조 제1항에 따른 행정정보의 공동이용을 통하여 첨부서류에 대한 정보를 확인할 수 있는 경우에는 그 확인으로 첨부서류를 갈음할 수 있다(시행규칙 제6조 제1항).

나. 제1항에 따라 변경신고 서류를 제출받은 협회는 등록사항의 변경신고 내용을 확인하고 5일 이내에 제1항에 따라 제출된 소방시설업 등록증 · 등록수첩 및 기술인력 증빙서류에 그 변경된 사항을 기재하여 발급하여야 한다(시행규칙 제6조 제3항).

다. 제3항에도 불구하고 영업소 소재지가 등록된 특별시 · 광역시 · 특별자치시 · 도 및 특별자치도(이하 "시 · 도"라 한다)에서 다른 시 · 도로 변경된 경우에는 제1항에 따라 제출받은 변경신고 서류를 접수일로부터 7일 이내에 해당 시 · 도지사에게 보내야 한다. 이 경우 해당 시 · 도지사는 소방시설업 등록증 및 등록수첩을 협회를 경유하여 신고인에게 새로 발급하여야 한다(시행규칙 제6조 제4항).

42 「소방시설공사업법」상 소방시설업자의 지위승계자로 옳은 것은?

① 소방시설업자가 사망한 경우 그 회사 임원
② 소방시설업자가 그 영업을 양도한 경우 그 양도인
③ 「민사집행법」에 따른 경매를 통해 소방시설의 일부를 인수한 자
④ 폐업신고로 소방시설업 등록이 말소된 후 6개월 이내에 다시 소방시설업을 등록한 자

해설 제1항에 따른 폐업신고를 한 자가 제2항에 따라 소방시설업 등록이 말소된 후 6개월 이내에 같은 업종의 소방시설업을 다시 제4조에 따라 등록한 경우 해당 소방시설업자는 폐업신고 전 소방시설업자의 지위를 승계한다(법 제6조의2 제3항).

43 「소방시설공사업법 시행규칙」상 소방시설업자 지위승계를 신고하려는 경우 지위승계 신고 서류를 제출해야 하는 기간과 기관으로 옳은 것은?

① 14일 이내에 시 · 도지사에게 제출
② 14일 이내에 소방시설업자협회에 제출
③ 30일 이내에 시 · 도지사에게 제출
④ 30일 이내에 소방시설업자협회에 제출

해설 **지위승계 신고 등(시행규칙 제7조 제1항)**
법 제7조 제1항 및 제2항에 따라 소방시설업자 지위승계를 신고하려는 자는 그 상속일, 양수일, 합병일 또는 인수일부터 30일 이내에 다음 각 호의 구분에 따른 서류(전자문서를 포함한다)를 소방시설업자협회에 제출해야 한다.

정답 40 ④ 41 ① 42 ④ 43 ④

44 「소방시설공사업법」상 소방시설의 운영에 관한 내용으로 옳지 않은 것은?

① 소방시설업자는 다른 자에게 자기의 성명이나 상호를 사용하여 소방시설공사 등을 수급 또는 시공하게 하거나 소방시설업의 등록증 또는 등록수첩을 빌려 주어서는 아니 된다.
② 영업정지처분이나 등록취소처분을 받은 소방시설업자는 그 다음 날부터 소방시설공사 등을 하여서는 아니 된다.
③ 소방시설업자의 지위를 승계한 경우 소방시설공사 등을 맡긴 특정소방대상물의 관계인에게 지체 없이 그 사실을 알려야 한다.
④ 소방시설업자는 행정안전부령으로 정하는 관계 서류를 하자보수 보증기간 동안 보관하여야 한다.

해설 **소방시설업의 운영(법 제8조 제2항)**
제9조 제1항에 따라 영업정지처분이나 등록취소처분을 받은 소방시설업자는 그 날부터 소방시설공사 등을 하여서는 아니 된다. 다만, 소방시설의 착공신고가 수리(受理)되어 공사를 하고 있는 자로서 도급계약이 해지되지 아니한 소방시설공사업자 또는 소방공사감리업자가 그 공사를 하는 동안이나 제4조 제1항에 따라 방염처리업을 등록한 자(이하 "방염처리업자"라 한다)가 도급을 받아 방염 중인 것으로서 도급계약이 해지되지 아니한 상태에서 그 방염을 하는 동안에는 그러하지 아니하다.

45 「소방시설공사업법」상 소방시설업자가 소방시설공사 등을 맡긴 특정소방대상물의 관계인에게 지체 없이 그 사실을 알려야 하는 경우로 옳지 않은 것은?

① 소방시설업자의 지위를 승계한 경우
② 소방시설업의 중요사항 변경이 생긴 경우
③ 소방시설업의 등록취소처분 또는 영업정지처분을 받은 경우
④ 휴업하거나 폐업한 경우

해설 **소방시설업의 운영(법 제8조 제3항)**
소방시설업자는 다음 각 호의 어느 하나에 해당하는 경우에는 소방시설공사 등을 맡긴 특정소방대상물의 관계인에게 지체 없이 그 사실을 알려야 한다.
1. 제7조에 따라 소방시설업자의 지위를 승계한 경우
2. 제9조 제1항에 따라 소방시설업의 등록취소처분 또는 영업정지처분을 받은 경우
3. 휴업하거나 폐업한 경우

46 **「소방시설공사업법」 및 같은 법 시행규칙상 소방시설업자가 하자보수 보증기간 동안 보관하여야 하는 행정안전부령으로 정하는 관계 서류로 옳지 않은 것은?**

① 소방시설설계업 : 별지 제10호서식의 소방시설 설계기록부 및 소방시설 설계도서
② 소방시설공사업 : 별지 제11호서식의 소방시설공사 기록부
③ 소방공사감리업 : 별지 제12호서식의 소방공사 감리기록부, 별지 제13호서식의 소방공사 감리일지 및 소방시설의 완공 당시 설계도서
④ 방염처리업 : 별지 제30호의3서식의 방염처리 실적증명서

해설

소방시설업자가 보관하여야 하는 관계 서류(시행규칙 제8조)
법 제8조 제4항에서 "행정안전부령으로 정하는 관계 서류"란 다음 각 호의 구분에 따른 해당 서류(전자문서를 포함한다)를 말한다.
1. 소방시설설계업 : 별지 제10호서식의 소방시설 설계기록부 및 소방시설 설계도서
2. 소방시설공사업 : 별지 제11호서식의 소방시설공사 기록부
3. 소방공사감리업 : 별지 제12호서식의 소방공사 감리기록부, 별지 제13호서식의 소방공사 감리일지 및 소방시설의 완공 당시 설계도서

PART • 05

47 **「소방시설공사업법」상 소방시설업의 필요적 등록취소사유에 해당하지 않는 것은?**

① 영업정지 기간 중에 소방시설공사 등을 한 경우
② 거짓이나 그 밖의 부정한 방법으로 등록한 경우
③ 소방시설등록업자가 피성년후견인에 해당하게 된 경우
④ 다른 자에게 소방시설업의 등록증 또는 등록수첩을 빌려준 경우

해설

④ 다른 자에게 소방시설업의 등록증 또는 등록수첩을 빌려준 경우는 1차 위반 시 영업정지 6개월이고, 2차 위반 시 등록취소사유에 해당하기 때문에 필요적 등록취소사유는 아니다.

필요적 등록취소사유(법 제9조 제1항 참조)
㉠ 거짓이나 그 밖의 부정한 방법으로 등록한 경우
㉡ 소방시설업 등록업자가 피성년후견인, 소방공사업법 · 소방기본법 등의 위반으로 금고 이상의 실형을 선고받고 집행을 마치지 않거나 집행유예의 기간 중인 사람, 소방시설업 등록이 취소된 날로부터 2년이 지나지 않은 경우 등 등록 결격사유에 해당하게 된 경우(단, 법인이 그 사유가 발생한 날부터 3개월 이내에 그 사유를 해소한 경우는 제외)
㉢ 영업정지 기간 중에 소방시설공사 등을 한 경우

정답 | 44 ② 45 ② 46 ④ 47 ④ |

48 **「소방시설공사업법」상 시·도지사는 소방시설업자가 위법행위를 하면 6개월 이내의 기간을 정하여 시정이나 영업정지를 할 수 있는데, 그 사유로 옳은 것은?**

① 영업정지 기간 중에 소방시설공사 등을 한 경우
② 거짓이나 그 밖의 부정한 방법으로 등록한 경우
③ 소방시설등록업자가 피성년후견인에 해당하게 된 경우
④ 소방시설공사 등의 업무수행의무 등을 고의 또는 과실로 위반하여 다른 자에게 상해를 입힌 경우

해설 제11조, 제12조 제1항, 제16조 제1항 또는 제20조의2에 따른 소방시설공사 등의 업무수행의무 등을 고의 또는 과실로 위반하여 다른 자에게 상해를 입히거나 재산피해를 입힌 경우는 영업정지 사유에 해당한다(법 제9조 제1항 제10호 참조).

49 **「소방시설공사업법」상 시·도지사가 소방시설업자에게 등록취소, 영업정지 또는 과징금 부과 등의 처분을 하는 경우 그 내용을 통보해야 하는 대상으로 옳은 것은?**

① 해당 관계인
② 해당 발주자
③ 해당 건축주
④ 해당 도급인

해설 시·도지사는 제1항 또는 과징금처분에 따라 등록취소, 영업정지 또는 과징금 부과 등의 처분을 하는 경우 해당 발주자에게 그 내용을 통보하여야 한다(법 제9조 제4항).

50 **「소방시설공사업법 시행규칙」상 행정처분기준 중 일반기준에 관한 내용이다. (　　) 안에 들어갈 내용으로 옳은 것은?**

> 위반행위의 차수에 따른 행정처분기준은 최근 (ㄱ)간 같은 위반행위로 행정처분을 받은 경우에 적용한다. 이 경우 기준 적용일은 위반사항에 대한 (ㄴ)과 그 처분 후 다시 적발한 날을 기준으로 한다.

	ㄱ	ㄴ
①	6개월	위반일
②	1년	위반일
③	6개월	행정처분일
④	1년	행정처분일

해설 위반행위의 차수에 따른 행정처분기준은 최근 1년간 같은 위반행위로 행정처분을 받은 경우에 적용하되, 제2호 처목에 따른 위반행위의 차수는 재물 또는 재산상의 이익을 취득하거나 제공한 횟수로 산정한다. 이 경우 기준 적용일은 위반사항에 대한 행정처분일과 그 처분 후 다시 적발한 날을 기준으로 한다(시행규칙 [별표 1] 제1호 다목).

51 **「소방시설공사업법 시행규칙」상 행정처분기준에서 감경 사유로 옳지 않은 것은?**

① 위반행위가 고의나 중대한 과실이 아닌 사소한 부주의나 오류로 인한 것으로 인정되는 경우
② 위반의 내용·정도가 경미하여 관계인에게 미치는 피해가 적다고 인정되는 경우
③ 위반행위자의 위반행위가 처음이며 3년 이상 소방시설업을 모범적으로 해 온 사실이 인정되는 경우
④ 위반행위자가 그 위반행위로 인하여 검사로부터 기소유예 처분을 받거나 법원으로부터 선고유예 판결을 받은 경우

해설 위반행위자의 위반행위가 처음이며 5년 이상 소방시설업을 모범적으로 해 온 사실이 인정되는 경우가 감경 사유에 해당한다(시행규칙 [별표 1] 제1호 마목).

PART • 05

52 **「소방시설공사업법」상 과징금처분에 관한 내용이다. (   ) 안에 들어갈 내용으로 옳은 것은?**

> 시·도지사는 소방시설공사업자가 소방시설 공사현장에 감리원 배치기준을 위반한 경우로서 영업정지가 그 이용자에게 불편을 주거나 그 밖에 공익을 해칠 우려가 있을 때에는 영업정지처분을 갈음하여 (   ) 이하의 과징금을 부과할 수 있다.

① 3천만원 ② 5천만원
③ 1억원 ④ 2억원

해설 시·도지사는 등록취소와 영업정지사유의 어느 하나에 해당하는 경우로서 영업정지가 그 이용자에게 불편을 주거나 그 밖에 공익을 해칠 우려가 있을 때에는 영업정지처분을 갈음하여 2억원 이하의 과징금을 부과할 수 있다(법 제10조 제1항).

정답 48 ④ 49 ② 50 ④ 51 ③ 52 ④

53 **「소방시설공사업법」 및 같은 법 시행규칙상 2024년 1월 1일 이후 위반행위를 한 경우의 과징금 부과기준에서 (　　) 안에 들어갈 내용으로 옳은 것은?**

소방시설설계업 및 소방공사감리업의 과징금 산정기준 – 과징금 부과금액 = 1일 평균 매출액 × 영업정지 일수 × (　　　)

① 0.0105
② 0.0205
③ 0.0323
④ 0.0423

해설 **2024년 1월 1일 이후에 위반행위를 한 경우 과징금 부과기준의 개별기준(시행규칙 [별표 2의2] 제2호)**

가. 소방시설설계업 및 소방공사감리업의 과징금 산정기준
　– 과징금 부과금액 = 1일 평균 매출액 × 영업정지 일수 × 0.0205

나. 소방시설공사업 및 방염처리업의 과징금 산정기준
　– 과징금 부과금액 = 1일 평균 매출액 × 영업정지 일수 × 0.0423

54 **「소방시설공사업법」상 특정소방대상물(신축하는 것만 해당)의 구조, 용도, 수용 인원, 위치, 가연물의 종류 및 양 등을 고려하여 하는 설계의 명칭으로 옳은 것은?**

① 성능위주설계
② 구조위주설계
③ 용도위주설계
④ 특수위주설계

해설 "소방시설설계업자는 이 법이나 이 법에 따른 명령과 화재안전기준에 맞게 소방시설을 설계하여야 한다."(제1항 본문)에도 불구하고 「소방시설 설치 및 관리에 관한 법률」 제8조 제1항에 따른 특정소방대상물(신축하는 것만 해당한다)에 대해서는 그 용도, 위치, 구조, 수용 인원, 가연물(可燃物)의 종류 및 양 등을 고려하여 설계(이하 "성능위주설계"라 한다)하여야 한다(법 제11조 제2항 참조).

55 **「소방시설공사업법」상 성능위주설계를 하는 경우 고려할 사항으로 옳지 않은 것은?**

① 용도, 위치, 구조
② 수용 인원
③ 가연물(可燃物)의 종류 및 양
④ 이용자 특성

해설 ④ 규모・용도・수용 인원 및 이용자 특성 등을 고려하여야 하는 경우는 특정소방대상물의 소방시설을 정할 때이다.

"소방시설설계업자는 이 법이나 이 법에 따른 명령과 화재안전기준에 맞게 소방시설을 설계하여야 한다."(제1항 본문)에도 불구하고 「소방시설 설치 및 관리에 관한 법률」 제8조 제1항에 따른 특정소방대상물(신축하는 것만 해당한다)에 대해서는 그 <u>용도, 위치, 구조, 수용 인원, 가연물(可燃物)의 종류 및 양</u> 등을 고려하여 설계(이하 "성능위주설계"라 한다)하여야 한다(법 제11조 제2항 참조).

56 「소방시설공사업법 시행령」상 성능위주설계자의 기술인력으로 옳은 것은?

① 소방기술사 1명 이상
② 소방기술사 2명 이상
③ 소방안전관리사 2명 이상
④ 소방안전관리사 1명 이상

해설 성능위주설계를 할 수 있는 자의 자격・기술인력 및 자격에 따른 설계범위(시행령 [별표 1의2])

성능위주설계자의 자격	기술인력	설계범위
1. 법 제4조에 따라 전문 소방시설설계업을 등록한 자 2. 전문 소방시설설계업 등록기준에 따른 기술인력을 갖춘 자로서 소방청장이 정하여 고시하는 연구기관 또는 단체	소방기술사 2명 이상	「소방시설 설치 및 관리에 관한 법률 시행령」 제9조에 따라 성능위주설계를 하여야 하는 특정소방대상물

57 「소방시설공사업법 시행령」 및 「소방시설 설치 및 관리에 관한 법률 시행령」상 규정하고 있는 성능위주설계에 관한 내용으로 옳지 않은 것은?

① 아파트 등을 제외한 지상으로부터 높이가 120미터 이상인 특정소방대상물은 성능위주설계를 해야 하는 특정소방대상물의 범위에 포함된다.
② 지하층을 제외한 50층 이상인 아파트 등은 성능위주설계를 해야 하는 특정소방대상물의 범위에 포함된다.
③ 소방시설설계업을 등록한 자 중 성능위주설계자의 자격 기준은 전문 소방시설설계업 등록기준에 따른 기술인력을 갖춘 자로서 행정안전부령으로 정하는 연구기관 또는 단체이다.
④ 소방시설설계업을 등록한 자 중 성능위주설계자의 기술인력은 소방기술사 2명 이상이 필요하다.

정답 53 ② 54 ① 55 ④ 56 ② 57 ③

해설

성능위주설계를 할 수 있는 자의 자격 · 기술인력 및 자격에 따른 설계범위(시행령 [별표 1의2])

성능위주설계자의 자격	기술인력	설계범위
1. 법 제4조에 따라 전문 소방시설설계업을 등록한 자 2. 전문 소방시설설계업 등록기준에 따른 기술인력을 갖춘 자로서 소방청장이 정하여 고시하는 연구기관 또는 단체	소방기술사 2명 이상	「소방시설 설치 및 관리에 관한 법률 시행령」 제9조에 따라 성능위주설계를 하여야 하는 특정소방대상물

성능위주설계를 해야 하는 특정소방대상물의 범위(「소방시설 설치 및 관리에 관한 법률 시행령」 제9조)

법 제8조 제1항에서 "대통령령으로 정하는 특정소방대상물"이란 다음 각 호의 어느 하나에 해당하는 특정소방대상물(신축하는 것만 해당한다)을 말한다.

1. 연면적 20만제곱미터 이상인 특정소방대상물. 다만, 별표 2 제1호 가목에 따른 아파트 등(이하 "아파트 등"이라 한다)은 제외한다.
2. 50층 이상(지하층은 제외한다)이거나 지상으로부터 높이가 200미터 이상인 아파트 등
3. 30층 이상(지하층을 포함한다)이거나 지상으로부터 높이가 120미터 이상인 특정소방대상물(아파트 등은 제외한다)
4. 연면적 3만제곱미터 이상인 특정소방대상물로서 다음 각 목의 어느 하나에 해당하는 특정소방대상물
   가. 별표 2 제6호 나목의 철도 및 도시철도 시설
   나. 별표 2 제6호 다목의 공항시설
5. 별표 2 제16호의 창고시설 중 연면적 10만제곱미터 이상인 것 또는 지하층의 층수가 2개 층 이상이고 지하층의 바닥면적의 합계가 3만제곱미터 이상인 것
6. 하나의 건축물에 「영화 및 비디오물의 진흥에 관한 법률」 제2조 제10호에 따른 영화상영관이 10개 이상인 특정소방대상물
7. 「초고층 및 지하연계 복합건축물 재난관리에 관한 특별법」 제2조 제2호에 따른 지하연계 복합건축물에 해당하는 특정소방대상물
8. 별표 2 제27호의 터널 중 수저(水底)터널 또는 길이가 5천미터 이상인 것

58 「소방시설공사업법」상 화재안전기준에 따르지 않고 시공할 수 있는 경우로 옳은 것은?

① 소방시설의 구조와 원리 등에서 공법이 특수한 시공에 관하여 중앙소방기술심의위원회의 심의를 거쳐 소방시설의 구조와 원리 등에서 특수한 설계로 인정된 경우는 화재안전기준을 따르지 아니할 수 있다.

② 소방시설의 구조와 원리 등에서 설계 및 시공이 화재안전에 관한 감리의 기준에 따르는 경우는 화재안전기준을 따르지 아니할 수 있다.

③ 소방시설의 구조와 원리 등에서 공법이 일반적인 시공에 관하여 지방소방기술심의위원회의 심의를 거쳐 소방시설의 구조와 원리 등에서 일반적인 설계로 인정된 경우는 화재안전기준을 따르지 아니할 수 있다.

④ 소방시설의 구조와 원리 등에서 소방시설공사의 책임시공 및 기술관리를 위하여 대통령령으로 화재안전기준의 적용을 면제한 경우는 화재안전기준을 따르지 아니할 수 있다.

해설 제4조 제1항에 따라 소방시설공사업을 등록한 자(이하 "공사업자"라 한다)는 이 법이나 이 법에 따른 명령과 화재안전기준에 맞게 시공하여야 한다. 이 경우 소방시설의 구조와 원리 등에서 그 공법이 특수한 시공에 관하여 중앙소방기술심의위원회의 심의를 거쳐 소방시설의 구조와 원리 등에서 특수한 설계로 인정된 경우는 화재안전기준을 따르지 아니할 수 있다(법 제12조 제1항 참조).

59 **「소방시설공사업법」상 각종 신고일에 관한 내용으로 옳지 않은 것은?**

① 소방안전관리자 선임신고는 30일 이내에 하여야 한다.
② 소방시설업자의 지위승계 신고는 30일 이내에 하여야 한다.
③ 소방시설공사업 착공신고의 변경신고는 30일 이내에 하여야 한다.
④ 특정소방대상물의 관계인은 공사감리자가 변경된 경우 소방공사감리자 변경신고서를 30일 이내에 제출하여야 한다.

해설 소방안전관리대상물의 관계인이 제24조에 따라 소방안전관리자 또는 소방안전관리보조자를 선임한 경우에는 행정안전부령으로 정하는 바에 따라 선임한 날부터 14일 이내에 소방본부장 또는 소방서장에게 신고하고, 소방안전관리대상물의 출입자가 쉽게 알 수 있도록 소방안전관리자의 성명과 그 밖에 행정안전부령으로 정하는 사항을 게시하여야 한다(「화재의 예방 및 안전관리에 관한 법률」 제26조 제1항).

60 **「소방시설공사업법 시행령」상 소방기술자의 배치기준에 관한 설명으로 옳지 않은 것은?**

① 연면적 20만제곱미터 이상인 특정소방대상물의 공사 현장에는 행정안전부령으로 정하는 특급기술자인 소방기술자(기계분야 및 전기분야)를 배치하여야 한다.
② 지하층을 제외한 층수가 16층 이상 40층 미만인 특정소방대상물(아파트는 제외)의 공사 현장에는 행정안전부령으로 정하는 고급기술자 이상의 소방기술자(기계분야 및 전기분야)를 배치하여야 한다.
③ 연면적 5천제곱미터 이상 3만제곱미터 미만인 특정소방대상물(아파트는 제외)의 공사 현장에는 행정안전부령으로 정하는 중급기술자 이상의 소방기술자(기계분야 및 전기분야)를 배치하여야 한다.
④ 물분무등소화설비(호스릴 방식의 소화설비는 제외) 또는 제연설비가 설치되는 특정소방대상물의 공사 현장에는 행정안전부령으로 정하는 중급기술자 이상의 소방기술자(기계분야 및 전기분야)를 배치하여야 한다.

정답 58 ① 59 ① 60 ②

해설 ② 지하층을 포함한 층수가 16층 이상 40층 미만인 특정소방대상물의 공사 현장에는 행정안전부령으로 정하는 고급기술자 이상의 소방기술자(기계분야 및 전기분야)를 배치하여야 한다.

소방기술자의 배치기준(시행령 [별표 2] 제1호)

소방기술자의 배치기준	소방시설공사 현장의 기준
가. 행정안전부령으로 정하는 특급기술자인 소방기술자(기계분야 및 전기분야)	1) 연면적 20만제곱미터 이상인 특정소방대상물의 공사 현장 2) 지하층을 포함한 층수가 40층 이상인 특정소방대상물의 공사 현장
나. 행정안전부령으로 정하는 고급기술자 이상의 소방기술자(기계분야 및 전기분야)	1) 연면적 3만제곱미터 이상 20만제곱미터 미만인 특정소방대상물(아파트는 제외한다)의 공사 현장 2) 지하층을 포함한 층수가 16층 이상 40층 미만인 특정소방대상물의 공사 현장
다. 행정안전부령으로 정하는 중급기술자 이상의 소방기술자(기계분야 및 전기분야)	1) 물분무등소화설비(호스릴 방식의 소화설비는 제외한다) 또는 제연설비가 설치되는 특정소방대상물의 공사 현장 2) 연면적 5천제곱미터 이상 3만제곱미터 미만인 특정소방대상물(아파트는 제외한다)의 공사 현장 3) 연면적 1만제곱미터 이상 20만제곱미터 미만인 아파트의 공사 현장
라. 행정안전부령으로 정하는 초급기술자 이상의 소방기술자(기계분야 및 전기분야)	1) 연면적 1천제곱미터 이상 5천제곱미터 미만인 특정소방대상물(아파트는 제외한다)의 공사 현장 2) 연면적 1천제곱미터 이상 1만제곱미터 미만인 아파트의 공사 현장 3) 지하구(地下溝)의 공사 현장
마. 법 제28조 제2항에 따라 자격수첩을 발급받은 소방기술자	연면적 1천제곱미터 미만인 특정소방대상물의 공사 현장

61 「소방시설공사업법 시행령」상 행정안전부령으로 정하는 중급기술자 이상의 소방기술자(기계분야 및 전기분야)를 소방시설공사 현장에 배치해야 하는 경우로 옳은 것은?

① 연면적 20만제곱미터 이상인 특정소방대상물의 공사 현장
② 지하층을 포함한 층수가 16층 이상 40층 미만인 특정소방대상물의 공사 현장
③ 물분무등소화설비(호스릴 방식의 소화설비는 제외) 또는 제연설비가 설치되는 특정소방대상물의 공사 현장
④ 지하구(地下溝) 또는 연면적 1천제곱미터 이상 1만제곱미터 미만인 아파트의 공사 현장

해설 **중급기술자 이상의 소방기술자(기계분야 및 전기분야)를 배치해야 하는 소방시설공사 현장의 기준(시행령 [별표 2] 제1호 다목)**

1) 물분무등소화설비(호스릴 방식의 소화설비는 제외한다) 또는 제연설비가 설치되는 특정소방대상물의 공사 현장
2) 연면적 5천제곱미터 이상 3만제곱미터 미만인 특정소방대상물(아파트는 제외한다)의 공사 현장
3) 연면적 1만제곱미터 이상 20만제곱미터 미만인 아파트의 공사 현장

62 **「소방시설공사업법 시행령」상 초급기술자 이상의 소방기술자(기계분야 및 전기분야)를 배치해야 하는 소방시설공사 현장의 기준으로 옳은 것은?**

① 지하구(地下溝) 또는 연면적 1천제곱미터 이상 5천제곱미터 미만인 아파트는 제외한 특정소방대상물의 공사 현장
② 연면적 1만제곱미터 이상 20만제곱미터 미만인 아파트의 공사 현장
③ 물분무등소화설비(호스릴 방식의 소화설비는 제외) 또는 제연설비가 설치되는 특정소방대상물의 공사 현장
④ 연면적 5천제곱미터 이상 3만제곱미터 미만인 특정소방대상물(아파트는 제외)의 공사 현장

해설 **초급기술자 이상의 소방기술자(기계분야 및 전기분야)를 배치해야 하는 소방시설공사 현장의 기준(시행령 [별표 2] 제1호 라목)**

1) 연면적 1천제곱미터 이상 5천제곱미터 미만인 특정소방대상물(아파트는 제외한다)의 공사 현장
2) 연면적 1천제곱미터 이상 1만제곱미터 미만인 아파트의 공사 현장
3) 지하구(地下溝)의 공사 현장

63 **「소방시설공사업법 시행령」상 소방시설공사 현장에 소방기술자를 배치해야 함에도 불구하고 소방공사감리업자가 감리하는 소방시설공사 중 소방기술자를 소방시설공사 현장에 배치하지 않을 수 있는 경우가 아닌 것은?**

① 소방시설의 비상전원을 「전기공사업법」에 따른 전기공사업자가 공사하는 경우
② 상수도소화용수설비, 소화수조・저수조 또는 그 밖의 소화용수설비를 「건설산업기본법 시행령」 별표 1에 따른 기계설비・가스공사업자 또는 상・하수도설비공사업자가 공사하는 경우
③ 소방 외의 용도와 겸용되는 제연설비를 「건설산업기본법 시행령」 별표 1에 따른 기계설비・가스공사업자가 공사하는 경우
④ 자동화재탐지설비, 비상경보설비를 「소방시설공사업법」에 따른 소방시설공사업자가 착공신고를 하고 신축 공사하는 경우

정답 | 61 ③ 62 ① 63 ④ |

해설 **소방기술자의 배치기준(시행령 [별표 2] 제1호 비고 라목)**
가목 및 나목에도 불구하고 소방공사감리업자가 감리하는 소방시설공사가 다음의 어느 하나에 해당하는 경우에는 소방기술자를 소방시설공사 현장에 배치하지 않을 수 있다.
1) 소방시설의 비상전원을 「전기공사업법」에 따른 전기공사업자가 공사하는 경우
2) 상수도소화용수설비, 소화수조·저수조 또는 그 밖의 소화용수설비를 「건설산업기본법 시행령」 별표 1에 따른 기계설비·가스공사업자 또는 상·하수도설비공사업자가 공사하는 경우
3) 소방 외의 용도와 겸용되는 제연설비를 「건설산업기본법 시행령」 별표 1에 따른 기계설비·가스공사업자가 공사하는 경우
4) 소방 외의 용도와 겸용되는 비상방송설비 또는 무선통신보조설비를 「정보통신공사업법」에 따른 정보통신공사업자가 공사하는 경우

64 **「소방시설공사업법 시행령」상 소방기술자 배치기준에 대한 설명으로 옳지 않은 것은?**

① 공사업자는 법령에서 정하는 예외적인 경우를 제외하고는 1명의 소방기술자를 2개의 공사 현장을 초과하여 배치해서는 안 된다.
② 연면적 3만제곱미터 이상의 특정소방대상물(아파트는 제외)이거나 지하층을 포함한 층수가 16층 이상으로서 500세대 이상인 아파트에 대한 소방시설 공사의 경우에는 1개의 공사 현장에만 배치해야 한다.
③ 건축물의 연면적이 5천제곱미터 미만인 공사 현장에만 배치하는 경우로서 그 연면적의 합계는 1만제곱미터를 초과하지 않는 경우 1명의 소방기술자를 2개의 공사 현장을 초과하여 배치할 수 있다.
④ 건축물의 연면적이 5천제곱미터 이상인 공사 현장 2개 이하와 5천제곱미터 미만인 공사 현장에 같이 배치하는 경우로서 5천제곱미터 미만의 공사 현장의 연면적의 합계는 1만제곱미터를 초과하지 않는 경우 1명의 소방기술자를 2개의 공사 현장을 초과하여 배치할 수 있다.

해설 **소방기술자의 배치기준(시행령 [별표 2] 제1호 비고 마목)**
공사업자는 다음의 경우를 제외하고는 1명의 소방기술자를 2개의 공사 현장을 초과하여 배치해서는 안 된다. 다만, 연면적 3만제곱미터 이상의 특정소방대상물(아파트는 제외한다)이거나 지하층을 포함한 층수가 16층 이상으로서 500세대 이상인 아파트에 대한 소방시설 공사의 경우에는 1개의 공사 현장에만 배치해야 한다.
1) 건축물의 연면적이 5천제곱미터 미만인 공사 현장에만 배치하는 경우. 다만, 그 연면적의 합계는 2만제곱미터를 초과해서는 안 된다.
2) 건축물의 연면적이 5천제곱미터 이상인 공사 현장 2개 이하와 5천제곱미터 미만인 공사 현장에 같이 배치하는 경우. 다만, 5천제곱미터 미만의 공사 현장의 연면적의 합계는 1만제곱미터를 초과해서는 안 된다.

65 **「소방시설공사업법」 및 같은 법 시행령상 소방공사업자는 소방기술자를 소방시설공사의 착공일부터 소방시설 완공검사증명서 발급일까지 소방시설공사 현장에 배치하는 것이 원칙이지만, 발주자가 서면으로 승낙하는 경우에는 해당 공사가 중단된 기간 동안 소방기술자를 공사 현장에 배치하지 않을 수 있는데, 그 예외사항으로 옳지 않은 것은?**

① 발주자가 공사의 중단을 요청하는 경우
② 소방공사감리업자가 공사 중단을 요청하는 경우
③ 민원 또는 계절적 요인 등으로 해당 공정의 공사가 일정 기간 중단된 경우
④ 예산 부족 등 발주자의 책임 있는 사유 또는 천재지변 등 불가항력으로 공사가 일정 기간 중단된 경우

해설 **소방기술자의 배치기간(시행령 [별표 2] 제2호)**

가. 공사업자는 제1호에 따른 소방기술자를 소방시설공사의 착공일부터 소방시설 완공검사증명서 발급일까지 배치한다.
나. 공사업자는 가목에도 불구하고 시공관리, 품질 및 안전에 지장이 없는 경우로서 다음의 어느 하나에 해당하여 발주자가 서면으로 승낙하는 경우에는 해당 공사가 중단된 기간 동안 소방기술자를 공사 현장에 배치하지 않을 수 있다.
  1) 민원 또는 계절적 요인 등으로 해당 공정의 공사가 일정 기간 중단된 경우
  2) 예산의 부족 등 발주자(하도급의 경우에는 수급인을 포함한다. 이하 이 목에서 같다)의 책임 있는 사유 또는 천재지변 등 불가항력으로 공사가 일정 기간 중단된 경우
  3) 발주자가 공사의 중단을 요청하는 경우

66 **「소방시설공사업법」상 공사업자가 소방시설공사를 하려는 경우 그 공사의 내용, 시공 장소, 그 밖에 필요한 사항을 신고해야 하는 대상으로 옳은 것은?**

① 소방본부장이나 소방서장
② 소방청장
③ 시・도지사
④ 시・군・구청장

해설 공사업자는 대통령령으로 정하는 소방시설공사를 하려면 행정안전부령으로 정하는 바에 따라 그 공사의 내용, 시공 장소, 그 밖에 필요한 사항을 소방본부장이나 소방서장에게 신고하여야 한다(법 제13조 제1항).

PART・05

정답 64 ③ 65 ② 66 ①

67 **「소방시설공사업법 시행령」상 소방시설공사의 착공신고 대상으로 옳지 않은 것은?**

① 비상경보설비를 신설하는 특정소방대상물 신축공사
② 자동화재속보설비를 신설하는 특정소방대상물 신축공사
③ 연결송수관설비의 송수구역을 증설하는 특정소방대상물 증축공사
④ 자동화재탐지설비의 경계구역을 증설하는 특정소방대상물 증축공사

해설 | 자동화재속보설비공사는 착공신고 대상이 아니다(시행령 제4조 참조).

68 **「소방시설공사업법 시행령」상 소방시설공사의 착공신고 대상이 아닌 것은?**

① 소화펌프 전부를 개설하는 공사
② 피난기구, 유도등 5개를 신설하는 공사
③ 옥내・옥외소화전설비를 증설하는 공사
④ 옥내소화전설비를 신설하는 공사

해설 | 피난구조설비공사는 착공신고 대상이 아니다(시행령 제4조 참조).

69 **「소방시설공사업법 시행령」상 소방시설공사의 착공신고 대상으로 옳지 않은 것은?**

① 창고시설에 스프링클러설비의 방호구역을 증설하는 공사
② 공동주택에 자동화재탐지설비의 경계구역을 증설하는 공사
③ 위험물제조소에 할로겐화합물 및 불활성기체 소화설비를 신설하는 공사
④ 업무시설에 옥내소화전설비(호스릴옥내소화전설비를 포함)를 신설하는 공사

해설 | 위험물제조소는 「위험물안전관리법」을 적용하므로 「소방시설공사업법」 적용대상이 아니다(시행령 제4조 참조).

70 **「소방시설공사업법」 및 같은 법 시행령상 반드시 착공신고를 해야 하는 대상으로 옳은 것은?**

① 단독경보형 감지기를 설치하는 경우
② 소화용수설비를 「건설산업기본법 시행령」에 따른 기계설비・가스공사업자가 공사하는 경우
③ 신축하는 특정대상물에 옥내소화전설비를 신설하는 경우
④ 동력(감시)제어반을 고장 또는 파손 등으로 인하여 작동시킬 수 없어 긴급히 교체하거나 보수하여야 하는 경우

해설 옥내소화전설비(호스릴옥내소화전설비를 포함한다)를 신설하는 공사 시 착공신고 대상이다(시행령 제4조 참조).

71 **「소방시설공사업법 시행령」상 소방시설 등을 구성하는 전부 또는 일부를 개설(改設), 이전(移轉) 또는 정비(整備)하는 공사 시 착공신고의 대상이 아닌 것은?**

① 수신반
② 소화펌프
③ 동력(감시)제어반
④ 제연설비

해설 **소방시설공사의 착공신고 대상(시행령 제4조 제3호)**
특정소방대상물에 설치된 소방시설 등을 구성하는 다음 각 목의 어느 하나에 해당하는 것의 전부 또는 일부를 개설(改設), 이전(移轉) 또는 정비(整備)하는 공사. 다만, 고장 또는 파손 등으로 인하여 작동시킬 수 없는 소방시설을 긴급히 교체하거나 보수하여야 하는 경우에는 신고하지 않을 수 있다.
가. 수신반(受信盤)
나. 소화펌프
다. 동력(감시)제어반

72 **「소방시설공사업법」 및 같은 법 시행규칙상 공사업자가 착공신고한 사항 가운데 행정안전부령으로 정하는 중요한 사항을 변경하였을 때에는 행정안전부령으로 정하는 바에 따라 변경신고를 하여야 하는데, 그 중요사항에 해당하지 않는 것은?**

① 시공자
② 대표자
③ 설치되는 소방시설의 종류
④ 책임시공 및 기술관리 소방기술자

정답 | 67 ② | 68 ② | 69 ③ | 70 ③ | 71 ④ | 72 ② |

해설 **착공신고 등(시행규칙 제12조 제2항)**

법 제13조 제2항에서 "행정안전부령으로 정하는 중요한 사항"이란 다음 각 호의 어느 하나에 해당하는 사항을 말한다.

1. 시공자
2. 설치되는 소방시설의 종류
3. 책임시공 및 기술관리 소방기술자

73 **「소방시설공사업법 시행규칙」상 일반 공사감리기간에 관한 내용으로 옳지 않은 것은?**

① 옥내소화전설비·스프링클러설비·포소화설비·물분무소화설비·연결살수설비 및 연소방지설비의 경우 : 가압송수장치의 설치, 가지배관의 설치, 개폐밸브·유수검지장치·체크밸브·템퍼스위치의 설치, 앵글밸브·소화전함의 매립, 스프링클러헤드·포헤드·포방출구·포노즐·포호스릴·물분무헤드·연결살수헤드·방수구의 설치, 포소화약제 탱크 및 포혼합기의 설치, 포소화약제의 충전, 입상배관과 옥상탱크의 접속, 옥외 연결송수구의 설치, 제어반의 설치, 동력전원 및 각종 제어회로의 접속, 음향장치의 설치 및 수동조작함의 설치를 하는 기간

② 이산화탄소소화설비·할로겐화합물소화설비·청정소화약제소화설비 및 분말소화설비의 경우 : 소화약제 저장용기와 집합관의 접속, 기동용기 등 작동장치의 설치, 제어반·화재표시반의 설치, 동력전원 및 각종 제어회로의 접속, 가지배관의 설치, 선택밸브의 설치, 분사헤드의 설치, 수동기동장치의 설치 및 음향경보장치의 설치를 하는 기간

③ 자동화재탐지설비·시각경보기·비상경보설비·비상방송설비·통합감시시설·유도등·비상콘센트설비 및 무선통신보조설비의 경우 : 전선관의 매립, 감지기·유도등·조명등 및 비상콘센트의 설치, 증폭기의 접속, 누설동축케이블 등의 부설, 무선기기의 접속단자·분배기·증폭기의 설치 및 동력전원의 접속공사를 하는 기간

④ 비상전원이 설치되는 소방시설의 경우 : 비상전원의 설치 및 고정금속구를 설치하는 기간

해설 비상전원이 설치되는 소방시설의 경우에는 비상전원의 설치 및 소방시설과의 접속을 하는 기간이 일반 공사감리기간이다(시행규칙 [별표 3] 참조).

74 「소방시설공사업법」상 완공검사증명서의 발급주체로 옳은 것은?

① 시・도지사
② 소방본부장
③ 소방청장
④ 공사감리자

해설 소방본부장이나 소방서장은 제1항에 따른 완공검사나 제2항에 따른 부분완공검사를 하였을 때에는 완공검사증명서나 부분완공검사증명서를 발급하여야 한다(법 제14조 제3항).

75 「소방시설공사업법 시행령」상 소방본부장 또는 소방서장의 소방시설공사 완공검사를 위한 현장확인 대상 특정소방대상물로 옳지 않은 것은?

① 창고시설
② 스프링클러설비등이 설치되는 특정소방대상물
③ 연면적 1만제곱미터 이상이거나 11층 이상인 아파트
④ 가연성가스를 제조・저장 또는 취급하는 시설 중 지상에 노출된 가연성가스탱크의 저장 용량 합계가 1천톤 이상인 시설

해설 **완공검사를 위한 현장확인 대상 특정소방대상물의 범위(시행령 제5조)**
법 제14조 제1항 단서에서 "대통령령으로 정하는 특정소방대상물"이란 특정소방대상물 중 다음 각 호의 대상물을 말한다.

1. 문화 및 집회시설, 종교시설, 판매시설, 노유자(老幼者) 시설, 수련시설, 운동시설, 숙박시설, 창고시설, 지하상가 및 「다중이용업소의 안전관리에 관한 특별법」에 따른 다중이용업소
2. 다음 각 목의 어느 하나에 해당하는 설비가 설치되는 특정소방대상물
   가. 스프링클러설비등
   나. 물분무등소화설비(호스릴 방식의 소화설비는 제외한다)
3. 연면적 1만제곱미터 이상이거나 11층 이상인 특정소방대상물(아파트는 제외한다)
4. 가연성가스를 제조・저장 또는 취급하는 시설 중 지상에 노출된 가연성가스탱크의 저장용량 합계가 1천톤 이상인 시설

정답 | 73 ④ 74 ② 75 ③

76 **「소방시설공사업법 시행령」상 완공검사를 위한 현장확인 대상 특정소방대상물에 해당하는 것만을 〈보기〉에서 고른 것은?**

보기		
ㄱ. 다중이용업소	ㄴ. 노유자 시설	ㄷ. 지하상가
ㄹ. 판매시설	ㅁ. 창고시설	ㅂ. 운동시설

① ㄱ, ㄴ, ㄷ ② ㄱ, ㄴ, ㄷ, ㄹ
③ ㄱ, ㄴ, ㄷ, ㄹ, ㅁ ④ ㄱ, ㄴ, ㄷ, ㄹ, ㅁ, ㅂ

해설 문화 및 집회시설, 종교시설, 판매시설, 노유자(老幼者) 시설, 수련시설, 운동시설, 숙박시설, 창고시설, 지하상가 및 「다중이용업소의 안전관리에 관한 특별법」에 따른 다중이용업소는 완공검사를 위한 현장확인 대상 특정소방대상물에 해당한다(시행령 제5조 제1호 참조).

77 **「소방시설공사업법 시행령」상 완공검사를 위한 현장확인 대상 특정소방대상물의 범위에 해당하는 것은?**

① 근린생활시설
② 11층 이상인 아파트
③ 가스계 호스릴 방식의 소화설비를 설치하는 특정소방대상물
④ 아파트를 제외한 연면적 1만㎡ 이상 특정소방대상물

해설 연면적 1만제곱미터 이상이거나 11층 이상인 특정소방대상물(아파트는 제외한다)은 완공검사를 위한 현장확인 대상 특정소방대상물의 범위에 해당한다(시행령 제5조 제3호 참조).

78 **「소방시설공사업법」상 완공검사에 관한 내용으로 옳지 않은 것은?**

① 공사업자는 소방시설공사를 완공하면 소방본부장 또는 소방서장의 완공검사를 받아야 한다.
② 대통령령으로 정하는 특정소방대상물의 경우에는 소방본부장이나 소방서장이 소방시설공사가 공사감리 결과보고서대로 완공되었는지를 현장에서 확인할 수 있다.
③ 공사업자가 소방대상물 일부분의 소방시설공사를 마친 경우 그 일부분에 대하여는 소방본부장이나 소방서장에게 완공검사를 신청할 수 없다.
④ 소방본부장이나 소방서장은 완공검사를 하였을 때에는 완공검사증명서를 발급하여야 한다.

해설 공사업자가 소방대상물 일부분의 소방시설공사를 마친 경우로서 전체 시설이 준공되기 전에 부분적으로 사용할 필요가 있는 경우에는 그 일부분에 대하여 소방본부장이나 소방서장에게 완공검사(이하 "부분완공검사"라 한다)를 신청할 수 있다. 이 경우 소방본부장이나 소방서장은 그 일부분의 공사가 완공되었는지를 확인하여야 한다(법 제14조 제2항).

79 **「소방시설공사업법」상 규정한 내용으로 옳지 않은 것은?**

① 특정소방대상물의 관계인 또는 발주자는 소방시설공사 등을 도급할 때에는 해당 소방시설업자에게 도급하여야 한다.

② 소방본부장이나 소방서장은 완공검사나 부분완공검사를 하였을 때에는 완공검사증명서나 부분완공검사증명서를 발급하여야 한다.

③ 관계인은 하자보수 기간에 소방시설의 하자가 발생하였을 때에는 공사업자에게 그 사실을 알려야 하며, 통보를 받은 공사업자는 7일 이내에 하자를 보수하거나 보수 일정을 기록한 하자보수계획을 관계인에게 서면으로 알려야 한다.

④ 소방시설업의 등록을 한 후 정당한 사유 없이 1년이 지날 때까지 영업을 시작하지 아니하거나 계속하여 1년 이상 휴업한 경우로서 영업정지가 그 이용자에게 불편을 줄 때에는 영업정지처분을 갈음하여 2억원 이하의 과징금을 부과할 수 있다.

해설 관계인은 하자보수 기간에 소방시설의 하자가 발생하였을 때에는 공사업자에게 그 사실을 알려야 하며, 통보를 받은 공사업자는 3일 이내에 하자를 보수하거나 보수 일정을 기록한 하자보수계획을 관계인에게 서면으로 알려야 한다(법 제15조 제3항).

80 **「소방시설공사업법 시행령」상 소방시설공사 결과 하자보수 대상 소방시설과 하자보수 보증기간의 연결이 옳은 것은?**

	하자보수 대상 소방시설	하자보수 보증기간
①	비상경보설비, 자동소화장치	2년
②	무선통신보조설비, 비상조명등	2년
③	피난기구, 소화활동설비(무선통신보조설비는 제외)	3년
④	비상방송설비, 간이스프링클러설비	3년

정답 76 ④ 77 ④ 78 ③ 79 ③ 80 ②

해설 **하자보수 대상 소방시설과 하자보수 보증기간(시행령 제6조 참조)**
㉠ 2년 : 피난기구, 유도등, 유도표지, 비상경보설비, 비상조명등, 비상방송설비 및 무선통신보조설비
㉡ 3년 : 자동소화장치, 옥내소화전설비, 스프링클러설비, 간이스프링클러설비, 물분무등소화설비, 옥외소화전설비, 자동화재탐지설비, 상수도소화용수설비 및 소화활동설비(무선통신보조설비는 제외한다)

81 「소방시설공사업법」상 공사의 하자보수보증에 관한 내용으로 옳지 않은 것은?

① 관계인은 하자보수 기간에 소방시설의 하자가 발생하였을 때에는 공사업자에게 그 사실을 알려야 하며, 통보를 받은 공사업자는 3일 이내에 하자를 보수하거나 보수 일정을 기록한 하자보수계획을 관계인에게 서면으로 알려야 한다.
② 공사업자는 소방시설공사 결과 자동화재탐지설비 등 대통령령으로 정하는 소방시설에 하자가 있을 때에는 대통령령으로 정하는 기간 동안 그 하자를 보수하여야 한다.
③ 관계인은 공사업자가 3일 이내에 하자보수를 이행하지 아니한 경우에는 소방본부장이나 소방서장에게 그 사실을 알릴 수 있다.
④ 소방본부장이나 소방서장은 하자보수 불이행에 따른 통보를 받았을 때에는 중앙소방기술심의위원회에 심의를 요청하여야 하며, 그 심의 결과 하자보수 불이행에 해당하는 것으로 인정할 때에는 시공자에게 기간을 정하여 하자보수를 명하여야 한다.

해설 소방본부장이나 소방서장은 제4항에 따른 통보를 받았을 때에는 「소방시설 설치 및 관리에 관한 법률」 제18조 제2항에 따른 지방소방기술심의위원회에 심의를 요청하여야 하며, 그 심의 결과 제4항 각 호의 어느 하나에 해당하는 것으로 인정할 때에는 시공자에게 기간을 정하여 하자보수를 명하여야 한다(법 제15조 제5항).

82 「소방시설공사업법」상 감리업자가 소속 감리원을 배치하였을 때 통보해야 하는 대상으로 옳은 것은?

① 행정안전부장관
② 시・도지사
③ 소방청장
④ 소방본부장

해설 감리업자는 제1항에 따라 소속 감리원을 배치하였을 때에는 행정안전부령으로 정하는 바에 따라 소방본부장이나 소방서장에게 통보하여야 한다. 감리원의 배치를 변경하였을 때에도 또한 같다(법 제18조 제2항).

83 **「소방시설공사업법」상 소방공사감리업자의 업무범위로 옳지 않은 것은?**

① 완공된 소방시설 등의 성능시험
② 소방시설 등의 설치계획표의 적법성 검토
③ 소방시설 등 설계 변경 사항의 적합성 검토
④ 설계업자가 작성한 시공 상세 도면의 적합성 검토

해설 공사업자가 작성한 시공 상세 도면의 적합성 검토가 감리업자의 업무범위에 해당된다(법 제16조 제1항 제7호).

84 **「소방시설공사업법」상 감리업자가 소방공사를 감리할 때 수행하는 업무 중에서 적법성 검토가 필요한 경우로 옳은 것은?**

① 소방시설 등 설계도서의 검토
② 소방용품의 위치, 규격 및 사용자재의 검토
③ 실내장식물의 불연화와 방염 물품의 검토
④ 공사업자가 작성한 시공 상세 도면의 검토

해설 **감리(법 제16조 제1항)**

제4조 제1항에 따라 소방공사감리업을 등록한 자(이하 "감리업자"라 한다)는 소방공사를 감리할 때 다음 각 호의 업무를 수행하여야 한다.

1. 소방시설 등의 설치계획표의 적법성 검토
2. 소방시설 등 설계도서의 적합성(적법성과 기술상의 합리성을 말한다. 이하 같다) 검토
3. 소방시설 등 설계 변경 사항의 적합성 검토
4. 「소방시설 설치 및 관리에 관한 법률」 제2조 제1항 제7호의 소방용품의 위치・규격 및 사용자재의 적합성 검토
5. 공사업자가 한 소방시설 등의 시공이 설계도서와 화재안전기준에 맞는지에 대한 지도・감독
6. 완공된 소방시설 등의 성능시험
7. 공사업자가 작성한 시공 상세 도면의 적합성 검토
8. 피난시설 및 방화시설의 적법성 검토
9. 실내장식물의 불연화(不燃化)와 방염 물품의 적법성 검토

정답 81 ④ 82 ④ 83 ④ 84 ③

85 **「소방시설공사업법 시행령」상 감리업자가 아닌 자가 감리할 수 있는 보안성 등이 요구되는 소방대상물의 시공 장소로 옳은 것은?**

① 「원자력안전법」 제2조 제10호에 따른 관계시설이 설치되는 장소
② 「다중이용업소의 안전관리에 관한 특별법」 제2조에 따른 다중이용업소
③ 「건축법」 제2조 제2항 제2호에 따른 공동주택
④ 「위험물안전관리법」 제2조 제1항 제6호에 따른 제조소 등

해설 **감리업자가 아닌 자가 감리할 수 있는 보안성 등이 요구되는 소방대상물의 시공 장소(시행령 제8조)**
법 제16조 제2항에서 “대통령령으로 정하는 장소”란 「원자력안전법」 제2조 제10호에 따른 관계시설이 설치되는 장소를 말한다.

86 **「소방시설공사업법」 및 그 하위법령상 소방공사감리업의 영업범위로 옳지 않은 것은?**

① 전문 소방공사감리업의 영업범위는 모든 특정소방대상물에 설치되는 소방시설공사 감리이다.
② 기계분야 일반 소방공사감리업의 영업범위는 연면적 3만제곱미터(공장의 경우에는 1만제곱미터) 미만의 특정소방대상물(제연설비가 설치되는 특정소방대상물을 포함)에 설치되는 기계분야 소방시설의 감리이다.
③ 기계분야 일반 소방공사감리업의 영업범위는 아파트에 설치되는 기계분야 소방시설(제연설비는 제외)의 감리이다.
④ 전기분야 일반 소방공사감리업의 영업범위는 연면적 3만제곱미터(공장의 경우에는 1만제곱미터) 미만의 특정소방대상물에 설치되는 전기분야 소방시설의 감리이다.

해설 **소방공사감리업의 업종별 영업범위(시행령 [별표 1] 제3호 참조)**
㉮ 전문 소방공사감리업 : 모든 특정소방대상물에 설치되는 소방시설공사 감리
㉯ 기계분야 일반 소방공사감리업
 ㉠ 연면적 3만제곱미터(공장의 경우에는 1만제곱미터) 미만의 특정소방대상물(제연설비가 설치되는 특정소방대상물은 제외한다)에 설치되는 기계분야 소방시설의 감리
 ㉡ 아파트에 설치되는 기계분야 소방시설(제연설비는 제외한다)의 감리
 ㉢ 위험물제조소 등에 설치되는 기계분야 소방시설의 감리
㉰ 전기분야 일반 소방공사감리업
 ㉠ 연면적 3만제곱미터(공장의 경우에는 1만제곱미터) 미만의 특정소방대상물에 설치되는 전기분야 소방시설의 감리
 ㉡ 아파트에 설치되는 전기분야 소방시설의 감리
 ㉢ 위험물제조소 등에 설치되는 전기분야 소방시설의 감리

87 「소방시설공사업법 시행령」상 상주 공사감리 대상으로 옳은 것은?

① 연면적 3만제곱미터 이상의 특정소방대상물(아파트 제외)
② 연면적 3만제곱미터 이상의 특정소방대상물(아파트 포함)
③ 지하층을 포함한 층수가 11층 이상으로서 500세대 이상인 특정소방대상물(아파트 제외)
④ 지하층을 포함한 층수가 11층 이상으로서 500세대 이상인 특정소방대상물(아파트 포함)

해설 상주 공사감리 대상(시행령 [별표 3] 참조)
㉠ 연면적 3만제곱미터 이상의 특정소방대상물(아파트는 제외한다)에 대한 소방시설의 공사
㉡ 지하층을 포함한 층수가 16층 이상으로서 500세대 이상인 아파트에 대한 소방시설의 공사

88 「소방시설공사업법 시행령」상 상주 공사감리 대상에 관한 내용이다. (　　) 안에 들어갈 내용으로 옳은 것은?

• 연면적 (ㄱ) 이상의 특정소방대상물(아파트는 제외)에 대한 소방시설의 공사
• 지하층을 포함한 층수가 (ㄴ) 이상인 아파트에 대한 소방시설의 공사

	ㄱ	ㄴ
①	3만제곱미터	16층 이상으로서 300세대
②	3만제곱미터	16층 이상으로서 500세대
③	5만제곱미터	16층 이상으로서 300세대
④	5만제곱미터	16층 이상으로서 500세대

해설 상주 공사감리 대상(시행령 [별표 3] 참조)
㉠ 연면적 3만제곱미터 이상의 특정소방대상물(아파트는 제외한다)에 대한 소방시설의 공사
㉡ 지하층을 포함한 층수가 16층 이상으로서 500세대 이상인 아파트에 대한 소방시설의 공사

정답 85 ① 86 ② 87 ① 88 ②

89 **「소방시설공사업법 시행령」상 감리원의 감리 방법에 관한 내용으로 옳지 않은 것은?**

① 상주 공사감리 대상의 감리원이 행정안전부령으로 정하는 기간 중 부득이한 사유로 1일 이상 현장을 이탈하는 경우에는 감리일지 등에 기록하여 발주청 또는 발주자의 확인을 받아야 한다.
② 일반 공사감리 대상의 감리원은 행정안전부령으로 정하는 기간 중에는 주 1회 이상 공사 현장에 배치되어 감리의 업무를 수행하고 감리일지에 기록해야 한다.
③ 일반 공사감리 대상의 감리업자는 감리원이 부득이한 사유로 14일 이내의 범위에서 업무를 수행할 수 없는 경우에는 업무대행자를 지정하여 그 업무를 수행하게 해야 한다.
④ 일반 공사감리 대상의 지정된 업무대행자는 주 1회 이상 공사 현장에 배치되어 감리의 업무를 수행하며, 그 업무수행 내용을 감리원에게 통보하고 감리일지에 기록해야 한다.

해설 일반 공사감리 대상의 지정된 업무대행자는 주 2회 이상 공사 현장에 배치되어 감리의 업무를 수행하며, 그 업무수행 내용을 감리원에게 통보하고 감리일지에 기록해야 한다(시행령 [별표 3] 참조).

90 **「소방시설공사업법 시행령」상 소방시설을 시공할 때 공사감리자 지정대상 특정소방대상물의 범위로 옳지 않은 것은?**

① 옥내소화전설비를 신설·개설 또는 증설할 때
② 옥외소화전설비를 신설·개설 또는 증설할 때
③ 연결송수관설비를 신설 또는 개설하거나 송수구역을 증설할 때
④ 제연설비를 신설·개설하거나 제연구역을 증설할 때

해설 연결송수관설비를 신설 또는 개설할 때가 해당된다(시행령 제10조 제2항 제8호 나목 참조).

91 **「소방시설공사업법 시행령」상 소방시설을 시공할 때 공사감리자 지정대상 특정소방대상물의 범위로 옳지 않은 것은?**

① 무선통신보조설비를 신설 또는 개설할 때
② 비상조명등을 신설 또는 개설할 때
③ 통합감시시설을 신설 또는 개설할 때
④ 비상방송설비를 신설 또는 개설할 때

해설 '비상조명등을 신설 또는 개설할 때'는 2023년 11월 28일에 삭제되었다.

공사감리자 지정대상 특정소방대상물의 범위(시행령 제10조 제2항)
법 제17조 제1항에서 "자동화재탐지설비, 옥내소화전설비 등 대통령령으로 정하는 소방시설을 시공할 때"란 다음 각 호의 어느 하나에 해당하는 소방시설을 시공할 때를 말한다.
1. 옥내소화전설비를 신설・개설 또는 증설할 때
2. 스프링클러설비등(캐비닛형 간이스프링클러설비는 제외한다)을 신설・개설하거나 방호・방수 구역을 증설할 때
3. 물분무등소화설비(호스릴 방식의 소화설비는 제외한다)를 신설・개설하거나 방호・방수 구역을 증설할 때
4. 옥외소화전설비를 신설・개설 또는 증설할 때
5. 자동화재탐지설비를 신설 또는 개설할 때

5의2. 비상방송설비를 신설 또는 개설할 때
6. 통합감시시설을 신설 또는 개설할 때

6의2. 삭제 〈2023. 11. 28.〉
7. 소화용수설비를 신설 또는 개설할 때
8. 다음 각 목에 따른 소화활동설비에 대하여 각 목에 따른 시공을 할 때
   가. 제연설비를 신설・개설하거나 제연구역을 증설할 때
   나. 연결송수관설비를 신설 또는 개설할 때
   다. 연결살수설비를 신설・개설하거나 송수구역을 증설할 때
   라. 비상콘센트설비를 신설・개설하거나 전용회로를 증설할 때
   마. 무선통신보조설비를 신설 또는 개설할 때
   바. 연소방지설비를 신설・개설하거나 살수구역을 증설할 때
9. 삭제 〈2017. 12. 12.〉

92 「소방시설공사업법 시행령」상 지하 5층, 지상 30층 규모의 복합건축물인 특정소방대상물의 소방시설공사 현장에 배치해야 하는 소방공사 책임감리원의 기준으로 옳은 것은?

① 특급감리원 중 소방시설관리사
② 특급감리원 이상의 소방공사 감리원(기계분야 및 전기분야)
③ 고급감리원 이상의 소방공사 감리원(기계분야 및 전기분야)
④ 중급감리원 이상의 소방공사 감리원(기계분야 및 전기분야)

해설 지하층을 포함한 층수가 16층 이상 40층 미만인 특정소방대상물의 공사 현장에는 특급감리원 이상의 소방공사 감리원(기계분야 및 전기분야)을 책임감리원으로 배치하여야 한다(시행령 [별표 4] 제1호 참조).

정답 | 89 ④ | 90 ③ | 91 ② | 92 ② |

93 **「소방시설공사업법」 및 그 하위법령상 감리원의 세부 배치 기준에서 일반 공사감리 대상에 관한 내용으로 옳지 않은 것은?**

① 기계분야의 감리원 자격을 취득한 사람과 전기분야의 감리원 자격을 취득한 사람 각 1명 이상을 감리원으로 배치해야 한다.
② 감리원은 주 1회 이상 소방공사감리현장에 배치되어 감리해야 한다.
③ 감리업자는 감리원이 부득이한 사유로 14일 이내의 범위에서 업무를 수행할 수 없는 경우에는 업무대행자를 지정하여 그 업무를 수행하게 하여야 한다.
④ 아파트 공사의 경우에는 연면적의 합계에 관계없이 1명의 감리원이 6개 이내의 공사현장을 감리할 수 있다.

해설 다만, 일반 공사감리 대상인 아파트의 경우에는 연면적의 합계에 관계없이 1명의 감리원이 5개 이내의 공사현장을 감리할 수 있다(시행규칙 제16조 제1항 제2호 라목 단서).

94 **「소방시설공사업법」 및 같은 법 시행령, 시행규칙상 공사감리에 관한 내용으로 옳은 것은?**

① 감리업자는 소속 감리원을 배치하였을 때에는 소방본부장 또는 소방서장의 동의를 받아야 한다.
② 소방본부장 또는 소방서장은 특정소방대상물에 대해서 감리업자를 공사감리자로 지정하여야 한다.
③ 지하층을 포함한 층수가 16층 이상으로서 300세대 이상인 아파트에 대한 소방시설의 공사는 상주 공사감리 대상이다.
④ 상주 공사감리 대상인 경우 소방시설용 배관(전선관을 포함)을 설치하거나 매립하는 때부터 소방시설 완공검사증명서를 발급받을 때까지 소방공사감리현장에 감리원을 배치하여야 한다.

해설
① 감리업자는 제1항에 따라 소속 감리원을 배치하였을 때에는 행정안전부령으로 정하는 바에 따라 소방본부장이나 소방서장에게 통보하여야 한다. 감리원의 배치를 변경하였을 때에도 또한 같다(법 제18조 제2항).
② 대통령령으로 정하는 특정소방대상물의 관계인이 특정소방대상물에 대하여 자동화재탐지설비, 옥내소화전설비 등 대통령령으로 정하는 소방시설을 시공할 때에는 소방시설공사의 감리를 위하여 감리업자를 공사감리자로 지정하여야 한다(법 제17조 제1항).
③ 지하층을 포함한 층수가 16층 이상으로서 500세대 이상인 아파트에 대한 소방시설의 공사는 상주 공사감리 대상이다(시행령 [별표 3] 참조).

95 **「소방시설공사업법」상 위반사항에 대한 조치에 관한 내용으로 옳지 않은 것은?**

① 감리업자는 감리를 할 때 소방시설공사가 설계도서나 화재안전기준에 맞지 아니할 때에는 소방본부장이나 소방서장에게 알리고, 관계인에게 그 공사의 시정 또는 보완 등을 요구하여야 한다.
② 공사업자가 그 공사의 시정 또는 보완 등의 요구를 받았을 때에는 그 요구에 따라야 한다.
③ 감리업자는 공사업자가 그 공사의 시정 또는 보완 등의 요구를 이행하지 아니하고 그 공사를 계속할 때에는 행정안전부령으로 정하는 바에 따라 소방본부장이나 소방서장에게 그 사실을 보고하여야 한다.
④ 관계인은 감리업자가 그 공사의 시정 또는 보완 등의 요구를 이행하지 아니한 것을 소방본부장이나 소방서장에게 보고한 것을 이유로 감리계약을 해지하거나 감리의 대가 지급을 거부하거나 지연시키거나 그 밖의 불이익을 주어서는 아니 된다.

해설 감리업자는 감리를 할 때 소방시설공사가 설계도서나 화재안전기준에 맞지 아니할 때에는 관계인에게 알리고, 공사업자에게 그 공사의 시정 또는 보완 등을 요구하여야 한다(법 제19조 제1항).

PART • 05

96 **「소방시설공사업법 시행규칙」상 위반사항의 보고 등에 관한 내용이다. (　　) 안에 들어갈 내용으로 옳은 것은?**

> 소방공사감리업자는 법 제19조 제1항에 따라 공사업자에게 해당 공사의 시정 또는 보완을 요구하였으나 이행하지 아니하고 그 공사를 계속할 때에는 법 제19조 제3항에 따라 시정 또는 보완을 이행하지 아니하고 공사를 계속하는 날부터 (　　) 이내에 별지 제28호서식의 소방시설공사 위반사항보고서(전자문서로 된 소방시설공사 위반사항보고서를 포함)를 소방본부장 또는 소방서장에게 제출하여야 한다.

① 3일　　② 5일
③ 7일　　④ 10일

해설 소방공사감리업자는 법 제19조 제1항에 따라 공사업자에게 해당 공사의 시정 또는 보완을 요구하였으나 이행하지 아니하고 그 공사를 계속할 때에는 법 제19조 제3항에 따라 시정 또는 보완을 이행하지 아니하고 공사를 계속하는 날부터 3일 이내에 별지 제28호서식의 소방시설공사 위반사항보고서(전자문서로 된 소방시설공사 위반사항보고서를 포함한다)를 소방본부장 또는 소방서장에게 제출하여야 한다(시행규칙 제18조 참조).

정답 93 ④　94 ④　95 ①　96 ①

97 **「소방시설공사업법」 및 같은 법 시행령, 시행규칙상 위반사항에 대한 조치에 관한 내용으로 옳지 않은 것은?**

① 공사업자의 위반사항을 확인할 수 있는 사진 등 증명서류(전자문서를 포함)가 있으면 이를 소방시설공사 위반사항보고서(전자문서로 된 소방시설공사 위반사항보고서를 포함)에 첨부하여 제출하여야 한다. 또한 「전자정부법」에 따른 행정정보의 공동이용을 통하여 첨부서류에 대한 정보를 확인할 수 있는 경우라도 첨부서류를 서면으로 제출해야 한다.
② 감리업자는 감리를 할 때 소방시설공사가 설계도서나 화재안전기준에 맞지 아니할 때에는 관계인에게 알리고, 공사업자에게 그 공사의 시정 또는 보완 등을 요구하여야 한다.
③ 공사업자가 그 공사의 시정 또는 보완 등의 요구를 받았을 때에는 그 요구에 따라야 한다.
④ 감리업자는 공사업자가 그 공사의 시정 또는 보완 등의 요구를 이행하지 아니하고 그 공사를 계속할 때에는 소방서장에게 그 사실을 보고하여야 한다.

해설 공사업자의 위반사항을 확인할 수 있는 사진 등 증명서류(전자문서를 포함한다)가 있으면 이를 소방시설공사 위반사항보고서(전자문서로 된 소방시설공사 위반사항보고서를 포함한다)에 첨부하여 제출하여야 한다. 다만, 「전자정부법」 제36조 제1항에 따른 행정정보의 공동이용을 통하여 첨부서류에 대한 정보를 확인할 수 있는 경우에는 그 확인으로 첨부서류를 갈음할 수 있다(시행규칙 제18조 참조).

98 **「소방시설공사업법」상 감리업자가 소방공사감리 완료 시 소방공사감리 결과의 통보를 알리는 대상이 아닌 것은?**

① 특정소방대상물의 관계인, 소방시설공사의 도급인
② 특정소방대상물의 관계인, 공사를 감리한 건축사
③ 특정소방대상물의 관계인, 공사를 설계한 설계사
④ 소방시설공사의 도급인, 소방본부장이나 소방서장

해설 **공사감리 결과의 통보 등(법 제20조 참조)**
감리업자는 소방공사의 감리를 마쳤을 때에는 행정안전부령으로 정하는 바에 따라 그 감리 결과를 그 ㉠ 특정소방대상물의 관계인, ㉡ 소방시설공사의 도급인, 그 특정소방대상물의 ㉢ 공사를 감리한 건축사에게 서면으로 알리고, ㉣ 소방본부장이나 소방서장에게 공사감리 결과보고서를 제출하여야 한다.

99 **「소방시설공사업법」상 공사감리 결과보고서를 제출해야 하는 대상으로 옳은 것은?**

① 행정안전부장관
② 시・도지사
③ 소방서장
④ 관계인

해설 **공사감리 결과의 통보 등(법 제20조)**
감리업자는 소방공사의 감리를 마쳤을 때에는 행정안전부령으로 정하는 바에 따라 그 감리 결과를 그 특정소방대상물의 관계인, 소방시설공사의 도급인, 그 특정소방대상물의 공사를 감리한 건축사에게 서면으로 알리고, 소방본부장이나 소방서장에게 공사감리 결과보고서를 제출하여야 한다.

100 **「소방시설공사업법」상 신축으로 자동화재탐지설비를 신설해야 하는 연면적 5,000㎡인 판매시설의 소방시설 설치에서 완공검사까지의 진행 순서를 바르게 나열한 것은? (단, 감리자 지정 및 감리원 배치 등 감리결과에 관한 절차는 생략한다.)**

① 착공신고 → 시공 및 공사완료 → 완공검사 신청 → 감리결과보고서 갈음 → 완공검사증명서 발급
② 시공 → 착공신고 → 공사완료 → 완공검사 신청 → 감리결과보고서 갈음 → 완공검사증명서 발급
③ 착공신고 → 시공 및 공사완료 → 완공검사 신청 → 완공검사(현장확인) → 완공검사증명서 발급
④ 시공 → 착공신고 → 공사완료 → 완공검사 신청 → 완공검사(현장확인) → 완공검사증명서 발급

해설 (자동화재탐지설비의 신설공사는 착공신고 대상이므로) ㉠ 착공신고 → ㉡ 시공 및 공사완료 → ㉢ 완공검사 신청 → (연면적 5,000㎡인 특정소방대상물은 완공검사를 위한 현장확인 대상이 아니나, 판매시설은 현장확인 대상이므로) ㉣ 완공검사(현장확인) → ㉤ 완공검사증명서 발급

PART・05

정답 97 ① 98 ③ 99 ③ 100 ③

101 **「소방시설공사업법 시행규칙」상 감리업자가 소방공사의 감리를 마쳤을 때 소방공사감리 결과보고(통보)서에 첨부하는 서류로 옳지 않은 것은?**

① 착공신고 후 변경된 건축설계도면 1부
② 소방청장이 정하여 고시하는 소방시설 성능시험조사표 1부
③ 소방공사 감리일지(소방본부장 또는 소방서장에게 보고하는 경우에만 첨부) 1부
④ 특정소방대상물의 사용승인 신청서 등 사용승인 신청을 증빙할 수 있는 서류 1부

해설 **감리결과의 통보 등(시행규칙 제19조)**
법 제20조에 따라 감리업자가 소방공사의 감리를 마쳤을 때에는 별지 제29호서식의 소방공사감리 결과보고(통보)서[전자문서로 된 소방공사감리 결과보고(통보)서를 포함한다]에 다음 각 호의 서류(전자문서를 포함한다)를 첨부하여 공사가 완료된 날부터 7일 이내에 특정소방대상물의 관계인, 소방시설공사의 도급인 및 특정소방대상물의 공사를 감리한 건축사에게 알리고, 소방본부장 또는 소방서장에게 보고해야 한다.
1. 소방청장이 정하여 고시하는 소방시설 성능시험조사표 1부
2. 착공신고 후 변경된 소방시설설계도면(변경사항이 있는 경우에만 첨부하되, 법 제11조에 따른 설계업자가 설계한 도면만 해당된다) 1부
3. 별지 제13호서식의 소방공사 감리일지(소방본부장 또는 소방서장에게 보고하는 경우에만 첨부한다) 1부
4. 특정소방대상물의 사용승인(「건축법」 제22조에 따른 사용승인으로서 「주택법」 제49조에 따른 사용검사 또는 「학교시설사업 촉진법」 제13조에 따른 사용승인을 포함한다. 이하 같다) 신청서 등 사용승인 신청을 증빙할 수 있는 서류 1부

102 **「소방시설공사업법」상 방염처리업자의 방염처리능력 평가 요청이 있는 경우 해당 방염처리업자의 방염처리 실적 등에 따라 방염처리능력을 평가하여 공시할 수 있는 권한이 있는 자로 옳은 것은?**

① 시・도지사
② 소방청장
③ 소방본부장
④ 소방서장

해설 <u>소방청장</u>은 방염처리업자의 방염처리능력 평가 요청이 있는 경우 해당 방염처리업자의 방염처리 실적 등에 따라 방염처리능력을 평가하여 공시할 수 있다(법 제20조의3 제1항).

103 「소방시설공사업법 시행령」상 소방시설공사 분리 도급의 예외에 해당하는 것만을 〈보기〉에서 고른 것은?

> **보기**
>
> ㄱ. 「재난 및 안전관리 기본법」에 따른 재난의 발생으로 긴급하게 착공해야 하는 공사인 경우
>
> ㄴ. 국방 및 국가안보 등과 관련하여 기밀을 유지해야 하는 공사인 경우
>
> ㄷ. 연면적이 3천제곱미터 이하인 특정소방대상물에 비상경보설비를 설치하는 공사인 경우
>
> ㄹ. 「국가를 당사자로 하는 계약에 관한 법률 시행령」 및 「지방자치단체를 당사자로 하는 계약에 관한 법률 시행령」에 따른 원안입찰 또는 일부입찰
>
> ㅁ. 「국가를 당사자로 하는 계약에 관한 법률 시행령」 및 「지방자치단체를 당사자로 하는 계약에 관한 법률 시행령」에 따른 실시설계 기술제안입찰 또는 기본설계 기술제안입찰
>
> ㅂ. 국가유산수리 및 재개발·재건축 등의 공사로서 공사의 성질상 분리하여 도급하는 것이 곤란하다고 시·도지사가 인정하는 경우

① ㄱ, ㄴ, ㄷ　　② ㄱ, ㄴ, ㅁ

③ ㄴ, ㄷ, ㅁ　　④ ㄹ, ㅁ, ㅂ

해설 **소방시설공사 분리 도급의 예외(시행령 제11조의2)**

법 제21조 제2항 단서에서 “대통령령으로 정하는 경우”란 다음 각 호의 어느 하나에 해당하는 경우를 말한다.

1. 「재난 및 안전관리 기본법」 제3조 제1호에 따른 재난의 발생으로 긴급하게 착공해야 하는 공사인 경우
2. 국방 및 국가안보 등과 관련하여 기밀을 유지해야 하는 공사인 경우
3. 제4조 각 호에 따른 소방시설공사에 해당하지 않는 공사인 경우
4. 연면적이 1천제곱미터 이하인 특정소방대상물에 비상경보설비를 설치하는 공사인 경우
5. 다음 각 목의 어느 하나에 해당하는 입찰로 시행되는 공사인 경우
   가. 「국가를 당사자로 하는 계약에 관한 법률 시행령」 제79조 제1항 제4호 또는 제5호 및 「지방자치단체를 당사자로 하는 계약에 관한 법률 시행령」 제95조 제1항 제4호 또는 제5호에 따른 대안입찰 또는 일괄입찰
   나. 「국가를 당사자로 하는 계약에 관한 법률 시행령」 제98조 제2호 또는 제3호 및 「지방자치단체를 당사자로 하는 계약에 관한 법률 시행령」 제127조 제2호 또는 제3호에 따른 실시설계 기술제안입찰 또는 기본설계 기술제안입찰

5의2. 「국가첨단전략산업 경쟁력 강화 및 보호에 관한 특별조치법」 제2조 제1호에 따른 국가첨단전략기술 관련 연구시설·개발시설 또는 그 기술을 이용하여 제품을 생산하는 시설 공사인 경우

6. 그 밖에 국가유산수리 및 재개발·재건축 등의 공사로서 공사의 성질상 분리하여 도급하는 것이 곤란하다고 소방청장이 인정하는 경우

정답 101 ① 102 ② 103 ②

104 「소방시설공사업법」상 공사의 도급에 관한 내용으로 옳지 않은 것은?

① 소방시설공사는 다른 업종의 공사와 분리하여 도급하여야 한다.
② 소방시설공사 등의 도급 또는 하도급의 계약당사자는 서로 대등한 입장에서 합의에 따라 공정하게 계약을 체결하고, 신의에 따라 성실하게 계약을 이행하여야 한다.
③ 공사업자가 도급받은 소방시설공사의 도급금액 중 그 공사(하도급한 공사는 제외)의 근로자에게 지급하여야 할 임금에 해당하는 금액은 압류할 수 없다.
④ 도급을 받은 자가 해당 소방시설공사 등을 하도급할 때에는 행정안전부령으로 정하는 바에 따라 미리 관계인과 발주자에게 알려야 한다.

해설 **임금에 대한 압류의 금지(법 제21조의2 제1항)**
공사업자가 도급받은 소방시설공사의 도급금액 중 그 공사(하도급한 공사를 포함한다)의 근로자에게 지급하여야 할 임금에 해당하는 금액은 압류할 수 없다.

105 「소방시설공사업법」 및 같은 법 시행령상 소방시설공사의 공사대금의 지급보증 등의 예외가 되는 발주자의 범위로 옳지 않은 것은?

① 발주자가 국가인 경우
② 발주자가 지방자치단체인 경우
③ 발주자가 「공공기관의 운영에 관한 법률」 제5조에 따른 공기업 및 준정부기관인 경우
④ 발주자가 「고등교육법」에 따른 대학·산업대학·전문대학 및 기술대학인 경우

해설 **공사대금의 자금보증 등(법 제21조의4 제1항 전단)**
수급인이 국가, 지방자치단체 또는 대통령령(시행령 제11조의5)으로 정하는 공공기관 외의 자가 발주하는 공사를 도급받은 경우로서 수급인이 발주자에게 계약의 이행을 보증하는 때에는 발주자도 수급인에게 공사대금의 지급을 보증하거나 담보를 제공하여야 한다.

공사대금의 지급보증 등의 예외가 되는 공공기관의 범위(시행령 제11조의5)
법 제21조의4 제1항 본문에서 "대통령령으로 정하는 공공기관"이란 다음 각 호의 공공기관을 말한다.
1. 「공공기관의 운영에 관한 법률」 제5조에 따른 공기업 및 준정부기관
2. 「지방공기업법」 제49조에 따른 지방공사 및 같은 법 제76조에 따른 지방공단

106 「소방시설공사업법 시행규칙」상 공사대금의 지급보증 등의 방법 및 절차에 관한 내용 중 공사기간이 4개월을 초과하는 경우로서 기성부분에 대한 대가를 지급하지 않기로 약정하거나 그 대가의 지급주기가 2개월 이내인 경우의 산출 방식이다. (　) 안에 들어갈 내용으로 옳은 것은?

$$\frac{\text{도급금액} - (\text{ㄱ})}{\text{공사기간(월)}} \times (\text{ㄴ})$$

	ㄱ	ㄴ		ㄱ	ㄴ
①	계약상 선급금	2	②	계약상 선급금	4
③	계약상 완급금	2	④	계약상 완급금	4

해설 **공사대금의 지급보증 등의 방법 및 절차(시행규칙 제20조의2 제1항 제2호)**

공사기간이 4개월을 초과하는 경우로서 기성부분에 대한 대가를 지급하지 않기로 약정하거나 그 대가의 지급주기가 2개월 이내인 경우 : 다음의 계산식에 따라 산출된 금액

$$\frac{\text{도급금액} - \text{계약상 선급금}}{\text{공사기간(월)}} \times 4$$

107 「소방시설공사업법」상 특정소방대상물의 소방시설공사 등의 경우 도급을 받은 자는 제3자에게 하도급할 수 없으나 예외적으로 도급받은 소방시설공사의 일부를 다른 공사업자에게 하도급할 수 있는 소방시설공사로 옳은 것은?

① 설계　　② 시공
③ 감리　　④ 방염

해설 **하도급의 제한(법 제22조 제1항)**

제21조에 따라 도급을 받은 자는 소방시설의 설계, 시공, 감리를 제3자에게 하도급할 수 없다. 다만, 시공의 경우에는 대통령령으로 정하는 바에 따라 도급받은 소방시설공사의 일부를 다른 공사업자에게 하도급할 수 있다.

정답 | 104 ③ 105 ④ 106 ② 107 ② |

108 **「소방시설공사업법」상 도급을 받은 자는 원칙적으로 소방시설공사의 시공을 제3자에게 하도급할 수 없다. 다만, 대통령령으로 정하는 경우에는 소방공사의 일부를 하도급할 수 있는데, 이 경우 하도급 가능한 횟수로 옳은 것은?**

① 1번
② 2번
③ 3번
④ 4번

해설 「소방시설공사업법」 제22조 제1항 단서 조항에 의거하면 도급받은 소방시설공사의 일부를 다른 공사업자에게 하도급할 수 있으며, 같은 조 제2항에 '하수급인은 하도급받은 소방시설공사를 제3자에게 다시 하도급할 수 없다.'라는 규정에 의거 소방공사의 일부를 한 번만 하도급할 수 있다.

109 **「소방시설공사업법」 및 같은 법 시행령, 시행규칙상 도급에 관한 내용으로 옳지 않은 것은?**

① 특정소방대상물의 관계인은 소방시설공사 등을 도급할 때에는 해당 소방시설업자에게 도급하여야 한다.
② 소방시설업자는 소방시설의 설계, 시공, 감리 및 방염을 하도급하려고 하거나 하수급인을 변경하는 경우에는 소방시설공사 등의 하도급통지서를 미리 관계인 및 발주자에게 알려야 한다.
③ 하도급을 하려는 소방시설업자는 관계인 및 발주자에게 통지한 소방시설공사 등의 하도급통지서 사본을 하수급자에게 주어야 한다.
④ 도급을 받은 자는 소방시설공사의 시공을 제3자에게 하도급할 수 없다.

해설 **하도급의 제한(법 제22조)**
① 제21조에 따라 도급을 받은 자는 소방시설의 설계, 시공, 감리를 제3자에게 하도급할 수 없다. 다만, 시공의 경우에는 대통령령으로 정하는 바에 따라 도급받은 소방시설공사의 일부를 다른 공사업자에게 하도급할 수 있다.
② 하수급인은 제1항 단서에 따라 하도급받은 소방시설공사를 제3자에게 다시 하도급할 수 없다.

110 **「소방시설공사업법 시행령」상 소방시설공사의 시공을 하도급할 수 있는 경우로 옳지 않은 것은?**

① 「주택법」 제4조에 따른 주택건설사업
② 「건설산업기본법」 제9조에 따른 건설업
③ 「전기공사업법」 제4조에 따른 전기공사업
④ 「도시 및 주거환경정비법」 제2조에 따른 정비사업

해설 **소방시설공사의 시공을 하도급할 수 있는 경우(시행령 제12조 제1항)**
소방시설공사업과 다음 각 호의 어느 하나에 해당하는 사업을 함께 하는 공사업자가 소방시설공사와 해당 사업의 공사를 함께 도급받은 경우에는 법 제22조 제1항 단서에 따라 도급받은 소방시설공사의 일부를 다른 공사업자에게 하도급할 수 있다.
1. 「주택법」 제4조에 따른 주택건설사업
2. 「건설산업기본법」 제9조에 따른 건설업
3. 「전기공사업법」 제4조에 따른 전기공사업
4. 「정보통신공사업법」 제14조에 따른 정보통신공사업

111 「소방시설공사업법」상 도급계약의 해지기준으로 옳지 않은 것은?

① 소방시설업을 휴업하거나 폐업한 경우
② 소방시설업이 등록취소되거나 영업정지된 경우
③ 소방시설업에 대한 경고를 받은 경우
④ 정당한 사유 없이 30일 이상 소방시설공사를 계속하지 아니하는 경우

해설 **도급계약의 해지(법 제23조)**
특정소방대상물의 관계인 또는 발주자는 해당 도급계약의 수급인이 다음의 어느 하나에 해당하는 경우에는 도급계약을 해지할 수 있다.
1. 소방시설업이 등록취소되거나 영업정지된 경우
2. 소방시설업을 휴업하거나 폐업한 경우
3. 정당한 사유 없이 30일 이상 소방시설공사를 계속하지 아니하는 경우
4. 제22조의2(하도급계약의 적정성 심사) 제2항에 따른 요구에 정당한 사유 없이 따르지 아니하는 경우

112 「소방시설공사업법」상 특정소방대상물의 관계인 또는 발주자는 해당 도급계약의 수급인이 정당한 사유 없이 소방시설공사를 계속하지 아니하는 경우에 도급계약을 해지할 수 있는데, 이 기간으로 옳은 것은?

① 7일 이상　　② 15일 이상
③ 30일 이상　　④ 60일 이상

정답 | 108 ① 109 ④ 110 ④ 111 ③ 112 ③ |

해설 **도급계약의 해지(법 제23조)**

특정소방대상물의 관계인 또는 발주자는 해당 도급계약의 수급인이 다음의 어느 하나에 해당하는 경우에는 도급계약을 해지할 수 있다.

1. 소방시설업이 등록취소되거나 영업정지된 경우
2. 소방시설업을 휴업하거나 폐업한 경우
3. 정당한 사유 없이 30일 이상 소방시설공사를 계속하지 아니하는 경우
4. 제22조의2(하도급계약의 적정성 심사) 제2항에 따른 요구에 정당한 사유 없이 따르지 아니하는 경우

113 **「소방시설공사업법」상 특정소방대상물의 소방시설에 대하여 동일인이 함께 할 수 없는 소방시설업에 대한 설명으로 옳은 것은?**

① 소방시설에 대한 설계와 감리를 함께 할 수 없다.
② 소방시설에 대한 설계와 시공을 함께 할 수 없다.
③ 소방시설에 대한 공사와 설계를 함께 할 수 없다.
④ 소방시설에 대한 시공과 감리를 함께 할 수 없다.

해설 다음 각 호의 어느 하나에 해당되면 동일한 특정소방대상물의 소방시설에 대한 시공과 감리를 함께 할 수 없다(법 제24조 참조).

114 **「소방시설공사업법」상 동일한 특정소방대상물의 소방시설에 대해 시공과 감리를 함께 할 수 없는 경우에 해당되지 않는 것은? (단, 법인인 경우 법인의 대표자 또는 임원을 말한다.)**

① 공사업자와 감리업자가 같은 자인 경우
② 「독점규제 및 공정거래에 관한 법률」 제2조 제11호에 따른 기업집단의 관계인 경우
③ 법인과 그 법인의 임직원의 관계인 경우
④ 공사업자와 감리업자가 「민법」 제779조에 따른 가족관계인 경우

해설 **공사업자의 감리 제한(법 제24조)**

다음 각 호의 어느 하나에 해당되면 동일한 특정소방대상물의 소방시설에 대한 시공과 감리를 함께 할 수 없다.

1. 공사업자(법인인 경우 법인의 대표자 또는 임원을 말한다. 이하 제4호에서 같다)와 감리업자(법인인 경우 법인의 대표자 또는 임원을 말한다. 이하 제4호에서 같다)가 같은 자인 경우
2. 「독점규제 및 공정거래에 관한 법률」 제2조 제11호에 따른 기업집단의 관계인 경우
3. 법인과 그 법인의 임직원의 관계인 경우
4. 공사업자와 감리업자가 「민법」 제777조에 따른 친족관계인 경우

115 **「소방시설공사업법」상 시공능력을 평가하여 공시할 수 있는 권한자로 옳은 것은?**

① 소방서장
② 소방청장
③ 시·도지사
④ 소방본부장

해설 소방청장은 관계인 또는 발주자가 적절한 공사업자를 선정할 수 있도록 하기 위하여 공사업자의 신청이 있으면 그 공사업자의 소방시설공사 실적, 자본금 등에 따라 시공능력을 평가하여 공시할 수 있다(법 제26조 제1항).

116 **「소방시설공사업법」에서 정하는 소방시설업 종합정보시스템의 구축에 관한 내용으로 옳지 않은 것은?**

① 소방청장은 소방시설업자의 자본금·기술인력 보유 현황 등의 정보를 종합적이고 체계적으로 관리·제공하기 위하여 소방시설업 종합정보시스템을 구축·운영할 수 있다.
② 소방청장은 소방시설업 종합정보시스템의 구축·운영에 따른 정보의 종합관리를 위하여 소방시설업자, 발주자, 관련 기관 및 단체 등에게 필요한 자료의 제출을 요청할 수 있다.
③ 소방청장은 소방시설업 종합정보시스템의 구축·운영에 따른 정보를 필요로 하는 관련 기관 또는 단체에 해당 정보를 제공할 수 있다.
④ 소방시설업 종합정보시스템의 구축 및 운영 등에 필요한 사항은 대통령령으로 정한다.

해설 제1항에 따른 소방시설업 종합정보시스템의 구축 및 운영 등에 필요한 사항은 행정안전부령으로 정한다(법 제26조의3 제4항).

117 **「소방시설공사업법 시행규칙」상 소방기술자의 기술등급 중에서 특급기술자의 자격기준으로 옳지 않은 것은?**

① 소방기술사는 기계분야와 전기분야 특급기술자이다.
② 소방시설관리사 자격을 취득한 후 5년 이상 소방 관련 업무를 수행한 사람은 기계분야와 전기분야 특급기술자이다.
③ 소방설비기사 기계분야의 자격을 취득한 후 7년 이상 소방 관련 업무를 수행한 사람은 기계분야 특급기술자이다.
④ 소방설비산업기사 전기분야의 자격을 취득한 후 11년 이상 소방 관련 업무를 수행한 사람은 전기분야 특급기술자이다.

정답 113 ④ 114 ④ 115 ② 116 ④ 117 ③

PART · 05

해설 **특급기술자의 기술자격에 따른 기술등급(시행규칙 [별표 4의2] 참조)**

구분	기계분야	전기분야
특급 기술자	• 소방기술사 • 소방시설관리사 자격을 취득한 후 5년 이상 소방 관련 업무를 수행한 사람	
	• 건축사, 건축기계설비기술사, 건설기계기술사, 공조냉동기계기술사, 화공기술사, 가스기술사 자격을 취득한 후 5년 이상 소방 관련 업무를 수행한 사람 • 소방설비기사 기계분야의 자격을 취득한 후 8년 이상 소방 관련 업무를 수행한 사람 • 소방설비산업기사 기계분야의 자격을 취득한 후 11년 이상 소방 관련 업무를 수행한 사람 • 건축기사, 건축설비기사, 건설기계설비기사, 일반기계기사, 공조냉동기계기사, 화공기사, 가스기능장, 가스기사, 산업안전기사, 위험물기능장 자격을 취득한 후 13년 이상 소방 관련 업무를 수행한 사람	• 건축전기설비기술사 자격을 취득한 후 5년 이상 소방 관련 업무를 수행한 사람 • 소방설비기사 전기분야의 자격을 취득한 후 8년 이상 소방 관련 업무를 수행한 사람 • 소방설비산업기사 전기분야의 자격을 취득한 후 11년 이상 소방 관련 업무를 수행한 사람 • 전기기능장, 전기기사, 전기공사기사 자격을 취득한 후 13년 이상 소방 관련 업무를 수행한 사람

118 **「소방시설공사업법 시행규칙」상 소방시설업의 감리업 자격기준 중 전기분야 고급감리원의 자격기준으로 옳은 것은?**

① 소방기술사 자격을 취득한 사람
② 소방설비기사 전기분야 자격을 취득한 후 8년 이상 소방 관련 업무를 수행한 사람
③ 소방설비산업기사 전기분야 자격을 취득한 후 8년 이상 소방 관련 업무를 수행한 사람
④ 소방설비산업기사 전기분야 자격을 취득한 후 12년 이상 소방 관련 업무를 수행한 사람

해설 **전기분야 고급감리원의 자격기준(시행규칙 [별표 4의2] 참조)**
㉠ 소방설비기사 전기분야 자격을 취득한 후 5년 이상 소방 관련 업무를 수행한 사람
㉡ 소방설비산업기사 전기분야 자격을 취득한 후 8년 이상 소방 관련 업무를 수행한 사람

119 **「소방시설공사업법」상 소방시설업의 등록, 운영, 취소에 관한 내용으로 옳은 것은?**

① 소방시설업의 영업정지처분을 하려면 청문을 하여야 한다.
② 소방시설업의 영업정지 기간 중에 소방시설 공사 등을 한 경우 영업정지 기간을 연장한다.
③ 소방시설업의 등록의 취소는 소방본부장 또는 소방서장이 한다.
④ 영업정지처분 기간 중 영업정지에 해당하는 위반사항이 있는 경우에는 종전의 처분기간 만료일로부터 새로운 위반사항에 대한 영업정지의 행정처분을 한다.

해설
② 소방시설업의 영업정지 기간 중에 소방시설 공사 등을 한 경우는 영업취소사유이다.
③ 소방시설업의 등록의 취소는 시·도지사가 한다.
④ 영업정지처분 기간 중 영업정지에 해당하는 위반사항이 있는 경우에는 종전의 처분기간 만료일의 다음날부터 새로운 위반사항에 대한 영업정지의 행정처분을 한다.

청문(법 제32조)
제9조 제1항에 따른 소방시설업 등록취소처분이나 영업정지처분 또는 제28조 제4항에 따른 소방기술 인정 자격취소처분을 하려면 청문을 하여야 한다.

120 **「소방시설공사업법」상 청문의 대상이 아닌 것은?**

① 소방시설업의 등록취소처분
② 소방시설업의 영업정지처분
③ 소방기술 인정 자격취소처분
④ 소방기술 인정 자격정지처분

해설
청문(법 제32조)
제9조 제1항에 따른 소방시설업 등록취소처분이나 영업정지처분 또는 제28조 제4항에 따른 소방기술 인정 자격취소처분을 하려면 청문을 하여야 한다.

121 **「소방시설공사업법 시행규칙」상 소방시설업의 행정처분의 일반기준에서 그 처분을 가중하거나 감경하는 사유에 관한 내용으로 옳지 않은 것은?**

① 위반행위가 고의나 중대한 과실이 아닌 사소한 부주의나 오류로 인한 것으로 인정되는 경우는 감경 사유이다.
② 위반행위자의 위반행위가 처음이며 5년 이상 소방시설업을 모범적으로 해 온 사실이 인정되는 경우는 감경 사유이다.

정답 | 118 ③ 119 ① 120 ④ 121 ④ |

③ 위반의 내용·정도가 중대하여 관계인에게 미치는 피해가 크다고 인정되는 경우는 가중사유이다.

④ 위반행위자가 그 위반행위로 인하여 검사로부터 기소유예 처분을 받거나 법원으로부터 선고유예 판결을 받은 경우는 가중사유이다.

해설 **소방시설업에 대한 행정처분기준(시행규칙 [별표 1] 제1호 마목)**

1) 가중사유
   가) 위반행위가 사소한 부주의나 오류가 아닌 고의나 중대한 과실에 의한 것으로 인정되는 경우
   나) 위반의 내용·정도가 중대하여 관계인에게 미치는 피해가 크다고 인정되는 경우
2) 감경 사유
   가) 위반행위가 고의나 중대한 과실이 아닌 사소한 부주의나 오류로 인한 것으로 인정되는 경우
   나) 위반의 내용·정도가 경미하여 관계인에게 미치는 피해가 적다고 인정되는 경우
   다) 위반행위자의 위반행위가 처음이며 5년 이상 소방시설업을 모범적으로 해 온 사실이 인정되는 경우
   라) 위반행위자가 그 위반행위로 인하여 검사로부터 기소유예 처분을 받거나 법원으로부터 선고유예 판결을 받은 경우

122 「소방시설공사업법」상 수수료나 교육비를 내야 하는 경우로 옳지 않은 것은?

① 소방시설업 등록을 취소하려는 자

② 소방시설업 등록증 또는 등록수첩을 재발급 받으려는 자

③ 소방시설업자의 지위승계 신고를 하려는 자

④ 실무교육을 받으려는 사람

해설 **수수료 등(법 제34조)**

다음 각 호의 어느 하나에 해당하는 자는 행정안전부령으로 정하는 바에 따라 수수료나 교육비를 내야 한다.

1. 제4조 제1항에 따라 소방시설업을 등록하려는 자
2. 제4조 제3항에 따라 소방시설업 등록증 또는 등록수첩을 재발급 받으려는 자
3. 제7조 제3항에 따라 소방시설업자의 지위승계 신고를 하려는 자
4. 제20조의3 제2항에 따라 방염처리능력 평가를 받으려는 자
5. 제26조 제2항에 따라 시공능력 평가를 받으려는 자
6. 제28조 제2항에 따라 자격수첩 또는 경력수첩을 발급받으려는 사람

6의2. 제28조의2 제1항에 따른 소방기술자 양성·인정 교육훈련을 받으려는 사람

7. 제29조 제1항에 따라 실무교육을 받으려는 사람

123 **「소방시설공사업법」상 발주자 · 수급인 · 하수급인 또는 이해관계인이 도급계약의 체결 또는 소방시설공사 등의 시공 및 수행과 관련하여 부정한 청탁을 받고 재물 또는 재산상의 이익을 취득하거나 부정한 청탁을 하면서 재물 또는 재산상의 이익을 제공한 경우의 벌칙으로 옳은 것은?**

① 5년 이하의 징역 또는 5천만원 이하의 벌금
② 3년 이하의 징역 또는 3천만원 이하의 벌금
③ 1년 이하의 징역 또는 1천만원 이하의 벌금
④ 300만원 이하의 벌금

해설 **3년 이하의 징역 또는 3천만원 이하의 벌금(법 제35조 제2호 참조)**
부정한 청탁에 의한 재물 등의 취득 및 제공 금지 규정(제21조의5)을 위반하여 부정한 청탁을 받고 재물 또는 재산상의 이익을 취득하거나 부정한 청탁을 하면서 재물 또는 재산상의 이익을 제공한 자

124 **「소방시설공사업법」상 소방시설업자협회의 업무로 옳지 않은 것은?**

① 소방시설업의 기술발전과 소방기술의 진흥을 위한 투자조성
② 소방산업의 발전 및 소방기술의 향상을 위한 지원
③ 소방시설업의 기술발전과 관련된 국제교류 · 활동 및 행사의 유치
④ 「소방시설공시업법」에 따른 위탁 업무의 수행

해설 **협회의 업무(법 제30조의3)**
협회의 업무는 각 호와 같다.
1. 소방시설업의 기술발전과 소방기술의 진흥을 위한 조사 · 연구 · 분석 및 평가
2. 소방산업의 발전 및 소방기술의 향상을 위한 지원
3. 소방시설업의 기술발전과 관련된 국제교류 · 활동 및 행사의 유치
4. 「소방시설공사업법」에 따른 위탁 업무의 수행

정답 122 ① 123 ② 124 ①

125 **「소방시설공사업법」상 소방시설업의 감독에 관한 내용으로 옳지 않은 것은?**

① 시・도지사는 소방시설업의 감독을 위하여 필요할 때에는 소방시설업자나 관계인에게 필요한 보고나 자료 제출을 명할 수 있다.

② 시・도지사는 관계 공무원으로 하여금 실무교육기관, 한국소방안전원, 협회, 법인 또는 단체의 사무실에 출입하여 관계 서류 등을 검사하거나 관계인에게 질문하게 할 수 있다.

③ 출입・검사를 하는 관계 공무원은 그 권한을 표시하는 증표를 지니고 이를 관계인에게 보여주어야 한다.

④ 출입・검사업무를 수행하는 관계 공무원은 관계인의 정당한 업무를 방해하거나 출입・검사업무를 수행하면서 알게 된 비밀을 다른 자에게 누설하여서는 아니 된다.

해설 소방청장은 제33조 제2항부터 제4항까지의 규정에 따라 소방청장의 업무를 위탁받은 제29조 제3항에 따른 실무교육기관 또는 「소방기본법」 제40조에 따른 한국소방안전원, 협회, 법인 또는 단체에 필요한 보고나 자료 제출을 명할 수 있고, 관계 공무원으로 하여금 실무교육기관, 한국소방안전원, 협회, 법인 또는 단체의 사무실에 출입하여 관계 서류 등을 검사하거나 관계인에게 질문하게 할 수 있다(법 제31조 제2항).

126 **「소방시설공사업법」상 3년 이하의 징역 또는 3,000만원 이하의 벌금에 처해지는 위반사항으로 옳은 것은?**

① 소방시설업 등록을 하지 아니하고 영업을 한 자

② 영업정지처분을 받고 그 영업정지 기간에 영업을 한 자

③ 설계나 시공에 관한 규정을 위반하여 설계나 시공을 한 자

④ 적법성 검토 등을 위반하여 감리를 하거나 거짓으로 감리한 자

해설 **벌칙(법 제35조)**

다음 각 호의 어느 하나에 해당하는 자는 3년 이하의 징역 또는 3천만원 이하의 벌금에 처한다.

1. 제4조 제1항을 위반하여 소방시설업 등록을 하지 아니하고 영업을 한 자
2. 제21조의5를 위반하여 부정한 청탁을 받고 재물 또는 재산상의 이익을 취득하거나 부정한 청탁을 하면서 재물 또는 재산상의 이익을 제공한 자

127 「소방시설공사업법」상 100만원 이하의 벌금에 처해지는 위반사항으로 옳은 것은?

① 등록증이나 등록수첩을 다른 자에게 빌려준 자
② 소방청장의 감독 업무에 따른 명령을 위반하여 보고 또는 자료 제출을 하지 아니하거나 거짓으로 한 자
③ 소방시설공사 현장에 감리원을 배치하지 아니한 자
④ 위반사항에 대한 조치를 위반하여 공사감리 계약을 해지하거나 대가 지급을 거부하거나 지연시키거나 불이익을 준 자

해설 **벌칙(법 제38조)**

다음 각 호의 어느 하나에 해당하는 자는 100만원 이하의 벌금에 처한다.

1. 제31조 제2항에 따른 명령을 위반하여 보고 또는 자료 제출을 하지 아니하거나 거짓으로 한 자
2. 제31조 제1항 및 제2항을 위반하여 정당한 사유 없이 관계 공무원의 출입 또는 검사・조사를 거부・방해 또는 기피한 자

128 「소방시설공사업법」상 양벌규정에 관한 내용으로 옳은 것은?

① 「소방시설공사업법」의 벌칙에 관한 규정을 위반한 경우 그 행위자를 벌하는 외에 그 법인 또는 개인에게도 해당 조문의 벌금형을 과하는 것이다.
② 「소방시설공사업법」의 벌칙에 관한 규정을 위반한 경우 그 행위자를 벌하는 외에 상당한 주의 의무를 다한 법인에게도 해당 조문의 벌금형을 과하는 것이다.
③ 「소방시설공사업법」의 벌칙에 관한 규정을 위반한 경우 그 행위자를 벌하는 외에 감독을 게을리하지 않은 그 감독 의무자(개인)에게도 해당 조문의 벌금형을 과하는 것이다.
④ 「소방시설공사업법」의 벌칙에 관한 규정을 위반한 경우 그 행위자를 벌하는 외에 그 대리인에게도 해당 조문의 벌금형을 과하는 것이다.

해설 **양벌규정(법 제39조)**

법인의 대표자나 법인 또는 개인의 대리인, 사용인, 그 밖의 종업원이 그 법인 또는 개인의 업무에 관하여 벌칙에 관한 규정 제35조부터 제38조까지의 어느 하나에 해당하는 위반행위를 하면 그 행위자를 벌하는 외에 그 법인 또는 개인에게도 해당 조문의 벌금형을 과(科)한다. 다만, 법인 또는 개인이 그 위반행위를 방지하기 위하여 해당 업무에 관하여 상당한 주의와 감독을 게을리하지 아니한 경우에는 그러하지 아니하다.

정답 125 ② 126 ① 127 ② 128 ①

정태화
소방관계법규
조문별 500제

www.pmg.co.kr

PART

06

위험물안전관리법

PART
06 위험물안전관리법

01 「위험물안전관리법」의 목적으로 옳은 것은?

① 공공의 안전을 확보
② 소방기술의 발전
③ 국민의 생명과 재산의 보호
④ 국가경제 발전에 기여

해설 **목적(법 제1조)**
이 법은 위험물의 저장・취급 및 운반과 이에 따른 안전관리에 관한 사항을 규정함으로써 위험물로 인한 위해를 방지하여 공공의 안전을 확보함을 목적으로 한다.

02 「위험물안전관리법」상 용어의 정의로 옳지 않은 것은?

① 위험물 : 인화성 또는 발화성 등의 성질을 가지는 것
② 지정수량 : 위험물의 종류별로 위험성을 고려하여 정하는 수량
③ 제조소 : 지정수량 이상의 위험물을 제조 외의 목적으로 취급하기 위한 장소로서 허가를 받은 장소
④ 저장소 : 지정수량 이상의 위험물을 저장하기 위한 장소로서 허가를 받은 장소

해설 **정의(법 제2조 제1항)**
이 법에서 사용하는 용어의 정의는 다음과 같다.

1. "위험물"이라 함은 인화성 또는 발화성 등의 성질을 가지는 것으로서 대통령령이 정하는 물품을 말한다.
2. "지정수량"이라 함은 위험물의 종류별로 위험성을 고려하여 대통령령이 정하는 수량으로서 제6호의 규정에 의한 제조소 등의 설치허가 등에 있어서 최저의 기준이 되는 수량을 말한다.
3. "제조소"라 함은 위험물을 제조할 목적으로 지정수량 이상의 위험물을 취급하기 위하여 제6조 제1항의 규정에 따른 허가(동조 제3항의 규정에 따라 허가가 면제된 경우 및 제7조 제2항의 규정에 따라 협의로써 허가를 받은 것으로 보는 경우를 포함한다. 이하 제4호 및 제5호에서 같다)를 받은 장소를 말한다.
4. "저장소"라 함은 지정수량 이상의 위험물을 저장하기 위한 대통령령이 정하는 장소로서 제6조 제1항의 규정에 따른 허가를 받은 장소[별표 2]를 말한다.
5. "취급소"라 함은 지정수량 이상의 위험물을 제조 외의 목적으로 취급하기 위한 대통령령이 정하는 장소로서 제6조 제1항의 규정에 따른 허가를 받은 장소[별표 3]를 말한다.
6. "제조소 등"이라 함은 제3호 내지 제5호의 제조소・저장소 및 취급소를 말한다.

03 「위험물안전관리법 시행규칙」상 용어의 정의로 옳지 않은 것은?

① "고속도로"란 「도로법」 제10조 제1호에 따른 고속도로를 말한다.
② "하천"이란 「하천법」 제2조 제1호에 따른 하천을 말한다.
③ "내화구조"란 「건축법 시행령」 제2조 제7호에 따른 내화구조를 말한다.
④ "불연재료"란 「건축법 시행령」 제2조 제10호에 따른 불연재료 중 유리 외의 것을 말한다.

해설

정의(시행규칙 제2조)

이 규칙에서 사용하는 용어의 뜻은 다음과 같다.

1. "고속국도"란 「도로법」 제10조 제1호에 따른 고속국도를 말한다.
2. "도로"란 다음 각 목의 어느 하나에 해당하는 것을 말한다.
   가. 「도로법」 제2조 제1호에 따른 도로
   나. 「항만법」 제2조 제5호에 따른 항만시설 중 임항교통시설에 해당하는 도로
   다. 「사도법」 제2조의 규정에 의한 사도
   라. 그 밖에 일반교통에 이용되는 너비 2미터 이상의 도로로서 자동차의 통행이 가능한 것
3. "하천"이란 「하천법」 제2조 제1호에 따른 하천을 말한다.
4. "내화구조"란 「건축법 시행령」 제2조 제7호에 따른 내화구조를 말한다.
5. "불연재료"란 「건축법 시행령」 제2조 제10호에 따른 불연재료 중 유리 외의 것을 말한다.

04 「위험물안전관리법」상 용어의 정의를 제외하고 준용하는 법률로 옳지 않은 것은?

① 「소방기본법」
② 「소방의 화재조사에 관한 법률」
③ 「소방시설 설치 및 관리에 관한 법률」
④ 「소방시설공사업법」

해설

정의(법 제2조 제2항)

이 법에서 사용하는 용어의 정의는 제1항에서 규정하는 것을 제외하고는 「소방기본법」, 「화재의 예방 및 안전관리에 관한 법률」, 「소방시설 설치 및 관리에 관한 법률」 및 「소방시설공사업법」에서 정하는 바에 따른다.

정답 01 ① 02 ③ 03 ① 04 ②

05 「위험물안전관리법 시행령」상 유별 위험물의 품명과 지정수량을 옳게 연결한 것은?

	유별	품명	지정수량
①	제2류	적린, 황, 마그네슘	100kg
②	제3류	알킬알루미늄, 유기과산화물	10kg
③	제4류	제4석유류	10,000L
④	제5류	하이드록실아민, 하이드록실아민염류	100kg

해설
① 제2류 – 적린, 황 : 100kg / 마그네슘 : 500kg
② 제3류 – 알킬알루미늄 : 10kg / 제5류 – 유기과산화물 : 10kg
③ 제4류 – 제4석유류 : 6,000L

06 「위험물안전관리법 시행령」상 제5류 자기반응성 물질 중 지정수량이 가장 적은 것은?

① 아조화합물
② 유기과산화물
③ 나이트로화합물
④ 다이아조화합물

해설
② 유기과산화물 : 10kg
① 아조화합물 : 100kg
③ 나이트로화합물 : 100kg
④ 다이아조화합물 : 100kg

제5류 위험물(자기반응성 물질)

품명	지정수량
유기과산화물, 질산에스터류	10kg
나이트로화합물, 나이트로소화합물, 아조화합물, 다이아조화합물, 하이드라진 유도체, 하이드록실아민, 하이드록실아민염류	100kg

07 「위험물안전관리법 시행령」상 정의하는 위험물의 유별 성질의 연결로 옳은 것은?

① 제1류 위험물 – 산화성 액체
② 제2류 위험물 – 인화성 고체
③ 제3류 위험물 – 산화성 액체
④ 제5류 위험물 – 자기반응성 물질

해설 **위험물의 유별 성질(시행령 [별표 1] 참조)**

㉠ 제1류 위험물 : 산화성 고체
㉡ 제2류 위험물 : 가연성 고체
㉢ 제3류 위험물 : 자연발화성 물질 및 금수성 물질
㉣ 제4류 위험물 : 인화성 액체
㉤ 제5류 위험물 : 자기반응성 물질
㉥ 제6류 위험물 : 산화성 액체

08 **「위험물안전관리법 시행령」상 정의하는 위험물의 유별 성질과 품명의 연결이 바르게 된 것은?**

	유별	성질	품명
①	제1류	산화성 액체	무기과산화물
②	제2류	가연성 액체	황화인
③	제3류	인화성 액체	알킬알루미늄
④	제4류	인화성 액체	휘발유

해설 **위험물의 유별 성질과 품명(시행령 [별표 1] 참조)**

㉠ 제1류 위험물 : 산화성 고체(아염소산염류, 염소산염류, 과염소산염류, 무기과산화물, 질산염류 등)
㉡ 제2류 위험물 : 가연성 고체(황화인, 적린, 황, 철분, 금속분, 마그네슘 등)
㉢ 제3류 위험물 : 자연발화성 물질 및 금수성 물질(칼륨, 나트륨, 알킬알루미늄, 알킬리튬, 황린 등)
㉣ 제4류 위험물 : 인화성 액체(특수인화물, 알코올류, 제1·2·3·4석유류, 동식물유류)
㉤ 제5류 위험물 : 자기반응성 물질(유기과산화물, 질산에스터류, 나이트로화합물, 하이드라진 유도체 등)
㉥ 제6류 위험물 : 산화성 액체(과염소산, 과산화수소, 질산 등)

09 **「위험물안전관리법 시행규칙」상 위험등급Ⅱ에 해당하는 위험물로 옳은 것은?**

① 제3류 위험물 중 칼륨
② 제2류 위험물 중 적린
③ 제4류 위험물 중 특수인화물
④ 제1류 위험물 중 무기과산화물

정답 05 ④ 06 ② 07 ④ 08 ④ 09 ②

해설
① 제3류 위험물 중 칼륨 – 위험등급 I
③ 제4류 위험물 중 특수인화물 – 위험등급 I
④ 제1류 위험물 중 무기과산화물 – 위험등급 I

10 「위험물안전관리법 시행령」상 제1류 위험물에 관한 내용이다. (　　) 안에 들어갈 내용으로 옳은 것은?

> • "산화성 고체"라 함은 고체[액체(1기압 및 섭씨 20도에서 액상인 것 또는 섭씨 20도 초과 섭씨 40도 이하에서 액상인 것을 말한다) 또는 기체(1기압 및 섭씨 20도에서 기상인 것을 말한다) 외의 것을 말한다]로서 (ㄱ)의 잠재적인 위험성 또는 (ㄴ)에 대한 민감성을 판단하기 위하여 소방청장이 정하여 고시하는 시험에서 고시로 정하는 성질과 상태를 나타내는 것을 말한다.
> • 이 경우 "액상"이라 함은 수직으로 된 시험관(안지름 30밀리미터, 높이 120밀리미터의 원통형유리관을 말한다)에 시료를 55밀리미터까지 채운 다음 당해 시험관을 수평으로 하였을 때 시료액면의 선단이 (ㄷ)밀리미터를 이동하는 데 걸리는 시간이 (ㄹ)초 이내에 있는 것을 말한다.

	ㄱ	ㄴ	ㄷ	ㄹ
①	폭발력	발화	30	90
②	산화력	충격	30	90
③	환원력	분해	60	120
④	산화력	충격	60	120

해설 "산화성 고체"라 함은 고체[액체(1기압 및 섭씨 20도에서 액상인 것 또는 섭씨 20도 초과 섭씨 40도 이하에서 액상인 것을 말한다. 이하 같다) 또는 기체(1기압 및 섭씨 20도에서 기상인 것을 말한다) 외의 것을 말한다. 이하 같다]로서 산화력의 잠재적인 위험성 또는 충격에 대한 민감성을 판단하기 위하여 소방청장이 정하여 고시(이하 "고시"라 한다)하는 시험에서 고시로 정하는 성질과 상태를 나타내는 것을 말한다. 이 경우 "액상"이라 함은 수직으로 된 시험관(안지름 30밀리미터, 높이 120밀리미터의 원통형유리관을 말한다)에 시료를 55밀리미터까지 채운 다음 당해 시험관을 수평으로 하였을 때 시료액면의 선단이 30밀리미터를 이동하는 데 걸리는 시간이 90초 이내에 있는 것을 말한다(시행령 [별표 1] 비고).

11 「위험물안전관리법 시행령」상 [별표 1]의 규정 내용으로 옳지 않은 것은?

① 황 : 순도가 60중량퍼센트 이상인 것을 말한다.
② 인화성 고체 : 고형알코올 그 밖에 1기압에서 인화점이 섭씨 40도 미만인 고체를 말한다.
③ 철분 : 철의 분말로서 53마이크로미터의 표준체를 통과하는 것이 50중량퍼센트 미만인 것을 말한다.
④ 가연성 고체 : 고체로서 화염에 의한 발화의 위험성 또는 인화의 위험성을 판단하기 위하여 고시로 정하는 시험에서 고시로 정하는 성질과 상태를 나타내는 것을 말한다.

해설 "철분"이라 함은 철의 분말로서 53마이크로미터의 표준체를 통과하는 것이 50중량퍼센트 미만인 것은 제외한다(시행령 [별표 1] 비고 참조).

12 「위험물안전관리법 시행령」상 위험물에 관한 규정으로 옳지 않은 것은?

① 인화성 고체라 함은 고형알코올 그 밖에 1기압에서 인화점이 섭씨40도 미만인 고체를 말한다.
② 알코올류 중 1분자를 구성하는 탄소원자의 수가 1개 내지 3개의 포화1가 알코올의 함유량이 60중량퍼센트 미만인 수용액은 「위험물안전관리법」에서 정하는 위험물에서 제외된다.
③ 인화성 액체 중 운반 및 저장의 중요기준과 세부기준에 따른 운반용기를 사용하여 운반하거나 저장(진열 및 판매를 포함)하는 경우로서 「약사법」 제2조 제7호에 따른 의약외품(알코올류에 해당하는 것은 제외) 중 수용성인 인화성 액체를 50중량퍼센트 이하로 포함하고 있는 것은 「위험물안전관리법」에서 정하는 위험물에서 제외된다.
④ 제5류 위험물 중 유기과산화물을 함유하는 것 중에서 불활성 고체를 함유하는 것으로서 사이클로헥산온퍼옥사이드의 함유량이 30중량퍼센트 미만인 것으로서 불활성 고체와의 혼합물은 「위험물안전관리법」에서 정하는 위험물에서 제외된다.

해설 **인화성 액체(시행령 [별표 1] 비고)**

"인화성 액체"라 함은 액체(제3석유류, 제4석유류 및 동식물유류의 경우 1기압과 섭씨 20도에서 액체인 것만 해당한다)로서 인화의 위험성이 있는 것을 말한다. 다만, 다음 각 목의 어느 하나에 해당하는 것을 법 제20조 제1항의 중요기준과 세부기준에 따른 운반용기를 사용하여 운반하거나 저장(진열 및 판매를 포함한다)하는 경우는 제외한다.

가. 「화장품법」 제2조 제1호에 따른 화장품 중 인화성 액체를 포함하고 있는 것
나. 「약사법」 제2조 제4호에 따른 의약품 중 인화성 액체를 포함하고 있는 것
다. 「약사법」 제2조 제7호에 따른 의약외품(알코올류에 해당하는 것은 제외한다) 중 수용성인 인화성 액체를 50부피퍼센트 이하로 포함하고 있는 것

정답 | 10 ② 11 ③ 12 ③ |

라. 「의료기기법」에 따른 체외진단용 의료기기 중 인화성 액체를 포함하고 있는 것
마. 「생활화학제품 및 살생물제의 안전관리에 관한 법률」 제3조 제4호에 따른 안전확인대상생활화학제품(알코올류에 해당하는 것은 제외한다) 중 수용성인 인화성 액체를 50부피퍼센트 이하로 포함하고 있는 것

13 **「위험물안전관리법 시행령」상 제2석유류에 관한 내용이다. ( ) 안에 들어갈 내용으로 옳은 것은?**

> 제2석유류는 등유, 경유 그 밖에 1기압에서 인화점이 섭씨 (ㄱ)도 이상 70도 미만인 것을 말한다. 다만, 도료류 그 밖의 물품에 있어서 가연성 액체량이 (ㄴ)중량퍼센트 이하이면서 인화점이 섭씨 40도 이상인 동시에 연소점이 섭씨 (ㄷ)도 이상인 것은 제외한다.

	ㄱ	ㄴ	ㄷ
①	18	10	40
②	20	20	45
③	20	25	50
④	21	40	60

해설 "제2석유류"라 함은 등유, 경유 그 밖에 1기압에서 인화점이 섭씨 21도 이상 70도 미만인 것을 말한다. 다만, 도료류 그 밖의 물품에 있어서 가연성 액체량이 40중량퍼센트 이하이면서 인화점이 섭씨 40도 이상인 동시에 연소점이 섭씨 60도 이상인 것은 제외한다(시행령 [별표 1] 비고).

14 **「위험물안전관리법 시행령」상 용어에 대한 설명으로 옳지 않은 것은?**

① 특수인화물 : 이황화탄소, 디에틸에테르 그 밖에 1기압에서 발화점이 섭씨 100도 이하인 것 또는 인화점이 섭씨 영하 20도 이하이고 비점이 섭씨 40도 이하인 것
② 제2석유류 : 등유, 경유 그 밖에 1기압에서 인화점이 섭씨 21도 미만인 것
③ 제3석유류 : 중유, 크레오소트유 그 밖에 1기압에서 인화점이 섭씨 70도 이상 섭씨 200도 미만인 것
④ 동식물유류 : 동물의 지육 등 또는 식물의 종자나 과육으로부터 추출한 것으로서 1기압에서 인화점이 섭씨 250도 미만인 것

해설 "제1석유류"라 함은 아세톤, 휘발유 그 밖에 1기압에서 인화점이 섭씨 21도 미만인 것을 말하고, "제2석유류"라 함은 등유, 경유 그 밖에 1기압에서 인화점이 섭씨 21도 이상 70도 미만인 것을 말한다. 다만, 도료류 그 밖의 물품에 있어서 가연성 액체량이 40중량퍼센트 이하이면서 인화점이 섭씨 40도 이상인 동시에 연소점이 섭씨 60도 이상인 것은 제외한다(시행령 [별표 1] 비고 참조).

15 「위험물안전관리법 시행령」상 〈보기〉에서 제6류 위험물에 해당하는 것만 지정수량의 총합을 구할 때 옳은 것은?

보기

㉠ 비중 1.49인 과염소산
㉡ 비중 1.49인 질산
㉢ 물 70g + 과산화수소 30g 혼합수용액
㉣ 할로젠간화합물

① 300kg
② 600kg
③ 900kg
④ 1,200kg

해설

㉮ 제6류 위험물(산화성 액체)의 지정수량 : 300kg
㉠ 과염소산, ㉡ 질산, ㉢ 과산화수소, ㉣ 할로젠간화합물
㉯ 제6류 위험물(산화성 액체)의 물질별 기준
㉠ 과염소산, ㉣ 할로젠간화합물 : 특별한 기준 없음
㉡ 질산 : 비중이 1.49 이상인 것
㉢ 과산화수소 : 농도가 36중량퍼센트 이상인 것 → 물 70g + 과산화수소 30g 혼합수용액은 위험물이 아님
㉰ 지정수량 합
㉠ 과염소산(300kg) + ㉡ 질산(300kg) + ㉣ 할로젠간화합물(300kg) = 900kg

16 「위험물안전관리법」상 지정수량 이상의 위험물 중 옥외저장소에 저장할 수 없는 것은?

① 황
② 인화성 고체
③ 질산
④ 특수인화물

해설

옥외저장소에 지정수량 이상의 위험물을 저장하기 위한 장소(시행령 [별표 2] 참조)
옥외에 다음 각 목의 1에 해당하는 위험물을 저장하는 장소. 다만, 제2호(옥외에 있는 탱크)의 장소를 제외한다.

가. 제2류 위험물 중 황 또는 인화성 고체(인화점이 섭씨 0도 이상인 것에 한한다)
나. 제4류 위험물 중 제1석유류(인화점이 섭씨 0도 이상인 것에 한한다) · 알코올류 · 제2석유류 · 제3석유류 · 제4석유류 및 동식물유류
다. 제6류 위험물
라. 제2류 위험물 및 제4류 위험물 중 특별시 · 광역시 · 특별자치시 · 도 또는 특별자치도의 조례로 정하는 위험물(「관세법」 제154조의 규정에 의한 보세구역 안에 저장하는 경우로 한정한다)
마. 「국제해사기구에 관한 협약」에 의하여 설치된 국제해사기구가 채택한 「국제해상위험물규칙」(IMDG Code)에 적합한 용기에 수납된 위험물

정답 | 13 ④ 14 ② 15 ③ 16 ④

17 「위험물안전관리법 시행령」상 고정된 주유설비에 의하여 자동차, 항공기 또는 선박 등의 연료탱크에 직접 주유하기 위하여 위험물을 취급하는 장소로 옳은 것은?

① 판매취급소　② 주유취급소
③ 이송취급소　④ 일반취급소

해설 **주유취급소(시행령 [별표 3] 참조)**
고정된 주유설비(항공기에 주유하는 경우에는 차량에 설치된 주유설비를 포함한다)에 의하여 자동차・항공기 또는 선박 등의 연료탱크에 직접 주유하기 위하여 위험물(「석유 및 석유대체연료 사업법」 제29조의 규정에 의한 가짜석유제품에 해당하는 물품을 제외한다. 이하 제2호에서 같다)을 취급하는 장소(위험물을 용기에 옮겨 담거나 차량에 고정된 5천리터 이하의 탱크에 주입하기 위하여 고정된 급유설비를 병설한 장소를 포함한다)

18 「위험물안전관리법 시행규칙」상 위험물을 저장 또는 취급하는 탱크 용적의 산정기준으로 옳은 것은?

① 내용적 － 공간용적 ＝ 산정용적　② 공간용적 － 산정용적 ＝ 내용적
③ 공간용적 － 내용적 ＝ 산정용적　④ 산정용적 － 공간용적 ＝ 내용적

해설 위험물을 저장 또는 취급하는 탱크의 용량은 해당 탱크의 내용적에서 공간용적을 뺀 용적으로 한다(시행규칙 제5조 제1항 전단).

19 「위험물안전관리법」상 적용제외 대상이라 보기 어려운 것은?

① 제조소　② 항공기
③ 철도　④ 궤도

해설 이 법은 항공기・선박(선박법 제1조의2 제1항에 따른 선박을 말한다)・철도 및 궤도에 의한 위험물의 저장・취급 및 운반에 있어서는 이를 적용하지 아니한다(법 제3조).

20 **「위험물안전관리법」상 국가는 위험물에 의한 사고를 예방하기 위하여 시책을 수립·시행하여야 하는데, 그 시책에 포함되는 사항으로 옳지 않은 것은?**

① 위험물의 유통실태 분석
② 소방시설업에 대한 개발
③ 위험물에 의한 사고 유형의 분석
④ 사고 예방을 위한 안전기술 개발

해설 **국가의 책무(법 제3조의2 제1항)**
국가는 위험물에 의한 사고를 예방하기 위하여 다음 각 호의 사항을 포함하는 시책을 수립·시행하여야 한다.
1. 위험물의 유통실태 분석
2. 위험물에 의한 사고 유형의 분석
3. 사고 예방을 위한 안전기술 개발
4. 전문인력 양성
5. 그 밖에 사고 예방을 위하여 필요한 사항

21 **「위험물안전관리법」상 관계인은 위험물의 안전관리에 관한 직무를 수행하게 하기 위하여 제조소 등마다 위험물안전관리자를 선임하여야 하는데, 그 대상에서 제외되는 것은?**

① 이송취급소
② 옥외저장소
③ 지하탱크저장소
④ 이동탱크저장소

해설 제조소 등[제6조 제3항의 규정에 따라 허가를 받지 아니하는 제조소 등과 이동탱크저장소(차량에 고정된 탱크에 위험물을 저장 또는 취급하는 저장소를 말한다)를 제외한다. 이하 이 조에서 같다]의 관계인은 위험물의 안전관리에 관한 직무를 수행하게 하기 위하여 제조소 등마다 대통령령이 정하는 위험물의 취급에 관한 자격이 있는 자(이하 "위험물취급자격자"라 한다)를 위험물안전관리자(이하 "안전관리자"라 한다)로 선임하여야 한다(법 제15조 제1항 전단).
→ 즉, 허가를 받지 아니하는 제조소 등과 이동탱크저장소는 위험물안전관리자의 미선임대상이다.

22 **「위험물안전관리법」상 지정수량 미만인 위험물의 저장 또는 취급에 관한 기술상의 기준을 정하는 법령으로 옳은 것은?**

① 소방청장고시
② 행정안전부령
③ 시·도의 조례
④ 대통령령

정답 | 17 ② | 18 ① | 19 ① | 20 ② | 21 ④ | 22 ③ |

해설 **지정수량 미만인 위험물의 저장 · 취급(법 제4조)**
지정수량 미만인 위험물의 저장 또는 취급에 관한 기술상의 기준은 특별시 · 광역시 · 특별자치시 · 도 및 특별자치도(이하 "시 · 도"라 한다)의 조례로 정한다.

23 **「위험물안전관리법」상 위험물의 저장 및 취급에 관한 내용으로 옳지 않은 것은?**

① 지정수량 이상의 위험물을 저장소가 아닌 장소에서 저장하거나 제조소 등이 아닌 장소에서 취급하여서는 아니 된다.
② 시 · 도의 조례가 정하는 바에 따라 관할소방서장의 승인을 받아 지정수량 이상의 위험물을 30일 이내의 기간 동안 임시로 저장 또는 취급하는 경우에는 제조소 등이 아닌 장소에서 지정수량 이상의 위험물을 취급할 수 없다.
③ 제조소 등의 위치 · 구조 및 설비의 기술기준은 행정안전부령으로 정한다.
④ 둘 이상의 위험물을 같은 장소에서 저장 또는 취급하는 경우에 있어서 당해 장소에서 저장 또는 취급하는 각 위험물의 수량을 그 위험물의 지정수량으로 각각 나누어 얻은 수의 합계가 1 이상인 경우 당해 위험물은 지정수량 이상의 위험물로 본다.

해설 시 · 도의 조례가 정하는 바에 따라 관할소방서장의 승인을 받아 지정수량 이상의 위험물을 90일 이내의 기간 동안 임시로 저장 또는 취급하는 경우에는 제조소 등이 아닌 장소에서 지정수량 이상의 위험물을 취급할 수 있다(법 제5조 제2항 제1호).

24 **「위험물안전관리법」상 허가를 받지 아니하고 당해 제조소 등을 설치하거나 그 위치 · 구조 또는 설비를 변경할 수 있는 제조소 등의 시설로 옳은 것은?**

① 농예용 · 축산용 또는 수산용으로 필요한 난방시설 또는 건조시설을 위한 지정수량 20배 이하의 저장소
② 제조소 등의 위치 · 구조 및 설비가 기술기준에 적합할 것
③ 제조소 등에서의 위험물의 저장 또는 취급이 공공의 안전유지 또는 재해의 발생방지에 지장을 줄 우려가 없다고 인정될 것
④ 옥외탱크저장소(저장용량이 50만리터 이상인 것만 해당) 또는 암반탱크저장소

해설

위험물시설의 설치 및 변경 등(법 제6조 제3항)

제1항 및 제2항의 규정에 불구하고 다음 각 호의 어느 하나에 해당하는 제조소 등의 경우에는 허가를 받지 아니하고 당해 제조소 등을 설치하거나 그 위치·구조 또는 설비를 변경할 수 있으며, 신고를 하지 아니하고 위험물의 품명·수량 또는 지정수량의 배수를 변경할 수 있다.

1. 주택의 난방시설(공동주택의 중앙난방시설을 제외한다)을 위한 저장소 또는 취급소
2. 농예용·축산용 또는 수산용으로 필요한 난방시설 또는 건조시설을 위한 지정수량 20배 이하의 저장소

25 **「위험물안전관리법」상 군용위험물시설의 설치 및 변경에 대한 특례에 관한 내용으로 옳지 않은 것은?**

① 군부대시설을 위한 제조소 등을 설치하거나 그 위치·구조 또는 설비를 변경하고자 하는 군부대의 장은 미리 제조소 등의 소재지를 관할하는 소방본부장이나 소방서장과 협의하여야 한다.

② 국가기밀에 속하는 제조소 등을 설치 또는 변경하는 경우에는 당해 공사의 설계도서의 제출을 생략할 수 있다.

③ 군부대의 장이 제조소 등의 소재지를 관할하는 시·도지사와 협의한 경우에는 허가를 받은 것으로 본다.

④ 시·도지사는 설계도서와 관계서류의 검토결과를 통지하기 전에 설계도서와 관계서류의 보완요청을 할 수 있고, 보완요청을 받은 군부대의 장은 특별한 사유가 없는 한 이에 응하여야 한다.

해설

군용위험물시설의 설치 및 변경에 대한 특례(법 제7조)

① 군사목적 또는 군부대시설을 위한 제조소 등을 설치하거나 그 위치·구조 또는 설비를 변경하고자 하는 군부대의 장은 대통령령이 정하는 바에 따라 미리 제조소 등의 소재지를 관할하는 시·도지사와 협의하여야 한다.

② 군부대의 장이 제1항의 규정에 따라 제조소 등의 소재지를 관할하는 시·도지사와 협의한 경우에는 제6조 제1항의 규정에 따른 허가를 받은 것으로 본다.

③ 군부대의 장은 제1항의 규정에 따라 협의한 제조소 등에 대하여는 제8조 및 제9조의 규정에 불구하고 탱크안전성능검사와 완공검사를 자체적으로 실시할 수 있다. 이 경우 완공검사를 자체적으로 실시한 군부대의 장은 지체 없이 행정안전부령이 정하는 사항을 시·도지사에게 통보하여야 한다.

정답 | 23 ② 24 ① 25 ①

26 「위험물안전관리법 시행령」상 위험물탱크의 안전성능검사 종류가 아닌 것은?

① 기초・지반검사
② 충수・수압검사
③ 용접부검사
④ 탱크재질검사

해설 **탱크안전성능검사의 대상이 되는 탱크 등(시행령 제8조 제1항)**
법 제8조 제1항 전단에 따라 탱크안전성능검사를 받아야 하는 위험물탱크는 제2항에 따른 탱크안전성능검사별로 다음 각 호의 어느 하나에 해당하는 탱크로 한다.
1. 기초・지반검사 : 옥외탱크저장소의 액체위험물탱크 중 그 용량이 100만리터 이상인 탱크
2. 충수(充水)・수압검사 : 액체위험물을 저장 또는 취급하는 탱크. 다만, 다음 각 목의 어느 하나에 해당하는 탱크는 제외한다.
   가. 제조소 또는 일반취급소에 설치된 탱크로서 용량이 지정수량 미만인 것
   나. 「고압가스 안전관리법」 제17조 제1항에 따른 특정설비에 관한 검사에 합격한 탱크
   다. 「산업안전보건법」 제84조 제1항에 따른 안전인증을 받은 탱크
3. 용접부검사 : 제1호(옥외탱크저장소의 액체위험물탱크 중 그 용량이 100만리터 이상인 탱크)에 따른 탱크. 다만, 탱크의 저부에 관계된 변경공사(탱크의 옆판과 관련되는 공사를 포함하는 것을 제외한다) 시에 행하여진 법 제18조 제3항에 따른 정기검사에 의하여 용접부에 관한 사항이 행정안전부령으로 정하는 기준에 적합하다고 인정된 탱크를 제외한다.
4. 암반탱크검사 : 액체위험물을 저장 또는 취급하는 암반 내의 공간을 이용한 탱크

27 「위험물안전관리법」 및 같은 법 시행규칙상 탱크안전성능검사의 신청시기로 옳은 것은?

① 기초・지반검사 : 위험물을 저장 또는 취급하는 탱크에 배관 그 밖의 부속설비를 부착하기 전
② 충수・수압검사 : 탱크본체에 관한 공사의 개시 전
③ 용접부검사 : 위험물탱크의 기초 및 지반에 관한 공사의 개시 전
④ 암반탱크검사 : 암반탱크의 본체에 관한 공사의 개시 전

해설 **탱크안전성능검사의 신청 등(시행규칙 제18조 제4항)**
제1항의 규정에 의한 탱크안전성능검사의 신청시기는 다음 각 호의 구분에 의한다.
1. 기초・지반검사 : 위험물탱크의 기초 및 지반에 관한 공사의 개시 전
2. 충수・수압검사 : 위험물을 저장 또는 취급하는 탱크에 배관 그 밖의 부속설비를 부착하기 전
3. 용접부검사 : 탱크본체에 관한 공사의 개시 전
4. 암반탱크검사 : 암반탱크의 본체에 관한 공사의 개시 전

28 「위험물안전관리법」 및 그 하위법령상 시·도지사가 면제할 수 있는 탱크안전성능검사의 종류로 옳은 것은?

① 기초·지반검사
② 충수·수압검사
③ 용접부검사
④ 암반탱크검사

해설 법 제8조 제1항 후단의 규정에 의하여 시·도지사가 면제할 수 있는 탱크안전성능검사는 제8조 제2항 및 별표 4의 규정에 의한 충수·수압검사로 한다(시행령 제9조 제1항).

29 「위험물안전관리법」상 제조소 등의 완공검사에 관한 내용으로 옳은 것은?

① 제조소 등마다 시·도지사가 행하는 완공검사를 받아 기술기준에 적합하다고 인정받은 후가 아니면 이를 사용하여서는 아니 된다.
② 제조소 등의 설치를 마쳤거나 그 위치·구조 또는 설비의 변경을 마친 때에는 완공된 전체 제조소 등을 한번에 시·도지사가 행하는 완공검사를 받아야 한다.
③ 제조소 등의 위치·구조 또는 설비를 변경함에 있어서 변경허가를 신청하는 때에 화재예방에 관한 조치사항을 기재한 서류를 제출하는 경우에는 당해 변경공사와 관계가 없는 부분이라도 완공검사를 받기 전에 미리 사용할 수 없다.
④ 제조소 등의 일부에 대한 설치 또는 변경을 마친 후 그 일부를 미리 사용하고자 하는 경우에도 당해 제조소 등의 전부에 대하여 완공검사를 받을 수 있다.

해설 **완공검사(법 제9조)**

① 제6조 제1항의 규정에 따른 허가를 받은 자가 제조소 등의 설치를 마쳤거나 그 위치·구조 또는 설비의 변경을 마친 때에는 당해 제조소 등마다 시·도지사가 행하는 완공검사를 받아 제5조 제4항의 규정에 따른 기술기준에 적합하다고 인정받은 후가 아니면 이를 사용하여서는 아니 된다. 다만, 제조소 등의 위치·구조 또는 설비를 변경함에 있어서 제6조 제1항 후단의 규정에 따른 변경허가를 신청하는 때에 화재예방에 관한 조치사항을 기재한 서류를 제출하는 경우에는 당해 변경공사와 관계가 없는 부분은 완공검사를 받기 전에 미리 사용할 수 있다.
② 제1항 본문의 규정에 따른 완공검사를 받고자 하는 자가 제조소 등의 일부에 대한 설치 또는 변경을 마친 후 그 일부를 미리 사용하고자 하는 경우에는 당해 제조소 등의 일부에 대하여 완공검사를 받을 수 있다.

PART·06

정답 26 ④ 27 ④ 28 ② 29 ①

30 **「위험물안전관리법」상 제조소 등 설치자의 지위승계에 관한 내용으로 옳지 않은 것은?**

① 제조소 등의 설치자가 사망한 경우 그 상속인은 그 설치자의 지위를 승계한다.
② 제조소 등을 양수·인수한 자 또는 합병 후 존속하는 법인이나 합병에 의하여 설립되는 법인은 그 설치자의 지위를 승계한다.
③ 「지방세징수법」에 따른 압류재산의 매각에 따라 제조소 등 시설의 전부를 인수한 자는 그 설치자의 지위를 승계한다.
④ 「민사집행법」에 의한 경매에 따라 제조소 등 시설의 일부를 인수한 자는 그 설치자의 지위를 승계한다.

해설 **제조소 등 설치자의 지위승계(법 제10조)**
① 제조소 등의 설치자(제6조 제1항의 규정에 따라 허가를 받아 제조소 등을 설치한 자를 말한다. 이하 같다)가 사망하거나 그 제조소 등을 양도·인도한 때 또는 법인인 제조소 등의 설치자의 합병이 있는 때에는 그 상속인, 제조소 등을 양수·인수한 자 또는 합병 후 존속하는 법인이나 합병에 의하여 설립되는 법인은 그 설치자의 지위를 승계한다.
② 「민사집행법」에 의한 경매, 「채무자 회생 및 파산에 관한 법률」에 의한 환가, 「국세징수법」·「관세법」 또는 「지방세징수법」에 따른 압류재산의 매각과 그 밖에 이에 준하는 절차에 따라 제조소 등의 시설의 전부를 인수한 자는 그 설치자의 지위를 승계한다.
③ 제1항 또는 제2항의 규정에 따라 제조소 등의 설치자의 지위를 승계한 자는 행정안전부령이 정하는 바에 따라 승계한 날부터 30일 이내에 시·도지사에게 그 사실을 신고하여야 한다.

31 **「위험물안전관리법」상 제조소 등의 폐지에 관한 내용이다. (   ) 안에 들어갈 내용으로 옳은 것은?**

제조소 등의 관계인(소유자·점유자 또는 관리자를 말한다. 이하 같다)은 당해 제조소 등의 용도를 폐지(장래에 대하여 위험물시설로서의 기능을 완전히 상실시키는 것을 말한다)한 때에는 (ㄱ)이 정하는 바에 따라 제조소 등의 용도를 폐지한 날부터 (ㄴ)일 이내에 시·도지사에게 신고하여야 한다.

	ㄱ	ㄴ		ㄱ	ㄴ
①	시·도의 조례	14	②	행정안전부령	14
③	시·도의 조례	30	④	행정안전부령	30

해설 제조소 등의 관계인(소유자·점유자 또는 관리자를 말한다. 이하 같다)은 당해 제조소 등의 용도를 폐지(장래에 대하여 위험물시설로서의 기능을 완전히 상실시키는 것을 말한다)한 때에는 행정안전부령이 정하는 바에 따라 제조소 등의 용도를 폐지한 날부터 14일 이내에 시·도지사에게 신고하여야 한다(법 제11조).

32 「위험물안전관리법」상 제조소 등 설치허가의 취소와 사용정지 등의 사유로 옳지 않은 것은?

① 변경허가를 받지 아니하고 제조소 등의 위치·구조 또는 설비를 변경한 때
② 완공검사를 받지 아니하고 제조소 등을 사용한 때
③ 수리·개조 또는 이전의 명령을 위반한 때
④ 대통령령에 의한 기술기준적합에 관한 특별점검을 하지 아니한 때

해설 **제조소 등 설치허가의 취소와 사용정지 등(법 제12조)**

시·도지사는 제조소 등의 관계인이 다음 각 호의 어느 하나에 해당하는 때에는 행정안전부령이 정하는 바에 따라 제6조 제1항에 따른 허가를 취소하거나 6월 이내의 기간을 정하여 제조소 등의 전부 또는 일부의 사용정지를 명할 수 있다.

1. 제6조 제1항 후단의 규정에 따른 변경허가를 받지 아니하고 제조소 등의 위치·구조 또는 설비를 변경한 때
2. 제9조의 규정에 따른 완공검사를 받지 아니하고 제조소 등을 사용한 때

2의2. 제11조의2 제3항에 따른 안전조치 이행명령을 따르지 아니한 때

3. 제14조 제2항의 규정에 따른 수리·개조 또는 이전의 명령을 위반한 때
4. 제15조 제1항 및 제2항의 규정에 따른 위험물안전관리자를 선임하지 아니한 때
5. 제15조 제5항을 위반하여 대리자를 지정하지 아니한 때
6. 제18조 제1항의 규정에 따른 정기점검을 하지 아니한 때
7. 제18조 제3항에 따른 정기검사를 받지 아니한 때
8. 제26조의 규정에 따른 저장·취급기준 준수명령을 위반한 때

33 「위험물안전관리법」 및 같은 법 시행령상 산화성 고체에 해당하지 않는 것은?

① 아염소산염류
② 염소산염류
③ 과염소산염류
④ 황화인

해설 ④ 황화인은 제2류 위험물인 가연성 고체이다.

위험물 및 지정수량의 규정에 의거한 산화성 고체(제1류 위험물)에는 아염소산염류, 염소산염류, 과염소산염류, 무기과산화물, 브로민산염류, 질산염류, 아이오딘산염류, 과망가니즈산염류, 다이크로뮴산염류 등이 있다(시행령 [별표 1] 참조).

정답 30 ④ 31 ② 32 ④ 33 ④

34 「위험물안전관리법」상 제조소 등에 해당하지 않는 것은?

① 지정소 ② 제조소
③ 저장소 ④ 취급소

해설 제조소 등이라 함은 제조소·저장소 및 취급소를 말한다(법 제2조 제1항 제6호 참조).

35 「위험물안전관리법」상 제조소 등의 과징금처분에 관한 내용으로 옳은 것은?

① 사용의 정지가 그 이용자에게 심한 불편을 주거나 그 밖에 공익을 해칠 우려가 있는 때에는 사용정지처분에 갈음하여 5천만원 이하의 과징금을 부과할 수 있다.
② 사용의 정지가 그 이용자에게 심한 불편을 주거나 그 밖에 공익을 해칠 우려가 있는 때에는 사용정지처분에 갈음하여 1억원 이하의 과징금을 부과할 수 있다.
③ 사용의 정지가 그 이용자에게 심한 불편을 주거나 그 밖에 공익을 해칠 우려가 있는 때에는 사용정지처분에 갈음하여 2억원 이하의 과징금을 부과할 수 있다.
④ 사용의 정지가 그 이용자에게 심한 불편을 주거나 그 밖에 공익을 해칠 우려가 있는 때에는 사용정지처분에 갈음하여 3억원 이하의 과징금을 부과할 수 있다.

해설 시·도지사는 제조소 등에 대한 사용의 정지가 그 이용자에게 심한 불편을 주거나 그 밖에 공익을 해칠 우려가 있는 때에는 사용정지처분에 갈음하여 2억원 이하의 과징금을 부과할 수 있다(법 제13조 제1항 참조).

36 「위험물안전관리법」 및 같은 법 시행규칙상 제조소 등의 위반행위에 대한 연간 매출액을 기준으로 한 과징금 산정기준으로 옳은 것은?

	연간 매출액	1일당 과징금의 금액
①	5천만원 이하	5,000원
②	5천만원 초과 1억원 이하	20,000원
③	1억원 초과 2억원 미만	40,000원
④	2억원 초과 3억원 미만	70,000원

해설 연간 매출액을 기준으로 한 과징금 산정기준(시행규칙 [별표 3] 제2호 가목 참조)

등급	연간 매출액	1일당 과징금의 금액(단위 : 원)
1	5천만원 이하	7,000
2	5천만원 초과 ~ 1억원 이하	20,000
3	1억원 초과 ~ 2억원 이하	41,000
4	2억원 초과 ~ 3억원 이하	68,000
5	3억원 초과 ~ 5억원 이하	110,000
6	5억원 초과 ~ 7억원 이하	160,000
7	7억원 초과 ~ 10억원 이하	200,000

37 「위험물안전관리법」상 위험물안전관리자에 관한 내용으로 옳지 않은 것은?

① 제조소 등의 관계인은 위험물의 안전관리에 관한 직무를 수행하게 하기 위하여 제조소 등마다 위험물의 취급에 관한 자격이 있는 자를 위험물안전관리자로 선임하여야 한다.
② 안전관리자를 선임한 제조소 등의 관계인은 그 안전관리자를 해임하거나 안전관리자가 퇴직한 때에는 해임하거나 퇴직한 날부터 30일 이내에 다시 안전관리자를 선임하여야 한다.
③ 안전관리자를 선임한 제조소 등의 관계인은 안전관리자가 질병의 사유로 인하여 일시적으로 직무를 수행할 수 없는 경우 위험물의 취급에 관한 자격취득자를 대리자로 지정하여 그 직무를 대행하게 하여야 한다.
④ 다수의 제조소 등을 동일인이 설치한 경우에 관계인은 대통령령이 정하는 바에 따라 안전관리자를 중복하여 선임할 수 없다.

해설 다수의 제조소 등을 동일인이 설치한 경우에는 제1항의 규정에도 불구하고 관계인은 대통령령이 정하는 바에 따라 1인의 안전관리자를 중복하여 선임할 수 있다. 이 경우 대통령령이 정하는 제조소 등의 관계인은 대리자의 자격이 있는 자를 각 제조소 등별로 지정하여 안전관리자를 보조하게 하여야 한다(법 제15조 제8항).

정답 34 ① 35 ③ 36 ② 37 ④

38 **「위험물안전관리법 시행령」상 관계인이 예방규정을 정해야 하는 제조소 등에 해당하지 않는 것은?**

① 지정수량의 50배 이상의 위험물을 취급하는 제조소
② 지정수량의 100배 이상의 위험물을 저장하는 옥외저장소
③ 지정수량의 150배 이상의 위험물을 저장하는 옥내저장소
④ 지정수량의 200배 이상의 위험물을 저장하는 옥외탱크저장소

해설 **예방규정(시행령 제15조 제1항)**
법 제17조 제1항에서 "대통령령으로 정하는 제조소 등"이란 다음 각 호의 어느 하나에 해당하는 제조소 등을 말한다.
1. 지정수량의 10배 이상의 위험물을 취급하는 제조소
2. 지정수량의 100배 이상의 위험물을 저장하는 옥외저장소
3. 지정수량의 150배 이상의 위험물을 저장하는 옥내저장소
4. 지정수량의 200배 이상의 위험물을 저장하는 옥외탱크저장소
5. 암반탱크저장소
6. 이송취급소
7. 지정수량의 10배 이상의 위험물을 취급하는 일반취급소. 다만, 제4류 위험물(특수인화물을 제외한다)만을 지정수량의 50배 이하로 취급하는 일반취급소(제1석유류·알코올류의 취급량이 지정수량의 10배 이하인 경우에 한한다)로서 다음 각 목의 어느 하나에 해당하는 것을 제외한다.
   가. 보일러·버너 또는 이와 비슷한 것으로서 위험물을 소비하는 장치로 이루어진 일반취급소
   나. 위험물을 용기에 옮겨 담거나 차량에 고정된 탱크에 주입하는 일반취급소

39 **「위험물안전관리법」 및 그 하위법령상 예방규정에 관한 설명으로 옳지 않은 것은?**

① 제조소 등의 관계인은 예방규정을 정하여 해당 제조소 등의 사용을 시작하기 전에 시·도지사에게 제출하여야 한다.
② 시·도지사는 제출한 예방규정이 기준에 적합하지 아니하거나 화재예방이나 재해발생 시의 비상조치를 위하여 필요하다고 인정하는 때에는 이를 반려하거나 그 변경을 명할 수 있다.
③ 제조소 등의 관계인과 그 종업원은 예방규정을 충분히 잘 익히고 준수하여야 한다.
④ 예방규정은 「소방시설공사업법」에 의한 안전보건관리규정과 통합하여 작성할 수 있다.

해설 예방규정은 「산업안전보건법」 제25조에 의한 안전보건관리규정과 통합하여 작성할 수 있다(시행규칙 제63조 제2항).

40 **「위험물안전관리법 시행규칙」상 특정옥외저장탱크의 부식방지를 위한 조치로 옳지 않은 것은?**

① 특정옥외저장탱크의 외부의 부식을 방지하기 위한 코팅
② 특정옥외저장탱크의 에뉼러 판 및 밑판 외면의 부식을 방지하는 조치
③ 특정옥외저장탱크의 유지관리체제의 적정 유지
④ 구조물이 현저한 부등침하가 없도록 하는 조치

해설 **특정·준특정옥외저장탱크의 부식방지 등을 위한 조치(시행규칙 제65조 제2항 제1호)**

가. 특정·준특정옥외저장탱크의 내부의 부식을 방지하기 위한 코팅[유리입자(글래스플레이크) 코팅 또는 유리섬유강화플라스틱 라이닝(lining : 침식 및 부식 방지를 위해 재료의 접촉면에 약품재 등을 대는 일)에 한한다] 또는 이와 동등 이상의 조치
나. 특정·준특정옥외저장탱크의 애뉼러 판(annular plate) 및 밑판 외면의 부식을 방지하는 조치
다. 특정·준특정옥외저장탱크의 애뉼러 판 및 밑판의 두께가 적정하게 유지되도록 하는 조치
라. 특정·준특정옥외저장탱크에 구조상의 영향을 줄 우려가 있는 보수를 하지 아니하거나 변형이 없도록 하는 조치
마. 구조물이 현저히 불균형하게 가라앉는 현상(이하 "부등침하"라 한다)이 없도록 하는 조치
바. 지반이 충분한 지지력을 확보하는 동시에 침하에 대하여 충분한 안전성을 확보하는 조치
사. 특정·준특정옥외저장탱크의 유지관리체제의 적정 유지

41 **「위험물안전관리법」상 다음 규정에 따라 당해 사업소에 설치해야 하는 것은?**

> 다량의 위험물을 저장·취급하는 제조소 등으로서 대통령령이 정하는 제조소 등이 있는 동일한 사업소에서 대통령령이 정하는 수량 이상의 위험물을 저장 또는 취급하는 경우 당해 사업소의 관계인은 당해 사업소에 설치하여야 한다.

① 자치소방대　② 의용소방대
③ 자체소방대　④ 종합상황실

해설 **자체소방대(법 제19조)**

다량의 위험물을 저장·취급하는 제조소 등으로서 대통령령이 정하는 제조소 등이 있는 동일한 사업소에서 대통령령이 정하는 수량 이상의 위험물을 저장 또는 취급하는 경우 당해 사업소의 관계인은 대통령령이 정하는 바에 따라 당해 사업소에 자체소방대를 설치하여야 한다.

정답 | 38 ① 39 ④ 40 ① 41 ③ |

42 「위험물안전관리법 시행규칙」상 액체위험물 운반용기로 적절하지 않은 것은?

① 금속제
② 경질플라스틱제
③ 플라스틱 내용기 부착
④ 플렉시블(flexible) 합성수지제

해설

위험물 운반용기(시행규칙 [별표 20] 참조)
㉠ 액체위험물 운반용기 : 금속제, 경질플라스틱제, 플라스틱 내용기 부착
㉡ 고체위험물 운반용기 : 금속제, 플렉시블(flexible) 합성수지제, 플렉시블(flexible) 플라스틱 필름제, 플렉시블(flexible) 섬유제, 플렉시블(flexible) 종이제(여러 겹의 것), 경질플라스틱제, 플라스틱 내용기 부착, 파이버판제, 목제(라이닝 부착)

43 「위험물안전관리법」 및 그 하위법령상 출입 · 검사 등에 관한 내용으로 옳지 않은 것은?

① 소방청장은 위험물의 저장에 따른 화재의 예방을 위하여 필요한 때에는 위험물을 저장하고 있다고 인정되는 장소의 관계인에 대하여 필요한 보고를 명할 수 있다.
② 소방청장은 관계공무원으로 위험물취급 장소에 출입하여 그 장소의 위치 · 구조 · 설비 및 위험물의 저장 · 취급상황에 대하여 검사하게 할 수 있다
③ 위험물취급 장소의 출입 · 검사 등은 그 장소의 공개시간이나 근무시간 내 또는 해가 뜬 후부터 해가 지기 전까지의 시간 내에 행하여야 한다.
④ 위험물취급 장소의 출입 · 검사 등을 행하는 관계공무원은 법 규정에 적합하지 아니한 사항을 발견한 때에는 그 내용을 기재한 위험물제조소 등 소방검사서의 사본을 추후 서식을 갖추어 제조소 등의 관계인에게 교부하여야 한다.

해설

소방검사서(시행규칙 제76조)
법 제22조 제1항의 규정에 의한 출입 · 검사 등을 행하는 관계공무원은 법 또는 법에 근거한 명령 또는 조례의 규정에 적합하지 아니한 사항을 발견한 때에는 그 내용을 기재한 별지 제47호서식의 위험물제조소 등 소방검사서의 사본을 검사현장에서 제조소 등의 관계인에게 교부하여야 한다. 다만, 도로상에서 주행 중인 이동탱크저장소를 정지시켜 검사를 한 경우에는 그러하지 아니하다.

44 「위험물안전관리법」상 응급조치 · 통보 및 조치명령에 관한 내용으로 옳은 것은?

① 제조소 등의 관계인은 제조소 등에서 위험물의 유출 사고가 발생한 때에는 즉시 그리고 지속적으로 위험물의 유출 및 확산의 방지, 유출된 위험물의 제거 그 밖에 재해의 발생 방지를 위한 응급조치를 강구하여야 한다.

② 사태를 발견한 자는 추후 그 사실을 소방서, 경찰서 또는 그 밖의 관계기관에 통보하여야 한다.

③ 소방본부장 또는 소방서장은 제조소 등의 관계인이 응급조치를 강구하였다고 인정하는 때에는 응급조치를 강구하도록 명할 수 있다.

④ 시 · 도지사는 그 관할하는 구역에 있는 이동탱크저장소의 관계인에 대하여 응급조치를 강구하도록 명할 수 있다.

해설 **응급조치 · 통보 및 조치명령(법 제27조)**

① 제조소 등의 관계인은 당해 제조소 등에서 위험물의 유출 그 밖의 사고가 발생한 때에는 즉시 그리고 지속적으로 위험물의 유출 및 확산의 방지, 유출된 위험물의 제거 그 밖에 재해의 발생방지를 위한 응급조치를 강구하여야 한다.

② 제1항의 사태를 발견한 자는 즉시 그 사실을 소방서, 경찰서 또는 그 밖의 관계기관에 통보하여야 한다.

③ 소방본부장 또는 소방서장은 제조소 등의 관계인이 제1항의 응급조치를 강구하지 아니하였다고 인정하는 때에는 제1항의 응급조치를 강구하도록 명할 수 있다.

④ 소방본부장 또는 소방서장은 그 관할하는 구역에 있는 이동탱크저장소의 관계인에 대하여 제3항의 규정의 예에 따라 제1항의 응급조치를 강구하도록 명할 수 있다.

45 「위험물안전관리법」상 청문을 실시하여야 하는 경우로 옳은 것은?

① 제조소 등 설치허가
② 탱크시험자의 등록
③ 제조소 등 설치허가의 취소
④ 소방감리업의 등록

해설 **청문(법 제29조)**

시 · 도지사, 소방본부장 또는 소방서장은 다음 각 호의 어느 하나에 해당하는 처분을 하고자 하는 경우에는 청문을 실시하여야 한다.

1. 제12조의 규정에 따른 제조소 등 설치허가의 취소
2. 제16조 제5항의 규정에 따른 탱크시험자의 등록취소

정답 | 42 ④ 43 ④ 44 ① 45 ③ |

46 **「위험물안전관리법」상 승인 · 허가 · 검사 또는 교육 등을 받으려는 자나 등록 또는 신고를 하려는 자가 수수료 또는 교육비를 납부하여야 하는 경우로 옳지 않은 것은?**

① 탱크시험자의 등록취소
② 제조소 등의 설치 또는 변경의 허가
③ 제조소 등의 탱크안전성능검사
④ 탱크시험자의 등록

해설 **수수료 등(법 제31조 참조)**
다음에 해당하는 승인 · 허가 · 검사 또는 교육 등을 받으려는 자나 등록 또는 신고를 하려는 자는 행정안전부령이 정하는 바에 따라 수수료 또는 교육비를 납부하여야 한다.
1. 임시저장 · 취급의 승인
2. 제조소 등의 설치 또는 변경의 허가
3. 제조소 등의 탱크안전성능검사
4. 제조소 등의 완공검사
5. 설치자의 지위승계신고
6. 탱크시험자의 등록
7. 탱크시험자의 등록사항 변경신고
8. 정기검사
9. 운반용기의 검사
10. 안전교육

47 **「위험물안전관리법」상 벌칙적용에 있어서의 공무원 의제에 해당하지 않는 것은?**

① 검사업무에 종사하는 기술원의 담당 임원 및 직원
② 탱크시험자의 업무에 종사하는 자
③ 위탁받은 업무에 종사하는 안전원 및 기술원의 담당 임원 및 직원
④ 군부대시설을 위한 제조소 등을 설치하는 자

해설 **벌칙적용에 있어서의 공무원 의제(법 제32조 참조)**
다음 각 호의 자는 형법[제129조(수뢰, 사전수뢰), 제130조(제삼자뇌물제공), 제131조(수뢰후부정처사, 사후수뢰), 제132조(알선수뢰)] 적용에 있어서는 이를 공무원으로 본다.
1. 탱크안전성능검사업무에 종사하는 기술원의 담당 임원 및 직원
2. 탱크시험자의 업무에 종사하는 자
3. 위탁받은 업무에 종사하는 안전원 및 기술원의 담당 임원 및 직원

48 **「위험물안전관리법」상 5년 이하의 징역 또는 1억원 이하의 벌금에 처하는 위반사항으로 옳은 것은?**

① 제조소 등의 설치허가를 받지 아니하고 제조소 등을 설치한 자
② 탱크시험자로 등록하지 아니하고 탱크시험자의 업무를 한 자
③ 정기검사를 받지 아니한 관계인으로서 허가를 받은 자
④ 저장소 또는 제조소 등이 아닌 장소에서 지정수량 이상의 위험물을 저장 또는 취급한 자

해설 제6조 제1항 전단을 위반하여 제조소 등의 설치허가를 받지 아니하고 제조소 등을 설치한 자는 5년 이하의 징역 또는 1억원 이하의 벌금에 처한다(법 제34조의2).

49 「위험물안전관리법」상 과태료에 관한 내용이다. (   ) 안에 들어갈 내용으로 옳은 것은?

> 지정수량 미만인 위험물의 저장 또는 취급에 관한 기술상의 기준, 시·도의 조례가 정하는 바에 따라 관할소방서장의 승인을 받아 지정수량 이상의 위험물을 (ㄱ) 이내의 기간 동안 임시로 저장 또는 취급하는 경우, 군부대가 지정수량 이상의 위험물을 군사목적으로 임시로 저장 또는 취급하는 경우 외의 부분의 규정에 따른 조례에는 (ㄴ) 이하의 과태료를 정할 수 있다.

	ㄱ	ㄴ		ㄱ	ㄴ
①	60일	100만원	②	60일	200만원
③	90일	100만원	④	90일	200만원

해설 지정수량 미만인 위험물의 저장 또는 취급에 관한 기술상의 기준, 시·도의 조례가 정하는 바에 따라 관할소방서장의 승인을 받아 지정수량 이상의 위험물을 90일 이내의 기간 동안 임시로 저장 또는 취급하는 경우, 군부대가 지정수량 이상의 위험물을 군사목적으로 임시로 저장 또는 취급하는 경우 외의 부분의 규정에 따른 조례에는 200만원 이하의 과태료를 정할 수 있으며, 이 경우 과태료는 부과권자가 부과·징수한다(법 제39조 제6항 참조).

50 「위험물안전관리법」상 제조소 등의 관계인이 당해 제조소 등의 용도를 폐지한 때에 시·도지사에게 신고해야 하는 기한으로 옳은 것은?

① 7일 이내
② 14일 이내
③ 21일 이내
④ 30일 이내

해설 **제조소 등의 폐지(법 제11조)**
제조소 등의 관계인(소유자·점유자 또는 관리자를 말한다. 이하 같다)은 당해 제조소 등의 용도를 폐지(장래에 대하여 위험물시설로서의 기능을 완전히 상실시키는 것을 말한다)한 때에는 행정안전부령이 정하는 바에 따라 제조소 등의 용도를 폐지한 날부터 14일 이내에 시·도지사에게 신고하여야 한다.

정답 | 46 ① | 47 ④ | 48 ① | 49 ④ | 50 ②

51 **「위험물안전관리법」상 제조소 등이 아닌 장소에서 지정수량 이상의 위험물을 관할소방서장의 승인을 받아 임시로 저장 또는 취급할 수 있는 기간으로 옳은 것은?**

① 30일 이내
② 45일 이내
③ 90일 이내
④ 120일 이내

해설 시・도의 조례가 정하는 바에 따라 관할소방서장의 승인을 받아 지정수량 이상의 위험물을 90일 이내의 기간 동안 임시로 저장 또는 취급하는 경우에는 제조소 등이 아닌 장소에서 지정수량 이상의 위험물을 취급할 수 있다(법 제5조 제2항 제1호).

52 **「위험물안전관리법 시행규칙」상 옥외탱크저장소의 변경허가를 받아야 하는 경우로 옳지 않은 것은?**

① 옥외탱크저장소의 기초・지반을 정비하는 경우
② 옥외탱크저장소 내에 있는 옥외저장탱크의 지붕판 표면적 20% 이상을 교체하는 경우
③ 옥외탱크저장소 주입구의 위치를 이전하거나 신설하는 경우
④ 옥외탱크저장소에 자동화재탐지설비를 신설 또는 철거하는 경우

해설 옥외저장탱크의 지붕판 표면적 30% 이상을 교체하거나 구조・재질 또는 두께를 변경하는 경우에 변경허가를 받아야 한다(시행규칙 [별표 1의2] 참조).

53 **「위험물안전관리법 시행규칙」상 1인의 안전관리자를 중복하여 선임할 수 있는 저장소 중 10개 이하인 것만을 〈보기〉에서 고른 것은?**

보기

ㄱ. 옥내저장소	ㄴ. 옥외저장소
ㄷ. 암반탱크저장소	ㄹ. 옥외탱크저장소
ㅁ. 옥내탱크저장소	ㅂ. 지하탱크저장소

① ㄱ, ㄴ, ㅁ
② ㄴ, ㄷ, ㄹ
③ ㄷ, ㅁ, ㅂ
④ ㄱ, ㄴ, ㄷ

해설 **1인의 안전관리자를 중복하여 선임할 수 있는 저장소 등(시행규칙 제56조 제1항)**

영 제12조 제1항 제3호에서 "행정안전부령이 정하는 저장소"라 함은 다음 각 호의 1에 해당하는 저장소를 말한다.

1. 10개 이하의 옥내저장소
2. 30개 이하의 옥외탱크저장소
3. 옥내탱크저장소
4. 지하탱크저장소
5. 간이탱크저장소
6. 10개 이하의 옥외저장소
7. 10개 이하의 암반탱크저장소

54 **「위험물안전관리법 시행규칙」상 옥외저장소에서 위험물을 용기에 수납하여 저장 또는 취급하는 위험물의 최대수량이 지정수량의 10배 이하일 때 보유해야 하는 공지의 너비로 옳은 것은?**

① 1m 이상
② 2m 이상
③ 3m 이상
④ 5m 이상

해설 위험물의 최대수량이 지정수량의 10배 이하일 때 보유해야 하는 공지의 너비는 3m 이상이다(시행규칙 [별표 11] 참조)

55 **「위험물안전관리법 시행규칙」상 자체소방대의 설치 제외대상인 일반취급소에 해당하지 않는 것은?**

① 유압장치, 윤활유순환장치 그 밖에 이와 유사한 장치로 위험물을 취급하는 일반취급소
② 보일러, 버너 그 밖에 이와 유사한 장치로 위험물을 소비하는 일반취급소
③ 지하저장탱크 그 밖에 이와 유사한 것에 위험물을 주입하는 일반취급소
④ 용기에 위험물을 옮겨 담는 일반취급소

해설 **자체소방대의 설치 제외대상인 일반취급소(시행규칙 제73조)**

영 제18조 제1항 제1호 단서에서 "행정안전부령으로 정하는 일반취급소"란 다음 각 호의 어느 하나에 해당하는 일반취급소를 말한다.

1. 보일러, 버너 그 밖에 이와 유사한 장치로 위험물을 소비하는 일반취급소
2. 이동저장탱크 그 밖에 이와 유사한 것에 위험물을 주입하는 일반취급소
3. 용기에 위험물을 옮겨 담는 일반취급소
4. 유압장치, 윤활유순환장치 그 밖에 이와 유사한 장치로 위험물을 취급하는 일반취급소
5. 「광산안전법」의 적용을 받는 일반취급소

정답 | 51 ③ 52 ② 53 ④ 54 ③ 55 ③

56 **「위험물안전관리법 시행령」상 관계인이 예방규정을 정해야 하는 제조소 등에서 지정수량이 규정되어 있지 않은 것은?**

① 제조소 ② 옥외저장소
③ 옥내저장소 ④ 이송취급소

해설 관계인이 예방규정을 정해야 하는 제조소 등에서 암반탱크저장소, 이송취급소만 지정수량이 규정되어 있지 않다(시행령 제15조 제1항 참조).

57 **「위험물안전관리법 시행규칙」상 인화성 액체위험물의 옥외탱크저장소의 탱크 주위에 설치하는 방유제에 관한 설명으로 옳지 않은 것은?**

① 방유제 내의 면적은 80,000㎡ 이하로 할 것
② 방유제 내에 설치하는 옥외저장탱크의 수는 10 이하로 할 것
③ 방유제는 높이 0.5m 이상 3m 이하, 두께 0.2m 이상, 지하매설깊이 1m 이상으로 할 것
④ 방유제의 용량은 방유제 안에 설치된 탱크가 하나인 때에는 그 탱크 용량의 100% 이상으로 할 것

해설 방유제의 용량은 방유제 안에 설치된 탱크가 하나인 때에는 그 탱크 용량의 110% 이상으로 하여야 한다(시행규칙 [별표 6] 참조).

58 **「위험물안전관리법 시행규칙」상 수납하는 위험물의 종류에 따라 운반용기의 외부에 표시하여야 할 주의사항으로 옳지 않은 것은?**

① 제1류 위험물 중 알칼리금속의 과산화물 또는 이를 함유한 것에 있어서는 "화기·충격주의", "물기엄금" 및 "가연물접촉주의"
② 제2류 위험물 중 철분·금속분·마그네슘 또는 이들 중 어느 하나 이상을 함유한 것에 있어서는 "화기주의" 및 "물기엄금"
③ 제3류 위험물 중 자연발화성 물질에 있어서는 "화기엄금" 및 "공기접촉엄금", 금수성 물질에 있어서는 "물기엄금"
④ 제5류 위험물에 있어서는 "화기주의" 및 "충격주의"

해설 제5류 위험물에 있어서는 "화기엄금" 및 "충격주의"로 표시해야 한다(시행규칙 [별표 19] 참조).

59 「위험물안전관리법 시행규칙」상 화학소방자동차에 갖추어야 하는 소화능력 및 설비의 기준으로 옳은 것은?

① 포수용액 방사차 : 포수용액의 방사능력이 매분 1,000L 이상일 것
② 분말 방사차 : 1,000kg 이상의 분말을 비치할 것
③ 할로젠화합물 방사차 : 할로젠화합물의 방사능력이 매초 50kg 이상일 것
④ 제독차 : 가성소다 및 규조토를 각각 50kg 이상 비치할 것

해설
① 포수용액 방사차: 포수용액의 방사능력이 매분 2,000L 이상일 것
② 분말 방사차: 1,400kg 이상의 분말을 비치할 것
③ 할로젠화합물 방사차: 할로젠화합물의 방사능력이 매초 40kg 이상일 것
※ 시행규칙 [별표 23] 참조

60 「위험물안전관리법 시행령」상 위험물 시설에 대한 탱크안전성능검사 중 기초·지반검사의 대상이 되는 탱크의 기준으로 옳은 것은?

① 옥내저장소의 액체위험물탱크 중 그 용량이 100만리터 이상인 탱크
② 옥내저장소의 액체위험물탱크 중 그 용량이 500만리터 이상인 탱크
③ 옥외탱크저장소의 액체위험물탱크 중 그 용량이 500만리터 이상인 탱크
④ 옥외탱크저장소의 액체위험물탱크 중 그 용량이 100만리터 이상인 탱크

해설
탱크안전성능검사의 대상이 되는 탱크 등(시행령 제8조 제1항)
법 제8조 제1항 전단에 따라 탱크안전성능검사를 받아야 하는 위험물탱크는 제2항에 따른 탱크안전성능검사별로 다음 각 호의 어느 하나에 해당하는 탱크로 한다.
1. 기초·지반검사 : 옥외탱크저장소의 액체위험물탱크 중 그 용량이 100만리터 이상인 탱크
2. 충수(充水)·수압검사 : 액체위험물을 저장 또는 취급하는 탱크. 다만, 다음 각 목의 어느 하나에 해당하는 탱크는 제외한다.
   가. 제조소 또는 일반취급소에 설치된 탱크로서 용량이 지정수량 미만인 것
   나. 「고압가스 안전관리법」 제17조 제1항에 따른 특정설비에 관한 검사에 합격한 탱크
   다. 「산업안전보건법」 제84조 제1항에 따른 안전인증을 받은 탱크
3. 용접부검사 : 제1호(옥외탱크저장소의 액체위험물탱크 중 그 용량이 100만리터 이상인 탱크)에 따른 탱크. 다만, 탱크의 저부에 관계된 변경공사(탱크의 옆판과 관련되는 공사를 포함하는 것을 제외한다) 시에 행하여진 법 제18조 제3항에 따른 정기검사에 의하여 용접부에 관한 사항이 행정안전부령으로 정하는 기준에 적합하다고 인정된 탱크를 제외한다.
4. 암반탱크검사 : 액체위험물을 저장 또는 취급하는 암반 내의 공간을 이용한 탱크

PART · 06

정답 | 56 ④ | 57 ④ | 58 ④ | 59 ④ | 60 ④ |

61 「위험물안전관리법」 및 같은 법 시행령상 소방공무원으로서 근무한 경력이 5년인 사람이 위험물취급자격자로서 취급할 수 있는 위험물의 종류로 옳은 것은?

① 제1류 위험물 ② 제2류 위험물
③ 제3류 위험물 ④ 제4류 위험물

해설 위험물취급자격자의 자격(시행령 [별표 5])

위험물취급자격자의 구분	취급할 수 있는 위험물
1. 「국가기술자격법」에 따라 위험물기능장, 위험물산업기사, 위험물기능사의 자격을 취득한 사람	별표 1의 모든 위험물(산화성 고체, 가연성 고체, 자연발화성 물질 및 금수성 물질, 인화성 액체, 자기반응성 물질, 산화성 액체)
2. 안전관리자교육이수자(법 제28조 제1항에 따라 소방청장이 실시하는 안전관리자교육을 이수한 자를 말한다. 이하 별표 6에서 같다)	별표 1의 위험물 중 제4류 위험물(특수인화물, 제1석유류, 알코올류, 제2석유류, 제3석유류, 제4석유류, 동식물유류)
3. 소방공무원 경력자(소방공무원으로 근무한 경력이 3년 이상인 자를 말한다. 이하 별표 6에서 같다)	별표 1의 위험물 중 제4류 위험물(특수인화물, 제1석유류, 알코올류, 제2석유류, 제3석유류, 제4석유류, 동식물유류)

62 「위험물안전관리법」상 위험물안전관리자 선임에 관한 내용이다. ( ) 안에 들어갈 내용으로 옳은 것은?

- 안전관리자를 선임한 제조소 등의 관계인은 그 안전관리자를 해임하거나 안전관리자가 퇴직한 때에는 해임하거나 퇴직한 날부터 (ㄱ)일 이내에 다시 안전관리자를 선임하여야 한다.
- 제조소 등의 관계인은 안전관리자를 선임한 경우에 선임한 날부터 (ㄴ)일 이내에 행정안전부령으로 정하는 바에 따라 소방본부장 또는 소방서장에게 신고하여야 한다.

	ㄱ	ㄴ		ㄱ	ㄴ
①	7	14	②	14	7
③	30	7	④	30	14

해설
- 제1항의 규정에 따라 안전관리자를 선임한 제조소 등의 관계인은 그 안전관리자를 해임하거나 안전관리자가 퇴직한 때에는 해임하거나 퇴직한 날부터 30일 이내에 다시 안전관리자를 선임하여야 한다(법 제15조 제2항).
- 제조소 등의 관계인은 제1항 및 제2항에 따라 안전관리자를 선임한 경우에는 선임한 날부터 14일 이내에 행정안전부령으로 정하는 바에 따라 소방본부장 또는 소방서장에게 신고하여야 한다(법 제15조 제3항).

63 「위험물안전관리법」 및 같은 법 시행령상 예방규정에 관한 내용으로 옳지 않은 것은?

① 암반탱크저장소와 이송취급소는 지정수량과 상관없이 예방규정을 두어야 한다.
② 지정수량의 10배 이상의 위험물을 취급하는 제조소와 일반취급소는 예방규정을 두어야 한다(단, 일반취급소의 경우 예외적인 경우 제외).
③ 소방청장은 제조소 등 가운데 저장 또는 취급하는 위험물의 최대수량의 합이 지정수량의 5천배 이상인 제조소 등에 대하여 행정안전부령으로 정하는 바에 따라 예방규정의 이행 실태를 정기적으로 평가할 수 있다.
④ 소방청장은 예방규정 이행 실태 평가 대상인 제조소 등의 위험성 등을 고려하여 행정안전부령으로 정하는 바에 따라 평가 방법을 다르게 할 수 있다.

해설

예방규정(법 제17조 제4항)
소방청장은 대통령령으로 정하는 제조소 등에 대하여 행정안전부령으로 정하는 바에 따라 예방규정의 이행 실태를 정기적으로 평가할 수 있다.

예방규정(시행령 제15조 제2항)
법 제17조 제4항에서 "대통령령으로 정하는 제조소 등"이란 제1항에 따른 제조소 등 가운데 저장 또는 취급하는 위험물의 최대수량의 합이 지정수량의 3천배 이상인 제조소 등을 말한다. 이 경우 소방청장은 예방규정 이행 실태 평가 대상인 제조소 등의 위험성 등을 고려하여 행정안전부령으로 정하는 바에 따라 평가 방법을 다르게 할 수 있다.

64 「위험물안전관리법 시행규칙」상 제4류 위험물 중 아세톤 8,000만리터를 취급하는 옥외저장탱크에 갖추어야 할 화학소방차와 자체소방대원의 인원 관련 기준으로 옳은 것은?

① 1대 - 5인
② 2대 - 10인
③ 3대 - 15인
④ 자체소방대가 필요하지 않다.

해설 아세톤의 지정수량은 400리터로 8,000만 ÷ 400 = 20만배이므로 50만배 미만의 옥외저장탱크에 해당하여 자체소방대 설치 대상이 아니다.

65 「위험물안전관리법 시행령」상 운송책임자의 감독 또는 지원을 받아 운송하여야 하는 위험물로 옳은 것은?

① 알킬알루미늄, 알킬리튬
② 마그네슘, 염소산염류
③ 적린, 금속분
④ 황, 황산

해설

운송책임자의 감독·지원을 받아 운송하여야 하는 위험물(시행령 제19조 참조)
㉠ 알킬알루미늄 ㉡ 알킬리튬
㉢ '㉠' 또는 '㉡'의 물질을 함유하는 위험물

정답 61 ④ 62 ④ 63 ③ 64 ④ 65 ①

66 「위험물안전관리법」상 위험물제조소 등의 출입·검사와 관련하여 권한권자로 옳은 것은?

① 소방청장, 시·도지사, 소방본부장 또는 소방서장
② 소방청장, 시·군·구청장, 소방본부장 또는 소방서장
③ 소방청장, 시·도지사, 소방본부장 또는 소방대장
④ 소방청장, 시·군·구청장, 소방본부장 또는 소방대장

해설 **출입·검사 등(법 제22조 제1항)**
소방청장(중앙119구조본부장 및 그 소속 기관의 장을 포함), 시·도지사, 소방본부장 또는 소방서장은 위험물의 저장 또는 취급에 따른 화재의 예방 또는 진압대책을 위하여 필요한 때에는 위험물을 저장 또는 취급하고 있다고 인정되는 장소의 관계인에 대하여 필요한 보고 또는 자료제출을 명할 수 있으며, 관계공무원으로 하여금 당해 장소에 출입하여 그 장소의 위치·구조·설비 및 위험물의 저장·취급상황에 대하여 검사하게 하거나 관계인에게 질문하게 하고 시험에 필요한 최소한의 위험물 또는 위험물로 의심되는 물품을 수거하게 할 수 있다. 다만, 개인의 주거는 관계인의 승낙을 얻은 경우 또는 화재발생의 우려가 커서 긴급한 필요가 있는 경우가 아니면 출입할 수 없다.

67 「위험물안전관리법」 및 같은 법 시행령상 위험물 안전교육을 받아야 하는 안전교육대상자만을 〈보기〉에서 고른 것은?

보기

ㄱ. 위험물제조소의 관계인
ㄴ. 안전관리자로 선임된 자
ㄷ. 탱크시험자의 기술인력으로 종사하는 자
ㄹ. 위험물운송자로 종사하는 자
ㅁ. 위험물기능장
ㅂ. 3년 이상의 소방공무원

① ㄱ, ㄴ, ㄷ
② ㄴ, ㅁ, ㅂ
③ ㄱ, ㅁ, ㅂ
④ ㄴ, ㄷ, ㄹ

해설 **안전교육대상자(시행령 제20조)**
법 제28조 제1항에서 "대통령령이 정하는 자"란 다음 각 호의 자를 말한다.
1. 안전관리자로 선임된 자
2. 탱크시험자의 기술인력으로 종사하는 자
3. 법 제20조 제2항에 따른 위험물운반자로 종사하는 자
4. 법 제21조 제1항에 따른 위험물운송자로 종사하는 자

68 「위험물안전관리법」상 용어의 정의로 옳지 않은 것은?

① 위험물이란 인화성 또는 발화성 등의 성질을 가지는 것으로서 대통령령이 정하는 물품을 말한다.

② 제조소란 위험물을 제조할 목적으로 지정수량 이상의 위험물을 취급하기 위하여 허가를 받은 장소를 말한다.

③ 저장소란 지정수량 이상의 위험물을 저장하기 위한 대통령령이 정하는 장소로서 허가를 받은 장소를 말한다.

④ 지정수량이란 위험물의 종류별로 위험성을 고려하여 대통령령이 정하는 수량으로서 제조소 등의 설치허가 등에 있어서 최대의 기준이 되는 수량을 말한다.

해설 "지정수량"이란 위험물의 종류별로 위험성을 고려하여 대통령령이 정하는 수량으로서 제조소 등의 설치허가 등에 있어서 <u>최저</u>의 기준이 되는 수량을 말한다(법 제2조 제1항 제2호).

69 「위험물안전관리법 시행규칙」상 제조소의 환기설비의 기준으로 옳지 않은 것은?

① 환기는 자연배기방식으로 할 것

② 환기구는 지상 2m 이상의 높이에 루프팬 방식으로 설치할 것

③ 바닥면적이 90㎡일 경우 급기구의 면적은 450㎠ 이상으로 할 것

④ 급기구는 높은 곳에 설치하고 가는 눈의 구리망 등으로 인화방지망을 설치할 것

해설 급기구는 <u>낮은</u> 곳에 설치하고 가는 눈의 구리망 등으로 인화방지망을 설치한다(시행규칙 [별표 4] 참조).

70 「위험물안전관리법 시행령」상 정기점검 대상인 제조소로 옳지 않은 것은?

① 지정수량의 10배 이상의 위험물을 취급하는 제조소

② 지정수량의 150배 이상의 위험물을 저장하는 옥내저장소

③ 지정수량의 200배 이상의 위험물을 저장하는 옥내탱크저장소

④ 암반탱크저장소

정답 66 ① 67 ④ 68 ④ 69 ④ 70 ③

해설

정기점검의 대상인 제조소 등(시행령 제16조 참조)

㉠ 지정수량의 10배 이상의 위험물을 취급하는 제조소, 지정수량의 100배 이상의 위험물을 저장하는 옥외저장소, 지정수량의 150배 이상의 위험물을 저장하는 옥내저장소, 지정수량의 200배 이상의 위험물을 저장하는 옥외탱크저장소, 암반탱크저장소, 이송취급소, 지정수량의 10배 이상의 위험물을 취급하는 일반취급소 등

㉡ 지하탱크저장소

㉢ 이동탱크저장소

㉣ 위험물을 취급하는 탱크로서 지하에 매설된 탱크가 있는 제조소・주유취급소 또는 일반취급소

71 「위험물안전관리법 시행규칙」상 제조소의 위치・구조 및 설비의 기준에 관한 내용으로 옳지 않은 것은?

① 배출설비는 자연배기 방식으로 하여야 한다.

② 제6류 위험물을 취급하는 제조소는 안전거리 적용 제외 대상이다.

③ "위험물제조소"라는 표시를 한 표지의 바탕은 백색으로, 문자는 흑색으로 하여야 한다.

④ 제5류 위험물을 저장 또는 취급하는 제조소에는 "화기엄금"을 표시한 게시판을 설치하여야 한다.

해설

배출설비(시행규칙 [별표 4] 참조)

가연성의 증기 또는 미분이 체류할 우려가 있는 건축물에는 그 증기 또는 미분을 옥외의 높은 곳으로 배출할 수 있도록 다음의 기준에 의하여 배출설비를 설치하여야 한다.

㉮ 배출설비는 국소방식으로 하여야 한다. 다만, 다음의 1에 해당하는 경우에는 전역방식으로 할 수 있다.

㉠ 위험물취급설비가 배관이음 등으로만 된 경우

㉡ 건축물의 구조・작업장소의 분포 등의 조건에 의하여 전역방식이 유효한 경우

㉯ 배출설비는 배풍기(오염된 공기를 뽑아내는 통풍기)・배출 덕트(공기 배출통로)・후드 등을 이용하여 강제적으로 배출하는 것으로 해야 한다.

72 「위험물안전관리법」상 신고를 하지 아니하고 위험물의 품명・수량 또는 지정수량의 배수를 변경할 수 있는 제조소 등의 경우로 옳은 것은?

① 농예용으로 필요한 건조시설을 위한 지정수량 20배 이하의 취급소

② 축산용으로 필요한 난방시설을 위한 지정수량 20배 이하의 저장소

③ 수산용으로 필요한 건조시설을 위한 지정수량 30배 이하의 저장소

④ 공동주택의 중앙난방시설을 위한 지정수량 30배 이하의 취급소

해설 **위험물시설의 설치 및 변경 등(법 제6조 제3항)**

제1항 및 제2항의 규정에 불구하고 다음 각 호의 어느 하나에 해당하는 제조소 등의 경우에는 허가를 받지 아니하고 당해 제조소 등을 설치하거나 그 위치·구조 또는 설비를 변경할 수 있으며, 신고를 하지 아니하고 위험물의 품명·수량 또는 지정수량의 배수를 변경할 수 있다.

1. 주택의 난방시설(공동주택의 중앙난방시설을 제외한다)을 위한 저장소 또는 취급소
2. 농예용·축산용 또는 수산용으로 필요한 난방시설 또는 건조시설을 위한 지정수량 20배 이하의 저장소

73 「위험물안전관리법」상 위험물안전관리자에 관한 내용으로 옳지 않은 것은?

① 안전관리자를 선임한 제조소 등의 관계인은 그 안전관리자를 해임하거나 안전관리자가 퇴직한 때에는 해임하거나 퇴직한 날부터 30일 이내에 다시 안전관리자를 선임하여야 한다.

② 제조소 등의 관계인은 관련 법령에 따라 안전관리자를 선임한 경우에는 선임한 날부터 14일 이내에 행정안전부령으로 정하는 바에 따라 소방본부장 또는 소방서장에게 신고하여야 한다.

③ 제조소 등의 관계인이 안전관리자를 해임하거나 안전관리자가 퇴직한 경우 그 관계인 또는 안전관리자는 소방본부장이나 소방서장에게 그 사실을 알려 해임되거나 퇴직한 사실을 확인받을 수 있다.

④ 안전관리자를 선임한 제조소 등의 관계인은 안전관리자의 해임 또는 퇴직과 동시에 다른 안전관리자를 선임하지 못하는 경우에는 국가기술자격법에 따른 위험물의 취급에 관한 자격취득자 또는 위험물안전에 관한 기본지식과 경험이 있는 자로서 소방본부장이나 소방서장이 정하는 자를 대리자(代理者)로 지정하여 그 직무를 대행하게 하여야 한다.

해설 **위험물안전관리자(법 제15조 제5항)**

제1항의 규정에 따라 안전관리자를 선임한 제조소 등의 관계인은 안전관리자가 여행·질병 그 밖의 사유로 인하여 일시적으로 직무를 수행할 수 없거나 안전관리자의 해임 또는 퇴직과 동시에 다른 안전관리자를 선임하지 못하는 경우에는 국가기술자격법에 따른 위험물의 취급에 관한 자격취득자 또는 위험물안전에 관한 기본지식과 경험이 있는 자로서 행정안전부령이 정하는 자를 대리자(代理者)로 지정하여 그 직무를 대행하게 하여야 한다. 이 경우 대리자가 안전관리자의 직무를 대행하는 기간은 30일을 초과할 수 없다.

정답 71 ① 72 ② 73 ④

74 **「위험물안전관리법 시행규칙」상 판매취급소의 위치·구조 및 설비의 기준으로 옳지 않은 것은?**

① 제1종 판매취급소의 용도로 사용되는 건축물의 부분은 내화구조 또는 불연재료로 하고, 판매취급소로 사용되는 부분과 다른 부분의 격벽은 불연재료로 할 것
② 제1종 판매취급소의 용도로 사용하는 건축의 부분은 보를 불연재료로 하고, 천장을 설치하는 경우에는 천장을 불연재료로 할 것
③ 제1종 판매취급소의 용도로 사용하는 부분의 창 및 출입구에는 60분+ 방화문·60분 방화문 또는 30분 방화문을 설치할 것
④ 제1종 판매취급소의 용도로 사용하는 부분에 상층이 있는 경우에 있어서는 그 상층의 바닥을 내화구조로 하고, 상층이 없는 경우에 있어서는 지붕을 내화구조로 또는 불연재료로 할 것

해설 | 제1종 판매취급소의 용도로 사용되는 건축물의 부분은 내화구조 또는 불연재료로 하고, 판매취급소로 사용되는 부분과 다른 부분과의 격벽은 내화구조로 할 것(시행규칙 [별표 14] 참조)

75 **「위험물안전관리법 시행규칙」상 고객이 직접 주유하는 셀프용 고정주유설비의 기준으로 옳지 않은 것은?**

① 주유노즐이 자동차 등의 주유구로부터 이탈된 경우 주유를 자동적으로 정지시키는 구조일 것
② 주유노즐은 자동차 등의 연료탱크가 가득 찬 경우 자동적으로 정지시키는 구조일 것
③ 휘발유와 경유 상호 간의 오인에 의한 주유를 방지할 수 있는 구조일 것
④ 휘발유의 경우 1회 주유시간의 상한을 미리 5분 이하로 설정할 수 있는 구조일 것

해설 | 휘발유의 경우 주유시간의 상한은 5분 이하가 아니라 4분 이하이다(시행규칙 [별표 13] 참조).

76 **「위험물안전관리법 시행규칙」상 제조소 등의 관계인이 안전관리자의 선임을 신고하려는 경우 소방서장에게 제출하여야 할 첨부서류가 아닌 것은?**

① 위험물안전관리교육 수료증
② 소방공무원 10년 근무경력증명서
③ 위험물안전관리업무대행 계약서
④ 위험물안전관리자를 겸직할 수 있는 관련 안전관리자로 선임된 사실을 증명할 수 있는 서류

해설 소방공무원 경력증명서(소방공무원 경력자에 한한다)에서 경력은 3년 이상이면 된다(시행규칙 제53조 제1항 제4호).

77 「위험물안전관리법」상 관계인이 완공검사를 받지 아니하고 제조소 등을 사용한 경우 허가를 취소하거나 6월 이내의 기간을 정하여 제조소 등의 전부 또는 일부의 사용정지를 명할 수 있는 권한자로 옳은 것은?

① 시・도지사
② 소방본부장
③ 소방서장
④ 소방대장

해설 시・도지사는 제조소 등의 관계인이 완공검사를 받지 아니하고 제조소 등을 사용한 때에는 행정안전부령이 정하는 바에 따라 제6조 제1항에 따른 허가를 취소하거나 6월 이내의 기간을 정하여 제조소 등의 전부 또는 일부의 사용정지를 명할 수 있다(법 제12조 제2호 참조).

78 「위험물안전관리법 시행규칙」상 완공검사를 받지 아니하고 제조소 등을 사용한 경우 1차 행정처분기준으로 옳은 것은?

① 사용정지 10일
② 사용정지 15일
③ 사용정지 20일
④ 사용정지 30일

해설 완공검사를 받지 않고 제조소 등을 사용한 경우 행정처분기준은 1차의 경우 사용정지 15일이고, 2차의 경우 사용정지 60일, 3차의 경우 허가취소이다(시행규칙 [별표 2] 참조).

79 「위험물안전관리법 시행령」상 탱크시험자가 되고자 하는 자가 갖추어야 하는 기술능력 중에서 필수인력에 해당하지 않는 것은?

① 초음파비파괴검사산업기사 각 1명 이상
② 자기비파괴검사기능사 1명 이상
③ 위험물산업기사 1명 이상
④ 침투비파괴검사기사 1명 이상

해설 자기비파괴검사기사 또는 산업기사 각 1명 이상이며 기능사는 해당되지 않는다(시행령 [별표 7]).

정답 | 74 ① | 75 ④ | 76 ② | 77 ① | 78 ② | 79 ② |

80 **「위험물안전관리법」상 위험물시설의 설치 및 변경 등에 관한 내용으로 옳지 않은 것은?**

① 제조소 등을 설치하고자 하는 자는 대통령령이 정하는 바에 따라 그 설치장소를 관할하는 소방본부장 또는 소방서장의 허가를 받아야 한다.

② 제조소 등의 위치·구조 또는 설비의 변경 없이 당해 제조소 등에서 취급하는 위험물의 품명·수량 또는 지정수량의 배수를 변경하고자 하는 자는 변경하고자 하는 날의 1일 전까지 행정안전부령이 정하는 바에 따라 시·도지사에게 신고하여야 한다.

③ 주택의 난방시설을 위한 저장소 또는 취급소의 경우에는 허가를 받지 아니하고 당해 제조소 등을 설치하거나 그 위치·구조 또는 설비를 변경할 수 있다.

④ 농예용·축산용 또는 수산용으로 필요한 난방시설 또는 건조시설을 위한 지정수량 20배 이하의 저장소의 경우에는 신고를 하지 아니하고 위험물의 품명·수량 또는 지정수량의 배수를 변경할 수 있다.

해설 제조소 등을 설치하고자 하는 자는 대통령령이 정하는 바에 따라 그 설치장소를 관할하는 특별시장·광역시장·특별자치시장·도지사 또는 특별자치도지사(이하 "시·도지사"라 한다)의 허가를 받아야 한다(법 제6조 제1항 전단).

81 **「위험물안전관리법 시행규칙」상 지하탱크저장소의 설비기준에 관한 내용으로 옳지 않은 것은?**

① 지하탱크의 주위에는 마른 모래 또는 습기 등에 의하여 응고되지 아니하는 입자지름 10mm 이하의 마른 자갈분을 채워야 한다.

② 지하탱크저장소에는 '위험물 지하탱크저장소'라는 표시를 한 표지와 방화에 관하여 필요한 사항을 게시한 게시판 및 해당 지하탱크저장소가 금연구역임을 알리는 표지를 설치해야 한다.

③ 지하저장탱크의 윗부분은 지면으로부터 0.6m 이상 아래에 있어야 한다.

④ 지하저장탱크의 용량이 1,000L 이하일 때 강철판의 최소두께는 3.20mm가 되어야 한다.

해설 당해 탱크의 주위에 마른 모래 또는 습기 등에 의하여 응고되지 아니하는 입자지름 5mm 이하의 마른 자갈분을 채워야 한다(시행규칙 [별표 8] 참조).

82 **「위험물안전관리법 시행규칙」상 위험물안전관리자의 책무가 아닌 것은?**

① 위험물의 취급에 관한 일지의 작성·기록
② 제조소 등의 계측장치·제어장치 및 안전장치 등의 적정한 유지·관리
③ 화재 등의 재난이 발생한 경우 응급조치 및 소방관서 등에 대한 연락업무
④ 예방규정을 제정하거나 변경한 경우 변경한 예방규정 1부를 시·도지사 또는 소방서장에게 제출

해설 제정 또는 변경한 예방규정 1부를 시·도지사 또는 소방서장에게 제출하는 것은 안전관리자의 책무가 아니라 관계인의 책무이다(시행규칙 제63조 제3항 참조).

83 **「위험물안전관리법」 및 그 하위법령상 안전관리대행기관에 대한 행정처분기준에서 1차 위반 시 경고에 해당하는 것은?**

① 안전관리대행기관의 지정기준에 미달되는 때
② 변경 신고를 연간 2회 이상 하지 아니한 때
③ 소방청장의 지도·감독에 정당한 이유 없이 따르지 아니한 때
④ 안전관리대행기관의 기술인력이 안전관리업무를 성실하게 수행하지 아니한 때

해설 ①·③ 1차 위반 시 업무정지 30일
② 1차 위반 시 경고 또는 업무정지 30일

84 **「위험물안전관리법」 및 같은 법 시행령상 정기점검을 정하여야 하는 제조소 등에 해당하지 않는 것은?**

① 500L의 이황화탄소를 취급하는 제조소
② 30,000kg의 황을 저장하는 옥외저장소
③ 80kg의 질산에스터류를 저장하는 지하탱크저장소
④ 40,000L의 아세톤을 저장하는 옥외탱크저장소

해설 ④ 40,000L/400L = 100배
→ 지정수량의 200배 이상의 위험물을 저장하는 옥외탱크저장소에 해당되지 않으므로 정기점검 대상에 해당하지 않는다.
① 500L/50L = 지정수량의 10배의 제조소이므로 정기점검 대상에 해당
② 30,000kg/100kg = 지정수량의 300배의 옥외저장소이므로 정기점검 대상에 해당
③ 80kg/10kg = 지정수량의 8배이나 지하탱크저장소는 배수와 상관없이 정기점검 대상에 해당

정답 | 80 ① 81 ① 82 ④ 83 ④ 84 ④

85 **「위험물안전관리법 시행규칙」상 이동탱크저장소에 필요한 소화설비의 설치기준으로 옳은 것은?**

① 무상의 강화액 8L 이상의 자동차용 소화기 2개 이상
② 소화분말 3.2킬로그램 이상의 자동차용 소화기 2개 이상
③ 마른 모래 640L 이상
④ 팽창질석 또는 팽창진주암 150L 이상

해설 **이동탱크저장소에 필요한 소화설비의 설치기준(시행규칙 [별표 17] 참조)**

자동차용 소화기	무상의 강화액 8L 이상	2개 이상
	이산화탄소 3.2킬로그램 이상	
	브로모클로로다이플루오로메탄(CF_2ClBr) 2L 이상	
	브로모트라이플루오로메탄(CF_3Br) 2L 이상	
	다이브로모테트라플루오로에탄($C_2F_4Br_2$) 1L 이상	
	소화분말 3.3킬로그램 이상	
마른 모래 및 팽창질석 또는 팽창진주암	마른 모래 150L 이상	
	팽창질석 또는 팽창진주암 640L 이상	

86 **「위험물안전관리법」 및 그 하위법령상 규정된 내용이다. (　　) 안에 들어갈 내용으로 옳은 것은?**

- 제조소 등의 관계인은 제조소 등의 사용을 중지하거나 중지한 제조소 등의 사용을 재개하려는 경우에는 해당 제조소 등의 사용을 중지하려는 날 또는 재개하려는 날의 (ㄱ)일 전까지 행정안전부령으로 정하는 바에 따라 제조소 등의 사용 중지 또는 재개를 시・도지사에게 신고하여야 한다.
- 옥외탱크저장소에 저장하는 제4류 위험물의 최대수량이 지정수량의 (ㄴ)만배 이상인 경우 관계인은 대통령령이 정하는 바에 따라 당해 사업소에 자체소방대를 설치하여야 한다.
- 동일구 내에 있거나 상호 (ㄷ)미터 이내의 거리에 있는 (ㄹ)개 이하의 옥외탱크저장소를 동일인이 설치한 경우에는 관계인은 대통령령이 정하는 바에 따라 1인의 안전관리자를 중복하여 선임할 수 있다.
- 지정수량의 (ㅁ)배 이상의 위험물을 저장하는 옥내저장소의 관계인은 해당 제조소 등의 화재예방과 화재 등 재해발생 시의 비상조치를 위하여 행정안전부령이 정하는 바에 따라 예방규정을 정하여 해당 제조소 등의 사용을 시작하기 전에 시・도지사에게 제출하여야 한다.

	ㄱ	ㄴ	ㄷ	ㄹ	ㅁ
①	14	50	50	10	200
②	30	50	100	30	150
③	14	50	100	30	150
④	30	50	100	30	200

해설

ㄱ. 제조소 등의 관계인은 제조소 등의 사용을 중지하거나 중지한 제조소 등의 사용을 재개하려는 경우에는 해당 제조소 등의 사용을 중지하려는 날 또는 재개하려는 날의 14일 전까지 행정안전부령으로 정하는 바에 따라 제조소 등의 사용 중지 또는 재개를 시·도지사에게 신고하여야 한다(법 제11조의2 제2항).

ㄴ. 옥외탱크저장소에 저장하는 제4류 위험물의 최대수량이 지정수량의 50만배 이상인 경우 관계인은 대통령령이 정하는 바에 따라 당해 사업소에 자체소방대를 설치하여야 한다(법 제18조 제8항, 시행령 제18조 제2항).

ㄷ. 동일구 내에 있거나 상호 100미터 이내의 거리에 있는 저장소로서 저장소의 규모, 저장하는 위험물의 종류 등을 고려하여 행정안전부령이 정하는 저장소를 동일인이 설치한 경우 관계인은 대통령령이 정하는 바에 따라 1인의 안전관리자를 중복하여 선임할 수 있다(시행령 제12조 제1항 제3호).

ㄹ. 30개 이하의 옥외탱크저장소(시행규칙 제56조 제1항 제2호)

ㅁ. 지정수량의 150배 이상의 위험물을 저장하는 옥내저장소의 관계인은 해당 제조소 등의 화재예방과 화재 등 재해발생 시의 비상조치를 위하여 행정안전부령이 정하는 바에 따라 예방규정을 정하여 해당 제조소 등의 사용을 시작하기 전에 시·도지사에게 제출하여야 한다(법 제17조 제1항, 시행령 제15조 제1항 제3호).

87 「위험물안전관리법」 및 그 하위법령상 위험물시설에 대한 탱크안전성능검사의 내용으로 옳은 것은?

① 암반탱크검사의 대상은 고체위험물을 저장 또는 취급하는 암반 내의 공간을 이용한 탱크이다.

② 용접부검사의 대상은 옥외탱크저장소의 액체위험물탱크 중 그 용량이 50만리터 이상인 탱크이다.

③ 충수(充水)·수압검사의 대상은 액체위험물을 저장 또는 취급하는 「고압가스 안전관리법」에 따른 특정설비에 관한 검사에 합격한 탱크이다.

④ 기초·지반검사의 대상은 옥외탱크저장소의 액체위험물탱크 중 그 용량이 100만리터 이상인 탱크이다.

정답 85 ① 86 ③ 87 ④

해설 **탱크안전성능검사의 대상이 되는 탱크 등(시행령 제8조 제1항)**

법 제8조 제1항 전단에 따라 탱크안전성능검사를 받아야 하는 위험물탱크는 제2항에 따른 탱크안전성능검사별로 다음 각 호의 어느 하나에 해당하는 탱크로 한다.

1. 기초·지반검사 : 옥외탱크저장소의 액체위험물탱크 중 그 용량이 100만리터 이상인 탱크
2. 충수(充水)·수압검사 : 액체위험물을 저장 또는 취급하는 탱크. 다만, 다음 각 목의 어느 하나에 해당하는 탱크는 제외한다.
   가. 제조소 또는 일반취급소에 설치된 탱크로서 용량이 지정수량 미만인 것
   나. 「고압가스 안전관리법」 제17조 제1항에 따른 특정설비에 관한 검사에 합격한 탱크
   다. 「산업안전보건법」 제84조 제1항에 따른 안전인증을 받은 탱크
3. 용접부검사 : 제1호(옥외탱크저장소의 액체위험물탱크 중 그 용량이 100만리터 이상인 탱크)에 따른 탱크. 다만, 탱크의 저부에 관계된 변경공사(탱크의 옆판과 관련되는 공사를 포함하는 것을 제외한다) 시에 행하여진 법 제18조 제3항에 따른 정기검사에 의하여 용접부에 관한 사항이 행정안전부령으로 정하는 기준에 적합하다고 인정된 탱크를 제외한다.
4. 암반탱크검사 : 액체위험물을 저장 또는 취급하는 암반 내의 공간을 이용한 탱크

88 「위험물안전관리법 시행규칙」상 옥내저장소의 위치·구조 및 설비의 기준 중 하나의 저장창고의 바닥면적을 1,000㎡로 할 수 있는 위험물로 옳지 않은 것은? (단, 저장창고가 2 이상의 구획된 실이 있는 경우에는 각 실의 바닥면적의 합계)

① 제1류 위험물 중 아염소산염류, 염소산염류, 과염소산염류, 무기과산화물 그 밖에 지정수량이 50kg인 위험물 및 질산염류

② 제3류 위험물 중 칼륨, 나트륨, 알킬알루미늄, 알킬리튬 그 밖에 지정수량이 10kg인 위험물 및 황린

③ 제4류 위험물 중 특수인화물, 제1석유류 및 알코올류

④ 제5류 위험물 중 유기과산화물, 질산에스터류 그 밖에 지정수량이 10kg인 위험물

해설 **옥내저장소의 위치·구조 및 설비의 기준(시행규칙 [별표 5] 참조)**

하나의 저장창고의 바닥면적(2 이상의 구획된 실이 있는 경우에는 각 실의 바닥면적의 합계)은 다음의 구분에 의한 면적 이하로 하여야 한다. 이 경우 '㉮'의 위험물과 '㉯'의 위험물을 같은 저장창고에 저장하는 때에는 '㉮'의 위험물을 저장하는 것으로 보아 그에 따른 바닥면적을 적용한다.

㉮ 다음의 위험물을 저장하는 창고 : 1,000㎡
- ㉠ 제1류 위험물 중 아염소산염류, 염소산염류, 과염소산염류, 무기과산화물 그 밖에 지정수량이 50kg인 위험물
- ㉡ 제3류 위험물 중 칼륨, 나트륨, 알킬알루미늄, 알킬리튬 그 밖에 지정수량이 10kg인 위험물 및 황린
- ㉢ 제4류 위험물 중 특수인화물, 제1석유류 및 알코올류
- ㉣ 제5류 위험물 중 유기과산화물, 질산에스터류 그 밖에 지정수량이 10kg인 위험물
- ㉤ 제6류 위험물

㉯ '㉮'의 위험물 외의 위험물을 저장하는 창고 : 2,000㎡

㉰ '㉮'의 위험물과 '㉯'의 위험물을 내화구조의 격벽으로 완전히 구획된 실에 각각 저장하는 창고 : 1,500㎡('㉮'의 위험물을 저장하는 실의 면적은 500㎡를 초과할 수 없다)

89 「위험물안전관리법 시행규칙」상 다음 제조소 등에 공통으로 설치하여야 하는 경보설비로 옳은 것은?

> • 연면적이 500제곱미터 이상인 제조소 및 일반취급소
> • 지정수량의 100배 이상을 저장 또는 취급하는 옥내저장소(고인화점위험물만을 저장 또는 취급하는 것은 제외한다)
> • 특수인화물, 제1석유류 및 알코올류를 저장 또는 취급하는 탱크의 용량이 1,000만리터 이상인 옥외탱크저장소
> • 옥내주유취급소

① 자동화재속보설비
② 자동화재탐지설비
③ 비상경보설비
④ 확성장치 또는 비상방송설비

해설

- 연면적이 500제곱미터 이상인 제조소 및 일반취급소 – 자동화재탐지설비
- 지정수량의 100배 이상을 저장 또는 취급하는 옥내저장소(고인화점위험물만을 저장 또는 취급하는 것은 제외한다) – 자동화재탐지설비
- 특수인화물, 제1석유류 및 알코올류를 저장 또는 취급하는 탱크의 용량이 1,000만리터 이상인 옥외탱크저장소 – 자동화재탐지설비, 자동화재속보설비
- 옥내주유취급소 – 자동화재탐지설비

※ 시행규칙 [별표 17] 참조

제조소 등별로 설치해야 하는 경보설비의 종류(시행규칙 [별표 17] 참조)

제조소 등의 구분	제조소 등의 규모, 저장 또는 취급하는 위험물의 종류 및 최대수량 등	경보설비
가. 제조소 및 일반취급소	• 연면적이 500제곱미터 이상인 것 • 옥내에서 지정수량의 100배 이상을 취급하는 것(고인화점위험물만을 100℃ 미만의 온도에서 취급하는 것은 제외한다) • 일반취급소로 사용되는 부분 외의 부분이 있는 건축물에 설치된 일반취급소(일반취급소와 일반취급소 외의 부분이 내화구조의 바닥 또는 벽으로 개구부 없이 구획된 것은 제외한다)	자동화재탐지설비
나. 옥내저장소	• 지정수량의 100배 이상을 저장 또는 취급하는 것(고인화점위험물만을 저장 또는 취급하는 것은 제외한다) • 저장창고의 연면적이 150제곱미터를 초과하는 것[연면적 150제곱미터 이내마다 불연재료의 격벽으로 개구부 없이 완전히 구획된 저장창고와 제2류 위험물(인화성 고체는 제외한다) 또는 제4류 위험물(인화점이 70℃ 미만인 것은 제외한다)만을 저장 또는 취급하는 저장창고는 그 연면적이 500제곱미터 이상인 것을 말한다]	자동화재탐지설비

정답 88 ① 89 ②

	• 처마 높이가 6미터 이상인 단층 건물의 것 • 옥내저장소로 사용되는 부분 외의 부분이 있는 건축물에 설치된 옥내저장소[옥내저장소와 옥내저장소 외의 부분이 내화구조의 바닥 또는 벽으로 개구부 없이 구획된 것과 제2류(인화성고체는 제외한다) 또는 제4류의 위험물(인화점이 70℃ 미만인 것은 제외한다)만을 저장 또는 취급하는 것은 제외한다]	
다. 옥내탱크 저장소	단층 건물 외의 건축물에 설치된 옥내탱크저장소로서 제41조 제2항에 따른 소화난이도등급 Ⅰ에 해당하는 것	자동화재 탐지설비
라. 주유취급소	옥내주유취급소	자동화재 탐지설비
마. 옥외탱크 저장소	특수인화물, 제1석유류 및 알코올류를 저장 또는 취급하는 탱크의 용량이 1,000만리터 이상인 것	• 자동화재 탐지설비 • 자동화재 속보설비
바. 가목부터 마목까지의 규정에 따른 자동화재 탐지설비 설치 대상 제조소 등에 해당하지 않는 제조소 등(이송취급소는 제외한다)	지정수량의 10배 이상을 저장 또는 취급하는 것	자동화재 탐지설비, 비상경보 설비, 확성 장치 또는 비상방송 설비 중 1종 이상

90 「위험물안전관리법 시행규칙」상 특정·준특정옥외탱크저장소의 정밀정기검사 시기는 완공검사합격확인증을 발급받은 날을 기준으로 몇 년 이내에 받아야 하는가?

① 2년　② 3년
③ 11년　④ 12년

해설 **정기검사의 시기(시행규칙 제70조 제1항 참조)**

㉮ 정밀정기검사 : 다음의 어느 하나에 해당하는 기간 내에 1회
　㉠ 특정·준특정옥외탱크저장소의 설치허가에 따른 완공검사합격확인증을 발급받은 날부터 12년
　㉡ 최근의 정밀정기검사를 받은 날부터 11년
㉯ 중간정기검사 : 다음의 어느 하나에 해당하는 기간 내에 1회
　㉠ 특정·준특정옥외탱크저장소의 설치허가에 따른 완공검사합격확인증을 발급받은 날부터 4년
　㉡ 최근의 정밀정기검사 또는 중간정기검사를 받은 날부터 4년

91 **「위험물안전관리법」 및 그 하위법령상 제조소 등의 관계인이 제조소 등의 사용을 중지할 때 행하여야 하는 안전조치로 옳지 않은 것은?**

① 탱크·배관 등 위험물을 저장 또는 취급하는 설비에서 위험물 및 가연성 증기 등의 제거
② 관계인이 아닌 사람에 대한 해당 제조소 등에의 출입금지 조치
③ 해당 제조소 등의 사용중지 사실의 게시
④ 제조소 등의 예방규정의 작성

해설 **사용 중지신고 또는 재개신고 등(시행규칙 제23조의2 제1항)**
법 제11조의2 제1항에서 "위험물의 제거 및 제조소 등에의 출입통제 등 행정안전부령으로 정하는 안전조치"란 다음 각 호의 조치를 말한다.
1. 탱크·배관 등 위험물을 저장 또는 취급하는 설비에서 위험물 및 가연성 증기 등의 제거
2. 관계인이 아닌 사람에 대한 해당 제조소 등에의 출입금지 조치
3. 해당 제조소 등의 사용중지 사실의 게시
4. 그 밖에 위험물의 사고 예방에 필요한 조치

92 **「위험물안전관리법 시행규칙」상 제조소의 안전거리 규정으로 옳은 것은?**

① 「초·중등교육법」 및 「고등교육법」에 정하는 학교의 안전거리는 30m 이상이다.
② 「의료법」에 따른 병원급 의료기관의 안전거리는 50m 이상이다.
③ 「문화재보호법」의 규정에 의한 유형문화재와 기념물 중 지정문화재의 안전거리는 100m 이상이다.
④ 사용전압이 35,000V를 초과하는 특고압가공전선의 안전거리는 3m 이상이다.

해설 ② 「의료법」 제3조 제2항 제3호에 따른 병원급 의료기관의 안전거리는 30m 이상이다.
③ 「문화재보호법」의 규정에 의한 유형문화재와 기념물 중 지정문화재에 있어서는 50m 이상이다.
④ 사용전압이 35,000V를 초과하는 특고압가공전선에 있어서는 5m 이상이다.
※ 시행규칙 [별표 4] 참조

PART·06

정답 90 ④ 91 ④ 92 ①

93 **「위험물안전관리법 시행규칙」상 이송취급소의 배관설치의 기준으로 옳지 않은 것은?**

① 배관을 지하에 매설하는 경우 건축물(지하가 내의 건축물은 제외)과 1.5m 이상의 안전거리를 두어야 한다.

② 배관을 도로 밑에 매설하는 경우 배관은 그 외면으로부터 도로의 경계에 대하여 1m 이상의 안전거리를 두어야 한다.

③ 배관을 지상에 설치하는 경우 배관을 지표면에 접하게 하여야 한다.

④ 배관을 지상에 설치하는 경우 판매시설・숙박시설・위락시설 등 불특정다중을 수용하는 시설 중 연면적 1,000㎡ 이상인 것으로부터 45m 이상 안전거리를 두어야 한다.

해설 **이송취급소의 지상설치 기준(시행규칙 [별표 15] 참조)**

배관을 지상에 설치하는 경우에는 다음의 기준에 의하여야 한다.

㉮ 배관이 지표면에 접하지 아니하도록 할 것

㉯ 배관[이송기지(펌프에 의하여 위험물을 보내거나 받는 작업을 행하는 장소를 말한다. 이하 같다)의 구내에 설치된 것을 제외한다]은 다음의 기준에 의한 안전거리를 둘 것

㉠ 철도(화물수송용으로만 쓰이는 것을 제외한다) 또는 도로(「국토의 계획 및 이용에 관한 법률」에 의한 공업지역 또는 전용공업지역에 있는 것을 제외한다)의 경계선으로부터 25m 이상

㉡ 별표 4 Ⅰ제1호 나목 1)・2)・3) 또는 4)의 규정에 의한 시설로부터 45m 이상

㉢ 별표 4 Ⅰ제1호 다목의 규정에 의한 시설로부터 65m 이상

㉣ 별표 4 Ⅰ제1호 라목 1)・2)・3)・4) 또는 5)의 규정에 의한 시설로부터 35m 이상

㉤ 「국토의 계획 및 이용에 관한 법률」에 의한 공공공지 또는 「도시공원법」에 의한 도시공원으로부터 45m 이상

㉥ 판매시설・숙박시설・위락시설 등 불특정다중을 수용하는 시설 중 연면적 1,000㎡ 이상인 것으로부터 45m 이상

㉦ 1일 평균 20,000명 이상 이용하는 기차역 또는 버스터미널로부터 45m 이상

◎ 「수도법」에 의한 수도시설 중 위험물이 유입될 가능성이 있는 것으로부터 300m 이상

㉧ 주택 또는 '㉠' 내지 '◎'과 유사한 시설 중 다수의 사람이 출입하거나 근무하는 것으로부터 25m 이상

94 「위험물안전관리법 시행규칙」상 주유취급소에 관한 내용으로 옳지 않은 것은?

① 주유취급소의 고정주유설비의 주위에는 주유를 받으려는 자동차 등이 출입할 수 있도록 너비 15m 이상, 길이 6m 이상의 콘크리트 등으로 포장한 공지를 보유하여야 한다.
② 황색바탕에 흑색문자로 "주유 중 엔진정지"라는 표시를 한 게시판을 설치해야 한다.
③ 주유취급소의 주위에는 자동차 등이 출입하는 쪽 외의 부분에 높이 2m 이상의 내화구조 또는 불연재료의 담 또는 벽을 설치하여야 한다.
④ 고정주유설비 또는 고정급유설비의 주유관의 길이는 4m 이내로 한다.

해설 **고정주유설비 또는 고정급유설비의 설치 기준(시행규칙 [별표 13] 참조)**

㉠ 고정주유설비의 중심선을 기점으로 하여 도로경계선까지 4m 이상, 부지경계선 · 담 및 건축물의 벽까지 2m(개구부가 없는 벽까지는 1m) 이상의 거리를 유지하고, 고정급유설비의 중심선을 기점으로 하여 도로경계선까지 4m 이상, 부지경계선 및 담까지 1m 이상, 건축물의 벽까지 2m(개구부가 없는 벽까지는 1m) 이상의 거리를 유지할 것
㉡ 고정주유설비와 고정급유설비의 사이에는 4m 이상의 거리를 유지할 것
㉢ 고정주유설비 또는 고정급유설비의 주유관의 길이(끝부분의 개폐밸브를 포함한다)는 5m(현수식의 경우에는 지면위 0.5m의 수평면에 수직으로 내려 만나는 점을 중심으로 반경 3m) 이내로 하고 그 끝부분에는 축적된 정전기를 유효하게 제거할 수 있는 장치를 설치하여야 한다.

95 「위험물안전관리법 시행규칙」상 제조소 등에서의 위험물의 저장 및 취급에 관한 기준 중 위험물의 유별 저장 · 취급의 공통기준에 관한 내용으로 옳은 것은?

① 제1류 위험물은 가연물과의 접촉 · 혼합이나 분해를 촉진하는 물품과의 접근 또는 과열 · 충격 · 마찰 등을 피하는 한편, 알칼리금속의 과산화물 및 이를 함유한 것에 있어서는 물과의 접촉을 피하여야 한다.
② 제2류 위험물 중 자연발화성 물질에 있어서는 불티 · 불꽃 또는 고온체와의 접근 · 과열 또는 공기와의 접촉을 피하고, 금수성 물질에 있어서는 물과의 접촉을 피하여야 한다.
③ 제3류 위험물은 산화제와의 접촉 · 혼합이나 불티 · 불꽃 · 고온체와의 접근 또는 과열을 피하는 한편, 철분 · 금속분 · 마그네슘 및 이를 함유한 것에 있어서는 물이나 산과의 접촉을 피하고 인화성 고체에 있어서는 함부로 증기를 발생시키지 아니하여야 한다.
④ 제4류 위험물은 불티 · 불꽃 · 고온체와의 접근 또는 과열 · 충격 또는 마찰을 피하여야 한다.

정답 | 93 ③ 94 ④ 95 ①

해설 ② 제3류 위험물, ③ 제2류 위험물, ④ 제5류 위험물에 대한 설명이다.
※ 시행규칙 [별표 18] 참조

96 **「위험물안전관리법 시행규칙」상 위험물의 운반에 관한 기준 중 적재방법에 관한 내용으로 옳지 않은 것은? (단, 덩어리 상태의 황을 운반하기 위하여 적재하는 경우 또는 위험물을 동일구 내에 있는 제조소 등의 상호 간에 운반하기 위하여 적재하는 경우는 제외한다.)**

① 하나의 외장용기에는 다른 종류의 위험물을 수납하지 아니할 것
② 고체위험물은 운반용기 내용적의 95% 이하의 수납율로 수납할 것
③ 액체위험물은 운반용기 내용적의 98% 이하의 수납율로 수납하되, 55℃의 온도에서 누설되지 아니하도록 충분한 공간용적을 유지하도록 할 것
④ 자연발화성 물질 중 알킬알루미늄 등은 운반용기 내용적의 95% 이하의 수납율로 수납하되, 55℃의 온도에서 10% 이상의 공간용적을 유지하도록 할 것

해설 **적재방법(시행규칙 [별표 19] 참조)**

위험물은 Ⅰ의 규정에 의한 운반용기에 다음의 기준에 따라 수납하여 적재하여야 한다. 다만, 덩어리 상태의 황을 운반하기 위하여 적재하는 경우 또는 위험물을 동일구 내에 있는 제조소 등의 상호 간에 운반하기 위하여 적재하는 경우에는 그러하지 아니하다(중요기준).

㉮ 위험물이 온도변화 등에 의하여 누설되지 아니하도록 운반용기를 밀봉하여 수납할 것. 다만, 온도변화 등에 의한 위험물로부터의 가스의 발생으로 운반용기 안의 압력이 상승할 우려가 있는 경우(발생한 가스가 독성 또는 인화성을 갖는 등 위험성이 있는 경우를 제외한다)에는 가스의 배출구(위험물의 누설 및 다른 물질의 침투를 방지하는 구조로 된 것에 한한다)를 설치한 운반용기에 수납할 수 있다.
㉯ 수납하는 위험물과 위험한 반응을 일으키지 아니하는 등 당해 위험물의 성질에 적합한 재질의 운반용기에 수납할 것
㉰ 고체위험물은 운반용기 내용적의 95% 이하의 수납율로 수납할 것
㉱ 액체위험물은 운반용기 내용적의 98% 이하의 수납율로 수납하되, 55도의 온도에서 누설되지 아니하도록 충분한 공간용적을 유지하도록 할 것
㉲ 하나의 외장용기에는 다른 종류의 위험물을 수납하지 아니할 것
㉳ 제3류 위험물은 다음의 기준에 따라 운반용기에 수납할 것
  ㉠ 자연발화성 물질에 있어서는 불활성 기체를 봉입하여 밀봉하는 등 공기와 접하지 아니하도록 할 것
  ㉡ 자연발화성 물질 외의 물품에 있어서는 파라핀·경유·등유 등의 보호액으로 채워 밀봉하거나 불활성 기체를 봉입하여 밀봉하는 등 수분과 접하지 아니하도록 할 것
  ㉢ '㉱'의 규정에 불구하고 자연발화성 물질 중 알킬알루미늄 등은 운반용기의 내용적의 90% 이하의 수납율로 수납하되, 50℃의 온도에서 5% 이상의 공간용적을 유지하도록 할 것

97 「위험물안전관리법 시행규칙」상 이동탱크저장소의 이동저장탱크 구조에 관한 내용이다. ( ) 안에 들어갈 내용으로 옳은 것은?

> 이동저장탱크는 그 내부에 (ㄱ)L 이하마다 (ㄴ)mm 이상의 강철판 또는 이와 동등 이상의 강도・내열성 및 내식성이 있는 금속성의 것으로 칸막이를 설치하여야 한다.

	ㄱ	ㄴ		ㄱ	ㄴ
①	3,000	1.6	②	4,000	1.6
③	3,000	3.2	④	4,000	3.2

해설 **이동저장탱크의 구조(시행규칙 [별표 10] 참조)**
이동저장탱크는 그 내부에 4,000L 이하마다 3.2mm 이상의 강철판 또는 이와 동등 이상의 강도・내열성 및 내식성이 있는 금속성의 것으로 칸막이를 설치하여야 한다. 다만, 고체인 위험물을 저장하거나 고체인 위험물을 가열하여 액체 상태로 저장하는 경우에는 그러하지 아니하다.

98 「위험물안전관리법 시행규칙」상 탱크안전성능시험자가 변경사항을 신고해야 하는 중요사항으로 옳지 않은 것은?

① 영업소 소재지의 변경
② 기술능력의 변경
③ 보유장비의 변경
④ 상호 또는 명칭의 변경

해설 **변경사항의 신고 등(시행규칙 제61조 제1항)**
탱크시험자는 법 제16조 제3항의 규정에 의하여 다음 각 호의 1에 해당하는 중요사항을 변경한 경우에는 별지 제38호서식의 신고서(전자문서로 된 신고서를 포함한다)에 다음 각 호의 구분에 따른 서류(전자문서를 포함한다)를 첨부하여 시・도지사에게 제출하여야 한다.

1. 영업소 소재지의 변경 : 사무소의 사용을 증명하는 서류와 위험물탱크안전성능시험자등록증
2. 기술능력의 변경 : 변경하는 기술인력의 자격증과 위험물탱크안전성능시험자등록증
3. 대표자의 변경 : 위험물탱크안전성능시험자등록증
4. 상호 또는 명칭의 변경 : 위험물탱크안전성능시험자등록증

정답 96 ④ 97 ④ 98 ③

99 **「위험물안전관리법 시행규칙」상 주유취급소의 고정주유설비 설치기준에 관한 내용이다. ( ) 안에 들어갈 내용으로 옳은 것은?**

고정주유설비는 고정주유설비의 중심선을 기점으로 하여 도로경계선까지 ( )m 이상의 거리를 유지할 것

① 1　　② 2
③ 3　　④ 4

해설 **고정주유설비 또는 고정급유설비의 설치기준(시행규칙 [별표 13] 참조)**
㉠ 고정주유설비의 중심선을 기점으로 하여 도로경계선까지 4m 이상, 부지경계선・담 및 건축물의 벽까지 2m(개구부가 없는 벽까지는 1m) 이상의 거리를 유지하고, 고정급유설비의 중심선을 기점으로 하여 도로경계선까지 4m 이상, 부지경계선 및 담까지 1m 이상, 건축물의 벽까지 2m(개구부가 없는 벽까지는 1m) 이상의 거리를 유지할 것
㉡ 고정주유설비와 고정급유설비의 사이에는 4m 이상의 거리를 유지할 것

100 **「위험물안전관리법 시행규칙」상 위험물제조소에 저장 또는 취급하는 위험물에 따라 설치해야 하는 주의사항을 표시한 게시판의 내용으로 옳지 않은 것은?**

① 제1류 위험물 중 알칼리금속의 과산화물 - 물기주의
② 제2류 위험물(인화성 고체 제외) - 화기주의
③ 제3류 위험물 중 자연발화성 물질 - 화기엄금
④ 제5류 위험물 - 화기엄금

해설 ① 제1류 위험물 중 알칼리금속의 과산화물 - 물기엄금
※ 시행규칙 [별표 4] 참조

101 **「위험물안전관리법 시행규칙」상 제3류, 제4류 및 제5류 위험물 중 인화성이 있는 액체 위험물(이황화탄소는 제외)을 저장하는 옥외탱크저장소의 주위에 설치하는 방유제의 설치기준으로 옳지 않은 것은?**

① 방유제는 높이 0.3m 이상 3m 이하로 할 것
② 방유제 내의 면적은 8만㎡ 이하로 할 것

③ 용량이 1,000만L 이상인 옥외저장탱크의 주위에 설치하는 방유제에서 당해 방유제 내의 간막이 둑은 흙 또는 철근콘크리트로 할 것
④ 높이가 1m를 넘는 방유제 및 간막이 둑의 안팎에는 방유제 내에 출입하기 위한 계단 또는 경사로를 약 50m마다 설치할 것

해설 **방유제 설치기준(시행규칙 [별표 6] 참조)**
제3류, 제4류 및 제5류 위험물 중 인화성이 있는 액체(이황화탄소를 제외한다)의 옥외탱크저장소의 탱크 주위에는 다음의 기준에 의하여 방유제를 설치하여야 한다.
㉮ 방유제는 높이 0.5m 이상 3m 이하, 두께 0.2m 이상, 지하매설깊이 1m 이상으로 할 것. 다만, 방유제와 옥외저장탱크 사이의 지반면 아래에 불침윤성(不浸潤性 : 수분 흡수를 막는 성질) 구조물을 설치하는 경우에는 지하매설깊이를 해당 불침윤성 구조물까지로 할 수 있다.
㉯ 방유제 내의 면적은 8만㎡ 이하로 할 것
㉰ 용량이 1,000만L 이상인 옥외저장탱크의 주위에 설치하는 방유제에는 다음의 규정에 따라 당해 탱크마다 간막이 둑을 설치할 것
  ㉠ 간막이 둑의 높이는 0.3m(방유제 내에 설치되는 옥외저장탱크의 용량의 합계가 2억L를 넘는 방유제에 있어서는 1m) 이상으로 하되, 방유제의 높이보다 0.2m 이상 낮게 할 것
  ㉡ 간막이 둑은 흙 또는 철근콘크리트로 할 것
  ㉢ 간막이 둑의 용량은 간막이 둑 안에 설치된 탱크의 용량의 10% 이상일 것
㉱ 높이가 1m를 넘는 방유제 및 간막이 둑의 안팎에는 방유제 내에 출입하기 위한 계단 또는 경사로를 약 50m마다 설치할 것

102 **「위험물안전관리법」상 제조소 등에서의 흡연 금지에 관한 내용으로 옳지 않은 것은?**
① 누구든지 제조소 등에서는 지정된 장소가 아닌 곳에서 흡연을 하여서는 아니 된다.
② 시·도지사는 해당 제조소 등이 금연구역임을 알리는 표지를 설치하여야 한다.
③ 시·도지사는 제조소 등의 관계인이 금연구역임을 알리는 표지를 설치하지 아니하거나 보완이 필요한 경우 일정한 기간을 정하여 그 시정을 명할 수 있다.
④ 흡연 금지구역 지정 기준·방법 등은 대통령령으로 정하고, 금연구역임을 알리는 표지를 설치하는 기준·방법 등은 행정안전부령으로 정한다.

해설 제조소 등의 관계인은 해당 제조소 등이 금연구역임을 알리는 표지를 설치하여야 한다(법 제19조의2 제2항).

정답 99 ④ 100 ① 101 ① 102 ②

정태화
소방관계법규 조문별 500제

제1판인쇄 | 2024. 9. 20. **제1판발행** | 2024. 9. 25. **편저자** | 정태화
발행인 | 박 용 **발행처** | (주) 박문각출판 **등록** | 2015년 4월 29일 제2019-000137호
주소 | 06654 서울특별시 서초구 효령로 283 서경 B/D 4층 **팩스** | (02) 584-2927
전화 | 교재 주문·내용 문의 (02) 6466-7202

저자와의
협의하에
인지생략

정가 25,000원 **ISBN** 979-11-7262-140-7